Journalism & Communication

国家社科基金项目"基于有效竞争理论的中国传媒规制绩效实证研究"
（编号15BXW022）成果

Empirical Study on Effectiveness of Chinese Media Industry Regulation

中国传媒规制绩效实证研究
—— 基于有效竞争理论视角

易旭明 著

上海交通大学 出版社
SHANGHAI JIAO TONG UNIVERSITY PRESS

内容提要

本书基于产业组织经济学有效竞争理论,实证研究了中国传媒规制在市场结构、市场行为、规模经济、传媒产出四方面的绩效,并参考规制目标提出绩效优化的政策建议。本书适合新闻传播专业人士及对新闻传播领域感兴趣的读者。

图书在版编目(CIP)数据

中国传媒规制绩效实证研究——基于有效竞争理论视角/ 易旭明著.—上海:上海交通大学出版社,2020
ISBN 978 - 7 - 313 - 22594 - 8

Ⅰ.①中… Ⅱ.①易… Ⅲ.①传播媒介-产业经济-经济绩效-研究-中国 Ⅳ.①G219.2

中国版本图书馆 CIP 数据核字(2019)第 297841 号

中国传媒规制绩效实证研究——基于有效竞争理论视角
ZHONGGUO CHUANMEI GUIZHI JIXIAO SHIZHENG YANJIU——JIYU
YOUXIAO JINGZHENG LILUN SHIJIAO

著　　者:易旭明			
出版发行:上海交通大学出版社	地　　址:上海市番禺路 951 号		
邮政编码:200030	电　　话:021 - 64071208		
印　　制:当纳利(上海)信息技术有限公司	经　　销:全国新华书店		
开　　本:710mm×1000mm　1/16	印　　张:24.75		
字　　数:417 千字			
版　　次:2020 年 5 月第 1 版	印　　次:2020 年 5 月第 1 次印刷		
书　　号:ISBN 978 - 7 - 313 - 22594 - 8			
定　　价:88.00 元			

序言　　务实与创新兼备的《中国传媒规制绩效实证
Preface　　　研究——基于有效竞争理论视角》

　　　　　　　放在我面前的这部新作《中国传媒规制绩效实证研
　　　　　　究——基于有效竞争理论视角》，他的作者是复旦大学
　　　　　　新闻传播学博士后流动站的研究人员易旭明博士。他驻
　　　　　　站研究期间，每每见到他，总见他有讨论不完的问题：
　　　　　　看了什么书，书上有什么不明白的地方；开了一个会，
　　　　　　听到了有新意的观点；正在撰写一篇文章，请问您对其
　　　　　　中一个问题怎么看……很少见到如此痴迷于学术、沉浸
　　　　　　在学术海洋里的年轻学者。每每交谈之后，觉得对自己
　　　　　　也是一种鞭策和推动。

　　　　　　　这部关于传媒规制绩效研究的新作，是易旭明在流
　　　　　　动站勤奋攀登的印证，是他出站后潜心攻关国家社科基
　　　　　　金项目并取得成果的展示。

　　　　　　　易旭明的研究工作特点在这部新作中有充分的体
　　　　　　现。第一，务实；第二，创新。他对中国传媒规制的研
　　　　　　究，立足于产业组织经济学的大框架，运用实证研究的
　　　　　　方法，从市场结构、市场行为、规模经济、传媒产出四
　　　　　　个方面的绩效切入，把有中国特色的传媒体系全方位、
　　　　　　系统地进行了深度观察。在数以万计的中国传媒中，又
　　　　　　以规制考察为经纬，从传统媒体和新兴媒体两大部分，

进行全类型、大规模的数据解读，从中得出言之有据、持之有理的结论与观点。这种务实的研究，要下功夫，占时间，费精力。坚持几年，贯彻始终，是难能可贵的。

易旭明是一位追求新知识、新理论、新方法、新成果的学者。阅读这部新作可以看出，他有不少新的探索、新的发现、新的结论和新的见解。中国是个讲规矩、守纪律、按程序办事的国家，但由于传媒是个特殊的产业，特殊的部门，它的强烈的意识形态属性和党与政府严格控制的工具功能，建构科学的规制和研制绩效考核评估指标体系不是一件容易的工作。作为一个主要对广电传媒比较熟悉，而对纸媒和互联网媒体相对不是很熟悉的研究工作者，要全面把握这种种媒体的功能使命和掌握各类媒体的规制特征，提出合乎规律又合乎党政组织的规矩的理论观点和指标体系，要有足够的创新精神、创新能力和创新智慧。有了这些，他的研究成果才可能具有可用性和指导性。

易旭明的这部新作重要的关键词是规制、绩效、竞争、产出、集中度和融合发展。要把这六大块全部吃透弄清、精准把握是不容易的。好在已经走出了第一步，而且还算很年轻的一个学者，期待易旭明在这部新作出版的基础上，设计新的研究思路，安排进一步深化研究的计划，不断有新的思考、新的探索、新的成果。我们大家都热情地期待着。

童　兵

（复旦大学文科资深教授，新闻学院博导、学术委员会主任）

2020 年春于复旦大学新闻学院

前言
Preface

　　当下，中国传媒经济研究在理论和实践层面都面临重大挑战。在理论层面，中国传媒市场结构和传媒规制作为传媒经济研究的基础领域，虽然已有不少有价值的理论介绍、比较研究和具体问题的研究，但是对存在特定政策目标的中国传媒规制绩效评价理论体系的建构很不完善，更缺乏较大规模的系统实证研究和基于实证推导的中国传媒产业理论模型；在实践层面，各种互联网媒体无缝深度渗入各个生活、工作场景中，承担着舆论导向、文化引领功能，同时推动文化产业发展，而传统主流媒体的传播影响力和市场竞争力却持续下滑，从渠道到内容面临被边缘化危机，这种危机常常被归结为体制问题或者规制问题。

　　基于经典经济理论和发达国家实践经验，固然可以推导出许多对中国传媒发展和规制创新有价值的结论和措施。但是中国传媒政策目标和发达国家差异如此之大，仅基于理论和他国经验直接得出的有关传媒规制创新和发展的政策建议往往很难实施。比如说迅速实行传媒私有化、彻底放松市场竞争与整合等政策，虽然在许多国家得以施行，但这些政策显然不适合中国传媒。当然，我们不能否认经济学的许多基本原则，不能否认"有效竞争"作为提高经济效率、驱动产业发展的基本经济规律。所以，本书尝试基于经济学理论，基于中国传媒公共产品和传媒商品高效生产的政策目标，来建构科学系统的规制绩效评价体系和理论模型并进行实证分析，最终以相关研究结论为基础提出优化中国传媒规制的政策建议。

本书提出的中国传媒规制绩效评价标准包括传媒市场结构、市场行为、规模经济和传媒产出四个一级指标，其中前三者是生产过程指标，后者是多种要素决定的最终产出指标，包括传媒公共产品和传媒商品的产出。市场结构指标主要包括市场集中度、进入退出壁垒；市场经营行为指标主要包括市场定价、研发投入、并购重组、市场营销和非生产性费用支出等行为；传媒产出指标包括传媒公共产品产出、传媒商品产出等；规模经济指标包括传媒机构生产和收入指标方面的规模水平，它具有多重经济含义，既是传媒市场结构的重要因素，也是评价传媒产出绩效的常用重要指标。

本书进一步细化了这些规制绩效评价指标，尽可能在比较权威的信息源搜集了大量的数据来量化评价这些规制绩效标准，并剖析改革开放以来传媒市场集中度变迁拐点背后的传媒规制政策重大调整，在国外传媒市场结构经典模型基础上根据中国实践进一步完善了中国传媒市场结构要素关系模型，完成了对中国传媒市场结构的基本特征、历史变迁、理论模型研究，初步解决了中国传媒经济研究的一个基础性问题。本书也在系统分析传媒产业客观数据与业内人士问卷调查所得主观数据的基础上，从产品定价、研发创新、营销公关、并购整合、行政支出等方面，较准确地实证研究了中国报纸、电视这两种国有"传统媒体"和互联网媒体机构的经营行为特征。本书还对中国传媒规模效应水平、总体产出以及传媒公共产品、传媒商品产出进行了较为系统的实证统计分析，概括了中国传媒规模绩效的特征与影响。

本书共六章：第一章介绍研究问题与思路，梳理传媒规制相关理论、历史和中国传媒规制政策目标变迁，在此基础上提出了中国传媒规制绩效的评价体系；第二章实证研究了中国报纸、电视和互联网媒体的市场结构特征及其市场集中度的历史变迁规律和政策动因，提出了中国传媒行政壁垒和规模经济壁垒对传媒市场集中度的影响模型；第三章基于客观产业数据分析和业内人士问卷调查，实证研究中国报纸、电视和互联网媒体机构的市场经营行为特征及其差异；第四章比较研究了中外传媒机构、中国传统媒体和互联网媒体机构的生产和收入方面的规模水平，分析了中国传媒机构的规模经济特征；第五章概述了改革开放以来中国报纸、电视和互联网媒体的总产出水平，实证分析了这三个传媒子行业的传媒公共产品和传媒商品产出，还着重分析了不同产权传媒机构在传媒公共产品和传媒商品产出的差异。最后总结了全书实证研究结果，归纳了中国传媒规制的重要现实特征和理论模型，并基于此提出了优化传媒规制的"融合规制"政策建议。

目录
Contents

第一章

中国传媒规制绩效研究的
理论基础与模型建构

党的十八届中央委员会第三次全体会议研究了全面深化改革的若干重大问题，作出如下决定。……健全坚持正确舆论导向的体制机制。……整合新闻媒体资源，推动传统媒体和新兴媒体融合发展。……完善文化市场准入和退出机制，鼓励各类市场主体公平竞争、优胜劣汰，促进文化资源在全国范围内流动。……推动文化企业跨地区、跨行业、跨所有制兼并重组，提高文化产业规模化、集约化、专业化水平。

——《中共中央关于全面深化改革若干重大问题的决定》

让我们像鹰一样从更高的视野来开始阅读本书（《产业组织》）吧，我们将发现：没有哪一个经济领域如产业组织这样激动人心了。产业组织理论的目的就是让我们理解一个经济中各产业的结构和行为。……这些（公共政策）问题也就由产业组织理论来解决了。[①]

——乔治·J. 施蒂格勒

第一节　中国传媒规制研究的问题与思路

当中国 1 894 种报纸、2 534 座广播电视播出机构、10 232 家获得《广

---

① 乔治·J. 施蒂格勒. 产业组织 [M]. 王永钦，薛铎，译. 上海：上海三联书店，2006：1.

播电视节目制作经营许可证》的制作机构、482 万个网站在 2016 年生产出的海量传媒产品在人们生活工作中传播流通时，当这一年中国传媒产值大幅增长了 19.1％从而达到 1.6 万亿元的总规模时；当 2017 年中国数字经济规模增长至 27.2 万亿元；当 2018 年中国网民规模增长达到 8.29 亿、在线政务服务用户规模增长至 3.94 亿、传媒产业总产值突破 2 万亿元①，我们不难意识到传媒产业对社会运行和经济发展有多么重大的影响。

传媒是现代社会公众获取信息、认知社会以及日常生活所需的基本工具，是现代国民经济重要支柱产业之一，是国家政治体制良好运行的保障。

因为这种重大影响的存在，为了实现特定的社会公共目标，世界各国的政府部门和其他公共机构都针对传媒机构制定了相应的行为规范和产品规范，数量巨大的传媒机构都是在一定制度框架内进行内容生产和传播的。一定意义上说，传播政策的产生体现了政府的国家利益诉求和工商企业运作之间的互动，"双方都期望通过特权、规定以及约束来实现互利"②。政府往往通过合理的传媒规制来约束传媒企业可能损害公共利益的行为，并通过实施特定的传媒规制政策来实现更广泛的政策目标和公共利益；传媒企业也可能在不同的规制环境下采取相应的经营行为，以实现自身的盈利目标和社会责任等其他目标。因为制度是如此重要，"制度界定并限制了人们的选择集合"③，甚至可以说制度变迁是理解历史变迁的关键，所以在传媒技术革命和国际环境、国内政策目标持续变迁的背景下，我们需要更加科学地评价传媒规制作用于整个传媒行业所产生的结果（或者说系统绩效）。传媒规制创新的方向也需要基于系统的政策目标和各种传媒技术条件来深入研究。

传媒的组织形式基本属于"结构"问题，而"行为"则意味着媒介"表

---

① 数据来源：2016 年全国新闻出版业基本情况［EB/OL］. http：//www. sapprft. gov. cn/sapprft/govpublic/6677/1633. shtml. ［2018－06－06］；地级以上广播电视播出机构及频道频率名录［EB/OL］. http：//www. chinasarft. gov. cn/art/2017/1/23/art _ 69 _ 32462. html. ［2018－06－06］；县级广播电视播出机构名录［EB/OL］. http：//www. sarft. gov. cn/art/2017/4/17/art _ 69 _ 32923. html. ［2018－06－06］；崔保国. 中国传媒产业发展报告（2017）［R］. 北京：社会科学文献出版社，2017；崔保国. 中国传媒产业发展报告（2019）［R］. 北京：社会科学文献出版社，2019；中国互联网络信息中心. 第 43 次中国互联网络发展状况统计报告［EB/OL］. http：//www. cnnic. net. cn/hlwfzyj/. ［2019－02－28］.
② 简·冯·库伦伯格，丹尼斯·麦奎尔. 媒体政策范式的转型：论一个新的传播政策范式［C］// 金冠军，郑涵，孙绍谊. 国际传媒政策新视野. 上海：上海三联书店，2005：15－37.
③ 道格拉斯·C. 诺斯. 制度、制度变迁与经济绩效［M］. 杭行，译. 上海：致格出版社，2008：4.

现"，也就是传媒如何去实践其被选定或指定的任务①；传媒规制则在很大程度上形塑了传媒组织机构的复杂存在及其生产行为。规制（regulation）是产业经济学中的一个重要概念，有着系统的理论内涵，其内容包括经济规制和社会规制两方面；传媒规制（media regulation）也是国际传媒学术界和管理机构常用的相关概念，尤其是在讨论传媒产业放松规制及其与民主表达之间关系的时候。② 本书在考虑传媒综合社会功能和经济属性的前提下，侧重研究我国传媒经济规制在传媒产业方面呈现的绩效及其改革效果。

一、研究背景

中国传媒业曾经被称作"最后的暴利行业"，但近年来却面临着经济低效、影响力下降的双重挑战。所谓的"暴利"传媒现在则被称为"传统媒体"，它之所以过去能够获得高利润，主要是因为它几乎是最后的行政垄断行业，在有限的市场供给下同时依托国民经济快速发展的机遇，当时的媒体拥有旺盛的广告需求和内容需求。加之传统媒体作为党的喉舌承担了宣传导向功能，因此官方经常评价传统媒体取得了社会效益和经济效益"双赢"。然而，如今市场和技术的冲击来得如此之猛，各种媒体分化如此之大，传统媒体纷纷进入经营困难乃至"断崖式下滑"时期，受众传媒使用频率和传播影响力也在逐步下降。2015年，曾被称为"第一媒体"的电视广告收入被互联网广告超越、被游戏收入超越，互联网广告收入同比增长35.3％，游戏市场销售收入同比增长22.9％，网络视频广告收入增长63.19％，而电视广告同比增幅为－10.31％，报社广告也在前几年持续下滑的基础上再次下降0.11％。③ 业已形成的庞大的传统媒体行业，经济生存上面临巨大危机。广告收入流向一定程度也显示了受众注意力的流向，电视等传统媒体受关注度持续下降，而网络新媒体关注度则快速提升。2015年中国网民每周上网时间26.2小时，比上一年增加了0.1小时，与2012年相比则增加了5.7小时，增幅达27.8％；与此同时，2015年我国

---

① 丹尼斯·麦奎尔. 麦奎尔大众传播理论［M］. 崔保国，李琨，译. 北京：清华大学出版社，2006：119.

② 传媒理论研究或传媒实践中，与传媒规制相关的常用概念还有传媒体制（media system）、传媒政策（media policy）、传媒制度（media institution）等，本书在表述中会根据文中语境适当替换。

③ 数据来源：崔保国.2016中国传媒产业发展报告［R］. 北京：社会科学文献出版社，2016.

观众平均每周收看电视的时间却只有 18.2 小时，同比下降 3.1%，比 2012 年则下降 7.69%。报业更是延续了多年"断崖式下滑"的势头，2015 年报纸零售总量同比下降 41.14%。① 如果传统媒体收入和受众注意力双重流失，其社会效益和经济效益的实现显然都要大打折扣。

中国互联网媒体经济成就大、社会应用广、发展速度快，这已经是举目可见、触手可及的事实，国际权威互联网报告甚至认为"中国已经成为互联网领袖"②。中国互联网媒体市场化程度高，市场竞争中产生了许多经济效率较高的互联网企业和丰富的互联网传媒产品。风起云涌的国际互联网市场竞争环境以及国家信息安全战略需要，也要求中国互联网媒体进一步提高技术创新、内容创新和经营创新能力，尤其是国有互联网媒体运营效率亟待提高。另外，从社会效益来看，互联网媒体上也存在许多违背道德伦理乃至违法内容的传播，政府和社会对互联网媒体承担主流意识形态和主流文化传播的功能也有更高的要求。

我国传统媒体当前的困境意味着传统媒体时代下的传媒行政垄断体制也面临前所未有的挑战；互联网媒体相对较高的经济效率意味着它对传统媒体制度创新有积极的启示；社会对互联网传播内容和社会效益更高的期待，则意味着我国对互联网的功能定位认知将持续深化，未来的互联网规制方法也将持续创新。中国"传统媒体"和互联网媒体在功能定位、经济效益、社会影响等方面出现的二元分化和融合趋势，以及相应的规制创新驱动力，既是一个传媒研究领域的学术问题，也是国家整体发展、深化改革乃至民族伟大复兴的战略问题。2014 年通常称为我国"媒体融合"元年，中央全面深化改革领导小组第四次会议审议通过了《关于推动传统媒体和新兴媒体融合发展的指导意见》，这意味着媒体融合已经成为国家战略层面深化改革的一项重大任务。2019 年 1 月中共中央政治局第一次集体学习就集体调研《人民日报》新媒体机构，再次聚焦媒体融合发展的重大主题。

中国的媒体融合不仅仅是媒体产品和机构的融合，其深层更是各个细分传媒领域中传媒功能和体制的融合与创新，因此中国媒体融合也是推动传媒体制和政策融合的重大决策。传统媒体和互联网媒体经营和传播的差

---

① 数据来源：徐立军. 中国电视收视年鉴 2016［R］. 北京：中国传媒大学出版社，2016：19；崔保国.2016 中国传媒产业发展报告［R］. 北京：社会科学文献出版社，2016.

② 玛丽·米克尔. 2016 互联网趋势报告［EB/OL］. http：//mt. sohu. com/20160605/n453011915. shtml.［2019－07－10］.

异，其表层原因是技术上的差异，进一步可以发现是传播内容、风格的差异，更深层的是经营主体及其经营行为的差异、市场竞争格局的差异，乃至传播理念的差异。其实，这几个层次差异的产生，从根本上说都与管理政策、体制有关。因为在传统媒体领域中，具有传媒内容把关作用的媒体渠道环节几乎完全由国有媒体控制；而互联网媒体领域中，经营主体虽然多种多样，但是目前在传播市场上取得经济优势和传播优势的绝大部分是民营媒体。当下，传播内容的生产者空前拓展，海量的、不同规模的生产者都在生产各种传媒产品，包括不计其数的自媒体。国有媒体与民营媒体、个人自媒体的经营行为特征及经济效率有显著差异，政府对其管理要求与目标显然也不同。

　　各界对中国传媒制度的研究由来已久，对传统媒体表层弊端和深层矛盾的分析从未停止。即使在传统媒体的黄金时代，我国业界、学界以及政府管理机构在看到传媒业成就的同时也认识到我国传媒远未"做大做强"，传播社会效益有待提高。对传统媒体体制弊端的反思和谨慎的改革探索从未停止。就我国传媒经济效率来看，这种反思的核心主要体现在以下三方面：① 传媒机构市场经营主体地位不明确导致激励约束低效、经营行为低效；② 按地域、按行业对传媒市场人为切割导致低效；③ 行政垄断严重、竞争活力缺乏、行政干预过多、行政配置资源特征依然显著。其他很多弊端也与这三个方面相关，相应的改革理论探索和实践也多针对这三方面弊端展开，本书的"研究现状"概述中将对此做更为详细的梳理和评议。

　　应该说，各界对传媒体制的弊端分析已经较为充分，政府也出台了很多传媒体制改革的文件。改革开放以来，传媒市场化程度逐步提高。当下，互联网媒体的崛起已经影响到传统国有媒体的生存，然而传统媒体行政垄断的基本格局并未改变。在我国声势浩大的文化体制改革进程中，传媒产业作为文化产业最重要的组成部分，一直是其中影响最大却推进最慢的领域。我国传媒有着极其敏感的政治属性，传统媒体经济效率的低下尚未对传媒体制的系统性改革形成充分压力，因为"新闻媒介被理解为精神产品的生产机构，具有强大的社会影响力，属于上层建筑范畴"[①]。在建设中国特色社会主义市场经济的过程中，传媒尤其是大众传媒对公共政策传播和社会稳定有重要影响，而政治稳定、社会稳定是任何一个国家经济发

---

① 李良荣. 新闻学概论［M］. 上海：复旦大学出版社，2005：101.

展、转型升级必需的要素。

中国稳健的政治改革、经济改革特征，决定了传媒改革没有采取激进的大规模国有传媒产权改革——全面市场化、私有化，而是采取了"事业单位、企业化管理"，允许乃至鼓励国有媒体积极参与市场经营，兼顾传媒的社会效益和经济效益。与此同时，中国在广告、影视、出版等领域也逐步放开了市场准入，活跃了传媒市场。特别是我国的互联网媒体，自其诞生以来就采取了较为宽松的准入制度，为社会资本参与互联网经营打开了空间。如今，面向市场、在激烈竞争中发展起来的民营互联网公司、影视制作公司的传媒生产能力已经相当强大，对国有媒体机构的内容生产和市场占有构成了规模性的威胁。但是，国有广播电视、报纸媒体的行政垄断地位未变，在改革开放以来持续快速发展的宏观经济环境、局部市场化条件下还曾带来良好的经济收益，这在一定程度上固化了国有传媒机构在"事业单位、企业管理"体制下的既得利益，使其缺乏通过深化改革提高传媒产业整体经济效率的动机。然而，经济效率毕竟是生产经营的一个硬性标准，经济低效的机构在激烈的市场竞争面前必然会逐步失去市场。近年来，国有媒体亏损面正在逐步扩大，国有媒体的生存、体制改革成为不可回避的重大课题，甚至在2017年全国"两会"期间引起热议。全国政协委员、湖南电视台原台长欧阳常林介绍，一些电视台广告下滑60%以上，只有少数频道的广告有增长。[①] 记者网发表了"部分电视媒体产生等政府'包养'的腐朽思想"的调侃式批评，并且认为"目前已进入等包养的省级卫视、城市电视台、县级的电视台，正以集结方式进入排队模式"[②]。这种亏损的症结还是在体制，正如中央人民广播电台原台长王求所说，现在传媒收入"断崖式下滑"，而媒体格局和规模还是传媒繁荣时候的体量，如果全靠政府财政拨款为媒体输血，不可能完全托住现在的国有传媒框架，而要形成国有媒体自身的造血机制才是解决问题的长远之道，也是真正的困难所在。人民日报副社长何崇元也认为主流媒体当前面临困境的关键是机制问题。[③] 此类观点一直都存在，但是国有媒体自改革开放以来似乎还没有出现过当下这么严峻的系统性经济危机。

---

① 传统媒体的生存难题怎么解？欧阳常林、王庚年、王求等共议如何扶持主流媒体 [EB/OL].http：//www. sohu. com/a/156073598＿211289. [2019－07－10].

② 媒体上校. 有些电视台产生非常可怕的腐朽思想：等政府包养 [EB/OL].https：//wap. jzwcom. com/jzw/d6/16819. html. [2019－07－10].

③ 传统媒体的生存难题怎么解？欧阳常林、王庚年、王求等共议如何扶持主流媒体 [EB/OL].http：//www. sohu. com/a/156073598＿211289. [2019－07－10].

　　毕竟，市场和技术渐变带来的经营困境已经把传统媒体和传统媒体体制推到了变革临界点。我国宏观经济进入中速发展的"新常态"，体制外的互联网媒体市场在经济影响力和传播影响力二十多年的量变积累中逐渐形成质变式的竞争挑战，传统媒体曾经所依赖的经济基础和垄断地位不再。面对传统媒体的困境，面对新媒体的强力竞争，许多学者强调传统媒体的转型重点在于建立稳定的体制机制，真正激发国内传统媒体按照市场规则和互联网逻辑，去构建其生存发展、产生影响力的新方式。"中国的传统媒体很大程度上是被自己打败的，不是被新媒体打败的。中国传统媒体与新媒体之争与其说是媒介之争，不如说是体制机制之争。此套不解，传统媒体的危机就不可能解。"[①] 特别需要指出的是，传媒学者们不仅看到了我国传统媒体持续加剧的经营困境及其体制困境，而且还强调了传媒融合转型、体制创新时机的紧迫性，认为"传统电视转型的窗口期已经到了快要闭合的时候。我们已经错过了报纸转型，今天不能再错过电视转型，未来更不能错过广播转型"[②]。

二、研究视角

　　面对长期以来的传媒体制经济低效困境难以突破的情形，研究我国传媒规制改革的新视角在哪里呢？我们应该正视在媒体融合时代，我国的传媒体制无法维持传统媒体时代的国有垄断的状态，应该从大局层面理解我国传媒政策目标，认识到我国传媒业不会像一般性竞争产业那样采取大规模产权改革，由此推论未来我国传媒体制改革的方向，应该是在保障传媒社会功能的前提下，通过渐进的规制创新来激发市场竞争活力、提升规模经济效应、激励传媒机构采取有效经营行为，从而逐步优化传媒产业市场结构，提高传媒产业经济效率。理论研究视角大致来说有两个视角：一是反思这种渐进性改革的合理性和局限性，进一步优化改革基本目标；二是在国家既定的规制目标方向下，对传媒规制创新决策与实施过程中遇到的传媒市场现实运行状况进行准确量化研究，并基于政策目标、学术理论来

---

　　① 尹鸿. 传统媒体的真正对手不是新媒体 [J]. 南风窗，2017 (1).

　　② 喻国明. 中国出版传媒商报微信公众号 [EB/OL]. http：//mp. weixin. qq. com/s？_biz=MjM5MDAxNTAyNA==&mid=2650594564&idx=2&sn=d2043d17cba636f5a6e64ced49deb962&chksm=be43365b8934bf4d8bfad53aacb23f0e9aaff0a3076dbc9eac2935f5ee8cdb66d437fba70991&mpshare=1&scene=5&srcid=0104Y5WkPgbUUpmLL2HLZDME♯rd. [2019-07-10].

系统分析，进行科学决策和调控。本书属于后者。

所以，本书采用了"规制"和"传媒规制"的概念和理论来研究我国传媒体制问题，因为规制理论背后系统的产业组织经济学、传播学理论和国际惯例背景，比较适于对我国特定传媒体制下各个传媒领域复杂的问题和运行效果，以及传媒体制改革的规律和具体问题进行量化分析，甚至可以设置一定的考核指标作为传媒政策调控的参考依据，也便于与发达国家的商业媒体、公共媒体进行量化绩效比较。上文论及的我国传媒体制的三大问题不能通过简单的市场化、私有化的方式来解决，而是需要通过量化、渐进的改革调控来权衡解决。而这种量化调控方案，基本上都可以在规制理论范式中找到相应理论工具进行定性和量化分析：传媒市场切割是准入壁垒的问题，传媒竞争活力与垄断低效可以用市场结构相关理论工具进行分析，这都是典型的产业组织学研究的对象；传媒机构经营主体地位问题是产权问题与激励规制问题的结合。可以说，从产业组织、产业规制的角度研究我国传媒行业，是分析行业问题、促进体制改革和行业发展的有效路径之一。

传媒规制长期以来都是传媒政策的核心部分。世界各国的传媒经营通常比一般性竞争行业有更多的规制[①]，不同国家、不同时期的传媒规制形塑了不同的传媒机构、传媒行为和传媒内容。规制通常包括经济规制和社会规制两大部分，传媒规制亦如此。市场经济条件下传媒经济规制主要是运用产权规制来促成传媒有效的市场结构，并对部分媒体采取一定经济行为规制；社会规制主要体现为传媒内容规制。各国传媒规制的政策目标，往往是既希望传媒市场繁荣、产业增长、经济高效，同时希望传媒能生产出优质的内容产品，为社会和受众提供有益的传播服务。当市场不能自动实现这两方面目标时，各国普遍采取政府规制来促进实现这些目标。

世界各国传媒规制理论绝大多数都是把公共利益作为传媒规制的最高目标的，公共利益正是传媒规制的合法性所在。但是，各国在各个时期对于公共利益的理解和实现方式存在一定差别，所以不同时期传媒规制的目标和方式会存在差别。西方发达国家的规制理论普遍把保障社会民主自由所需的信息自由传播与意见自由表达作为传媒规制的最高目标，民主自由

---

① 西方发达国家广电传媒规制较为严格；对于报纸创办、言论传播规制相对较少，但是对于报业集团的兼并重组有规制；数字媒体经济规制则进一步放松，社会规制则根据各自社会目标和文化传统实行了再规制。详细内容将在第二节"传媒规制理论与历史"中介绍。

的社会价值是公共利益最重要的因素。各国传媒规制实践则非常复杂，民主自由、经济效率、消费者利益和企业利益往往是传媒规制政策制定中需要综合考虑的要素，各种传媒规制理论研究则多从应然和实然的角度，关注这些要素及其关系。我国传媒规制则更加严格而复杂，因为我国传媒承担着更复杂的政治、经济、社会、文化功能。从根本上说，我国传媒规制制定的内在逻辑是服务全体人民的公共利益，但是不同历史时期我国对公共利益的理解及其实现方式有所不同，传媒规制也在因各种政治、市场、技术环境变迁而持续变革。党的十八届三中全会以来，我国正在推进新时期的全面深化改革，改革的总目标是完善和发展中国特色社会主义制度，让一切创造社会财富的源泉充分涌流，让发展成果更多更公平惠及全体人民；经济体制改革的核心是"使市场在资源配置中起决定性作用和更好发挥政府作用"，这正是中国人民最大公共利益的体现。作为承担公共政策宣传、公众意见表达和公益文教传播的传媒行业，更是一种直接关涉公共利益的"公器"，需要为全社会深化改革提供良好的舆论环境；与此同时，传媒又是现代信息社会的经济基础设施和支柱产业，需要通过市场配置资源提高自身经济效率，也为全社会提供更加丰富的传媒消费产品。从规制理论角度来看，这种以公共利益的社会目标为先、同时追求经济效率和产业发展的政策目标，是要通过改革经济规制和社会规制来实现的，从而更好地实现传媒的社会目标和经济目标。

本书重点是研究传媒经济规制，尤其是基于对各类传统媒体"分立规制"绩效的系统分析和比较，来探讨当下和未来媒体融合中的"融合规制"创新路径。近年来我国传统媒体经济效益和传播影响力迅速下滑，而互联网媒体却因不同的体制和强大的技术功能而持续迅猛发展，并且"互联网＋"已然成为我国经济转型升级的国家战略，互联网媒体的传播能力和社会影响力也持续迅速提高。传统媒体与互联网媒体这两种不同的发展趋势固然与其传播技术相关，但是两者产业规模在国际同行中相对地位差异显著，这只能说明传统媒体规制与互联网媒体规制的差异对相应的媒体市场行为和产出产生了不同影响。所以，要研究我国媒体融合时代正在进行中的媒体规制创新，就需要实事求是地深入研究过去传统媒体规制和互联网媒体规制，分析不同规制下的传媒市场竞争格局和传媒机构市场行为，并发现不同历史时期特定规制及其变革带来的效果，进而根据我国新时期的规制目标，参考国际融合规制经验，来综合权衡规制创新决策。

三、研究问题

那么，在传统媒体规制体系下，我国传媒产业究竟多大程度上达到了社会目标、经济目标？要实现传媒产业持续增长且促进整体经济增长与转型，保证正确舆论主导"中流砥柱"、各种创造性传媒文化"百花齐放"，需要怎样的传媒经济规制体系？不同时期的规制改革在规制目标实现中发挥了怎样的作用？应该说，党和国家的各个时期的重要文件作出了方向性的决策，尤其是《中共中央关于全面深化改革若干重大问题的决定》中提出的坚持正确舆论导向、促进媒体融合、鼓励公平竞争、提高产业规模等文化体制改革方针，这将成为今后一个时期我国传媒规制的指导方针。但是仅有这些政策方针还不足以认识传媒规制复杂的政策目标的实现程度，不足以深层认识这些宏大传媒政策目标之间的理论关系。学术界需要在中央总体改革原则下，在传媒技术和传媒市场迅猛变革的条件下，审慎辨析传媒规制主体和客体的性质，构建一个科学严谨的规制绩效评估体系。

对我国现有传媒系统及其体制——"事业性质、企业管理"媒体、企业性质国有媒体和民营媒体企业混合并存——的绩效评价，官方文件使用最多的是"取得了社会效益和经济效益双赢"；有人认为，这种混合体制既限制了传媒产业经济效率的进一步提高，也妨碍了传媒公共服务职能的实现。崔永元关于中国电视公共功能和商业效率均未充分体现的批评颇有代表性。[①] 这些观点道出了许多重要现实，但作为传媒规制学术研究，对规制绩效尤其是经济规制绩效评价不能停留在描述的层面上，而应该有更系统的理论分析和评价指标。

传媒行业产出数据指标固然可以作为反映规制绩效的指标，甚至是最终指标；但最终产出指标往往还受技术、市场等多种因素影响[②]，所以不能简单以最终产出绩效来评估传媒规制绩效。按照产业组织经济学相关理论，规制能够直接产生的结果，即规制直接绩效，是影响市场结构、影响企业行为、影响市场可竞争性，进而和其他社会、经济要素一

---

① 参见 http：//ent. sina. com. cn/s/2005 - 09 - 16/ba842801. shtml.
② 迈克尔·波特著名的"钻石理论"认为，一个国家产业竞争力取决于生产要素、需求条件、相关性产业的表现，企业战略、企业结构和同业竞争以及机遇、政府。其中政府的角色，是指政府对上述"钻石体系"基本要素的影响，对产业、市场干预与放任的平衡。

同影响传媒经济产出和经济运行效率。经济规制的主要目标是形成产业内部有效竞争、激活市场竞争并且保证适当的规模效益，才能充分发挥个体企业和整体产业的经济效率。因此评价我国传媒经济规制绩效的研究，应该包括以下几组问题：

（1）从市场结构上看，中国传媒市场究竟是竞争不足，还是竞争过度？时间序列上，报纸、电视、互联网媒体等传媒子市场的市场集中度如何变化？这种市场集中度变化体现了规制政策怎样的作用？

（2）中国传媒机构市场经营行为有何特征？它与市场竞争水平有何关系？不同产权传媒机构市场经营行为有何区别？

（3）中国传媒机构规模经济达到怎样的水平？传媒规制对传媒规模经济有什么影响？

（4）中国传媒产出达到什么水平？不同产权性质媒体的传媒商品产出、传媒公共产品产出有何特征？

四、研究现状

在社会、经济转型背景下，我国传媒规制研究问题复杂、视角较多、成果较丰富。其中有的研究是用"规制"概念和理论，更多研究常用传媒政策、体制、制度等概念和理论来研究与规制相关的问题，研究成果比较丰富。各类研究范式大致有新闻传播学范式、经济学范式、制度主义范式等。

（一）国内研究的问题和观点

1. 传媒属性与功能

传媒属性、功能定位往往是传媒规制的核心问题，对我国传媒来说这是一个敏感而重大的问题，尤其是在改革开放前期。各界观点主要包括党的喉舌功能、公共利益属性、"双重属性"、产业属性、功能转型等。童兵认为，传媒是党和政府的喉舌同时又是人民群众的喉舌，政治文明需要民主、科学、人文的新闻观；舆论监督的理念和顶层设计尚须变革；马克思主义新闻观中国化过程中要保持正确的政治方向（2001，2003，2012，2018）。李良荣认为，中国传媒整体具有上层建筑和信息产业双重属性；"一报两台"是党的喉舌，具有更多事业性质，其他媒体则具有更多信息产业属性；"公共利益是中国传媒业立足之本"；中国新型主流媒体应面向以中等收入群体为主的主流人群，传递主流价值观。（1995，2003，2007，2018）喻国明认为，社会系统要求传媒功能从"喉舌论"向保障知情权与信息安全转型，从一元宣传导向往多元沟通、公共话语平台转型（2004）。宋建武从新闻的公共物品性质、广告的私人物品性质论述了媒体的双重性质（1997）。邵培仁、胡智锋、李晓枫等也论述了传媒的公共利益属性。周鸿铎较早提出了传媒经济属性的观点（1986）。黄升民、丁俊杰论述了传媒产业属性及产业化动力（1997）。吴信训等论述了传媒经济具有商品属性、政治属性和公益属性（2005）。

在哲学理论、政治理论没有重大突破的情况下，近年来关于我国传媒属性与功能的研究似乎也没有多少重大进展，当然也有研究者提出了新媒体环境下传媒属性的挑战和机遇以及对我国混合传媒功能的思考。张金海、李小曼提出，在中国传媒混合型的功能结构中，不仅公众利益缺乏结构性保障，还存在强势政府与传媒的严重利益冲突，冲突双方均将受到利益的损伤。中国传媒按照公共性、意识形态性与商业性三种不同属性设立不同传媒类型，实现政府、传媒、公众三者在传媒结构中的利益均衡，就成为传媒结构合理建构的可行路径（2007）。刘瑞生认为，新媒体传播中意识形态构建方式正在转型，新媒体网络化、全球化、社会化与个体化的传播属性对我国主流意识形态的媒体建构提出新的挑战和机遇（2011）。任陇婵认为，改革开放后我国媒体由单纯的宣传单位转变为集宣传喉舌、公共服务、产业发展"三位一体"的新主体。时政新闻也具有政治、经济双重属性，时政新闻所背负的新闻理想、时政情怀与商业诉求、市场压力之间的乖离，使时政新闻及其从业者成为一个矛盾体（2015）。

2. 传媒体制特征、问题剖析、改革方向

如果说从根本上论述我国传媒属性和功能有理论风险和难度，那么论述具体体制特征、剖析体制存在的弊端和问题、探讨具体可行的体制改革方案，则更可行也很有必要。

从新闻宣传到产业发展，从传媒结构到市场运营以及传媒组织、体制变革特征，都有较多的研究文献。喻国明认为，我国新闻体制是一元多层的刚性控制；我国传媒发展失速，迫切需要体制改革解放传播生产力；规制改革需要统一机构、科学标准、法规体系（1988，2003，2010）。胡正荣认为广电公共服务应由政府主导提供向政府组织、社会资本参与或市场供给发展（2007）。张志认为我国要建立事业和产业双重现代政府规制，促进传媒多样性和效率性，促进有效竞争（2004）。谢耘耕认为我国需要通过资本运营来盘活资产、优化竞争、实现规模经济（2006）。陈怀林认为传媒改革路径是自下而上的"合谋"与连续边际调整（2000）。陶喜红研究了传媒市场结构变迁及其制度、技术原因，认为中国传媒市场行政力量转向适度垄断，进入壁垒从刚性向适度黏性发展（2013，2014）。胡智锋、尹鸿、严三九、屠忠俊、庞井君、潘祥辉、易旭明等人就传媒制度也有深入论述。

现有文献论及的我国传媒制度弊端主要有："事产混合"体制低效、公共功能受损、市场分割行政垄断、产权不清、无序竞争、资源浪费、规制权威不足等。胡正荣批评了媒介寻租现象；认为传媒资本化重组面临体制、产权、垄断困境，会侵蚀本来就很脆弱的公共利益；我国媒介制度困境的根源在于意识形态中关于媒介、国家及人本身的理解（2003，2005）。唐绪军论述了中国报业的产业特性、体制条件、现实挑战，论述了报业市场化与宏观体制的关系（1995，2005）。李本乾认为我国传媒产业组织政策导致传媒产业散、滥、小，应该重构媒介管理体制、重建媒介竞争秩序，分宣传、公益、商业传媒三大类型实施不同监管与规制（2010）。陆地认为中国电视产业面临资源补偿、管理系统、市场系统及国际化四大危机（2002）。时统宇对电视收视率导向、泛娱乐化现象进行了持续的批判（2006，2007）。陈敏、张晓纯对 52 位媒体人的离职告白文本进行内容分析后发现，传媒体制的禁锢是首要原因（2016）。黄勇、李晓枫等也剖析了各种传媒弊端。

关于改革方向，各界观点大致包括"事产分离"、明晰产权职责、放松规制、打破条块分割等，还就制播分离、三网融合、公共服务、产权改革等具体制度进行了研究。童兵主编的"中外传媒体制创新"丛书系统论述了报业、广播电视、互联网等传媒体制，提出了培育市场主体、完善市场体系、转变政府职能的改制方向。戴元初认为我国需要解构"潜规则泛滥"的旧规制，建构市场和政府职责明晰、超越部门利益的新规制（2006）。唐世鼎、黎斌探讨了制播分离的理论依据及系统改革路径（2005）。李岚、朱虹、强月新也论述了制播分离。黄升民认为"三网融合"具有内容管控、传输安全、公共信息平台的媒介思维，通过双向准入、市场竞争、技术进步服务于国家信息战略（2008）。严三九认为，尽快实现媒体融合与传媒体制之间前沿性与滞后性、客观性与主观性的动态平衡，成为决定媒体业发展格局的关键环节；其调研显示"现行传媒体制在传媒公司运营机制改革中阻碍作用的程度"居各项要素之首，但是巨大的革新需求与谨慎、惰性之间形成了传媒体制改革在意识层面必须克服的一对矛盾，政策的制定、执行与行业反应存在不对称现象（2016）。朱剑飞则强调媒体融合是"一场革命性的转基因工程"，认为我国媒体融合通畅度被区域属性制约，要通过突破地域与体制来培育真正拥有主导性的市场主体地位，通过资本手段实现台（报）网合一的平台联动运营、实现产业链全面融合；要打造拥有吸引力和数据分析能力的用户平台，最重要的是技术能力和"互联网＋"的思维价值理念，产业化导向的混合经济媒体融合，要打破传统媒体管理的路径依赖，将不可避免迎来再一轮思想解放与传媒集团的"二次革命"（2016）。在具体的规制创新方案上，葛明驷提出"特殊管理股制度"具有加强社会性规制、放松经济性规制的功能，是我国媒体规制融合的一种趋势（2017）。

3. 传媒规制理论、国外体制研究

各界一般认为传媒社会价值、技术特征是规制合理性所在；国外规制政策对我国的启示主要是放松经济规制、促进竞争与融合、重塑社会规制。张志认为西方规制变革特征是放松经济规制、强化社会规制、调整外部规制、建立内部规制，目标是提高效率、适应全球化（2003，2012）。朱春阳认为我国传媒规制应以传媒事业、产业分离为切入点，以形成全国统一、开放、竞争的传媒市场为产业规制目标（2008）。肖赞军认为西方传媒融合规制趋势是：纵向规制向横向转换，放松准入、促进竞争、吸纳投资取向，行为规制取代结构规制（2011）。夏倩芳认为公共利益是英、美广电规制的正当性所在，但实践中公共利益往往不能公平表达，放松规制导致产业利益与公共利益之矛盾更难调和（2004）。戴元初认为，如果没有政府规制传媒市场失灵几乎是必然的，但是规制方式因各国传媒嵌入社会功能方式不同而各异。美国侧重于自由市场环境下公众经济利益诉求基础上的"公共利益、便利和必需"，英国侧重于以公共广播电视为主体的精英干预下的公共利益保障机制。美、英传媒规制形成均源于其特定的政治、经济、历史、文化条件，但美英两国电子传媒规制目标和实现方式正有所趋同（2014）。金冠军、郑涵分析了西方各国因政治调控关系不同而形成的四种公共广播模式（2002）。国家广电总局发展研究中心梳理了13国广电体制沿革、模式、法规，认为我国广电可以借鉴经验、基于国情，经外围突破向整体转型变革（2007）。经济学对传媒机制的实证研究很有价值。程贵孙研究了传媒、广告商、消费者作用机制，认为适当传媒规制利于社会福利增加，兼并利于传媒、广告商，如兼并后节目差异性提高，消费者福利并不会降低（2007）。李然忠基于"多任务委托—代理"经济模型分析，认为中国媒体"双重任务"必然导致经济低效率（2005）。龚彦方计算了传媒需求弹性、规模弹性，认为中国传媒上市公司垄断势力明显，但"条块分割"又使公司规模不经济（2012）。张文锋分析了自我规制或共同规制的形式对国家规制的补充或替代（2015）。互联网媒体规制也成为各界关注的新热点，郎劲松等认为我国视听内容规制与传媒市场化之间的张力不断强化，注重传媒公共性、探索传媒法治化应成为我国内容规制的新思路（2016）。李杉、阮毅针对中国经济进入"新常态"的形势，提出经济下行时规制改革的目标和手段也应符合新常态的本质，采取以激励性规制手段完善市场结构与产权结构、建构经营者激励机制、提升传媒市场的有效竞争等一系列举措（2018）。郭镇之、金碚、崔保国、吴克宇、金雪涛等学者也论及传媒规制。

4.传媒、传媒产业、传媒规制的绩效评估标准

总体包括传媒公共功能、经济效率两大维度。喻国明、戴元初评述了美、英规制效果评估方法，指标包括集中度、观点多元性，及综合公共领域平台实现程度权变评估法（2008）。丁和根认为应从媒体社会责任、制度认同、竞争力、经济效益等角度评价传媒制度绩效（2007）。陈蕾、李本乾、岳芃、王艳萍等人的研究，论及市场结构、产权结构、规模效率、资源配置、利润率、产出、市场行为、技术进步等指标（2005，2009，2006）。

经济规制政策的主要目标是保证有效竞争，传媒研究也常论及它是传媒经济规制目标，但是对有效竞争的理论阐述和深入研究则多在经济学研究中进行。王俊豪在中国较早论述了有效竞争属于适度竞争和适度规模交集概念（1995）。金碚建构了 SCP 循环分析模型，梳理了有效竞争指标（1999）。曹建海认为有效竞争可以作为经济政策依据（1999）。马文军等结合钢铁等产业研究了有效竞争的企业数量、企业规模（2010）。丁启军从利润率、实际利润率、职工平均工资来衡量价格规制效果，并结合规制机构利益同盟等规制行为来评估规制效率。于良春等用产量、质量、价格、资产利润率等指标来衡量电力生产效率、资源配置效率。

（二）国外相关研究

国外传媒规制研究各个时期各有重点。20 世纪 20 年代，电波稀缺使得美国接受了执照审核、所有权限制、公平近用的广播规制理论；英国则

采取了更强的规制——公有化。斯特恩（Stern）认为这种规制模式在商业利益主导下延伸到电视领域（1961）。一般理论认为广电产权规制利于实现观点多元、防止垄断。科斯（Coase）从经济角度则提出电波产权规制不如频谱产权私有、拍卖更有效率（1959）。

20世纪70年代起放松规制开始盛行，文献多论证其技术、经济效率的合理性，或从公共、民主角度论证社会规制的必要性。英国皮考克委员会1986年提出了"消费者主权"理念，强调市场力量。科林斯（Collins）等认为传输技术、意识形态、节目国际化改变了英国广电规制（1988）。皮卡德（Picard）分析了政府干预媒介市场的社会、经济原因和争议（1989）。奥格斯（Ogus）论述了规制和放松规制的法律形式和经济效率（1994）。麦克切斯尼和巴格迪基安（McChesney & Bagdikian）持续批评了放松规制下垄断媒介反民主的现象（1999，1983）。

21世纪的传媒规制研究，不仅关注媒介融合、全球化时代的规制趋势，还深入研究放松规制对民主的影响，精确量化传媒产权结构研究，辨析放松规制中的政治—经济关系、规制传统影响等问题以及各国不同文化下的社会规制。

哈根（Hagen）认为传输技术进一步改变广电性质，放松渠道规制是趋势；但传媒外部性意味着广播社会规制将超过经济规制（2005）。西布赖特（Seabright）认为广播产业租金已经从控制渠道转向控制内容，规制必须警觉内容企业的价格、行为（2005）。芬塔克（Feintuck）认为英国公共服务、民主价值受到市场价值挑战，规制很难协调激励增长与公共服务的关系，新的传媒规制并不完全符合整体公共利益（2006）。豪尔（Hall）等认为规制机构的自身传统会改变规制效果，规制需要更透明、客观（2000）。亚历山大、布依格斯和白金汉（Alexander、Buigues & Buckingham）等人分别研究了美国、欧洲、澳大利亚等国家根据自身政策、文化需要而实施的规制（2005）。

伦特（Lunt）等认为全球化中政府越来越难以通过传媒政策实现全国共享价值，随着商业、教育、社区等社会功能越来越依赖传播，英国规制机构越来越强调公民参与、自我规制；经济规制应通过精确信息判断市场是否有效（2002）。多伊尔（Doyle）分析了传媒产权集中的政治、经济影响，认为英国放松产权规制政策更多的是政治观点，而缺少精确、系统的量化研究证明媒介产权集中带来的社会、技术、经济影响，新规制未能禁止政治势力与传媒势力的不健康联盟；经济影响方面，她统计发现地面电视、全国性报纸受众规模与边际利润的相关系数分别是 0.876 和 0.663；斜向扩张只有在经营专门性的共同内容时才有明显经济效益；传媒政策促成的市场结构和产权结构对企业经济绩效影响明显（2002）。

诺姆（Noam）认为美国传媒政策争论是"热度"大于"亮度"，精确的传媒产权信息是规制政策的基础。他分析了美国信息传媒产业 20 多年的产权集中数据，发现其 2006 年前后的传媒垄断程度，相对 1984 年以前并未上升，相对 1992 年则上升了，相对 2001 年未上升；数字传媒集中度更高是因为强规模经济、网络效益等技术特征；25 家传媒寡头、无数专业传媒公司构成了美国"双层传媒系统"（2009）。美国政府问责局发布的媒介产权报告认为市场规模、技术及法律规制影响传媒数量；经济压力迫使传媒兼并或内容合作，这会减少独立的观点传播；互联网便于小企业及女性、少数派进入传媒市场；建议 FCC（美国联邦通信委员会）改进女性、少数群体传媒数据的精确性，从而更好地保证传媒多样性的政策（2008）。斯乔瓦（Sjøvaag）提出基于媒介效果假设的规制原则是政治性的，传媒规制应该有系统的社会基础，而非简单"路径依赖"（2014）。新媒体环境下规制矛盾也是国外研究热点之一。凯莉·奎因（Kelly Quinn）研究了社交媒体隐私规制的困境（2016），苏珊·芬勒（Susanne Fengler）认为传媒自我规制效果有限，规制政策制定者应该创造更多的激励来督促传媒机构实现社会责任（2015）。林（Lin）认为泰国根据不同视频类型的社会文化影响采取不同的规制模式，能够覆盖大众传播市场的电视类内容，采取了严格的"把关人"模式的内容与执照规制，而网络传播平台的中立能够促进跨平台内容创新和传播模式创新（2016）。传媒规制如何处理公共利益和私人利益关系一直是个根本性议题。2017 年伊莎贝拉·卡比尔和凯瑟琳·萨利卡伊斯（Izabela Korbiel & Katharine Sarikakis）仍认为欧盟传媒规制在协调传媒产权和公共利益方面并不成功（2017）。

国外关于有效竞争的研究，可追溯到"马歇尔冲突"的发现。克拉克（Clark）为此提出了"有效竞争"概念，认为竞争过强或过弱都会导致效率低下（1940）。斯蒂芬（Stephen）则从市场结构、企业行为、市场绩效方面提出了有效竞争 29 条标准（1958）。马松、拜恩和舍雷尔（Mason、Bain & Scherer）逐步完善了市场结构—行为—绩效分析范式（1957，1959，1970）。鲍莫尔（Baumol）等提出可竞争市场理论，认为政府应保持市场潜在竞争（1982）。许多文献研究了规制与有效竞争实践，如格思里（Guthrie）发现有效竞争市场中企业比受规制企业获得更高现金流的投资模型（2012）。

（三）研究述评

如上所述，国外传媒规制基本理论和价值研究已趋于稳定，放松经济规制的政策方向基本形成，前沿研究一方面是对规制社会绩效、经济绩效的系统、精确、实证研究；另一方面是关于基本规制理论中的传媒影响机制等环节的研究，从而对规制理论进行深化或反思性的研究、验证。也有不少文献是从不同国别的经济效率、文化规制要求进行国别规制研究。

中国的传媒规制研究，多数还在论述放松产业规制或者保障公共利益的政策方向，以及总结借鉴国际规制普遍经验；部分研究开始探讨规制实践中的变量关系。我国传媒规制研究，尚未更精确地实证研究各层次、各类型传媒市场的市场结构、竞争行为、规模效应、融合效果，尚未对事业、产业混合体制下传媒公共、商业功能实现水平进行量化评估，尚未对不同产权媒体的社会与经济绩效这一敏感问题进行系统研究。

五、研究思路

根据国内外传媒规制领域的研究学术图谱以及我国传媒规制实践中的问题，本书聚焦我国传媒规制绩效，实证研究在各层次、各类型传媒市场中，传媒规制带来的市场结构、市场行为、规模效应、媒介融合这几类直接绩效，以及传媒规制与其他因素综合作用带来的传媒公共产品产出和传媒商品产出绩效。本书还将基于绩效实证研究，论述各时期规制变革对规制绩效的影响，探索我国传媒规制创新进路。

需要强调的是，传媒规制的政策目标包括社会目标和经济目标，世界各国普遍认同传媒社会目标高于经济目标；传媒规制不仅是传媒产业经济规制，传媒社会规制对社会目标实现也具有重要意义。本书侧重研究传媒经济规制及其对传媒经济效率的影响；关于传媒社会规制及其绩效，也从传媒公共产品（包括公共政策宣传、公众舆论表达、公益文教传播）产量的角度有所涉及。这是因为，传媒经济规制本身也是非常重大的研究议题，我国尚未从理论上清晰地解决在现有宏观制度环境下、在保障社会目标前提下，如何通过可行传媒经济规制改革充分释放传媒产业活力的问题。传媒产业经济规制下形成的传媒市场结构和市场行为不仅影响传媒产业经济发展，而且也影响我国传媒社会目标实现，甚至还影响我国整体国民经济的转型升级。中国语境下，政府在经济发展中所发挥的作用大于一般的成熟市场经济体。在传媒产业领域，我国政府干预和公共资源直接参与传媒产业发展的程度尤其高，传媒经济规制在微观传媒企事业机构以及全行业的发展中具有特别重大的影响，需要从理论和实践层面对融合时代的传媒规制进行拓展研究。

所以本书拟定的研究思路是：首先，梳理相关规制理论及我国规制政策目标，构建包括市场结构、规模经济、市场行为、传媒产出等标准的规制绩效评估模型。其次，分四章统计研究这些绩效标准及其子项目标准的现实表现、理论内涵，纵向研究市场结构的历史变迁轨迹，从中发现部分相关变量的关系，进而评价中国传媒规制绩效，提炼出关于中国传媒规制研究的理论和实践观点。最后，总结各层、各类市场统计研究中的重要发现，并针对性提出政策建议。研究思路如图1-1所示。

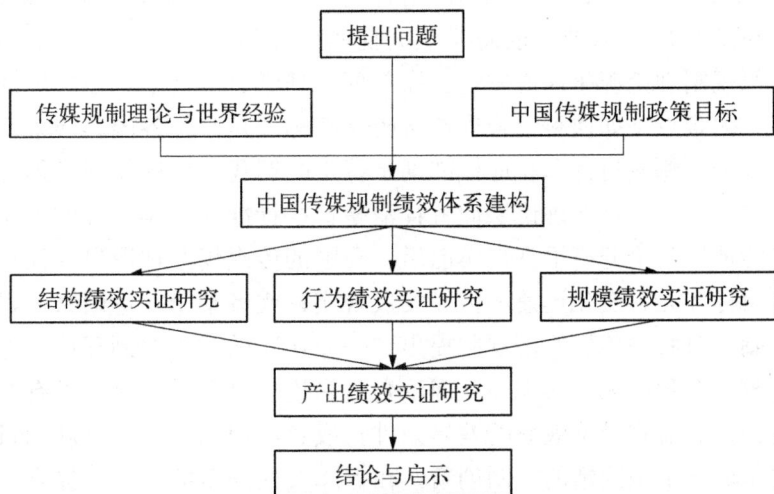

图1-1 本书研究思路

六、研究方法

对于中国传媒产业规制绩效这一理论性和实践性很强的研究课题，本书主要采用了理论分析法和实证数据分析法进行研究。

本书主要理论框架是基于有效竞争理论等产业组织理论、规制经济学理论以及相关新闻传播学理论，来构建传媒经济规制绩效评估模型，分析模型中各项指标的现实含义和规制政策原因。

根据上述理论视角，基于实证数据对传媒行业几个重要子行业及其细分市场的重要市场结构、市场行为、规模效应和传媒产出等方面的规制绩效进行实证分析，并实证研究核心市场结构数据的历史变迁，分析其中的内在规律；并在此基础上对照我国传媒规制目标来评价规制绩效实现程度，进而据此提出优化公共政策决策和实施规制创新的建议。

第二节　传媒规制理论与历史

正如有的学者所说，传媒规制研究者的任务之一，就是为有效的规制（effective regulation）制定一个合适的标准；政策制定者则要明鉴现实世界的规制优先目标、配套规制的组合选择。[①] 所以，传媒规制绩效研究，既需要一定的科学标准，也需要根据现实世界的优先目标来采用相应标准。传媒规制理论源于西方发达国家新闻传播学、经济学，中国传媒规制研究的一大难点是如何科学合理地辨析哪些标准是中外各国共同采用的规制绩效标准，哪些目标和相应标准则是特定时期我国传媒规制必须优先或者居次的目标，并且在理论层面解释清楚这些标准与现实目标的关系，从而尽可能地把理论分析推到现实前沿。我国的传媒规制理论研究往往严重滞后于目标多元、变化迅速的传媒发展现实；或者基于发达国家传媒规制理论原则，对我国传媒经济规制提出"一刀切"的放松规制理论，显然这种理论模式在我国无法实现，从理论角度来说也过于简单化，没有充分考虑实现公共利益和经济效率的差异条件；或者认识到我国传媒规制目标复杂而提出面向中国国情的规制创新，在保障舆论安全的基础上提高市场效率，但是往往又缺乏对具体的规制对象的分类界定及其明确的评价标准与统计，也缺乏指导实践的现实价值。

笔者认为，中国传媒规制绩效评估标准体系可以参考世界传媒一般规制的发展规律，基于科学的理论体系根据全社会与国家整体发展目标对传媒行业提出的要求来构建，进而根据这个标准来系统评价传媒行业实践表现，比照我国传媒规制的目标，进行合理评价和政策调控。世界各国的传媒规制政策及其调控标准，实际上也是根据自身的社会、经济、文化目标，在政治经济博弈中逐步建立、动态调整的。一旦通过系统的调查研

---

① Colin Rowat, Technological and Regulatory Development in Broadcasting, in Paul Seabrght, Jürgen Von Hangen, *The Economic Regulation of Broadcasting Markets*, Cambridge University Press, 2007, p36.

究、规范的法律程序形成了传媒规制政策决策，它就成为公共机构评价和干预传媒产业的依据。

什么是传媒规制的一般标准？在保证传媒社会效益目标的前提下，提高传媒产业和传媒事业的经济效率，从而做大做强传媒事业和传媒产业，这个标准大概不会有太多争议。而关于经济效率，一方面是市场主体在竞争中优化资源配置、优化经营行为来提高效率；另一方面即是充分利用规模经济效应来降低成本、提高经济效率。这正是所谓"有效竞争"（workable competition）的理念，产业规制乃至整个产业组织经济学研究的核心正在于此。尽管公益性质的传媒事业在生产资源配置、产品和服务分配方面的经济效率评价标准和传媒产业不一样，但是生产过程中同样有提高生产效率的内在要求，合理的竞争与规模也是提高效率的重要途径之一。当然，世界各国没有一成不变的规制，这是因为经济环境、技术条件等因素变化直接影响经济效率的实现，有效竞争的标准也在逐步发生变化。另外，社会思潮、社会目标、文化变迁也影响社会效益的评价标准，所以传媒规制的标准往往也会发生相应变迁。规制的历史是不断变换政府行为重点的动态过程，随着政策目标的变化，规制制度及应受规制的目标市场也会发生变化。总之，结构性的经济变化经常伴随着政府干预市场的新形式，规制通常是对经济实践或市场失灵的特殊回应。① 这就需要传媒规制研究准确面对传媒产业实践和市场存在的问题，为政府规制评价提供有效的标准，为规制政策决策提供科学有效的理论和实证依据。

所以，本书首先将简介规制理论以及传媒规制的基本概念、理论、历史，梳理新中国传媒规制目标的变迁并分析当下我国传媒规制社会目标和经济目标体系特征，并在此基础上设立符合理论原理与具体社会目标的规制评价指标体系。

一、规制理论概述

（一）规制概念及实施规制原因

1. 规制概念

规制作为学术概念一般应用于经济学领域。规制经济学产生于美国，

---

① 丹尼尔·F.史普博. 管制与市场 ［M］. 余晖，等，译. 上海：格致出版社，2008：15. 书中将"regulation"翻译作"管制"，本书中统一引用为"规制"，内涵相同。

政府规制（government regulation）或称公共规制（public regulation），在美国是指政府在微观层面对经济的干预。美国学者史普博定义规制是"由行政机构制定并执行的直接干预市场配置机制或间接改变企业和消费的供需决策的一般规则或特殊行为"。规制学研究的是规制存在下的规制过程及作为其结果的市场均衡。规制的过程，是由被规制市场中的消费者和企业、消费者偏好和企业技术、可利用的战略以及规则组合来界定的一种博弈[①]。很显然，理性的企业和消费者都会充分利用规制政策给定的空间，采取相应的经济行为来实现利益最大化。规制的实施具有博弈性质。如果企业没有动力去实现自身利益最大化，不能充分提高生产效率，或者企业为了自身利益最大而突破政府规制、损害了社会整体利益，这都是规制失效或低效的表现。

日本经济学家植草益的著作《微观规制经济学》在中国流传甚广，其规制理论一定程度上反映了东亚地区国家干预力量往往比英美更强的现实，体现了这种市场模式的运行和规制特征。该书所提到的规制外延更广，认为通常意义上的规制是指依据一定的规则对构成特定社会的个人和构成特定经济的经济主体活动进行限制的行为。而由社会公共机构进行的"公的规制"，是由司法机关、行政机关及立法机关对私人以及经济主体行为实施的规制。广义的规制，还包括政府为了提供公共服务和产品、实现经济增长与合理化、保障就业与公正分配等目标而采取的各种国家干预措施。[②] 现代世界各国政府都会采取相应的干预政策来促进经济持续平稳发展，其干预强度和干预方式往往因政治体制和历史文化传统而存在较大差异。

中国政府对社会和经济的干预强度比西方发达国家更高，中国经典的《产业经济学》教科书对产业规制的定义，似乎也体现了这种更强的干预特征和更宽的外延："政府或社会为实现某些社会经济目标而对市场经济中的经济主体做出各种直接和间接的具有法律约束力或准法律约束力的限制、约束、规范，以及由此引出的政府或社会为督促产业经济主体活动符合这些限制、约束、规范而采取的行动和措施。"[③] 的确，中国政府产业规制目标比西方国家更广，社会目标、经济目标更为复杂，规制的形式更加多样。

---

① 丹尼尔·F. 史普博. 管制与市场 [M]. 余晖，等，译. 上海：格致出版社，2008：45-47.
② 植草益. 微观规制经济学 [M]. 朱绍文，等，译. 北京：中国发展出版社，1992：1-2.
③ 苏东水. 产业经济学 [M]. 北京：高等教育出版社，2005：376.

2. 实施规制原因

公共机构为什么要对自由市场交易过程及其经济主体实施规制呢？这是因为完全自发自由的市场机制不能自动带来完全竞争、维持资源有效配置和实现社会公共利益。而古典经济学曾经认为自由市场能够带来最佳资源配置效率、生产激励从而自动实现全社会利益最大化，这种理论和相应的制度在几百年来极大地推动了人类经济发展，市场经济至今也仍是世界经济运行的基本方式。市场经济的基本价值理念、理论体系实际上已经超出了经济的范畴，成为人类社会现代化的一项基本指标。当然，市场制度远没有其声称的那么完美，历史轨迹、经济现实和理论发展都表明，自由自发的市场存在大量"市场失灵（market failure）"现象。这种市场失灵主要表现为公共物品短缺、非价值物品供给、自然垄断性（natural monopoly）、外部性（externalities）、不完全竞争、不确定性、信息不对称、风险等问题①，从而带来市场和全社会对政府规制的需求——规制那些不利于市场效率和社会公共利益的现象和行为。美国经济学家萨缪尔森认为，市场非效率导致市场失灵最重要的三种情况是不完全竞争（如存在垄断）、外部性及公共品，另外分配公平、宏观经济稳定增长也需要政府调控才能实现。②

限制垄断、促进竞争以及调控外部性影响，是规制理论关注的基本问题，为社会提供有效的公共物品是规制研究的应有之义。首先，社会需要政府规制抑制企业制定的垄断价格，维护社会分配效率。垄断企业总是趋向于利用自身的垄断地位，来制定高价格、获得垄断利润，这会扭曲分配效率；其次，规制可以抑制破坏性的过度竞争，以防止生产过度闲置、造成社会资源浪费，也防止企业因破坏性竞争而停产，从而影响产品的供给稳定；再次，规制可以制约垄断企业的不正当竞争行为，这种不正当竞争主要表现为排斥正当竞争。外部性是指企业经济行为对企业以外社会、企业、个人的影响，如某企业的行为可能对社会经济发展、环境、产品质量和消费者利益产生正面或者负面的影响。政府规制就是要限制企业产生负面外部性，激励企业正面外部性。③ 由此可见，规制一方面与竞争密切相关，既要防止竞争不足、垄断低效，也要防止竞争过度、资源浪费；另一

---

① 植草益. 微观规制经济学［M］. 朱绍文，等，译. 北京：中国发展出版社，1992：7.

② 保罗·萨缪尔森，威廉·诺德豪斯. 经济学（18版）［M］. 萧琛，主译. 北京：人民邮电出版社，2008：31-34.

③ 王俊豪. 政府管制经济学导论［M］. 北京：商务印书馆，2010：4-9.

方面，规制与市场交易之外的社会主体利益相关，规制企业为了自身利益而损害其他人以及全社会公共利益的行为。

规制可分为经济性规制和社会性规制。经济性规制是指在自然垄断和存在信息不对称的领域，主要为了防止发生资源配置低效和确保资源利用者的公平，政府机关用法律权限，通过许可和认可等手段，对企业的进入和退出、价格、服务的数量和质量、投资、财务会计等有关行为加以规制。因为规模经济效应、网络经济效应、资源稀缺等原因，广播、电视等传播行业一般被认为属于自然垄断行业。社会性规制则是以保障劳动者和消费者的安全、健康、卫生，保护环境，防止灾害为目的，对物品和服务的质量以及伴随着提供它们而产生的各种活动制定一定标准，并禁止、限制特定行为的规制。①

本书研究的传媒规制绩效主要侧重于经济性规制；对传媒社会影响及社会性规制绩效，仅通过调节公共产品供给数量指标来体现。

（二）规制历史简介

经济理论和实践中关于政府规制的认知和实践思潮，经历了无规制、产生规制、强化规制、放松规制、规制改革几个历史时期。

古典经济学从诞生以来就倡导自由市场，反对政府限制或推动投资与交易。古典经济学创始人亚当·斯密认为，每一个人的利己心是人类一切经济行为的推动力，这种利己心推动的分工劳动和商业交易，有助于提高整个社会的福利，一个国家也只有对内对外商业不受任何限制，才能得到充分的发展和繁荣。"违反自然趋势将更多的社会资本吸引到特定产业，或试图通过特别的限制将本来有可能投入某一特定产业的资本抽走，实际上都有悖于它要促进的主要目的。这将阻碍而不是加速社会真正的富强的进程。""所有优惠或限制的制度完全废除后，自然而自由的简洁制度水到渠成地就会建立起来。"② 这种自由主义市场理念一直是西方世界的经济理论基础，也成为自由主义政治思想重要的组成部分。自由市场经济的确提高了生产资源配置效率和生产效率，推动了西方世界和全人类生产力的爆发，总体提高了全人类物质生活水平。

现实世界显然达不到市场理论中充分竞争的假设条件，市场垄断的弊

---

① 植草益. 微观规制经济学 [M]. 朱绍文，等，译. 北京：中国发展出版社，1992：22、27.
② 亚当·斯密. 国富论 [M]. 唐日松，等，译. 北京：华夏出版社，2005：494.

端带来了对政府规制的需求，资源、收入配置失调带来的经济危机更是需要政府从社会宏观层面进行更广的规制调控。19世纪末美国市场经济垄断力量逐步形成，公共机构为了公共利益和公平公正，对铁路、粮食等企业产品定价进行了规制。自此，显著市场缺陷成为政府干预的理由，因为市场不能自行达到完全竞争状态，需要国家来矫正市场失灵。产业组织理论也为经济规制提供了理论背景，尤其是公用事业部门市场结构、企业行为的规制工具等理论得到发展。规制的目的在于维持正当的市场竞争、经济秩序，限制市场垄断势力，提高资源配置效率，保护大多数社会公众的利益，使之不受少数垄断者的侵犯。20世纪30年代初资本主义世界经济大萧条让人类对政府干预市场有了更多的期待，第二次世界大战后各种形式的政府规制普遍加强。从某种角度上说，新中国采取了国家主导的计划经济模式也与这一时期世界范围的国家干预、规制强化思潮有密切联系。

20世纪70年代以前，这种规制理念一直为社会所接受。凯恩斯、阿罗、萨缪尔森等经济学家都坚持国家干预市场的观点。在20世纪中叶，政府的权力日益扩大。无论是在苏联和东欧国家、中国等社会主义国家，还是欧洲和美国等资本主义国家，虽然政府干预的程度和方式有很大不同，但在强调政府"代表公共利益"组织和管理经济职能这一点上，表现出了很强的一致性，比如发达工业国家中福利国家增加，许多发展中国家采纳了政府主导的发展战略。

在经历了规制的高潮之后，20世纪70年代经济规制在实践和理论两方面都发生了巨大的变化。随着政府规模的扩张、政府管辖事物范围扩张，行政垄断替代市场垄断导致资源浪费、经济效率低下，西方国家出现的以财政赤字、高通货膨胀、低经济增长、高失业率为特征的"滞涨"现象也使人们更清楚地认识到"政府失灵"。[①]经济学界意识到政府提出的规制市场运行、促进市场效率和公共利益的政策目标，并不等于它能够实现，更不等于它能无成本、低成本地完美实现。

所以，"放松规制"思潮因现实经济形势和各种政治原因推动而在20世纪70年代后兴起。世界各国纷纷转向更高自由度的市场取向改革，政府的作用也重新受到审视，自由、竞争理论再次崛起，特别是美国、英国推动了政府放松规制，掀起了自由化、私有化浪潮。弗里德曼是现代新自由主义和货币主义的主要代表人物，他认为应该把政府干预限制在最低程

---

① 臧旭恒. 产业经济学（第4版）[M]. 北京：经济科学出版社，2007：411.

度。被认为是"规制经济学"创始人的经济学家施蒂格勒认为，经济规制理论的中心任务是解释谁从规制得益、谁因规制受损、规制会采取什么形式以及规制对资源配置的影响。施蒂格勒反对把政府所宣布的规制目标等同于规制的实际效果。施蒂格勒通过对电力市场、证券市场规制的研究，认为规制没有达到降低价格、提高经济效率的效果。相反，施蒂格勒认为，政治是各种力量的混合物，政府规制通常是产业自己争取来的，规制的设计和实施主要是为受规制产业的利益服务的。[①] 因此，施蒂格勒认为减少政府规制，提倡市场自由准入、充分竞争才是提高经济效率的关键。科斯是新制度经济学的创始人，他对广播业的垄断研究表明，私人市场交易比政府规制更有效率。他还认为，明晰的产权是经济稳步发展的根本所在，作为处理市场失灵问题的机制，普通法优于直接规制。科斯及其所在的芝加哥大学的许多经济学家的经济制度思想、产权理论对中国经济改革产生了较大影响。

　　"放松规制"出现的同时很快也产生了"规制改革"，或称"再规制"。20世纪80年代末至90年代初，私有化浪潮开始衰退，西方国家不同程度上实现了进一步的规制改革。改革主要体现在：缩小规制的范围和权限，重组规制的职能；从限制性进入的经济规制转向社会性规制；规制指导思想上，从传统规制理论中的规制与竞争对立，转为强调规制和竞争关系的互相依存，规制的机制设计主要是为了建立更有竞争力的环境而不是替代竞争，基本放开了进入规制和价格规制。美国1996年《电信法》被认为在放松规制改革方面具有里程碑意义，它以公平竞争为导向，采取了较为激进的改革措施。正如美国经济学家、航线规制解除设计者阿尔弗雷德·卡恩所说："规制政策的演变将永无止境。然而，它所经历的道路正是我们要竭力观察到的，它并不是一个完整的圆或摆线将我们带回原位；它是螺旋形的，有一定方向的。在某种意义上，这仅仅是一种偏好的表述，力求沿着市场经济最优功能的方向前进。"[②] 20世纪70年代末开始的中国改革开放与世界范围的"放松规制"潮流在时间和政策取向上都有类似之处，尽管中外各项规制的具体政策措施和政府干预力量差异很大，但是在充分发挥市场作用、尊重市场规律、提高市场运行效率方面也存在共同理念。

---

① 乔治·施蒂格勒. 产业组织和政府管制 [M]. 潘振民，译. 上海：上海人民出版社，1996：21.

② 芮明杰. 产业经济学 [M]. 上海：上海财经大学出版社，2005：516.

2008 年美国债务危机引起全面的金融危机，这又引起了新一轮关于自由市场与政府规制理论的反思，推动了规制实践改革。美国首先是强化了金融领域的规制，在医疗、教育等领域加强了国家干预。但是，在这场危机引发的实践改革、理论反思影响还未完全明确，规制改革和规制理论创新尚在进行之中时，2016 年美国大选、英国脱欧为代表的保守主义思潮在世界重新兴起，美国新一届政府在国内收入再分配等方面有减少干预的趋势，却在国际贸易中加强了各种控制和保护。这也给世界各个领域的经济规制、社会规制改革的认识和实践带来新的不确定性因素。

总体来说，中国各个历史时期的社会和经济改革和世界各国的规制改革多有相似之处，各种改革体现了中国在不同时期根据政策目标、实际国情和对人类发展规律的认识，在国家干预和自由市场这两种基本资源配置方式之间进行探索。"使市场在资源配置中起决定性作用和更好发挥政府作用"，这个理念比较准确地体现了当下中国各项经济规制改革的基本原则。

二、有效竞争市场与规制绩效

主流产业规制理论的核心是促使一个有效竞争市场的形成，从而使资源配置效率达到最优。产业组织经济学也从早期的强调通过市场结构形成有效竞争机制，发展到同时强调考察企业竞争性经营行为本身来提高经济效率。如果市场不能达到这种有效竞争的状态，各国就会采取政府规制来对市场进行规范和引导。

现代主流经济学发展史某种程度上就是论述各种条件下通过自由市场竞争来配置资源、提高全社会经济效率的历史。亚当·斯密在两个世纪以前指出，"任何人，只要他不违反正义的法律，都有充分的自由，以自己的方式追求自己的利益，并以其劳动和资本与任何其他人或其他阶层去竞争"。① 亚当·斯密认为凭借市场这只"看不见的手"，那些在完全竞争的经济中追求自身利益的人恰恰最能够有效地促进生产、促进公共利益。新古典经济学家保罗·萨缪尔森则认为："这一见解——沉浮残酷的市场竞争是提高产出和生活水平的一种强有效力量——是历史上最深刻和最有力的思想观念之一。"因为价格对于生产者来说是经济稀缺性的信号，同时

① 亚当·斯密. 国富论 [M]. 唐日松，等，译. 北京：华夏出版社，2005：494.

对于消费者来说是社会效用的标志，所以竞争性价格机制能使社会资源和技术生产出商品和劳务的最佳组合。在理想的完全竞争条件下，经济会同时处于生产可能性边界和效用可能性边界上。[①] 新古典学派创始人阿尔弗雷德·马歇尔在肯定竞争的经济效率的基本作用同时，也发现大型企业生产费用会低于小企业，并且为了自身长期利益可能会降低价格[②]，进而把小企业排挤出市场。于是，企业在自由竞争、在追求规模经济的过程中又出现垄断，从而使经济运行缺乏原动力、企业缺乏竞争活力。这种规模经济和竞争活力就成为两难的选择，即所谓的"马歇尔困境"[③]。直到 1940 年克拉克在总结前人观点的基础上提出了"有效竞争"的概念，认为价格政策应该避免竞争过强或过弱的极端状况，多样化竞争手段才能保证企业在追求规模经济前提下使竞争有效。[④] 在具体的市场竞争标准方面，产业组织理论"哈佛学派"的梅森和贝恩等经济学家创立了"结构—行为—绩效（SCP）"分析范式，梅森认为有效竞争的标准大致包括：市场上存在相当多的卖者和买者且其市场份额不足以控制市场；新企业能够在市场上出现；市场存在改进产品和生产工艺的压力……不存在持续性的设备过剩。史蒂芬·索斯尼克则从市场结构、企业行为、市场绩效等方面提出了有效竞争的 29 条标准：不存在进入和流动的资源限制，交易者的数量符合规模经济的要求；利润水平刚好足够酬报创新、效率和投资，产品质量和产量随消费者需求的变化而变化，厂商竭力引入技术上更先进的产品和技术流程，厂商的生产过程有效率等。[⑤] 鲍莫尔等则提出"可竞争市场"理论，认为进入无障碍和范围经济是有效竞争的基本条件，政府应保持市场潜在竞争。规制经济学创始人斯蒂格勒定义"所谓规制效果的大小，其含义是在某一产业部门可观察的经济行为中，有多大部分是只能由规制来说明的"[⑥]，从产业兴衰与规制的关系、收费差别、阻止垄断利润产生等指标

---

① 保罗·萨缪尔森，威廉·诺德豪斯. 经济学 [M]. 萧琛，主译. 北京：人民邮电出版社，2008：246、251.

② 阿尔弗雷德·马歇尔. 经济学原理 [M]. 廉运杰，译. 北京：华夏出版社，2005：389、391.

③ 王俊豪. 政府管制经济学导论——基本理论及其在政府管制实践中的应用 [M]. 北京：商务印书馆，2010：156.

④ J. M. Clark. Toward a Concept of Workable Competition. *American Economic Review*，Vol. xxx，No.2，1940 (6)，pp.241 - 256.

⑤ Sosnick H. Stephen，A Critique of Concepts of Workable Competition. *Quarterly Journal of Economics*，1958，Vol. 72 (August).

⑥ 乔治·施蒂格勒. 产业组织和政府管制 [M]. 潘振民，译. 上海：上海人民出版社，1996：158.

来评估规制效果。

我国学者也从理论和产业实践上探讨了规制绩效的问题。王俊豪肯定了克拉克的观点，即有效竞争就是将规模经济和竞争活力有效地协调起来的一种竞争状态，并建立了由规模经济、市场集中度和进入壁垒这三个指标构成的有效竞争标准的基本框架。还有文献从利润率、实际利润率、职工平均工资来衡量价格规制效果，并结合规制机构利益同盟等规制行为来评估规制效率。[①] 姜林认为规制收益要体现规制目标，即控制污染、提高环境质量；规制投入体现为政府为实施规制投入的人力、物力、财力。[②] 曹建海从市场结构、企业行为、经济绩效三个方面建立了15条我国产业有效竞争的标准。[③]

总之，人们已经充分认识到市场竞争是有效配置资源和激励生产效率的基本动力，兼顾竞争活力和规模经济的市场结构最利于社会整体经济效率的提高，最终提高经济效率的措施必须落实到企业各种有效的生产经营行为。但是，市场竞争不可能自动达成这样的有效市场结构，企业主体也不会自动采取完全符合社会整体经济效率的经营行为。即便是市场经济的创始人亚当·斯密，也在强调自由竞争的同时，指出君主要监督、引导私有产业并使其最符合社会利益的责任。他也指出要履行这种责任，君主必然始终面对无尽的困惑，人类的智慧或知识难以正确完成这种任务。[④] 这也正说明了政府规制的必要性，并说明了在各种不同社会、经济、技术条件下有效政府规制的复杂性。

三、传媒规制理念：保障公共利益，有效使用资源

上述关于经济行为的规制理念和变革趋势在传媒产业领域也多有体现，并且因为传媒的社会影响重大，世界各国政府对媒介产业比一般性竞争产业采取了更积极的规制，尤其是对广电媒介实施了比印刷媒介更严格的规制。

在差异和共性并存的世界传媒规制中，大致可以概括出两项最基本的

① 丁启军，王会宗. 规制效率、反垄断法与行政垄断行业改革 [J]. 财贸研究，2009 (4)：1-8.
② 姜林. 中国环境规制效率评价研究 [D]. 辽宁大学，2011.
③ 王俊豪. 论有效竞争 [J]. 中南财经大学学报，1996 (5)：56-61；曹建海. 试论有效竞争 [J]. 北京师范大学学报（社会科学版），1999 (6)：59-65.
④ 亚当·斯密. 国富论 [M]. 唐日松，等，译. 北京：华夏出版社，2005：494.

理念：保障公共利益、有效利用资源。

首先，公共利益原则是各种传媒规制合法性的基本来源。稀缺的电波频谱属于公共资源，其使用首先要符合公共利益，而非私人拥有、私人牟利，这是广播经济规制的基本逻辑。广播电视"外部性"比印刷媒介更强，其受众门槛更低、社会影响面更大。因此广播电视的传播通常都有比印刷媒介更为严格的限制与选择，以使广播电视更符合民主政治、公共秩序、文化传播、道德伦理的需要，也因此获得主流民意的认同和支持。所以，即便是商业媒体主导的美国，其媒介产业政策制定、实施和调整的依据仍然是"公共利益原则"，它主要包括四个方面：意见市场理论（the marketplace of ideas metaphor）、多样化原则（the diversity principle）、本地主义（localism）原则和普遍服务原则（universal service）。

其次，高效合理地运用自然资源尤其是稀缺性公共资源，是传媒规制合法性的另一来源。传媒经济规制始于广播，无线电频谱资源的稀缺性是广播电视规制的基础。为了各机构能够避免互相干扰、有效使用无线电频谱资源，政府机构就不得不对企业、个人使用无线电采取一定的规制。广播电视的传播最初都是通过无线电传输，而一定区域内的无线电频谱资源非常有限，电波搭载内容非常有限。如果人人都自由使用电波、自由进入广播市场，使用者过多的结果是每个人的使用都受到严重干扰。世界各国普遍认定无线频谱属于公共资源，为全民所有，政府为人民的代理人。广播电视执照获得者不拥有频谱资源，而广播电视台类似公共资源信托机构，未获得这种信托资格者，则无权经营广播电视。印刷媒介则不同，理论上可以从各地输入无穷的纸张、印刷资源进行生产。有线电视、卫星电视、互联网、手机等各种媒体分别需要用不同的资源，制定政府规制的重要原则就是促进全社会高效合理地配置、应用这些资源。

传媒规制的内容也可分为经济规制和社会规制两部分。传媒经济性规制，指的是公共机构对传媒企业的进入退出、价格、服务的数量和质量、投资、并购、财务会计等有关行为加以规制。传媒社会性规制则是指为保障公共利益，保护劳动者和消费者的安全、健康等权利，而对传媒产品和服务的内容及其他质量指标制定一定标准，并禁止、限制特定行为的规制。

世界各国对传媒规制的理解和政策实施也有很大差异。欧洲国家认为媒介产业有助于技术革命、经济增长、就业等经济目标，同时媒介也是民主、自由和多元主义政治、文化的基础；欧洲各国多数以公共广播电视体制为主体。美国从法律上规定了传媒的公共利益职能，但是在实践中非常重视传媒企业的商业利益，商业传媒的影响力远远大于公共传媒系统。我国传媒功能更加复杂，媒介经济规制和社会规制更加严格。当下，我国常见的对传媒功能的定位包括党和政府的喉舌、人民的喉舌、大众文化生活载体、传媒产业等。我国传媒规制内容有：进入规制、价格规制、数量规制、许可权限规制、产权规制、广告规制、反不正当竞争规制、反垄断规制、新闻政策规制等。[①]

四、传媒规制历史：自由准入—规制—放松规制—再规制

公共利益、经济效率是传媒规制的基本理念，但这两个理念的实现方式却往往是发展、变革的。不同历史时期的经济问题不同、生产技术不同，为了提高经济效率的措施也不同；公共利益的概念则更加复杂，各个国家因为文化、社会、政治背景不同，对公共利益的理解也不同，传媒规制的目标、手段、强度也不同。所以，了解西方主要国家历史上的传媒规制手段、规制强度变迁，并了解其背后的政治思潮、经济状况、技术条件，这对理解传媒规制内在规律、理解我国不同时期的传媒规制并制定评价传媒规制绩效标准具有重要参考价值。

现代大众传媒的起源要追溯到印刷术带来的书籍、报刊，但人类早期的大众印刷品控制并非现代意义上的"规制"，因为它并非基于公共利益和经济效率的理念。英国都铎王朝和斯图亚特王朝认为传媒属于王室，只有经过特别许可私人才能拥有传媒所有权，当私人被认为没有履行支持皇家政策的职责时，许可随时可能被撤销。权力部门保有制定和更改政策的权利、颁发许可证以及某些情况下实施新闻审查的权利。从 17 世纪晚期开始，欧洲出现了自由至上主义传媒理论，认为传媒不是政府工具而是争辩机构，传媒属于有从事这种活动所需经济手段的任何人。这种理论认为，传媒必须不受政府控制和影响，只有侵害名誉、淫秽、下流、战时煽动的传媒行为才被禁止。"200 多年来，美国和英国传媒保持着这样一种形态：几乎完全不受政府影响，而且政府鼓励传媒成为政治管理中的'第四等级'"[②]。这种

---

① 喻国明，等. 传媒经济学教程 [M]. 北京：中国人民大学出版社，2010：237-239.
② 弗雷德里克·S. 西伯特，西奥多·彼得森，威尔伯·施拉姆. 传媒的四种理论 [M]. 戴鑫，译. 北京：中国人民大学出版社，2008：3.

资本主义自由主义传媒理论当时是一种伟大的历史进步，在与封建制度的斗争中也成为有力的理论武器。

所以说世界现代规制的现实原点，是自由准入、竞争、交易的市场经济；当这种市场经济无法良好运行、引发重大社会弊端时，才推动现代政府规制的诞生。历史上传媒规制的变迁，也和其他产业的规制类似，经历了自由准入无规制、规制模式、放松规制、再规制几个历史阶段。

（一）自由准入

广播发源于美国，因其自由市场、自由言论的传统，无线电广播最初诞生的时候也是自由准入，没有准入规制，内容规制也因美国宪法第一修正案的存在而非常少。

20 世纪 20 年代前后广播业开始兴起，出现了许多实验播出广播。1920 年 11 月 2 日，美国诞生了世界第一个正式申请商业执照的电台——KDKA 电台，它是威斯汀豪斯公司为了推销收音机、赢得商业利益而筹建的。巨大的商业利益引起商业电台猛增，1922 年美国广播电台数量剧增，从 3 月 1 日的 60 家增至 11 月 1 日的 564 家。由此可见申请商业电台执照似乎没有什么严格规制门槛，只是根据 1912 年无线电法，建立无线电台必须持有商务部长签发的执照。

数量众多的电台在有限的空间内播出，很快出现了频率互相干扰，甚至干扰国防通信的情况。"其混乱是无法形容的。业余爱好者的信号与职业广播信号混杂；许多职业电台用同一波长广播，他们或者用君子协定来分割广播时间，或者在别人广播时贸然以自己的播音切断别人的喉咙，听众只能无可奈何地努力在另一个电台喧闹的背景声中收听节目；用莫尔斯电码的船舶通信业将其嘀嗒声加入这愚蠢的声音交响乐中"。"私人企业在长达 7 年的时间内没有将自己的房子排列整齐，割喉式的竞争立即阻碍了无线电的有序发展，并迫使听众经受不可名状的疲劳和不便"[①]。1927 年初，电台数进一步增加到 733 座。电台为了避免干扰，它们在广播频带上的位置不断来回移动；在大城市，这种现象已经严重到使收音机销量下降的地步。

---

① 罗纳德·哈里·科斯. 企业、市场与法律 [M]. 盛洪，陈郁，译. 上海：上海三联书店，1990：36.

（二）规制模式

因为自由准入带来的混乱秩序损害了媒体和听众利益，广播规制应运而生。这也类似其他领域经济规制产生的一个重要原因——自由准入、自由竞争产生了强烈的负外部性。当然，世界各国规制的主观动因、手段方式不尽相同，有的是因为技术上电波资源稀缺，有的是因为对传媒内容的追求或限制。其中，各国规制模式，以美国在私有商业基础上的准入规制模式、英国公有公营广播两种规制模式最为典型。

当然，规制政策不是一成不变的，社会意见从未绝对一致。美国的商业广播电视体制、英国的公共广播电视体制都持续存在利益主体的博弈，随着不同的社会背景、力量博弈，两国的私有商营、公有公营的广播电视规制都在不同形势下经历了必要的局部调整。

1. 美国：私有和商营基础上的准入规制

规制最基本的措施就是市场准入规制，自由市场理念强烈的美国亦是如此。1922 年美国商业电台剧增，负责电台执照签发的美国商务部也是通过执照控制，来防止新电台之间和新电台与原有电台之间的信号干扰。[①]

正式的规制法案、规制理念、规制机构也逐步诞生。通过 1922 年、1923 年、1924 年、1925 年的无线电会议，根据《1912 年无线电法案》拒签执照以及被拒签公司的上诉博弈，经过系列议会提案与讨论，最终 1927 年 2 月参、众两院通过了《1927 年无线电法案》（*The Radio Act of 1927*），确立了规制的基本理念和具体措施。该法案规定了无线电波的所有权、准入条件以及部分电波使用要求："以太及其使用是美国人民不可分割的财产""获得执照者必须'放弃任何违背美国利益的权益或权利要求"。为了防止执照持有者拥有频率产权，1926 年议会规定了广播电台执照期限不得超过 90 天，继续播出者必须申请并经审批才能获得执照。该法案还产生了专职规制机构——联邦无线电委员会。该委员会负责对无线电台进行分类、标明其服务性质、制定波长、确定发射机的功率和位置、规定所用设备种类和制定防治干扰的法规。无线电台执照申请人必须提交书面申请，申请内容按照委员会要求应有：国籍、身份、资金、技术及其他开台资料；申请台及对方台的台主和台位；拟用功率和频率或波长，拟开机时数；电台用途及其他有关情况。委员会运用其权力开始消灭广播频

---

① 罗纳德·哈里·科斯. 企业、市场与法律 [M]. 盛洪，陈郁，译. 上海：上海三联书店，1990：27.

道的混乱。电台数减少了近 150 座，在此后 10 年总数始终保持在略多于 600 座的水平。[①]

1934 年，美国议会通过了《通信法》（Communication Act），联邦无线电委员会权力移交给联邦通信委员会，美国私有商业基础上的传媒规制模式逐步形成。《1934 年通信法案》强调美国的广播电视不应由政府经营；同时不应由私人垄断而成为无限制的纯自由竞争的事业。1941 年美国联邦通信委员会广播联营条例规定，一家广播公司在同一地区、同一时间不得有两个以上的广播网。

从美国广播规制形成过程可见，防止过度竞争、互相干扰是广播所有权规制的初衷；同时为了防止过高程度的垄断，需要通过市场结构规制来保证市场竞争经济活力，这也一直是美国传媒规制的传统。同时，竞争的传媒市场也能够保证舆论的多元化竞争传播，从而保证民主政治的良好运行、维护社会公共利益。

在美国商业广播绝对占优的背景下，部分非商营公共广播电视也逐步产生，形成对原有产权结构和传播内容的有机补充。1951 年，福特基金会发起和资助了非商营电视运动，通过游说 FCC，争取到了 242 个非商营频道，并资助、促成了全国教育电视台（NET）诞生。1967 年，卡内基基金会在《1967 年公共广播（电视）法案》的形成中起了重要作用，促成了公共广播电视公司（CPB）及其节目机构全国公共广播公司（NPR）和公共电视广播公司（PBS）的诞生，这个非营利、非政府的公共广播电视网为多元化和不同意见表达提供了渠道。

2. 英国：广播公有化、公商平衡

英国的广播准入规制与美国差异很大，一开始就没有实行自由准入，商业广播不久也转型为公共服务广播，市场准入之门就算是关闭了。尽管后来适当放宽了商业广播准入，但是这种公共服务理念却一直在延续。这也是当时民众社会期待、政治力量对比、精英文化传统、地理空间狭窄、报界商业利益排斥等各种因素综合作用的结果。[②]

1922 年英国邮电总局收到了将近 100 份来自无线电制造商希望开办电台的申请，为了解决广播频率资源稀少、开办申请者众多的矛盾，邮政大臣说

① 迈克尔·埃默里，等. 美国新闻史 [M]. 展江，译. 北京：中国人民大学出版社，2004：347.

② 戴元初. 大融合时代的传媒规制变革——行动逻辑、欧美经营与中国进路 [M]. 北京：人民日报出版社，2014：50、120.

服互相竞争的制造商们共同投资成立英国广播公司（British Broadcasting Company）。BBC 于 1922 年 11 月开始提供服务，这是一家经过邮政大臣独家特许授权的商业性质公司，收入来源于收音机牌照税，一部分是收听执照税。

这种私有垄断的规制模式市场却没有按照预期的轨迹运行，公有公营的广播规制模式在充分的论证后应运而生。私营 BBC 时期，有许多听众组装收音机以逃避设备牌照税、申请试听牌照来逃避全额牌照税。BBC 和设备制造商皆对这种没有给他们带来丰厚利润的广播规制模式不满。1923 年 4 月、1925 年 7 月，英国政府分别成立希克斯委员会、克劳福德委员会调查商营 BBC 的合理性，研究合理的广播政策。希克斯委员会认为，电波是公共资源，授权时应慎重考虑公共利益；广播媒介对民意、公共生活具有极大的潜在影响，不应毫无节制地任由商业利益团体独占。该委员会认为，电台广告收入应该排除，因为广告时段因稀缺而昂贵，电台必将青睐大公司，为其提供更多广告时间，这将破坏整个市场经济的竞争机制，所以希克斯委员会报告建议提高牌照费以发展广播。克劳福德委员会也建议由议会立法成立一家公共广播公司，为全民利益而制作、播出节目；该公司对新闻内容应有独立自主权。1926 年 12 月 31 日，BBC 由商营改制为公营机构 British Broadcasting Corporation，亦简称 BBC，获得了国王批准的第一个皇家特许状。"就像皇家学院和英格兰银行一样，BBC 直接由皇家授权行使职责，它不是政府的一个部门。"在日常运营中，BBC 保持政治中立，竭力避免成为政府宣传工具。优秀、伟大的社会精英纷纷来到演播室，从各个方面教育和引导大众。"BBC 是思想的引擎，它代表着不受金钱左右的社会控制力量。"[①] 总之，英国为了全社会政治、文化、教育等方面的公共利益，没有放任广播按照市场的利润逻辑运行，创造了禁止商业准入、严格规制内容的公共广播体制模式。

公共体制下的 BBC 广播规制模式继续延伸到电视领域。1934 年，英国华兹沃特委员会因为 BBC 不偏不倚的立场和兼容并蓄的原则，支持 BBC 继续独占广播事业，并且支持英国第一个电视政策委员会——塞尔斯顿委员会关于由 BBC 继续按照公共广播思想和方式负责第一个电视频道的经营管理的提议。1936 年 11 月 2 日，BBC 正式播出电视节目，公营型广播电视体制确立。可以说，这种规制模式体现了英国当时特定的政治、文化意

[①] 詹姆斯·卡瑞，珍·辛顿. 英国新闻史 [M]. 栾轶玫，译. 北京：清华大学出版社，2005：91-92.

愿，甚至也体现了世界公众对公平、独立、高雅文化的追求。

但是，公共广播电视垄断体制也引发许多批评，英国又逐步进行了引进竞争体制、丰富节目理念的改革。批评认为 BBC 以训导和教育为主的电视节目缺少吸引力，一些议员认为 BBC 独占体制缺少竞争，美国商业体制值得重视，呼吁开放商业电视。受众和市场也产生了实际反馈，虽然公共文化理念确立了，但是多样化节目的需求导致了很多商业性质的广播中转站选取 BBC 和欧洲大陆的广播节目发送到简易的家用"话匣子"供听众收听，这种电台数量从 1929 年的 34 家发展到 1935 年的 343 家[①]，需求市场颇具规模。看来，传媒公共服务的理想境界，与受众、市场多元需求的现实始终存在一定的差距。

特定的外部条件往往成为传媒规制改变的契机，并最终带来正式的制度变迁。第二次世界大战期间 BBC 开始改变专注社会教育节目的方针。新任总经理欧格威主导创办了许多轻松、娱乐性质的"劳军综合节目"，迥然于和平时期冗长乏味的谈话节目、严肃音乐、大段戏剧节目。1946 年BBC 的"劳军节目"正式改为娱乐节目，当初的权宜之计变成了一种固定的节目形式。BBC 在内部各部门间引入竞争机制，开始界定和认识不同听众群体的不同品位，并于 1944 年通过一份节目"三分法"备忘录，建议为不同文化素养的听众提供精英类、全民类、消遣类三种节目。这种对广播内容的分类，事实上意味着对广播功能认识的改变，这就为广播规制改变埋下了伏笔。1954 年 8 月，英国《电视法案》获得通过，允许建立播放广告的商业电视台——同时有着较为严格的内容规制，从而与 BBC 一起形成了公、商体制广播电视竞争互补的局面。同时英国也成立了与 BBC 性质相近的公共机构——独立电视局（Independent Television Authority），管理商业性质的独立电视广播（ITV）。独立商业电视台也要履行相当的公共服务义务，即在新闻和时事报道方面遵循客观公正原则，并保证新闻、时事和纪录片的数量。ITA 监督独立电视台节目编播，并有权取缔引起广泛争议或不登大雅之堂的电视节目。ITV 受到的限制比 BBC 还多，它不能宣传自己的观点，必须遵守"对于所有争议性话题保持中立态度"，其政治独立性还不如 BBC。[②] 英国商业电视的运行模式说明，一个国家的传媒文化

---

① 詹姆斯·卡瑞，珍·辛顿. 英国新闻史 [M]. 栾轶玫，译. 北京：清华大学出版社，2005：124.

② 詹姆斯·卡瑞，珍·辛顿. 英国新闻史 [M]. 栾轶玫，译. 北京：清华大学出版社，2005：137.

传统改变是缓慢渐进的，即便放松了基本的准入规制，在行为规制、内容规制上还是有很强的延续性。

除了美国、英国，20世纪中期前后通过加强国家干预来规制传媒结构和内容是一种世界范围的普遍现象。社会主义的诞生本来就是对资本主义自由市场制度的革命，因此社会主义传媒制度对市场行为也有更多、更严格的规制，规定报刊等传媒属于国家而非私有，传媒生产不是为了追求利润，而是传播执政党的意识形态和具体政策，从而促进社会整体发展，实现积极的人民民主和公共利益；与执政党观点不同的意见乃至信息往往被禁止传播。西方世界不但在经营现实中出现了公共电视，在新闻理念上也产生了"社会责任传媒理论"，认为经营掌控传媒的少数私人机构成了新的权力机构，必须承担社会责任、平衡报道各方立场；该理论还认为要改善传媒表现必须依靠传媒自身的专业精神、公众和社会参与、政府制度、适当传播制度，其中政府规制的内容，包括鼓励投资、改善传媒滥用新闻自由、政府进入传媒领域弥补私人媒体不足等。

（三）放松规制

西方世界在政治经济领域的新自由主义思潮和放松规制潮流也波及传媒规制领域，20世纪70年代后期开始，放松规制成为传媒规制政策的主要特征。

1. 美国

20世纪80年代以来，美国广播电视管理体制出现"放松规制"（deregulation）或称"去规制"的倾向，即政府放宽对广播电视产业结构和节目内容方面做出的种种限制——这些限制曾经是为了确保公共利益而确立的。1980年FCC废除了有线电视业的信号引入限制和辛迪加专有权的规定；1982年FCC废除了电台电视台买卖的"三年规则"；1985年单一所有者在全国市场拥有电视台数量上限由7座增加到12座……

美国《1996年电信法》是放松规制的标志性法案，它出台的背景是信息产业迅猛发展、全球化竞争加剧。该法案对原有法律做了重大修改：① 打破电信业、传媒业与其他产业之间的壁垒，允许产业间互相渗透；② 放宽对媒介的限制，以促进自由竞争、促进投资；③ 限制暴力、色情等内容的传播。该法案中，广播电台在地方市场的数量限制进一步被放松，在全国市场的所有权限制被彻底解除；电视台在全国市场的观众覆盖率上限由25%放松到35%；建立所有权两年一审的制度。2003年FCC进一步放宽所有权规制，电视台在全国市场观众覆盖率由 35％继续放宽至 45％；在大型地方电视市场，单一所有者可以拥有两家甚至三家电视台；基本取消了单一所有者在同一地方市场对电视台与报纸交叉持股的限制。[①]

传媒所有权规制放松导致了传媒大兼并，1996 年后更是掀起并购大潮，这正是规制改变经营行为、市场结构的典型，同时也改变了全球传媒市场竞争格局。1985 年大都会通信公司（Capital Cities）出资 35 亿美元买下 ABC，其后实行了严格的削减成本的计划[②]；通用电气（GE）兼并了RCA、NBC；1990 年代迪士尼公司又买下了大都会，成为世界最大的传媒（娱乐）公司；西屋电气（Westinghouse）并购了 CBS；CNN 则被归入时代—华纳（Time-Warner）旗下。1995 年 9 月，时代—华纳公司宣布以 67 亿美元的天价收购特纳广播公司，从而重新夺回了世界传播及娱乐业的头把交椅。1996 年 6 月，威斯汀豪斯（Westinghouse）以 49 亿美元购买无限广播公司（Infinity Broadcasting）；1998 年 2 月，钱塞勒（Chancellor）又兼并了 CBS/Infinity，成为最大的电台公司。2000 年，互联网公司美国在线（AOL）以 1 840 亿美元的价格并购了历史悠久的时代—华纳公司。[③]

传媒企业兼并、垄断现象也成为传媒政策制定、学术研究最重要的议题之一。支持者认为企业并购、交叉准入提高了生产效率，对全社会和消费者也是有利的；反对者则认为传媒垄断导致了新闻垄断，妨碍了各方意见传播，伤害了民主政治和文化多元。显然，传媒并购主要是出于商业目的，以扩大规模经济，增加利润，提高传媒公司资源整合程度，降低成本，提升传媒集团在国内外的竞争力；跨行业准入使电信、传媒、互联网企业之间竞争效应强化。兼并重组能造就更大型的"巨无霸"传媒企业，通常来说可提高其市场竞争力、抗风险能力和全球竞争地位。但是也有批评者认为这只是增加了传媒资本家个人财富，对社会经济效率并没有实质性好处；还有批评者认为利益集团启动放松规制改革，其实是出于政治理念而非简单的经济效率原因。当然，更多的批评还是集中于传媒兼并的不良社会影响，社会各界普遍认为传媒企业兼并导致新闻舆论控制权过分集中于某些大型传媒集团和特定利益集团，对民主社会新闻多元、自由传

①　肖赞军. 西方传媒业的融合、竞争及规制 [M]. 北京：中国书籍出版社，2011：149.
②　迈克尔·埃默里，埃德温·埃默里，南希·L. 罗伯茨. 美国新闻史 [M]. 展江，译. 北京：中国人民大学出版社，2004：617.
③　因为互联网泡沫破裂，企业文化融合困难，兼并后企业亏损额巨大。2003 年 9 月美国在线—时代华纳公司宣布将公司名称改成时代—华纳，公司标志由原先美国在线的标志改为合并之前时代华纳的标志。2009 年 12 月时代—华纳公司将美国在线公司分拆为独立公司。

播、文化多元造成巨大伤害，尤其是低收入阶层、少数民族、女性等相对弱势地位的团体的利益和权利受到伤害。巨型媒介集团控制了大部分受众市场，信息传播口径和意见表达趋同化，受众的知情权和表达权因此而受到侵犯。被兼并入大财团、大公司的传媒企业往往更加注重经济利润，新闻的社会责任往往被弱化。"看着一个被少数传媒巨人所支配的世界，而没有想到这些传媒公司是有恶意的极端利己主义者所经营，这是相当令人不安的。"①

无论如何，发源于美国的放松规制政策已掀起席卷全球的思潮，并随着数字化技术和互联网技术的革新与应用，已促成了电信产业、传媒产业、计算机产业的大融合和大发展，信息经济已经成为国际社会经济发展的引擎、未来社会发展最重要的动力之一，人类社会也宣告进入了信息时代。

2. 英国

拥有广播公共服务传统的英国也逐步放松了传媒规制。1971 年英国保守党政府宣布放开商业广播，并于次年开始审批商业性和地方性独立广播电台。由于"公共服务"有了新解释，制作多元、讨论争议性节目被认为是对公共利益的保护。20 世纪 80 年代初开始，开放广播电视市场的观点在英国逐渐占优。1982 年建立的面向非大众偏好的第四频道，采取了购买独立制作公司节目、间接广告资助模式，兼顾了商业运作和公共利益平衡。80 年代末期，BBC、ITV 都被要求增加购买独立电视制作公司的节目。总之，80 年代英国电视市场有两个公营的电视频道——BBC1 和 BBC2，两个商营电视频道——ITV 和 Channel4，节目来源有公、商营电视台，也有来自独立电视制作公司，结构上体现了公共利益、商业效率平衡的原则。一个国家的传媒发展目标和传媒规制目标往往是兼顾多种政治、经济、文化目标，并为此采取各种综合规制措施。

1988 年，英国广播电视立法计划白皮书宣布，由于技术进步和国际化进展，政府尽可能对广播电视采取与放宽限制政策相一致的方针。英国《1990 年广播法案》（*The 1990 Broadcasting Act*）开始实行商业广播电视放开政策。1991 年后，独立广播局被撤销，分别建立独立电视委员会和广播管理局，提高了商业台的独立性，原独立电视台、第四频道电视台、独立电视新闻公司等通过招标成为独立民营公司。1992 年英国第一家全国性

---

① 展江.1996 年美国电信法给美国带来什么？［J］. 国际新闻界，1997（4）.

民营广播电台开播，1997 年英国第五家全国性电视台"第五频道电视节目广播公司"开播，这是通过招标由三家国内外民营公司合办的。广播电视的产权性质结构显然在放松规制的潮流中大大改观。1991 年 BBC 开设了商业性质的国际电视服务 WSTV，1995 年和私营公司合办了两个欧洲卫星电视频道，但其国内电视仍维持非商业模式。有线电视方面，1990 年广播法案使有线电视局成为独立电视委员会的一个部，减少了广告数量和节目编排的限制，有线电视主要由私人企业资金经营。这为北美等国际资金进入英国市场提供了机遇。1990 年代卫星电视市场也开放竞争，因本国缺少势力雄厚的发展卫星电视的财团，默多克的新闻集团进入英国并几乎形成了垄断地位。

总体来说，"放松规制"改革使英国公共、商业电视竞争格局真正形成，商营的独立电视网 ITV、卫星电视公司 BSKYB 等与 BBC 形成了稳定的电视竞争局面。在经营过程中，电视公司彼此竞争合作，不仅提高了节目竞争力，而且扩大了势力，逐渐参与到卫星电视的竞争当中。英国作为公共广播电视体制的典范，其放松规制的改革也对意大利、德国等欧洲国家产生了重大影响。

（四）"再规制"

"放松规制"（de-regulation）潮流较大程度放松了经济规制，但并非简单放宽准入与所有权规制，而是根据现代信息产业特点改革了规制机构和规制方式；并且，对社会规制、内容规制仍然坚持了"公共利益""公共服务"的标准；在涉及传媒金融财务的领域，规制政策改革则体现为各种激励性规制手段。这种规制趋势经常被称为"再规制"（re-regulation）。以欧盟为例，广播电视规制法律就包括普通竞争法、特定部门竞争规制、内容规制。[1]

数字传播技术发展，实际上使传统的各类媒体分立规制变成了"融合规制"，因为无线电视、有线电视、卫星电视、电信电话、互联网、印刷媒体等已经出现大汇流、大融合的趋势。数字化、互联网传播的"融合媒体"的规制改革出现了以下趋势[2]：

---

① Colin Rowat, Technological and Regulatory Developments in Broadcasting: An Overview, in Paul Seabright, Jurgen Von Hagen, *The Economic Regulation of Broadcasting Markets*. Cambridge University Press, 2005: 12.

② 肖赞军. 西方传媒业的融合、竞争及规制 [M]. 北京：中国书籍出版社，2011：139 - 153.

（1）规制框架从纵向规制向横向规制转换。即从按照广电、电信等分行业规制，转向按这些服务的传输网络、集成平台、内容制作这几个环节进行规制。

（2）规制机构从分立机构向融合机构转变。规制机构变化态势，首先是各国建立独立规制机构，1990年世界仅有12个国家有独立规制机构，但2000年已有106个、2009年有153个独立规制机构。其次是原有分立规制机构被合并为统一、独立的规制机构。如英国根据《2003年通信法案》，将原电信管理局（OFTEL）、广播标准委员会（BSC）、独立电视委员会（ITC）、无线广播局（RA）和无线通信管理局（RCA）5个规制机构合并为统一的规制机构——通信管理局（OFCOM）。

（3）规制取向是放松准入、促进竞争与吸纳投资。为了充分利用各种资源并通过提高竞争效率来推动数字化传媒信息产业发展，各国纷纷放宽市场准入，促进市场竞争，消除投资障碍，刺激投资增长。其中放宽市场准入的核心领域是解除电信业、有线电视业交叉禁入制度，废除广播电视网对有线电视系统所有权的限制。市场准入改革中还建立了包含经营多种业务的融合性许可证制度，降低许可门槛，允许许可证再次交易。曾被认为具有典型自然垄断性质的电信、有线电视领域，许多国家也在各种业务上持续推进民营化进程，体现了促进竞争、吸引投资的趋势。从1990—2008年上半年，固定电话私营或部分私营的国家从40个增加到125个；2007年有线电视已经建立竞争结构的国家占比近90%。

（4）规制重心从结构规制向行为规制转移。传统的规制模式强调通过限制市场企业数量、维持合理的市场结构，从而通过控制企业垄断势力来限制垄断行为；规制改革则放松了对优势企业的市场份额限制，转向直接规制企业的垄断行为、不正当竞争行为、侵害消费者利益行为。与此同时，因为传媒对政治、社会、文化的重大影响，各国的传媒规制改革也继续强调公共利益目标，充实和调整了相应的传媒行为规制。各国越来越强调商业媒体的普遍义务，主要包括各类信息传输网络对广播电视服务放开的义务、各类传输网络和服务平台为全体公民提供普遍接入的义务、商业广播电视媒体在播出内容方面承担比过去更多的社会责任和公共服务义务。一些国家放松所有权规制后，判定媒体并购是否合法，不仅要判断并购活动是否符合新规制，而且要评估并购活动是否符合公共利益。这便是英国《1996年广播电视法》引入的"公共利益测试"标准。在传输网络上，各国通信法和广播电视法均规定了网络接入和互联的义务，并对价格、条件进行了详细规定。

在传播内容方面，各国均根据自身的社会目标、文化传统，保留或加强了内容规制。主要通过内容分级、不良内容警示、青少年保护、广播播放限制、文化多样性和表达多元化保护手段进行约束。

为什么规制和传媒规制在历史上都大致经历了从自由准入无规制、规制产生、规制盛行，到放松规制—再规制的变迁过程？如果将规制作为一种行为规范、博弈规则来看，那么这个规制变迁的历程，就是公共机构根据公共利益、经济效率原则，在不同时期政治、社会、经济、技术条件下不断调整规制措施的过程。尽管各种理论可能对政府规制的真正动机和实施效果提出了种种质疑，但毋庸置疑公共利益、经济效率的确是政府各项规制合法性所在，现实世界的规制必须基于这两项基本原则来权衡决策和实施。如果从制度是一种博弈过程、博弈均衡结果的角度看，这种规制变迁也是各种政治、经济、文化力量致力于特定目标而互相影响和妥协形成的结果，随着各种力量格局及其目标的变化，各方达成一致的规制结果也随之变化。

这段规制和传媒规制历史的简单梳理给我们的启示是：传媒规制决策和实施，必须因政治、社会、经济、技术的历史条件而相机调整，服务于全社会的公共利益、经济效率目标。政府作为公共权力机构固然是传媒规制的决策者，也是对全社会政治经济文化利益进行干预、协调的管理者，所以政府机构制定的传媒规制往往也体现了全社会特定时期的多元目标及其优先顺序。如果传媒规制不能有效体现这种全社会综合目标，或者说这种综合目标实现的经济、技术条件发生了变化，传媒规制措施就必须进行相应改革创新，否则规制措施就会受到各个政治、经济、文化主体的正式或非正式的排斥而无法有效实施。

第三节　中国传媒规制变迁及其政策目标

中国传媒规制措施虽然和西方国家有很大差异，但在体现国家相应的政治、经济、文化、政策目标方面却是一致的。规制理论认为依靠对市场机制的过度干预来实现某种规制目标，必导致资源配置无效；在另外一些情况下，借助市场化配置机制或者直接依赖竞争性市场，也许能够实现政策的目标。当然，市场也是在各种或隐或现的规则里发挥其功能的，市场交易发生在由行政制度及法律规则组成的框架内，并时常遵守由习俗和标准惯例建立起的行为模式。①

显然，要建构我国传媒规制绩效系统的标准，首先就是要明确我国传媒规制的基本政策目标。当代传媒理论大家库伦伯格和麦奎尔研究传媒政策要素时，首先论及的就是传媒政策追求的目标以及界定或认识目标时所运用的标准或价值观念；然后是政策所适用的不同内容和传播服务、不同的传输服务（主要包括印刷媒体的发行，有线电视、卫星及广播的传送，以及电信）；最后是合适的政策措施以及实施的手段（主要体现在法律、法规、自律或市场运作中）。② 我国传媒政策学者也提出传媒政策，勾勒出国家或社会或其他主体预期中的传媒图景，传媒规制则依据政策所规定的法则，通过组合运用特定的工具对传媒的生产、传播和销售等行为进行组织和约束，以实现政策目标。③

20世纪人类经历了政治、经济、文化、技术格局大动荡和大变迁，这也是中国政治制度、社会结构、经济民生以及整个民族命运跌宕起伏、痛苦探索的时期。中国各个时期的传媒规制政策目标，不可避免地打上了国际社会互相影响的烙印，更凸显了本国、本民族独特的目标追求。要深刻理解我国传媒规制政策目标，不能脱离这种历史的视角。

民国时期中国已有明确的传媒法规和规制机构。中国最早的广播电台——"大陆报—中国无线电公司广播电台"于1923年1月23日在上海开播，但该电台因未经北洋政府批准、触犯了当时法令而在当年4月停止播音。北洋政府《电信条例》最初规定未经批准禁止外国和外国人私设无线电发射、接收装置，后"为谋中外人民幸福起见，对广播无线电话真正积极筹备，厘定规则"，并于1924年8月由交通部颁布了中国历史上第一个关于无线电广播的法令——《装用广播无线电接收机暂行规制》，规定了安装接收机（即收音机）的申报程序、地域、接收机执照费，并规定接收机"只准接收音乐、新闻、气象、时刻、汇兑之报告以及演说、试验之用，不得借以谋利"。北洋政府对外商设立广播电台采取了默许态度，筹建官办广播电台却未成气候，直至1926年10月哈尔滨才诞生了中国第一

---

① 丹尼尔·F.史普博.管制与市场［M］.余晖，等，译.上海：格致出版社，2008：原版序言2.

② 库伦伯格，麦奎尔.媒体政策范式的转型：论一个新的传播政策范式［C］//国际传媒政策新视野.上海：上海三联书店，2005：15-37.

③ 陈映.欧美传媒政策范式转型：以媒介融合为语境［M］.北京：中国社会科学出版社，2016：45.

座自办广播电台。1928 年国民政府公布《中华民国广播无线电台条例》，政府、公众、私人经审批特许均可办广播电台，政府性、教育性、宗教性、商业性各类电台并存。《全国广播电台系统及分配办法》规定了全国电台的数量、技术、收音机执照费等标准，《指导全国广播电台播送节目办法》则标志国民党开始以法律形式从广播节目内容上控制广播电台。[①] 民国政府先后还制定了《宣传品审查条例》《查禁反动刊物令》《取缔销售共产书籍办法令》《出版法》《宣传品审查标准》以及《危害民国紧急治罪法》等政策和法规，设立了"中央新闻检查处"、首都和各省市的新闻检查所等内容审查规制机构。[②] 由此可见，民国时期的传媒规制在准入规制、内容规制方面也因时因地有所变迁，体现了当时的政府政策目标和对公共利益、经济效率的理解和实现模式，也体现了各个利益团体对整体利益和传媒使用的博弈均衡。民国传媒规制下，中国传媒形成了对封建王朝传媒制度革命性的颠覆，形成了特定的资本主义传媒市场，也产生了一些优秀的传媒文化现象；但在国际、国内各种因素作用下，中华民国并没有发展成为一个繁荣强盛的资本主义国家，民国的传媒规制模式也随整个国家制度的变革而成为历史。

探索国家富强、民族振兴、人民幸福道路的伟大使命，历史性地落到新成立的中华人民共和国肩上，中国共产党领导中国人民建立了社会主义制度，传媒规制也因此承载了新的政策目标、采取了新的模式。新中国的传媒规制是基于新的历史条件下政府和人民对公共利益和经济效率理念及其实现方式的理解，基于新中国的综合政策目标而建立的。在新中国不同历史时期，因为具体政治、经济、技术条件不同，我国传媒规制的政策目标也在持续变革。厘清新中国各个时期传媒政策目标、传媒规制基本特征及其与社会发展目标的关系，才能深刻理解当下我国传媒规制目标及其与整体社会目标的关系，才能基于规制目标来制定更加合理、有效的当代传媒规制及其绩效评价体系。

一、社会主义改造时期的传媒规制

中华人民共和国成立，新政权对大众传媒的基本功能定位、政策目标

---

① 赵玉明. 中国广播电视通史（第 2 版）[M]. 北京：中国传媒大学出版社，2008：12、15、28、38.

② 丁淦林. 中国新闻事业史 [M]. 北京：高等教育出版社，2004：259.

迥异于以往，服务党的中心工作、服务国家安全稳定和发展建设成为传媒主要乃至唯一政策目标。因为中国共产党的革命传统、意识形态以及新闻传统，因为新政权的国家制度，我国在具体传媒规制措施上采取了严格统一的准入和所有权规制、内容规制，其中广播规制比报纸规制更加严格、改造也更早更快。

在报纸的所有权和内容规制方面，新闻总署要求所有的报纸都能负担起"指导中心工作的职能"，但私营报纸也在一个阶段允许存在，并在业务上给予了一定的扶持。1949 年 11 月，中共中央宣传部致电华东局宣传部定下的政策是"私营报纸及公私合营报纸，在现阶段有其一定的必要，故应有条件予以扶持"。但由于私营报纸不被读者信任，原来的报纸内容风格不合时宜，发行、广告等方面经营困难，不少私营报纸纷纷自行停刊。1950 年 3 月全国私营报纸还有 58 家，但 6 月底就减到 39 家。1950 年下半年中共中央和中央人民政府决定对私营新闻出版事业进行社会主义改造，1952 年底全部私营报纸变为公私合营性质。1953 年后人民政府又通过收购私股的办法，使公私合营性质报纸变成公营报纸。到 1954 年 10 月，全国共有报纸 248 种，均为公营。1950 年颁布的《全国报纸杂志登记暂行办法》则对报刊内容基本方针和具体禁令以及处罚办法进行明确规定。①

广播所有权和内容规制方面，新闻总署规定中央电台及整个广播宣传的任务主要是三项：发布新闻和传达政令、社会教育、文化娱乐。② 可见中华人民共和国广播传媒的政策目标主要是服务政治宣传、进行公益文化教育传播，以及提供带有政治教育性质的文化娱乐。为了实现这个政策目标，中华人民共和国建立初期即着力建立以中央人民广播电台为中心的广播宣传网，并逐步建立覆盖广大农村的广播收音网、有线广播网。1955年 9 月 12 日，国务院发出《关于地方人民广播电台管理办法规定》，规定各地方电台的编制、财务、计划及一般行政业务受各级人民委员会领导；广播业务、广播技术、广播事业规划受广播局领导。中宣部文件则规定各级地方电台的宣传业务、思想政治、干部管理由地方党委领导。中华人民共和国成立之初，国营传媒机构和私营传媒机构并存，1950 年初有 49 座人民广播电台，1950 年 4 月有 33 座私营电台。③ 但在社会主义改造过程

---

① 吴廷俊. 中国新闻史新修［M］. 上海：复旦大学出版社，2008：395、402.
② 徐光春. 中华人民共和国广播电视简史［M］. 北京：中国广播电视出版社，2004：14.
③ 赵玉明. 中国广播电视通史（第 2 版）［M］. 北京：中国传媒大学出版社，2008：203、208.

中，很快就形成了以《人民日报》、新华社、中央人民广播电台为中心的国有国营传媒体系。从规制的角度看，这是为了社会公共利益，为了实现国家整体政策目标，而采取的规制措施。中华人民共和国成立前夕，中共中央在《对新解放城市的原广播电台及其人员的政策决定》中规定："新中国之广播事业，应归国家经营，禁止私人经营。"中华人民共和国中央人民政府成立后，广播事业由中央人民政府政务院新闻总署下属广播事业局管理。中华人民共和国接管了原有国民党官办广播电台，创办了新电台，管理、改造了私营广播电台。中华人民共和国对私营广播电台经军管会审核登记继续播音，处理改造方式大致有：查封名为私营实为国民党控制的电台，停播违反军管会条例、人民政府法令的电台，经私营台主申请、人民政府收购其广播器材后停止播音，并公私合营。[①]截至 1953 年 6 月，上海公私合营电台中私方财产均已被收购，我国广播事业已全部实现国家经营。由此可见，中华人民共和国对传媒行业的改造早于对工商业的改造。

中华人民共和国的这种传媒规制理念与当时国际规制趋势大方向并不相悖，国家采取措施干预市场运行也是 20 世纪 50 年代世界政治经济以及传媒领域的一种主流思潮，并在各国原有基础上表现出不同的干预程度和干预方式，形成不同的规制政策模式。20 世纪 30 年代经济大萧条使得自由主义市场经济的严重缺陷被认识，"二战"后很多国家接受了干预主义思想。发达国家期待在国家干预下形成更完善的社会秩序和经济秩序，发展中国家则期待在国家宏观干预下更快地实现工业化与现代化，传媒业也嵌入这种历史社会思潮之中——通过国家干预来加强传媒的公共服务，保障传媒的公共利益，但各国在具体实践路径上各有差异。上文论及发达资本主义国家根据自身的政治、既有传媒格局，在商业传媒的基础上补充公共利益理念为基础的传媒规制，或者在公共广播电视体制、公共服务理念基础上，通过部分领域和生产环节引进商业竞争优化公共服务。许多第二次世界大战后新独立的发展中国家也为了加快本国社会经济发展，而对传媒采取了适当的规制政策。发展传播学理论也认为在发展中国家，信息不仅发挥"看门人"的作用，还发挥着政策引导、教育传播的作用。在发展中国家，自由和充分的新闻报道不仅是一个目标，同时也是实现社会变革的手段[②]，是实现国家现代化、使人民有效参与国家建设必不可少的要素。

---

① 赵玉明. 中国广播电视通史（第 2 版）[M]. 北京：中国传媒大学出版社，2008：210.
② 施拉姆. 大众传播媒介与社会发展 [M]. 金燕宁，等，译. 北京：华夏出版社，1990：作者前言.

所以，发展中国家媒介通常是政府、私人混合所有制，大多数有关教育、传媒服务的资源都掌握在政府手里。

从规制的角度看，中华人民共和国成立之初的传媒系统通过军事接管、投资兴建、社会主义改造逐步实现了国有国营，社会机构禁止准入；传媒经营行为上，经济困难中的国营媒体也保留了广告业务，实施了"企业化经营"与"邮发合一"的制度，存留了一定的市场因素；[①]传媒内容由党政部门和传媒机构自身审查，内容服从和服务于政治宣传，传媒成为政治工作的有效工具。而这种政府严格控制的传媒规制，是为了迅速稳定社会、恢复经济，为了集中资源建设社会主义国家的目标而制定。这种传媒规制，对有效传播当时的公共政策，对实现当时党和政府的政治、经济、社会工作有不可替代的重要作用，传媒规制总体体现了当时政府和社会各界对国家公共利益及其实现方式的认知。

二、计划经济体制时期的传媒规制

1956 年我国基本完成社会主义改造，全面建立了社会主义计划经济体制。计划经济体制时期，我国传媒政策目标仍然主要是为党的中心工作服务，充分运用传媒进行意识形态宣传、公共政策宣传。在国际国内政治斗争形势激化，传媒还经常成为关乎政权生死存亡的斗争武器。在国家形势相对平和稳定时期，传媒政策目标也包括促进公益文化教育，有时还兼顾丰富人民群众业余生活的目标。随着计划经济体制在全国确立，我国在传媒所有权规制、经营行为规制上完全取消了市场影响，内容规制方面实施了高度政治控制，在政治运动中传媒作为政治动员、政治斗争的工具而存在。

报纸的准入规制与内容规制。中国共产党历来重视报刊在政治军事斗争中的作用，中华人民共和国成立初期即建立了以《人民日报》为核心的各级党委机关报，以及由工会、农民、青少年、人民军队、少数民族、民主党派及少数专业报纸组成的公营报刊体系。完成对私营报纸改造以后，整个计划经济时期我国境内就没有了非国有报纸，报纸生产所需资源也由国家计划统一调配。从规制角度看这就是最严格的规制措施，因为完全禁止了市场主体和市场行为。传播内容上，报纸刊载的内容多服务于政治，

---

① 吴廷俊. 中国新闻史新修［M］. 上海：复旦大学出版社，2008：402.

禁止传播与政治路线相左的观点。

广播媒体的准入规制和内容规制。1956 年召开的全国广播工作会议巩固了党政系统主办广播事业的体制,制定了第二个五年计划广播发展指标,决定全国广播宣传体系以中央台为基础、地方台为补充的发展思路。资源配置、生产行为方面,所有生产资源由国家计划统一调拨,同时各个地区、各个部门之间互相支援。通过规制政策控制广播媒体的所有权和经营行为,是为了对传播内容的绝对控制。

三、经济转型时期的传媒规制

1978 年党的十一届三中全会以后,党的中心工作从阶级斗争转移到经济工作,我国经济体制开始由计划经济体制向市场经济体制渐进转型。在这个跨度很大的历史时期里,我国传媒政策目标逐步扩大,各项目标的优先顺序和权重逐步调整。传媒服务党和政府的中心工作、进行政治宣传依然是最主要的政策目标,但传媒性质上已经逐步把"党的喉舌"和"人民喉舌"并提,并且传媒政策目标中经济目标、文化目标重要性大幅提高。具体传媒规制上,内容方面与计划经济时期相比大幅放松,除了危害政治稳定和社会安全的不良内容被禁止外,各种题材和形式的内容产品在各种媒体广泛传播。在以经济建设为中心的时代,传媒的经济规制改革引人注目,我国传媒市场准入和所有权规制、经营行为等经济规制分不同领域、以不同形式逐步放松了部分规制,传媒市场结构方面以行政区划为单位进行了探索,互联网媒体则天然具有突破行政区划的技术特征。在媒介融合时代,我国传媒规制政策的经济目标不仅是提高传媒产业自身的经济效率,而且还有通过"互联网+"带动产业融合、促进国民经济转型升级的目标。当然,传媒经济规制改革的具体措施主要还是体现在市场准入、所有权、经营行为、市场结构等方面,这种经济规制放松程度在一个较长时期内逐步提高,在存量性质的国有媒体中形成"可控的竞争"和"有限的激励",在增量性质的非国有互联网新媒体领域则采取了非常宽松的经济规制,形成了较为充分的市场竞争,也对生产投资者形成了较为充分的激励约束机制。

(一)广告经营、地方政府与国有企业准入规制放松
转型时期,我国传媒各项规制中首先是传媒机构广告经营行为规制得

到放松。1978 年底，人民日报社等要求试行"事业单位企业化管理"政策得到财政部批准。1979 年 1 月，我国报纸、广播、电视先后在社会争议中恢复或开始播出广告，之后广告经营政策逐步放宽。1982 年 2 月《广告管理暂行条例》颁布，标志我国广告审批许可准入制度和管理制度初步建立；1994 年 10 月我国正式发布了《广告法》，确立了广告在社会主义市场经济中的作用，体现了我国规范传媒规制的经济目标。广告放松规制是在保障原有宣传喉舌功能"存量"的基础上放开的"增量型"规制变迁。

我国传媒机构的市场准入，则是逐步向地、县级政府和部分大型国有企业放松了规制，而后又经历了组织机构整合。这种开放与整合，体现了政府在一定政策目标下对传媒市场结构进行规制调控的功能。

报纸方面，1978 年全国仅有报纸 186 种，只有级别较高的党政机构具有办报权利。1984 年我国开始全面经济体制改革后，报纸准入规制逐步放松，1985 年报纸种数由上年的 458 种上升到 1 445 种。1992 年我国提出建立社会主义市场经济体制的目标，报业市场准入继续放松，报纸数量持续快速增长。1996 年我国报纸数量达到历史最高值——2 163 种，同年我国也开始报业市场"治散治滥"——取缔不具备资质的报纸，重组整合具备资质的报社。1997 年我国报纸种数开始下降，到 2000 年只有 2 007 种。[①]这些报纸媒体的投资主体，也由政府部门完全垄断到逐渐放宽，国有企业、社会资本以不同的投资形式和控股比例进入了报业市场。

广播电视方面，1984 年第十一次全国广播工作会议确立了"四级办台"政策，准许地、县级政府广电部门按程序申办、建设电台和电视台，之后部分大型国有企业和乡镇政府也纷纷创办电视台、有线电视、广播电视转播台站。至此，我国广电原有的中央、省（市、自治区）两级办广播电视的市场结构发生了重大变化：1982 年底全国还只有不足 20 座地（市）级电视台，到 1985 年底已经有地市县电视台 172 座；从电视台的总数量上看，1982 年是 47 座，之后几年这个数字分别是 52 座、93 座、202 座、292座、366 座，5 年增长近 8 倍。与此同时，大中型国有企业也开始建设有线电视系统和有线电视台，20 世纪 90 年代初期的行政区域有线电视建设中，因其投资巨大、利润丰厚，也吸引了不少国有企业参股。1996 年，我国共有经正式批准的广播电视机构 4 147 座，未经广电部批准设立的播出机构 2 790 座。1997 年我国开始治理这种播出机构泛滥的现象，淘汰了不具

---

　① 金碚. 报业经济学 ［M］. 北京：经济管理出版社，2002：104.

备准入资质的媒体，重组整合了部分具备准入资质的媒体。治理之后各种播出机构剩下 2 216 座，其中广播电台 294 座、电视台 343 座；另外，还有 217 座有线电视台、1 287 座县级广播电视台、75 座教育电视台。558 座企业有线电视台改为有线电视站。[①]

（二）区域内国有媒体重组、准入规制放松

世纪之交，在政府换届并加速市场转型、加快"入世"步伐、世界传媒电信放松规制的大背景下，我国传媒改革提速，传媒机构启动重组，长期严格限制社会资本准入的传媒规制部分放松，对传媒机构的资本运作行为、经营行为规制也有了放松。我国传媒政策目标中，在保持政治宣传、文化娱乐功能的基础上，产业发展目标权重逐步上升。

报纸规制改革方面，以 1996 年广州日报集团建立为标志，我国开始了报业集团建设、传媒机构重组，从传媒规制的角度来看，这正是通过规制变革来改变传媒市场结构、改变传媒机构的行为。到 2004 年，我国经正式批准成立的报业集团有 40 家。报社、报业集团投资结构也逐步多元，社会资本开始逐步以各种形式进入，有的报纸还通过借壳上市等间接方式从股市融资，如成都日报报业集团借壳"博瑞传播"1999 年上市后，国家股从上市前的 41.68% 下降到 14.02%，其他机构投资则相应增加。2015 年全国共出版报纸 1 906 种，近年来报纸数量减少更多是因为市场而非政府规制的原因。

广播电视规制改革方面，1999 年我国广播电视行业也开始实施台网分离、有线无线台整合，国家广电总局 2000 年发布文件推进事业性质的广播电视集团化改革。我国开始建立企业性质的广播电视网络传输公司，合并行政区域内有线电视台和无线电视台，部分地域的电台、教育台也在重组之列，部分地区还进行了跨媒体整合，但跨行政区域的广播电视机构重组还非常罕见。

与有线电视传输网络、广播电视机构投资准入仅限于国有资本不同，我国广播电视节目制作市场准入规制有较大程度放松，国有电视台的节目经营行为在竞争中逐步改变。1998 年起我国《广播电视节目制作经营许可证》（1998 年 10 月前称《影视制作经营许可证》）的审批、发放开始放宽，新创办的电视制作公司迅速增加，原来以广告公司名义经营的制作公

---

① 刘习良. 中国电视史［M］. 北京：中国广播电视出版社，2007：310.

司纷纷"翻牌"正名。电视台为了提高效益、降低成本，也开始探索"制播分离"——将部分电视节目外包给社会传媒机构制作。2000 年还出现了将电视频道整体承包经营的案例。但是，2000 年 8 月国家广电总局紧急叫停"制播分离"政策，主张国有广播电视系统内开展事业性质集团化，民营媒体、社会资本参与广播电视经营尤其是涉及广播电视播出领域的壁垒依旧森严，但在节目制作领域准入规制总体还是呈放松趋势。

　　值得注意的是，我国互联网行业从 20 世纪 90 年代前期开始被当作通信产业而非传媒产业，市场准入规制较为宽松。尤其是互联网媒体，最初几乎完全是被当作信息产业对待，体现了我国期待通过信息化拉动工业化的经济目标。我国对国内民营资本、境外资本在新闻内容以外的互联网内容服务领域一直持续了宽松的规制，但网络基础设施先放开市场准入后来又重新收归国有。按照《中华人民共和国计算机信息网络国际联网管理暂行规定》，计算机信息网络直接进行国际联网，必须使用邮电部国家公用电信网提供的国际出入口信道，任何单位和个人不得自行建立或者使用其他信道进行国际联网；已经建立的互联网络，分别由邮电部、电子工业部、国家教育委员会和中国科学院管理。互联网内容服务准入方面，1996年 2 月，国务院发布《中华人民共和国计算机信息网络国际联网管理暂行规定》，明确规定具备相应技术能力的企业、事业法人可以申请经营性和非经营性的互联网业务许可证。宽松的互联网内容服务准入，推动了社会资本对互联网服务业务投资。1996 年 8 月张朝阳创建了搜狐网的前身——爱特信公司，新浪、网易等民营网站也纷纷创办并且得到快速发展，许多互联网企业到美国纳斯达克融资上市。非国有互联网企业完全按照市场规律在自由竞争的市场中经营，其经济绩效大大高于国有互联网企业，形成鲜明对比同时也启示人们更加深入系统的思考互联网媒体规制问题。

（三）事业、产业并举发展，传媒规制曲折探索

　　当下的转型时期，我国传媒政策目标中的经济目标权重逐步上升，传媒产业增长和传媒事业发展一样成为基本政策目标。但是实践中传媒政策的政治、经济、文化等目标及其关系却非常复杂，传媒产业规制改革充满曲折，规制理论上也存在许多重大问题尚在探索之中。传媒事业和传媒产业并举作为一个基本理念虽然已经明确，但是传媒事业和传媒产业的界定、传媒产业规制调控方式与力度都是非常复杂的理论和实践问题。

　　我国明确区分文化事业和文化产业的政策始于2002年党的十六大，在此之前都是文化事业。传媒事业属于文化事业中的一部分，经常也是政治影响最敏感、最直接的一部分，如今还是和信息经济、知识经济联系最紧密的一部分。2003年我国启动了文化体制改革试点，2005年底全国推行文化体制改革，逐步推进了包括传媒产业在内的文化产业规制创新，但传媒产业放松规制政策却因政治影响大而一直滞后于其他文化产业。尽管传媒产业规模扩展迅猛、技术日新月异，但是在新闻内容生产准入以及广播电视播出平台投资准入、所有权等规制并无重要突破；现实中"事业单位，企业化管理"的经营形态没有发生根本改变，广受诟病的广播电视"条块结合，以块为主"的行政垄断市场结构也很难撼动。

　　经济困境的倒逼往往是推动我国传媒产业规制改革的一大动因。2008年国际金融危机和我国的经济形势客观上推动了传媒产业规制的变化。2009年7月，国务院发布的《文化产业振兴规划》提出"将文化产业培育成国民经济新的增长点"，文化产业九大类中的影视制作、广告、动漫产业都与广播电视台密切相关。《文化产业振兴规划》明确要求广播电视进行制播分离改革，随后国家广电总局发文要求相应广播电视台按照现代企业制度要求组建影视剧等节目制作公司，推进省级、副省级电台电视台经营性节目制作单位和部门转企改制。也可采取委托制作、联合制作、社会招标采购等方式，调动社会力量加强节目制作生产。2009年、2010年，上海、湖南、江苏等广播电视大台都通过制播分离成立了大型传媒企业，上海、湖南广播电视台分别与宁夏电视台、青海电视台进行了跨省资源整合。全国各电视台控股传媒企业进入资本市场融资步伐加快。从规制角度来看，这正是广播电视规制准入壁垒放宽、所有权重组限制放宽的表现。

　　但是传媒产业比其他文化产业在意识形态上更加敏感，政策目标更加多元，社会影响更大——或者说外部性更强，规制改革也更加滞后。2011年10月，党的十七届六中全会全面部署了文化体制改革，提出"推动文化产业成为国民经济支柱性产业""鼓励有实力的文化企业跨地区、跨行业、跨所有制兼并重组，培育文化产业领域战略投资者"，但同时也强调"构建统筹协调、责任明确、功能互补、覆盖广泛、富有效率的舆论引导格局"。2012年、2013年底，被业内称道的湖南台、上海台跨区域经营合作也因各种原因而中止。传媒规制改革堪称曲折。但无论如何，在保证社会价值前提下尽可能提高经济效率是一个无法扭转的趋势。2014 年上海文化广播影视集团再次大规模整合上海影视文化产业。2015 年云南卫视以招标形式与长沙电视台团队达成重大跨区域合作，2016 年初陕西卫视也开始在上海的灿星公司、湖北广电的团队中选择运营团队。在舆论宣传要求提高、放松规制没有重要政策出台的背景下，经济效率的压力还是迫使媒体机构在现有规制框架内，充分推动生产要素的市场流动，适时推动规制创新。其实，这与当下我国强调的"供给侧"改革精神也是相符的。

2013 年党的十八届三中全会通过的《中共中央关于全面深化改革若干重大问题的决定》，是我国未来一个时期改革开放的纲领性文件，该决定对文化体制改革亦有部署，其中的不少政策直接涉及传媒的基本政策目标、规制改革原则、放松市场准入规制领域：

> 培育和践行社会主义核心价值观，巩固马克思主义在意识形态领域的指导地位，巩固全党全国各族人民团结奋斗的共同思想基础。坚持以人民为中心的工作导向，坚持把社会效益放在首位、社会效益和经济效益相统一，以激发全民族文化创造活力为中心环节，进一步深化文化体制改革。
>
> 鼓励各类市场主体公平竞争、优胜劣汰，促进文化资源在全国范围内流动。继续推进国有经营性文化单位转企改制，加快公司制、股份制改造。对按规定转制的重要国有传媒企业探索实行特殊管理股制度。推动文化企业跨地区、跨行业、跨所有制兼并重组，提高文化产业规模化、集约化、专业化水平。
>
> 鼓励非公有制文化企业发展，降低社会资本进入门槛，允许参与对外出版、网络出版，允许以控股形式参与国有影视制作机构、文艺院团改制经营。在坚持出版权、播出权特许经营前提下，允许制作和出版、制作和播出分开。建立多层次文化产品和要素市场，鼓励金融资本、社会资本、文化资源相结合。

2014 年 8 月中央全面深化改革领导小组第四次会议审议通过的《关于推动传统媒体和新兴媒体融合发展的指导意见》（以下简称《意见》）也体现了我国今后一个时期传媒政策目标和规制改革的重要方针。《意见》指出推动传统媒体和新兴媒体融合发展"是适应媒体格局深刻变化、提升主流媒体传播力公信力影响力和舆论引导能力的重要举措"，"通过融合发展，使我们的主流媒体科学运用先进传播技术，增强信息生产和服务能力，更好地传播党和政府声音，更好地满足人民群众的信息需求""要一手抓融合，一手抓管理，确保融合发展沿着正确方向推进"。[①] 2019 年中共中央政治局集体学习再次聚焦全媒体时代的媒体融合，并集体现场调研了《人民日报》的新媒体，习近平总书记提出了"全程媒体、全息媒体、全员媒体、全效媒体"融合传播新理念。

　　概览新中国传媒政策目标和传媒规制变迁历史，大致可见我国传媒承载的政治、经济、社会、文化等方面政策目标，以及市场准入、产权、内容等方面的具体规制措施。我们也不难发现，这种传媒规制政策目标，实际上都是为了实现国家和全社会的公共利益而进行的曲折探索——尽管有时取得成功、有时遭遇挫折。当然，不同时期的国内外政治、经济、社会以及传媒技术条件不同，全社会对"公共利益"的内涵理解和实现方式也经历了历史性的重大变迁。但不可否认，在社会主义国家国有传媒体制语境下，传媒规制所蕴含的社会目标和经济目标都是为了实现全社会"公共利益"的方式。理解不同时期我国传媒政策目标变迁，这对于理解我国传媒规制特征非常重要，因为在政治体制稳定、市场增长持续和传媒技术变革的条件下，当下和未来我国传媒规制的政策目标和具体规制措施，很大程度上还将沿着这种改革轨迹渐进变迁。

第四节　中国传媒规制绩效模型建构

　　如何评估中国传媒规制的绩效？传媒规制理论发源于西方，是公共部门对市场经营主体采取的经济规制和社会规制，评价中国传媒规制绩效不能直接照搬西方国家的规制措施，而应该按照其分析和实施规制的科学逻辑，对照中国的传媒政策目标及其实现路径，来制定科学的评价体系，并根据传媒运行实际表现来统计评价。

　　基于上文梳理的中国传媒政策目标、具体规制变迁历史，尤其是从近年来党和国家发布的重要文件来看，本书认为当今我国传媒政策基本目标可以归纳为以下两大部分：

---

　　① 资料来源：人民网，http：//culture. people. com. cn/n/2014/0821/c172318 - 25511854. html. ［2019 - 07 - 23］.

第一，实现高效公共传播，包括公共政策与主流舆论传播、公众意见表达与舆论监督、公益文化传播及其他公共传媒服务。

第二，促进传媒产业增长与经济效率提高，促进媒体融合，配合国民经济转型升级。

显然，中国和西方国家传媒规制政治方面的政策目标差异很大，但是经济方面的政策目标则有更多的共同点。西方国家传媒规制政策也有一系列的政策目标，但最重要的概念是民主价值，各种规制技术都通往这一首要目标。[①]"公共利益"则是"民主政治理论的核心"，美国的传媒规制以"公益、便利和必需"作为基本原则，具体包括言论自由、多样化、本地服务和普遍服务等标准。《1996年美国电信法》也尤其强调促进竞争，开宗明义即强调法案是要让"任何人进入传播业务，让它们互相竞争"。[②] 英国传媒规制改革重要里程碑是1996年英国广播电视法，其政策目标可以概括为两大部分：社会—政治目标，诸如促进传媒多元化（或避免传媒中任何个别"声音"过分强势）；经济目标，诸如保护竞争、促进效率、鼓励英国传媒公司到国际上去竞争（或者消除行业取得商业成功的障碍）。[③] 由此可见，尽管我国对传媒规制舆论导向的政策目标和西方不同，但是通过市场竞争来提高经济效率的规制目标是相同的。

中国和西方国家的传媒规制对象以及国家与规制对象的关系也有很大不同。西方国家传媒规制对象绝大部分是私营传媒企业，政府则是站在国家和社会的角度对企业进行规制。所以西方学者理解的传播政策产生于政府的国家利益诉求和商业/工业企业运作之间的互动，双方都期望通过特权、规定以及约束来实现互利。[④] 在西方发达国家，传媒产业发展主体的企业——数量多、实力强的传媒企业也有充分的激励措施优化经营、促进增长，政府主要功能是提供公共服务而很少直接参与经济投资经营，传媒规制理论研究的重点经常是如何通过对企业行为进行规制来维护公共利益。但中国不同，国家传媒事业单位和国有企业占有相当大的比重，其中广播电视媒体播出机构

---

① Mike Feintuck and Mike Varney. *Media Regulation*，*Public Interest and the Law*. Edinburgh University Press Ltd，2006：7.

② 资料来源：美国联邦通信委员会官网，http：//www. fcc. gov/telecom. html. ［2019 - 07 - 26］.

③ Gillian Doyle. *Media Ownership: The Economics and Politics of Convergence and Concentration in the UK and European Media*. Sage Publications，2002：105.

④ Jan van Cuilunberg、Denis McQuail. 媒体政策范式的转型：论一个新的传播政策范式［C］// 国际传媒政策新视野. 上海：上海三联书店，2005：15 - 37.

完全是国有事业单位，报业也基本如此。政府既通过这些传媒机构来提供公共服务，同时也通过各种政策激励传媒机构按照市场规律来促进市场竞争、产业发展。当然，中国非国有传媒机构也越来越多，尤其是互联网媒体中大部分都是民营产权，传媒规制对象和任务又发生了根本性的转变。于是，在当下传媒融合的技术条件下，中国传媒规制面临着非常迫切的"规制融合"需要，即需要通过科学的传媒规制，推动传统国有媒体和新兴媒体融合，推动各种产权媒体发展来实现我国传媒政治、经济、文化等方面的政策目标。

　　鉴于中国传媒产业增长与经济效率提高是一个如此重要的政策目标，并且必须超越简单借鉴西方发达国家传媒规制政策的研究结论。中国许多研究者都认识到建立统一的传媒市场、促进兼具竞争活力和规模效应的有效竞争是提高传媒产业效率的大方向。但中国对各种传媒的政策目标以及规制措施不同，各种传媒类型的市场竞争格局差异很大，评价现有传媒市场竞争与垄断格局不能只通过一个或一组总体数据。现有研究文献发现了我国传统媒体事业产业功能混合体制下经营束缚大、市场分割等弊端，但是对传媒市场结构特征、不同产权媒体绩效研究多处在定性研究阶段，缺乏系统的实证研究。所以，本书将从中国传媒运行现实中复杂的垄断与竞争关系、具体的竞争行为以及传媒产业产出这三个方面入手，对中国传媒产业的规制绩效进行深入具体的实证研究与理论剖析。根据我国传媒政策目标，参照世界传媒规制理论与历史，本书首先建构了一个传媒规制绩效评估科学指标体系，并用此体系结合具体行业数据、案例、文本，来详细考察当下中国传媒规制绩效，探索重要相关指标之间的关系。对公共传播方面的政策目标和规制绩效，本书主要从公共传媒产品产出指标来量化评价。本书并未从传媒具体内容特征来深入评价公共传播绩效，这需要另一套理论框架来进一步研究。在复杂的传媒规制理论中，本书侧重的是传媒产业规制研究，兼顾传媒社会规制研究。①

　　尽管现代经济学几百年中人类对市场竞争的作用有了较充分认识和较高评价，但是完全竞争、有效竞争市场从来不会自动出现，一定时期的市场竞争结构都是在或多或少的政府规制调控下，由企业在经营竞争

---

　　① 中国的传媒规制研究文献多数是基于规制经济学理论研究产业规制为主，而西方传媒规制研究多侧重研究规制变革对传媒民主价值的影响。这可能是因为中国传媒社会规制、民主价值是一个复杂敏感的话题，在政治理论没有重大突破的前提下，传媒社会规制民主价值研究难有突破。而传媒产业发展是一个我国政府、业界、学界都关注的问题，在产业规律、市场效率上，西方经济学理论也有较高的借鉴价值。

中博弈而成。人类始终期待在政府规制下形成最为有效的市场结构和竞争行为，从而以最优的产出来服务于人类需要。所以说，有效的市场竞争结构、企业竞争行为，以及合理的产出，正是政府规制所追求的政策目标，也可以说评价政府规制应该从这几个方面来着手，传媒规制也不例外。

所以，本书建构的我国传媒规制绩效模型包括：市场结构绩效指标；企业行为绩效指标；传媒产出绩效指标。其中，市场结构绩效、经营行为绩效属于直接规制绩效，因为传媒规制对此可以直接发生作用；传媒产出绩效属于间接规制绩效，因为传媒产出是在特定规制下，传媒机构和其他各种经济要素共同作用而产生的结果。

一、市场结构绩效指标

按照产业组织经济学的"结构—行为—绩效（SCP）"范式，市场结构决定企业行为，进而决定市场绩效；而产业组织学后来发展则越来越注重结构、行为、绩效之间的双向关系和动态变化，但仍然把市场结构看作形成竞争和评价竞争、提高竞争绩效的重要条件之一。市场结构指的是影响竞争和垄断的性质、程度的市场性质。它包括产业集中度、进入和退出壁垒、政府规制、厂商规模等。[①] 经济理论一般认为，市场竞争往往是企业提高资源配置效率和生产经济效率、降低生产成本、进行技术创新的主要动因；相反，垄断往往会导致经济效率低下、生产成本居高不下、技术创新缓慢。但是，由于规模经济、范围经济的存在，规模大甚至是具有垄断性质的企业，经常也因生产成本低、技术创新实力强而拥有更高的生产经济效率，尤其是在自然垄断行业。所以，规制绩效评价也应该结合具体的经营行为来判断特定规制下是否产生了充分的竞争活力，或者说是否产生了不良的排斥竞争、损害效率的垄断行为。无论如何，市场结构指标总是分析市场竞争格局、分析规制绩效不可或缺的指标，具体来说包括传媒产业集中度指标、准入退出壁垒和规模效应指标：

（一）传媒市场集中度

市场集中度是用于表示在特定产业或市场中，卖者或买者具有怎样的

---

① 金碚. 产业组织经济学 [M]. 北京：经济管理出版社，1999：8.

相对规模结构的指标。产业组织理论中市场集中度是考察市场结构、市场竞争格局与垄断力量的首要因素，其评价指标①一般采用 CR_1、CR_4、CR_8 以及赫芬达尔—赫希曼指数（Herfindahl-Hirschman Index，HHI）。处于有效竞争区间的市场结构，往往是充分利用了竞争效应、规模效应来充分提高经济效率。当然，不同媒体经济效率最优集中度随技术能力也正在发生巨大变化，评价具体媒体的产业集中度应该参照最新理论成果及实践标准。另外，不同政策目标有时对最优集中度也有不同要求，比如说西方传媒规制就经常通过限定产业集中度来保证产权多元和意见多元；中国传媒规制为了保证舆论导向的一致性，则存在一定程度的传媒市场数量限制和产权多元。

（二）传媒市场准入退出壁垒

影响市场结构最重要的因素之一是市场准入、退出壁垒，它直接决定市场竞争者的数量。传媒市场进入壁垒，一方面主要体现为政府规制壁垒，如对投资、撤资、并购的严格规定；另一方面资金、技术因素也对传媒市场进入退出构成壁垒，如投资规模、技术标准等。只有能够最大程度地动员社会资源投入、淘汰生产效率低企业的规制，才能有效促进传媒产业的增长。不同的规制壁垒很大程度上赋予了既有传媒机构不同的经营地位，即规制壁垒越高、新的投资越难进入，在位机构面临的竞争压力越小、经营地位越有利；而较低的壁垒则会增加市场竞争、威胁在位传媒机构地位，从而迫使其优化经营行为。

改革开放以来的规制准入退出壁垒变化对市场结构以及各项传媒绩效指标产生了什么影响？未来如何进一步改革规制、如何设定合理的准入退出壁垒？这既是评价传媒规制绩效的标准之一，也正是本书研究规制改革的最终目标之一。

（三）传媒机构规模经济

有效的市场机构不仅要保证充分的竞争活力，而且应该充分发挥企业的规模经济效应，才能最大限度地提高经济效率。企业相对规模体现了市场结构的特征，即垄断程度高的市场企业规模相对比较大，受传媒技术、政府规制的影响较大；企业的绝对规模则是市场需求、政府规制、生产技术等综合要素的体现。

---

① 详见第三章市场结构绩效分析部分。

传媒机构的经济规模，体现为收入总额、收入份额（受众份额）等具体指标。有效的传媒规制应该利于提高传媒企业的绝对规模，充分利用生产规模效应来提高经济效率，提高市场竞争力。当然，传媒企业规模评价比较复杂，因为传媒企业规模效应非常显著，一般传统产业的相对规模、绝对规模与传媒产业有较大差异，且各种类型传媒之间的规模效应不尽相同。本书将对中国传媒规模进行横向、纵向的比较，来综合评价我国传媒规制在规模效应方面的绩效。

二、经营行为绩效指标

无论是哈佛学派强调市场结构影响企业行为进而影响经济绩效，还是芝加哥学派强调市场机制有效调节企业行为，毫无疑问都说明企业有效经营行为才是企业和产业经济绩效提高的直接来源。"可竞争市场理论"更是认为市场竞争或者潜在市场竞争压力，对现有厂商的行为施加了约束，竞争条件下的企业经营行为利于提升经济效率。一般评价企业经营行为的指标包括定价策略、产品研发、规模化、多样化等。鉴于我国传媒政策目标中传媒融合是一项重要专业指标，本书认为我国传媒规制绩效企业行为也应该包括传媒融合内容。

（一）传媒定价行为

市场经济中的价格是引导社会资源配置的直接信号，也是企业经营获利的直接关键因素。市场的产品定价、生产要素定价，是由整个市场的供需双方自由谈判竞价来决定，其中竞争充分的市场有无数的供给者，有充裕的产品或要素供给，这时价格谈判中供给者没有价格决定权，经济利润很低或没有，消费者福利和全社会福利较高；反之，竞争不充分的垄断性市场中，供给者较少，定价谈判中供给者具有谈判优势甚至价格决定权，往往进行较高的垄断定价，获得较高的经济利润，消费者福利和全社会整体福利往往受到损失。传媒市场的定价行为指标包括：传媒消费产品定价；广告产品定价；传媒中间产品定价。通常情况下，不合理的传媒定价则是全社会福利的损失，是传媒规制低效的体现。

（二）传媒产品与技术研发创新

一般认为，竞争市场中的企业，往往迫于竞争压力而积极投入资金进行产品研发、技术更新，这恰恰是企业以及整个产业提高经济效率、提高竞争力的动力；处于垄断地位的企业，往往缺乏这种投入、创新的压力，导致整个产业经济效率低下、国际竞争力低下。消费者常常抱怨拥有地方特权的垄断者碌碌无为，只知道年复一年地保持陈旧的服务，却不会引入新的产品。① 当然，也有理论认为垄断企业更具技术研发创新的能力。总之，研发创新是利于提高经济效率的关键经营行为。

本书规划评价传媒产品与技术研发创新的指标包括：新产品研发投入，新产品收入及其占总收入的比重，新技术投入及其占总收入的比重。

（三）传媒兼并重组行为

为了应对市场竞争、抵抗市场风险、完善产品结构、提高规模经济效应，传媒机构常见的市场经营行为就是进行兼并重组。当然，兼并重组行为有成功的，也有失败的。但是，传媒规制是否允许这种提高经济效率的经营行为开展，应该作为规制绩效的指标之一，尤其是在传媒分散程度较高的中国传媒市场。传媒兼并重组的数量、金额则可以作为传媒政府规制的具体绩效评估指标。

（四）传媒促销行为

处于竞争市场的企业，包括传媒企业，为了赢得市场、更好地服务消费者，往往需要进行有效的市场营销；反之，处于垄断地位的企业，市场营销的压力往往比较小。所以，传媒企业自身的营销行为也是体现市场竞争、促进经济效率的一个指标。该项指标的具体指标主要是营销投入及其占总收入的比例。

（五）传媒非生产性成本

处于竞争性市场、成本控制较好、生产效率较高的企业，往往致力于降低非生产性成本，提高生产性成本的比例；反之，处于垄断地位、成本控制不力、生产效率较低的企业，往往有较高的非生产性成本。这点在我国传统国有媒体中表现尤其明显。所以，行政费用等非生产性费用是评价传媒企业经济效率的一项有效指标。

---

① 保罗·萨缪尔森，威廉·诺德豪斯. 经济学［M］. 萧琛，主译. 北京：人民邮电出版社，2008：172.

三、传媒产出绩效指标

结构、行为指标固然是评价特定传媒规制经济绩效、社会绩效的重要指标，但规制绩效评价最终要落实到传媒产出指标，在评估经济性规制时尤其如此。本书对传媒社会性规制也通过公共传媒产品的产量指标来进行评估，其中传媒公共产品根据其性质，可以分为公共政策与主流舆论传播产品、公众意见表达与舆论监督产品、公益文教传播产品三类。所以，传媒产出绩效标准包括：

（一）传媒公共产品产出

任何国家的传媒规制，都把公共利益作为规制理论或实践中的主要依据和目标。当然，不同国家、地区在不同时期对公共利益的理解也有所不同。一定意义上说，理解公共利益的定义是理解传媒规制的关键。本书认为"传媒公共产品"是为了社会公共利益、公共事务需要而生产的传媒产品，我国传媒公共产品产出绩效指标应该包括：公共政策与主流舆论传播产品投入、产量，公众意见表达与舆论监督产品投入、产量，公益文教传播产品投入、产量。

（二）传媒商品产出

评价传媒经济规制绩效，传媒商品产出毫无疑问是一项重要指标，现实中它甚至是评价经济规制最重要的指标。传媒商品是传媒机构为了满足市场消费需求，以企业盈利为目的，以价格引导市场交易和分配的方式进行生产的传媒产品。在市场经济条件下，传媒商品的生产、交易、消费构成传媒产业的主要部分，传媒商品的有效投资、产出是传媒产业市场效率的主要体现。传媒商品也对社会公共事务、公共利益产生影响，因此需要内容规制来规范传媒商品生产。但传媒商品的经济规制是调控传媒商品市场生产和传媒产业经济绩效的关键。体现传媒商品产出具体指标常见指标包括：传媒产业投资、传媒商品产值、产值增长率等。

所以，从理论上可以将评价我国传媒规制绩效的指标体系归纳为表1-1所示模型：

表 1-1　我国传媒规制绩效指标体系模型

规制绩效一级指标	规制绩效二级指标	规制绩效三级指标
规制直接绩效	市场结构绩效	市场集中度	市场集中度
		进入退出壁垒	进入数量
			退出数量
		规模经济	绝对规模
			国际比较
	经营行为绩效	定价行为	广告价格涨幅
			收费涨幅
		研发投入	研发投入额
			投入占收入比例
		并购重组	并购重组数量
			并购重组金额
		市场营销	市场营销费用金额
			市场营销费用占收入比例
		非生产性费用	非生产性费用金额
			非生产性费用占比
规制间接绩效	传媒产出绩效	传媒公共产品产出	公共政策传播产品数量
			公众意见表达产品数量
			公益文教传播产品数量
		传媒商品产出	传媒商品产值
			传媒商品增长率
			传媒产业投资增长率

　　表 1-1 体现了较完整的传媒规制绩效评价模型，但是本书针对的是我国传媒规制现实问题，所以基于这个绩效评价模型指标体系又提炼了 4 组具体的重要关系，在后续相关章节中结合实证资料来评价规制绩效，分析其中规律：

　　（1）时间序列上，报业市场集中度特征及变迁规律，电视市场集中度特征及变迁规律，互联网媒体市场集中度特征及变迁规律；传媒市场集中度与市场壁垒、规模经济的关系模型，即传媒市场结构模型；类型"分立"、区域"分割"的传统媒体向"融媒体"转型的趋势与矛盾；

（2）市场竞争水平与总产出、与技术创新水平、与市场层次的关系；

（3）传媒收入规模与产品创新、与技术创新关系、与传媒融合的关系；

（4）传媒产权性质与传媒公共产品产出、与技术创新、与传媒人均产出的关系。

上述四组传媒产业中的变量及其关系，是实证分析规制及其改革所实现传媒经济效率目标的关键。基于产业组织理论和规制经济学理论实证研究传媒产业市场结构和传媒机构经营行为，能够比较准确地判断中国传媒规制在市场结构、市场行为方面的具体问题，再参照传媒规制政策目标和传媒产出绩效，就为规制创新、有效宏观调控提供了扎实的基础。

毫无疑问，传媒规制的公共利益和社会目标高于经济目标，这是中外传媒规制的基本原则之一。但是传媒经济规制不仅影响传媒产业经济发展，而且也影响我国传媒社会目标实现，甚至还影响我国整体国民经济的转型升级。中国特色社会主义市场经济条件下，尤其是在转型过程中，政府政策对产业发挥的作用大于一般的成熟市场经济体；我国公共资源直接促进和参与传媒产业发展的程度也大大高于一般的市场经济体。所以，为了突出研究重点，本书主要研究传媒经济规制及其对传媒经济效率的影响；关于传媒社会规制及其绩效，主要涉及传媒公共产品（包括公共政策宣传、公众舆论表达、公益文教传播产品）的产量。①

---

① 关于我国传媒规制下的社会规制措施及其绩效，如传媒公共产品的具体内涵、传播效果、价值取向，传媒商品的内容规制，都是极为重要甚至更为重要的研究课题，但是这些内容的研究理论框架与本课题规制经济学框架差异很大，需要另行研究。

第二章

放松规制历程中的中国
传媒市场结构绩效

西方国家传媒经济规制目标,是通过准入特许作为以避免破坏性竞争,并通过市场结构各项指标的规制以实现传媒所有权的合理分布,从而避免经济垄断和政治意见表达控制;20世纪后期的"放松规制"政策目标则旨在促进传媒和电信行业之间的竞争与融合,从而提高市场竞争水平和规模经济水平。应该说这股世界范围的"放松规制"思潮和数字信息革命思潮对中国经济政策和传媒政策也产生了重大影响,中国经济改革和传媒改革一定程度上也呈现了"放松规制"的特征。改革开放以来,中国传媒经济规制政策目标在传统媒体领域表现为通过市场准入许可控制来保障各级党委和政府宣传导向,也通过部分领域有限放松经济规制来激励传媒市场竞争,激励传媒机构在生产过程和资源配置过程中提高经济效率;在互联网信息领域则表现为大幅放松经济规制,政策目标在于吸引投资、激励竞争来促进信息产业快速发展,对具有新闻媒体性质的互联网生产则采取了严格准入规制,但是对转载国有媒体生产的新闻和各类互联网生产传播经济、生活、服务、文化等内容信息则采取了较宽松规制。

从有效竞争的视角来看,研究中国传媒规制绩效,主要是研究既有规制下传媒市场体现的竞争活力、规模效应特征。中国传媒市场的竞争与垄断格局非常复杂,一方面各界对传媒市场国有垄断、竞争不足导致传媒经济低效的弊端诟病已久,另一方面也有很多人批评中国传媒市场同质化竞争严重、竞争过度、竞争过于分散导致规模不足。研究传媒规制在市场结构方面绩效首先要回答的基本问题就是:中国传媒市场究竟是竞争不足还是竞争过度?

显然,中国传媒产业的竞争与垄断格局不能一概而论,因为传媒细分市场类型众多，它们的技术特征、规制措施、发展历史差异很大，从而最终形成不同的竞争与垄断格局。改革开放 40 年，随着市场容量的扩张、规制政策的改革、传媒技术的革新，中国传媒竞争与垄断格局纵向历史对比也有很大差异。因此，对当下细分传媒市场进行实证研究，我们可以对各类传媒市场的竞争与垄断有更加准确的认识；对传媒市场竞争格局的历史变迁进行实证研究，才能进一步认识影响传媒市场竞争格局的要素和规律，利于反思传媒规制创新。

市场的竞争与垄断特征，正是一个市场结构的问题。"市场结构，从根本上说是反映市场竞争和垄断关系的概念"，[①] 它主要指相互竞争的厂商之间的市场力量分布与比较，或者某一市场中参与经营竞争的厂商所面临的市场环境。市场结构可以通过卖者和买者数量及其市场集中度、产品差异程度、进入退出壁垒以及规模经济等指标来描述。市场集中度指某一市场内少数几个最大生产者所占有的市场份额，[②] 常见指标有市场集中度系数（concentration rate，CR）和赫芬达尔—赫希曼指数等衡量指标。市场集中度系数是指市场内规模前 n 位企业有关数经济指标占整个市场的份额；HHI 指数是市场上所有企业的市场份额平方和。规模经济既是竞争的起点又是竞争的结果（本书将在第五章专门就我国传媒规模经济进行讨论）。有效竞争的市场结构，应该是在集中度较高、具有规模效应的基础上形成充分高水平竞争，激励效率提升。市场（行业）集中度是考察市场结构、市场竞争格局与垄断力量的首要因素，也是衡量市场集中度最常用、最简单易行的指标，它可以通过计算市场（行业）中规模最大的前几位企业的有关数值 x（可以是产值、产量、销售额、销售量、职工人数、资产总额等）占整个市场或行业的份额，[③] 其计算公式是：

$$CR_n = \sum_{i=1}^{n} xi \Big/ \sum_{i=1}^{N} xi$$

公式中，CR_n 是指行业中规模最大的前 n 位企业的产业集中度；xi 系产业中第 i 位企业的产值、产量、销售额、销售量、职工人数或资产总额等数值；N 系产业内企业总数；n 系统计集中度的产业内的企业数，通常取 $n=4$ 或 $n=8$。

---

①　苏东水. 产业经济学 ［M］. 北京：高等教育出版社，2005：121.

②　臧旭恒. 产业经济学 ［M］. 北京：经济科学出版社，2007：60、78.

③　苏东水. 产业经济学 ［M］. 北京：高等教育出版社，2005：125.

　　一般认为，产业集中度高则产业垄断程度高，反之说明竞争程度高。其中，经济学家贝恩、植草益的市场结构分类分别如表 2-1、表 2-2 所示。

表 2-1　贝恩的市场结构类型分类[①]

	CR₄（%）	CR₈（%）	该产业的企业总数	代表性产业
寡占 I 型（极高）	≥75	—	20—40	轿车、卷烟等
寡占 II 型（高）	[65，75]	≥85	20—100	轮胎、洗衣机等
寡占 III 型（中上）	[50，65]	[75，85]	企业较多	钢铁、钢琴等
寡占 IV 型（中下）	[35，50]	[45，75]	企业很多	食用肉类制品、杀虫剂等
寡占 V 型（低）	[30，35]	[45，75]	企业很多	面粉、水果、鞋帽等
竞争型	<30	<40	企业极多	纺织、妇女服装等

表 2-2　植草益的市场结构分类[②]

市场结构		CR₈值（%）	产业规模状况（亿日元）	
粗　分	细　分		大　规　模	小　规　模
寡占型	极高寡占型	70<CR₈	年生产额>200	年生产额<200
	高、中寡占型	40<CR₈<70	年生产额>200	年生产额<200
竞争型	低集中竞争型	20<CR₈<40	年生产额>200	年生产额<200
	分散竞争型	CR₈<20	年生产额>200	年生产额<200

　　传媒高度垄断究竟意味着什么？发达国家传媒产业的产业集中度往往都达到了很高的程度，支持者认为这样可以提高规模效应、提高经济效率，对企业和社会都有利；反对者一方面认为这种垄断伤害公平的市场竞争，但更多的意见却不是针对垄断的经济弊端，而是批评集中度过高的传媒垄断者减少了信息、文化的多元性，伤害了民主。

　　本书将先通过各层次市场和各种传媒类型市场的准确数据，来描述中国传媒市场竞争与垄断的现实格局，再通过比照自身政策目标和发达国家

[①]　芮明杰. 产业经济学 [M]. 上海：上海财经大学出版社，2005：387.
[②]　苏东水. 产业经济学 [M]. 北京：高等教育出版社，2005：124-125.

经济指标，来评价传媒市场结构方面达到的绩效。

第一节　报业市场结构绩效及其演化

报纸是历史最为悠久的大众媒体，也曾经是传播信息、发布言论最重要的媒体。尽管中国报业广告收入自 2011 年的高峰期后持续多年下降，但报业仍拥有巨大的信息传播力、舆论引导力，在我国传媒行业中依旧具有举足轻重的作用。2016 年中国共有报纸 1 894 种，总印数为 390.07 亿份，定价总金额 408.20 亿元，这三项指标与上年相比分别下降 0.63％、8.62％、6.0％，其中：全国性报纸共 217 种，总印数为 78.76 亿份，分别同比下降 0.46％、0.85％；省级报纸 780 种，总印数 185.57 亿份，分别同比下降 0.89％、11.56％；地、市级报纸共 878 种，总印数 124.93 亿份，总印张数为 426.32 亿，分别同比下降 0.45％、10.76％；其中县级报纸 19 种，总印数 0.81 亿份，与上年相比种数持平，总印数下降 3.21％。[①] 但是，作为报业主要收入来源的广告收入 2016 年却比上年下降了 28.31％，为 359.26 亿元。连续 5 年持续下跌，2016 年报业广告市场规模不足 6 年前的三成。[②] 2017 年中国报纸品种数、总印数和总印张同比进一步降低 0.53％、7.07％和 15.07％。[③]

改革开放以来各个时期中国报业发展可谓热点迭出，兴起与衰落的过程之快、反差之大甚至颇具戏剧性，这也意味着报业规制政策面临巨大的调整创新压力。20 世纪 80 年代中国报业在起点很低的基础上普遍快速增长，90 年代中期开始了报业集团化探索、报业多元化经营成为普遍现象，2010 年以后报社主办的"两微一端"等新媒体传播影响力迅速扩张但盈利模式不明确。1990 年代都市报迅猛增长、竞争激烈，很快 2005 年便出现了"拐点说"，2013 年开始的"寒冬论"更是弥漫业界、学界，之后便是报业广告收入"跌跌不休"，出现深不见底的"断崖式下滑"。报业体制改革、学术研究的重点往往也和现实问题同步，20 世纪 80 年代多关注

---

① 2016 年全国新闻出版业基本情况［EB/OL］. http：//www. sapprft. gov. cn/sapprft/govpublic/6677/1633. shtml.［2019 - 07 - 27］.

② 崔保国. 中国传媒产业发展报告（2017）［R］. 北京：社会科学文献出版社，2017：217、148.

③ 2017 年全国新闻出版业基本情况［EB/OL］. http：//www. xinhuanet. com//zgjx/2018 - 08/06/c _ 137370768 _ 3. htm.［2019 - 07 - 27］.

突破计划体制、推进市场化；新世纪前后中国报业在市场化、扩张发展时期，报业市场分散、无序竞争、地域垄断、跨区域整合等议题曾经成为研究的重点，但是鉴于近年来"断崖式下滑"，报业转型、融合发展已经成为当下报业非常迫切的议题。甚至有研究者认为，报业是工业化的产物，信息化时代必将"消亡"。

如果说在市场繁荣时期研究报业市场结构优化是期待为产业进一步发展提供理论依据，那么在报业已经步入衰退的时候纵观完整的产业发展生命周期的市场结构演变及其产业规制，对理解报业发展规律和探寻创新路径仍然具有重要理论和实践价值。

一、中国报业市场结构特征

我国关于报业市场结构的研究主要集中在2002—2014年，这也许说明直到21世纪报业恶性竞争和集团化加速背景下，研究者才逐步采用市场结构理论来分析报业竞争格局问题，在此之前的报业快速发展阶段、蛋糕迅速做大时各界可能没有充分重视市场结构问题；也可能说明2014年后报业处于持续"断崖式下滑"危机中，报业数字转型、融合发展已经替代传统报业内部的竞争格局而成为各界关注的焦点问题。但是，基于市场结构理论深入剖析传统报业、报业新媒体市场结构特征，基于报业发展内部规律来洞察传统报业数字转型、融合转型的规律，仍然是有效甚至必不可少的理论视角。

（一）传统报纸总体市场结构特征：分散竞争、区域垄断、行政主导

市场结构指的是市场竞争主体之间的市场力量关系比较，这种关系首先体现在竞争者数量、集中度方面。2016年中国出版的1 894种报纸就形成了同业市场直接竞争的主体，报纸种数、印数和广告收入下降趋势也深刻影响了竞争格局。2017年全国报纸总印张进一步下降15.07%，总量萎缩趋势也使得市场竞争变得尤为激烈，尤其是都市类、晚报类报纸停刊者屡见不鲜，2016年《京华时报》《东方早报》停刊更显示了处于产业生命周期衰退期的报业市场竞争之残酷。

市场集中度指标可以进一步描述市场竞争结构，它指的是市场竞争者所占市场份额分布，产业经济学常用CR_n系数来表示市场份额前n位企业占全行业市场份额的比例，其中CR是集中度的英文缩写首字母。

表 2－3　2015 年、2013 年中国综合类报纸发行量集中度 [①]

序号	机构/报纸	2015 年平均期印数（万份）	2015 年集中度（%）	机构/报纸	2013 年平均期印数（万份）	2013 年集中度（%）
1	《人民日报》	333.42		《人民日报》	314.32	
2	《参考消息》	231.53		《参考消息》	288.47	
3	《南方都市报》	182.6		《南方都市报》	190.30	
4	《新华每日电讯》	161.04	$CR_1=3.92$ $CR_4=10.68$ $CR_8=17.49$	《扬子晚报》	179.00	$CR_1=5.70$ $CR_4=17.64$ $CR_8=29.29$
5	《钱江晚报》	158.00		《钱江晚报》	177.00	
6	《齐鲁晚报》	150.30		《齐鲁晚报》	173.60	
7	《扬子晚报》	150.00		《新华每日电讯》	156.78	
8	《半岛都市报》	122.00		《环球时报》	134.29	

表 2－3 显示，2015 年中国报业市场集中度系数 CR_4、CR_8 分别为 10.68%、17.49%，无论按照贝恩的标准还是植草益的标准，这都属于集中度最低的分散竞争类型市场结构。在市场印数 TOP8 报业机构中，我们可以看到除了属于人民日报系、新华社这两大"国家队"的报纸，其他的均属于人口集中、经济发达地区的都市类报纸。由此可见，行政资源、经济资源往往是报业印刷、发行竞争的关键要素。各地都市类报纸印刷发行量近年来都在逐步萎缩，这可能将导致市场集中度的进一步下降，并且进一步凸显行政资源在市场竞争中的作用。

如果按广告收入指标来分析市场竞争格局，则可发现市场竞争更加激烈、优势机构收入占比较大、市场排名前列报业机构变换更大。表 2－4 显示统计的市场集中度系数高低于按发行量统计的系数，2013 年 CR_4 为 14.92%、CR_8 为 22.39%，2014 年 CR_4 为 19.21%、CR_8 为 23.64%，按贝恩的标准属于集中度最低级别的竞争类型，按植草益的标准也属于竞争型市场结构，略高于最低级别的分散竞争市场结构 CR_8 系数。2013 年在广告经营前八位的《京报》《成都商报》《华西都市报》在 2014 年都跌出了排行榜。2015 年中国广告协会停止发布持续多年的媒体广告收入前 100 名排

---

① 说明：除《广州日报》发行量数据来自中商情报网，其他报纸发行量以 2013 年各报纸平均期印数计算，该数据以及全国全年报纸印数数据，来自中国新闻年鉴（2014）[R].北京：中国新闻年鉴社，2014：737－750.

行榜，2016 年中国报纸印量具体数字排行榜也停止公开，不难推测这很可能是因为广告收入、发行量下降幅度较大，发布相关数据对行业和具体机构的品牌形象、经营都将带来更大压力。

表 2 - 4　2014 年、2013 年中国报业广告经营额集中度

序号	机　构	2014 年广告营业额（万元）	2014 年集中度（％）	机　构	2013 年广告营业额（万元）	2013 年集中度（％）
1	深圳报业集团	350 536		深圳报业集团	379 614	
2	重庆日报报业集团	114 155		京报传媒有限公司	139 585	
3	浙报传媒集团	95 723		重庆日报报业集团	120 163	
4	上海报业集团	92 441	$CR_1 = 10.32$ $CR_4 = 19.21$ $CR_8 = 23.64$	天津日报传媒集团	113 468	$CR_1 = 9.13$ $CR_4 = 14.92$ $CR_8 = 22.39$
5	华商报社	50 000		成都商报社	96 580	
6	厦门日报社	35 432		杭州日报报业集团	96 346	
7	广西日报传媒集团	34 247		华西都市报社	87 900	
8	宁波日报报业集团	30 737		宁波日报报业集团	86 119	

对比表 2 - 3 和表 2 - 4，可以发现中国报业印刷发行市场集中度系数 CR_4 几乎只有广告收入集中度系数的一半，CR_8 系数也相差约 1/3，从这个市场结构指标可进一步解读报业市场某些竞争与垄断特征：

其一，中国行政格局和行政力量对报纸印刷发行有较大影响，各行政区域一般都有相对应的具有垄断优势的报纸，但是在全国则形成分散竞争的市场格局，真正具有重大影响的报纸和报业集团并不多，行政格局也正是导致报业市场集中度较低的重要原因。这种行政力量一方面体现在行政级别及其资源控制上，另一方面体现在行政区域人口上。一般来说，行政级别高、行政区域人口多的报纸印刷发行量往往更大。绝大多数党报的印刷发行固然主要取决于该报的行政级别和行政区域人数，都市报的印刷发行也受行政力量影响，因为不同行政区域的都市报市场往往都以覆盖本地

市场需求为主，而受众的信息需求和服务需求也具有显著的地方特征。

其二，报业广告经营市场受行政力量影响相对印刷发行市场更小，广告经营市场竞争更加激烈。广告收入排名前列单位和印数排名前列单位差异很大，这说明印数不是决定报纸广告吸附能力的唯一要素，广告收入还受报纸的类型以及广告经营能力等因素影响。所以出现了人民日报社、新华社发行市场份额大，但是广告经营上却不占优的现象。许多全国性大报在市场经营上对地方报业集团并无优势。由此可以推论，未来报业的经营定位可能会进一步分化：或者定位于主要实现社会功能，这种定位的报业机构往往需要较多的政策资源来支持；或者在兼顾社会功能的前提下按照市场规律侧重产业经营，市场竞争下产生的优胜者，它们或许将获得更大的市场份额；但也会产生失败者、被淘汰退出者，市场结构很难维持原有格局。

（二）地方报业市场结构特征：寡头垄断

地方报业市场的竞争与垄断格局和全国市场的分散竞争格局迥异，形成了集中度很高的寡头垄断结构。从市场集中度水平来看，各地 CR_4 都在 80% 以上，其中绝大多数城市 CR_4 系数高于 90%，还有的城市达到了 100%。

表 2-5　2014 年、2013 年中国部分城市报业销量市场集中度[①]

2014 年			2013 年		
城市	CR_1	CR_4	城市	CR_1	CR_4
北京	30.09%（《北京晚报》）	90.14%	北京	33.32%（《北京晚报》）	95.95%
天津	36.91%（《今晚报》）	95.1%	天津	37.01%（《每日新报》）	98.25%
沈阳	40.45%（《辽沈晚报》）	89.48%	沈阳	41.70%（《辽沈晚报》）	89.18%
郑州	54.13%（《大河报》）	97.82%	郑州	53.11%（《大河报》）	97.17%
武汉	32.40%（《楚天都市报》）	94.12%	武汉	31.38%（《楚天都市报》）	94.4%
成都	48.00%（《华西都市报》）	96.75%	成都	—	—
重庆	25.94%（《重庆时报》）	98.12%	重庆	31.67%（《重庆晨报》）	96.84%

① 数据为作者统计，原始数据源于：广告买卖网，http：//www. admaimai. com/shujujiance/newspaper. htm.［2019-07-27］。其中 2014 年武汉数据为上半年数据；2013 年天津、武汉、南京为上半年数据，其他为下半年数据。

城市	CR$_1$	CR$_4$	城市	CR$_1$	CR$_4$
南京	31.53%（《金陵晚报》）	98.59%	南京	—	—
上海	—	—	上海	34.10%（《新民晚报》）	97.44%
广州	59.31%（《广州日报》）	93.82%	广州	58.08%（《广州日报》）	93.22%
深圳	29.09%（《晶报》）	80.73%	深圳	—	—
福州	67.75%（《海峡都市报》）	100%	福州	—	—

根据表2-5可知，尽管上述城市报业集中度CR$_4$值很高，按照一般产业集中度评估则属于寡占Ⅰ型或高度寡占市场结构；但是现实中人们往往感觉报纸尤其是都市报、晚报类报纸竞争非常激烈。在近年来报纸广告市场下滑的背景下，报纸内容竞争、广告竞争都非常激烈，形成行政隶属关系不同的报业机构之间的寡头竞争格局。

发达国家报业市场产业集中度、垄断程度往往更高，这一般是报业为了提高经济规模、经济效率而按市场规律形成的格局。许多研究者都注意到美国"一城一报"的垄断现象，即在一个地域市场，若广告主的规模持续扩大，报业市场将逐步指向垄断，最终一城仅存一报。有研究者认为，这是因为生产规模大的广告主偏爱发行量大的报纸，而发行量大的报纸有动机进一步扩大发行量，而低发行量报纸无法吸引大规模广告主——而现代报纸往往都是亏损发行、广告盈利——因而被迫退出市场。所以，一般行业规模扩大、集中度提高，也成为报业垄断的推动力。美国有日报竞争的城市占比仅2%左右，"一城一报"格局形成。[1] 美国一些研究也证实，美国地方日报市场集中程度已经达到引发完全垄断争议的地步，报业和有线电视一样在地方市场成为完全垄断媒体。[2] 另外，多份报纸的产权也可能由一家公司控制，产权集中也成为传媒经济、传媒规制研究者关注的热点问题。研究表明美国最大的四家报业公司，控制了大约全美1/4的报纸流通量，严重影响信息多元、影响社会民主。[3]

那么，为什么中国没有形成"一城一报"格局呢？本书认为这主要是因为行政格局所致。中国每个大城市普遍是省级报业机构和市级报业机构各有一种综合报纸在本地市场占据优势，只有少数大都市或者有更多行政

---

① 肖赞军. 报业市场结构研究 [M]. 长沙：岳麓书社，2009：124-125.

② 罗伯特·G. 皮卡德. 媒介经济学 [M]. 冯建三，译. 台北：远流出版公司，1999：58-59.

③ 罗伯特·G. 皮卡德. 媒介经济学 [M]. 冯建三，译. 台北：远流出版公司，1999：62.

力量的城市才能支撑更多的报纸。如果按照市场规律而不是行政资力量来配置资源，那么市场集中度显然会进一步集中。典型案例莫过于北京报业市场，当《京华时报》经营遇到困境时，北京市主管部门于 2016 年决定停办该报，并在北京各大媒体内部分流员工。[①] 对于北京市主管部门来说，《京华时报》和《北京晚报》具有同质竞争的性质；而定位比较类似的都市报《新京报》之所以没有被停刊，可能与其主办方《光明日报》的行政资源有关系。

随着传统纸质报印刷发行量的逐渐下降，报业机构内容传播和经营的竞争也逐步转移到"融合型新媒体"市场。当然，传统报业实现数字化转型之后已经没有了一个专门的报业新媒体市场，报业机构主办的新媒体产品面临的市场竞争，已经是基于互联网以各种数字化内容生产为核心、融合多种传播渠道和线上线下服务的媒体形成的竞争性市场，其竞争以内容产品为核心但又大大超出内容生产，其盈利模式包括广告但又拓展了多种收入来源，其产品流通涵盖了 PC 互联网、移动互联网、社交媒体平台、App 终端等渠道，其市场主体产权性质包括国有、民营、混合等。对这个所谓的"融合型新媒体"市场，不同的细分市场有不同的市场结构和竞争格局，但总体特征是只有人民日报、光明日报等中央级大型报业机构主办的新媒体产品具有较强竞争力，而数量庞大的地方报业机构主办新媒体中多数很难获得市场资源形成竞争力与影响力，生存危机凸显。具体市场结构和竞争格局将在本章"互联网媒体市场结构"这一节中予以详察。

二、报业市场集中度演化的"多重 N 形"轨迹

报业市场结构反映了市场竞争与垄断格局，从其历史变迁轨迹中也可以寻找传媒规制政策、市场规模等要素对市场结构的影响。本书统计了中国报业市场 1992—2014 年的市场结构变迁数据（见表 2-6），并据此绘制了变迁曲线（见图 2-1）。

---

① 京华时报 2017 年元旦休刊 员工转岗交流工作启动［EB/OL］. http：//tech. 163. com/16/1113/19/C5PCLC1300097U7R. html.［2019-07-27］；媒体谈《京华时报》改革：报业结构调整的合理现象［EB/OL］. http：//news. ifeng. com/a/20161021/50137655 _ 0. shtml. ［2019-07-27］；《京华时报》沉浮录［EB/OL］. http：//media. people. com. cn/n1/2017/0103/c404465-28994973. html.［2019-07-27］.

表 2 - 6   中国报业广告市场规模与市场集中度变迁（1992—2014 年）①

年　份	报纸广告经营额（亿元）	CR_1（%）	CR_4（%）	CR_8（%）
1992	16.18	5.03	18.32	31.34
1993	37.71	4.91	18.23	30.76
1994	50.54	6.13	21.28	33.13
1995	64.68	7.11	22.46	33.22
1996	77.69	6.76	21.56	30.46
1997	96.83	6.33	21.52	32.51
1998	104.35	7.09	22.2	31.87
1999	112.34	8.67	26.99	40.18
2000	146.47	8.81	24.28	39.02
2001	157.69	8.94	22.02	34.98
2002	188.48	10.51	26.42	36.17
2003	243.01	9.8	27.31	38.27
2004	230.72	11.76	27.43	40.04
2005	256.05	10.66	28.58	41.19
2006	312.59	9.26	21.85	32.09
2007	322.19	10.44	23.17	33.86
2008	342.67	10.81	23.33	31.79
2009	370.46	10.06	21.37	30.29
2010	439.00	8.86	19.86	28.18
2011	488.17	8.19	15.22	22.42
2012	452.53	8.76	17.02	25.29
2013	415.88	9.13	18.1	26.93
2014	339.77	10.31	19.21	23.64

①　根据《中国广告业二十年统计资料汇编》《中国广告年鉴》发布的统计数据。

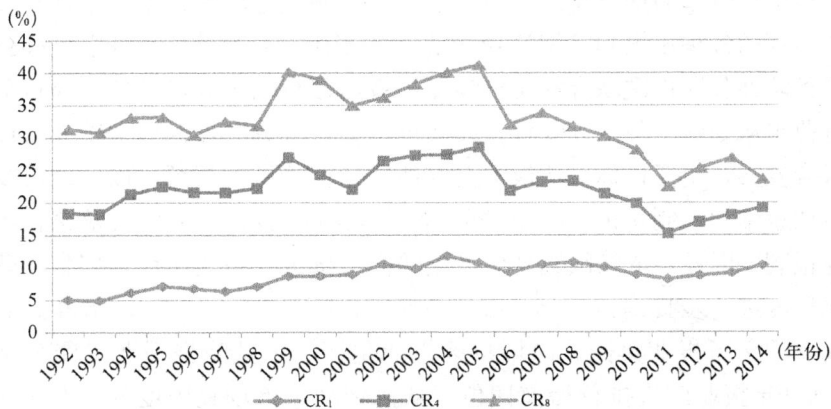

图 2 - 1 中国报业广告市场集中度变迁曲线（1992—2014 年）

从表 2 - 6 可见，中国报业广告收入市场集中度 CR_4 系数在 15.22%—28.58% 之间反复波动，形成一个"多重 N 形"折线轨迹。其中 1999 年和 2005 年是集中度最高的两个年份，1992—1999 年大致呈逐步上升态势，2005—2011 年是一个大致递减的趋势，但市场集中度系数在 2011 年之后又重新上升。在市场集中度变迁的曲折轨迹中，我们可以进一步分析规制政策因素、市场与技术因素对市场结构变迁的影响。

（一）行政因素推动集约经营的作用与局限

透过中国报业市场集中度变迁的历史轨迹，我们可以分析政策因素推动报业集约经营的历史性作用及其局限性：治理整顿与集团化政策曾是集中度提高的动因，但行政推动集约化经营具有局限性。一般来说，市场集中度降低意味着市场较为分散，反之则意味着生产经营较为集中，集约化程度较高。

对于 1992 年后尤其是 1994 年以后市场集中度上升趋势，研究文献认为主要原因是北京、上海、广东等广告中心的报纸广告收入显著高于一般城市，[①] 其实这些省市广告优势地位自 1979 年恢复广告就存在，所以 1994 年以后集中度的提高，似乎更多是受 1994 年开始的规制政策影响。为了推动报业从规模性向效益型转变，这一年国家新闻出版总署发布了《关于书报刊音像出版单位成立集团问题的通知》开始了集团化试点，并于 1995 年

① 张建星. 中国报业四十年 [M]. 北京：人民日报出版社，2018：129.

起对报纸进行了为期三年的"治散治滥"整顿。这次整顿主要是针对存在低俗内容的各种小报和打擦边球的法制类报纸。1996年12月中央办公厅和国务院办公厅再次联合发文整顿厅局级内部行业报刊，各省厅局机关办的行业报从695下降到535种；1998年8月中央办公厅和国务院办公厅再次联合发文，主要目标是从根本上取消厅局行政机关报纸，以实现较少数量、调整结构、制止摊派、集约经营，[①] 同时鼓励党报系统大量整合吸纳其他报刊。因此，取缔缺乏规模报纸的同时推进大报集团化，广告经营集约化程度进一步提高。1996年成立的广州日报集团，以及1998年、1999年成立的文新报业集团、深圳特区报业集团、羊城晚报报业集团分别位居1999年报业广告排行榜前四位，从而带动了市场集中度的上升。2002年市场集中度系数再次逆转上升，这很大程度上也是深圳报业集团成立，整合同为Top8机构的深圳特区报和深圳商报所致。2003年我国再次整顿报纸——压缩报纸至282种，这成为2004年报业广告市场集中度进一步上升的推动力。

　　我们在看到行政力量推动报业集约化经营作用的同时，也可以看到其局限性，看到市场演化自身的规律和力量。厅局级行业报对市场影响并不大，它是计划经济时代厅局行业主管机关推进工作的工具，最终还是通过一道道行政命令予以取消。1996年、1997年"治散治滥"一直在进行，并且也取消了很多小型报纸，这的确是提高市场集约化的动力之一，但事实上这两年集中度却出现了很小幅度的下滑，这就需要从更多的市场因素去寻找可能的原因。从宏观上看，这可能与1995年开始兴起的都市报热潮分散了原有报刊广告收入有关，尤其是江苏、浙江等经济发达地区都市类报纸广告增长迅速，使"北上广"地区报业广告占全国相对份额略有下降。另一个很重要的具体原因，就是1996年广东的广告市场增速大幅放缓，尤其是1995年报业广告收入位居全国第一、第二的《广州日报》和《羊城晚报》在1996年、1997年增长乏力甚至出现负增长，[②] 这就成为市场集中度系数下降的直接原因。

　　世纪之交的"都市报大战"是中国报业行政区域格局下特定市场结构的结果，也反过来深刻地影响了市场格局的重构。中国每个省会城市的省级、市级党报及其子报往往都构成激烈的市场竞争，有些城市人民日报、

---

　　① 梁衡. 我国报刊结构的一次战略调整 [J]. 报刊管理，1999（11）：5.

　　② 现代广告杂志社. 中国广告业二十年统计资料汇编 [M]. 北京：中国统计出版社，2000：37、63.

新华社以及部分行业主办的子报也加入了竞争。这种行政配置报业资源的格局，决定不同行政主管的报纸无法按照市场规律重组整合、集约化经营。1999 年轰动一时的"南京报业大战"中的主角《江苏商报》《江南时报》《现代快报》《每日侨报》《金陵晚报》就分别属于不同的行政单位，各有各的行政资源。但是都市报巨大的阅读市场和广告市场又促使这些报纸很大程度上内容定位趋同从而产生过度竞争、"红海"式价格战。如果按照市场竞争规律，一般是竞争获胜者扩大份额，失败者被淘汰出局；但是南京报业大战的结局却是江苏省委宣传部、省新闻出版局和江苏省廉政办公室联合发文制止了价格战，维持原有市场格局。价格战的结果是降价促销的报纸多数扩大了影响和市场份额，但是没有卷入价格战的市场"龙头老大"《扬子晚报》却因此受冲击而导致发行量下降。南京的报业市场结构固然发生了改变，全国报业市场结构也受到撼动，因为《扬子晚报》的主管单位新华日报社 2000 年、2001 年的广告收入因为本地市场冲击而跌出全国 Top8，从而影响 CR_8 系数的统计结果。其他城市的报业大战情况也多有类似，数家都市报"割喉式"价格战往往削弱了当地最具规模的报纸收入——而这些报纸往往对全国市场结构集中度系数统计权重影响较大，其广告份额下降往往意味着全国报业广告市场集中度下降，进而意味着全国报业市场竞争更加分散。

应该说中央政府和地方政府都出台不少政策整顿媒体散乱现象、推动传媒集团化、提高集约经营水平，但是我国基本的行政格局决定的报纸资源配置格局，作为行政推动报业集约化经营的力量终究有限。在 2003 年我国大规模整顿后报纸种类区域稳定，2004—2011 年正规发行的报纸种类数基本在 1 922—1 943 之间，并未大幅增加，这些年报业广告市场集中度却总体持续下降，这说明优势报业集团市场份额在这期间并未充分集约化发展。

究其原因，可能是因为报纸作为区域性比较强的传媒产品，在当地市场都趋于饱和，优势报纸很难突破行政局限继续扩张；在市场总量尚在缓慢增长的背景下，拥有报刊号的既有报纸也尚能维持经营、不容易被整合重组或淘汰出局，因此整体市场维持着较为分散的竞争格局。优势机构扩张受阻的典型是《成都商报》，作为首家借壳上市的报业机构一度试图通过资本输出实现全国扩张，在各地复制"商报模式"短期内也的确占领了市场，但是"异地办报大多功败垂成"，国家关于异地办报的政策不明确，"报纸意识形态属性和报业利益的分配格局又使得当地政府和报纸主管部门密切注视着外来团队，获利之后又难免被眼红排挤"。[①]

也就是说，既有行政准入壁垒限制了优势报业机构的扩张，行政资源也保护了平庸报业机构的生存，退出壁垒也比较高。所以，地域化消费特征很强的中国报纸产品，要实现集约化经营的确面临种种困境。国家级的大报虽然覆盖全国不存在行政障碍，但是这些大报往往以宣传导向为主要定位，以致过于强调经营似乎存在一定政策敏感性。当年我国把《广州日报》这家市级报纸作为第一家集团化试点，就是因为它行政级别低、政策敏感性较弱。

（二）产品生命周期、技术特征与消费特征的不可抗拒性

历史表明中国规制政策对报业竞争格局、市场结构影响很大，但是当产品生命周期悄悄演化，当产品技术特征和消费市场特征由量变演化到质变时，则可以看到市场与技术不可抗拒的力量，也可以看到规制政策某种程度的局限与无奈——规制只能顺势引导而不是强行扭曲市场与技术。

首先是不同产品生命周期市场规模的影响，一般来说市场扩张红利下多数报纸更容易获得广告，市场集中度可能会降低；但是市场萎缩时期广告主则倾向于把有限的广告预算集中于优势媒体，市场萎缩、经营困难也可能会导致报纸经营重组合作以降低成本，这都会使市场集中度提高。改革开放后中国报业广告市场规模萎缩，首次出现是 2004 年以及 2005 年上半年，2004 年全国报业广告首次出现负增长，2005 年 1—4 月全国报刊广告增速达历史最低，5 月北京八大平面媒体广告刊登量环比下降 29.92%，[②]"报业寒冬论"的观点在业界引起强烈反响。正是市场负增长的 2004 年和增速较慢的 2005 年，中国报业市场集中度系数 CR_4 达到历史最高点 27.43%、28.58%。2006 年中国报业广告恢复了较快增长，并保持缓慢增长趋势直到 2011 年的峰值，这期间中国报业广告集中度系数 CR_4、CR_8 系数总体都是呈下降趋势。

中国报业广告市场出现趋势性、持续性的"断崖式下滑"始于 2012 年，这是报纸产品和报纸广告进入衰退期的一个标志性年份，恰恰也是这

---

① 张建星. 中国报业四十年 [M]. 北京：人民日报出版社，2018：220.
② 张建星. 中国报业四十年 [M]. 北京：人民日报出版社，2018：269-278.

一年报业广告市场集中度又由降转升，这意味着优势报业机构的广告收入集中度在全行业的份额更大、优势更加显著。产品在生命周期衰退期，市场集中度上升是一个比较普遍的规律，报业市场亦不例外，近年来报纸并购重组、停刊退市的消息络绎不绝即是例证。

为什么传统报纸的发行、阅读、广告会持续下降，显然是因为各种信息海量、传播及时互动的互联网媒体冲击所致，也就是说传统报纸的技术特征、消费特征决定它的衰退，甚至会在未来某一日彻底消亡，这个趋势已是难以避免。

第二节　电视媒体市场结构绩效及其演化

电视至今仍是我国受众渗透率最高的媒体，2018 年电视综合人口覆盖率 99.25%。[①] 电视产业规模曾经在较长时期内都是各个传媒子行业中最大的一类，未来几年中国传媒产业变数最大的子行业很可能也是电视产业。广播电视显然在我国传媒宣传事业、产业发展中具有特别重要的意义，从 2018 年政府机构改革对国家广电总局和中央广播电视总台的调整亦可见一斑。研究中国传媒市场结构及其规制绩效一大重点也正是研究中国电视市场结构及其规制绩效。严格意义上说电视市场应该包括电视节目制作、播出、传输各环节，但以电视台为核心的播出环节可谓是电视广告经营、观众收视的核心环节，同时也可能是我国传媒规制最为严格、政策性最强的环节，所以本书研究电视市场结构以电视播出环节为主，同时涉及节目制作和部分节目传输环节。30 多年来依托宏观经济发展背景，中国电视产业增长迅速。1984—2014 年广播电视总收入由 14.81 亿元增长到了 4 226.27 亿元，电视广告收入由 0.34 亿元增长到 1 278.50 亿元。电视广告自 1995 年以 64.98 亿元的经营总额超过报纸广告后 20 年都位居各种传媒子行业首位。同样，2015 年也是电视产业的显著拐点，电视广告经营额首次出现趋势性大幅下降，降幅达 10.31%；这年互联网广告却增长 35.3%，并以 1 589 亿元的广告经营额首次超过了电视行业的 1 146.69 亿元。[②] 传统

---

① 2018 年全国广播电视行业统计公报 [EB/OL]. http://www.nrta.gov.cn/art/2019/4/23/art_113_42604.html.[2019-08-23].

② 本组数据来源：中国广播电视年鉴 2015 [R]. 北京：中国广播电视年鉴社，2015；崔保国. 中国传媒产业发展报告（2016）[R]. 北京：社会科学文献出版社，2016.

电视产业已经出现衰退迹象。

作为曾经的"第一媒介",即便是在它社会影响、经济效益鼎盛时期,许多传媒研究者也认为市场结构等问题严重制约了中国电视产业发展。因为电视产业的行政性垄断制约了竞争活力,区域市场分割又导致中国电视产业出现市场资源无法流动、规模小、竞争分散等一系列困境,难以实现传媒产业"做大做强"的经营目标。

那么,我国电视市场集中度究竟体现了怎样的竞争与垄断格局,是竞争不足还是竞争过度?改革开放以来电视市场集中度经历怎样的变迁?这其中的集中度特征与我国电视准入退出壁垒究竟有何关联?这是深刻认识我国电视产业规制、推动数字时代的电视产业规制创新过程中,需要回答的、非常关键的基本问题。

一、中国电视市场结构的基本特征

在中国电视不同的子市场领域,其规制政策和竞争格局差异很大,所以本书将分别对全国收视市场、区域收视市场、不同类型节目市场、节目制作市场和节目网络传播市场的市场集中度及其市场结构特征进行深入考察。

(一)全国收视市场:"核—粒模式"市场结构

表 2-7 统计了 2014—2016 年全国电视收视市场份额分布,其目的是为了反映当时的市场集中度概貌。从表中可以看出,2014 年中国电视产业的市场集中度 CR_4 系数为 37.8%, CR_8 系数为 44.8%,2015 年 CR_4 系数为 37.6%, CR_8 系数为 44.5%,2016 年 CR_4 系数为 38.4%。根据贝恩的市场结构分类,这都属于寡占Ⅳ型,是一种垄断程度较高的市场结构。从表中还可看出,2014 年央视各频道市场份额占有率(即 CR_1 系数)为29.2%,2015 年为 28.5%;市场份额排在第二位的湖南卫视市场占有率 2014 年仅为 3.9%,2015 年仅为 4.3%,和央视相比,市场占有率不到第一名的 1/5。第 3—8 名的卫视 2014 年市场份额分别是 2.5%、2.2%、2.1%、1.7%、1.7%、1.5%,市场份额占有率均在 2%左右,与央视近 30%占有率相比,只是一个"粒子"式零星份额。因此,全国市场的基本格局可以描述为"核—粒模式"市场结构,即央视一家独大,垄断势力显著,而其他电视台份额很低,分散竞争。

表 2-7　2014—2016 年电视全国市场收视份额与集中度[①]

机　构	2014 年市场份额（%）	2014 年集中度（%）	2015 年市场份额（%）	2015 年集中度（%）	2016 年市场份额（%）	2016 年集中度（%）
央视各频道	29.2		28.5		30	
湖南卫视	3.9		4.3		3.3	
浙江卫视	2.1		2.7		2.7	
江苏卫视	2.5	$CR_1=29.2$ $CR_4=37.8$ $CR_8=44.8$	2.1	$CR_1=28.5$ $CR_4=37.6$ $CR_8=44.5$	2.0	$CR_1=30.0$ $CR_4=38.4$
东方卫视	1.5		1.8		2.4	
北京卫视	1.7		1.8		1.8	
山东卫视	2.2		1.7		—	
安徽卫视	1.7		1.6		1.6	

（二）区域收视市场："单向—层级垄断"市场结构

本书对区域电视市场的考察，以央视—索福瑞调查的 35 个大城市作为考察对象。从表 2-8 可以看出，各区域市场集中度 CR_4 系数在 58.5% 至 85.8% 之间，均超过寡占Ⅲ型市场结构下限，垄断程度很高。其中 CR_4 超过 85% 的区域市场 1 个（长沙），属于寡占Ⅰ型；CR_4 超过 75% 的区域市场有 3 个（济南、青岛、南宁），属于寡占Ⅱ型；CR_4 系数在 50%—75% 之间的寡占Ⅲ型区域市场有 31 个。

表 2-8 数据还显示，每个城市区域市场中，均是有行政隶属关系的电视台（即央视、省级台或市级台）市场份额占优，其集中度 CR_3（或 CR_2）系数最低者为 53.2%（重庆），最高者大于 85.8%（长沙）。可见中国电视播出市场具有显著的"单向层级垄断"特征，即行政级别高的电视台在采访、覆盖上自然到达行政下级区域市场，地方台在相应层级市场占有垄断地位，但除省级卫视外不能覆盖更高行政级别的市场范围。在各区域市场中，没有行政隶属关系的外省卫视很难占优，各城市外省卫视市场份额最高为 7.5%，最低只有 1.9%；外省卫视份额超过本地台的市场仅有 3 个（西宁、海口、呼和浩特）。

---

① 根据《中国电视收视年鉴》（2015、2016、2017 年）数据综合统计而得。

表 2-8　35 个城市区域市场收视份额①

城市区域	央视频道份额（%）	本省（市）频道份额（%）	本市频道份额（%）	外省卫视最高份额（%）	CR₃（直辖市为 CR₂）（%）	CR₄（%）
上海	14.7	55.4	——	1.9	70.1	73.8
长沙	17.0	52.1	16.7	——	85.8	＞85.8
南昌	26.7	35.1	4.3	3.7	66.1	69.8
杭州	16.4	35.6	15.5	——	67.5	——
北京	24.6	39.4	——	2.5	64.0	68.9
南京	27.5	36.2	5.8	3.3	69.5	72.8
广州	14.3	34.4	18.6	2.6	67.3	73.3
济南	21.3	32.5	23.6	2.6	77.4	80.0
武汉	21.3	24.6	17.1	2.9	63.0	65.9
重庆	26.6	26.6	——	4.9	53.2	——
南宁	31.0	29.9	10.7	4.4	71.6	76.0
天津	30.2	27.3	——	3.0	57.5	63.5
哈尔滨	28.8	27.3	8.4	3.2	64.5	66.6
贵阳	29.7	24.6	7.3	4.4	61.6	66.0
沈阳	30.0	23.8	5.5	3.5	59.3	62.8
郑州	26.1	25.1	8.3	4.2	59.5	63.7
昆明	34.1	21.3	13.3	3.7	68.7	72.4
成都	26.4	21.6	10.8	3.5	58.8	62.3
合肥	32.4	25.1	5.0	3.7	62.5	66.2
长春	35.9	24.6	6.0	3.4	66.5	69.9
石家庄	35.6	22.5	9.4	3.1	67.5	70.6

---

①　根据《2016 中国电视收视年鉴》数据综合统计而得。下划线数据指市场份额最大者。

续表

城市区域	央视频道份额（%）	本省（市）频道份额（%）	本市频道份额（%）	外省卫视最高份额（%）	CR₃（直辖市为CR₂）（%）	CR₄（%）
福州	30.6	13.0	12.4	4.4	56.0	60.4
西安	35.9	17.6	2.5	3.8	56.0	59.8
太原	33.5	21.9	6.2	4.4	61.6	66.0
海口	31.2	22.0	6.7	7.5	60.7	67.4
乌鲁木齐	37.6	11.7	5.3	3.9	54.6	58.5
呼和浩特	48.6	8.7	2.3	4.9	62.2	64.5
兰州	41.7	6.0	7.4	5.0	55.1	60.1
西宁	47.7	10.8	1.7	4.2	62.7	64.4
银川	44.3	7.2	6.6	6.5	58.1	64.6
深圳	21.6	8.0	34.8	5.3	64.4	69.7
厦门	37.4	4.3	26.8	——	68.5	——
大连	35.4	7.6	20.8	3.9	63.8	67.7
青岛	31.3	21.5	20.2	3.4	73.0	76.4
宁波	29.8	11.7	25.7	3.7	70.5	67.2

（三）新闻、综艺、电视剧收视市场结构特点各异

表2-9显示了近10年新闻、综艺、电视剧这三个最重要的电视节目类型市场份额集中度系数 CR_1 和 CR_4。从表中数据来看，新闻节目市场集中度 CR_1 10年变化不大，央视份额一直在40%上下波动。由此可推断，其余60%的新闻市场份额由2 000多家电视台竞争，平均份额极低。2008年发布的数据显示，在2 000多家电视台中只有四川卫视新闻节目市场份额达到1.65%，其他台均未超过1%；2008年我国新闻节目集中度 CR_1 系数高达46.12%，但 CR_4 却只有49.64%。[1] 这意味着市场份额排名第2—4位

① 数据来源：2009中国电视收视年鉴［R］. 北京：中国传媒大学出版社，2009.

的电视台新闻节目对 CR_4 系数的统计贡献很小，也就是说其市场份额无法形成和占有垄断地位的央视形成充分竞争。

表 2-9　新闻、综艺、电视剧节目收视份额集中度（2006—2015 年）[1]

年份	新　闻		电　视　剧		综　艺	
	CR_1（央视）（%）	CR_4（%）	CR_1（央视）（%）	CR_4（%）	CR_1（央视）（%）	CR_4（%）
2006	——	——	22.1	——	48.5	——
2007	42.56	——	21.2	——	49.5	63.0
2008	46.12	49.64	19.1	——	49.7	67.56
2009	37.2	——	20.0	——	39.3	60.68
2010	35.9	——	16.2	——	32.5	56.21
2011	40.1	——	13.5	——	33.0	57.8
2012	37.8	——	14.3	27.4	32.5	57.7
2013	39.2	——	15.8	——	36.1	61.4
2014	40.0	——	16.1	——	34.8	——
2015	37.4	——	17.0	——	32.2	——
2016	40.7	——	19.7	——	34.0	63.0
2017	44.4	——	20.2	——	35.6	61.64

从表 2-9 可以看出，在电视剧收视市场，央视市场份额从 22.1% 一度下降到 13.5%，2011 年以前总体呈现逐年缓慢下行趋势。根据 CSM 发布数据显示，2015 年电视剧收视市场，湖南卫视以 1.88% 的平均收视率超过了央视一套 1.42% 的收视率；山东卫视、东方卫视、浙江卫视、江苏卫视、北京卫视的电视剧平均收视率为 0.86%、0.85%、0.85%、0.83%、0.79%，也超过了央视八套 0.73% 的收视率。[2] 2012 年各级频道 80 城全天电视剧市场份额占优的依次是中央级频道（占 13.8%）、湖南卫

---

[1]　数据来源：根据《中国电视收视年鉴》及 CSM 官网数据统计所得。

[2]　数据来源：2016 中国电视收视年鉴 [R]. 北京：中国传媒大学出版社，2016.

视（5.4％）、山东卫视（占 4.2％）、江苏卫视（占 4.0％），[①] CR_4 系数为 27.4％。由此可见，电视剧节目市场收视份额分布较新闻市场更加分散，省级卫视和央视、省级卫视之间形成较为充分的激烈竞争，其中央视和湖南卫视大致处于竞争第一阵营，山东、东方、浙江、江苏、北京等卫视大致处于竞争第二阵营。

从表 2-9 可以看出，综艺节目的市场竞争格局 10 年来变化也较大，央视市场份额从近 50％逐年下降到 32.2％，但 CR_4 系数却大致稳定在 60％左右，这说明省级卫视尤其是几个强势卫视综艺节目份额在稳步上升，和央视的竞争越来越充分，这和新闻节目市场央视一家独大的结构迥异。根据贝恩市场结构分类，60％的 CR_4 系数属于寡占Ⅲ型结构，这是一个垄断程度和规模效应均较高的市场。由此可见，综艺节目市场竞争活力和规模效应都相对其他市场更高，有效竞争实现程度相对更高。值得注意的是，综艺节目收视市场，与表 2-8 所示的区域收视市场同为寡占Ⅲ型结构，但其构成及成因不同。区域市场中具有寡占优势者均为有隶属关系的电视台，因为行政垄断、节目地方性而形成；但综艺市场具有寡占优势者，除央视外都是节目质量高、创新活跃的省级卫视，是因为生产效率高而形成竞争优势和收视规模效应。由此可见，在壁垒较低的综艺市场，有效竞争的实现程度相对较高。

（四）节目制作市场形成"高度分散竞争"市场结构

节目制作市场包括各种电视节目的制作和交易，其中电视剧制作投资相对高、竞争者相对少。从表 2-10 可以看出，2009—2015 年，电视剧市场发行集中度 CR_8 系数仅在 7.8％至 14.96％之间，均大大低于贝恩市场结构分类标准中的竞争型结构 CR_8 的上限值 40％，也就是说，电视剧制作市场不仅属于竞争型市场结构，并且竞争严重分散化、小规模化。电视剧制作机构只有一百多家，市场集中度 CR_8 尚不到 15％，由此可以推断出在有 1 万多家竞争者、投资相对更低的一般电视节目制作市场，其市场集中度显然会进一步稀释，规模效应更低。

---

① 数据来源：2013 中国电视收视年鉴［R］.北京：中国传媒大学出版社，2013. 因为 80 城频道收视份额和全国市场收视份额不同，所以作为全国市场份额的 CR_1 数据和此处统计 80 城 CR_4 数略有不同。中国教育电视台也属中央级频道，但其份额极低统计中未加区别。

表 2 - 10　2007—2018 年我国广播电视节目制作经营机构数量[①]

年份	《广播电视节目制作经营许可证》制作机构数量	《电视剧制作许可证（甲种）》制作机构数量	电视节目销售额（亿元）	电视剧发行集数 CR_8（%）
2007	2 442	117	23.69	—
2008	2 874	117	24.21	—
2009	3 343	132	31.69	7.8
2010	4 057	132	50.71	8.2
2011	4 678	129	86.71	—
2012	5 363	130	169.62	—
2013	6 175	137	151.55	13.6
2014	7 245	137	237.85	11.2
2015	8 563	133	228.31	14.96
2016	10 232	132	—	—
2017	14 389	113	360.37	—
2018	18 728	113	387.86	—

从表 2 - 10 可进一步看出，近年来电视剧的制作市场的集中度出现一种趋于提高的态势，2015 年达到近年来的最高值 14.96%。作为行政准入壁垒相对较低的中国电视制作市场，这种数据变迁可以初步认定是市场竞争自然形成的结果。也就是说，充分的市场竞争往往具有"优胜劣汰"效应，会导致集中度、规模效应逐步提高，从而使有效竞争程度得到逐步提高。

（五）节目网络传播市场形成"多寡头垄断"市场结构

本书中的网络传播市场是指的电视台节目通过网络渠道传播到达受众的市场，它已经成为各电视机构激烈竞争的新兴领域。本书将受众点击量作为衡量该市场份额的考察指标。从表 2 - 11 可看出，2016 年上半年网络传播市场中各卫视市场份额集中度 CR_4 和 CR_8 系数分别达到 60.3% 和 78.5%，根据贝恩的市场结构理论属于寡占Ⅲ型市场结构，具有较高的集

[①] 数据来源：根据国家广电总局官网、《中国广播电视年鉴》《中国电视收视年鉴》数据整理。2013 年发行集中度数据来自中国产业信息网。

中度。其中浙江卫视和东方卫视点击量均超过百亿次，规模效应显著。从总体集中度的构成看，占据市场份额前三位的分别是浙江卫视 25.3%、东方卫视 17.0%、湖南卫视 11.2%，第四至第八的电视机构份额处于3.6%—6.8%。可见各市场主体都面临着实力接近的竞争者，形成竞争活力和规模效应都比较显著的"多寡头垄断"市场结构。

表 2-11　2016 年上半年卫视频道网络点击情况[①]

	点击量（亿次）	市场份额（%）
浙江卫视	185.5	25.3
东方卫视	124.5	17.0
湖南卫视	82.2	11.2
江苏卫视	50.2	6.8
北京卫视	40.2	5.5
凤凰中文	35.7	4.9
深圳卫视	30.6	4.2
央视一套	26.2	3.6
$CR_4 = 60.3$		
$CR_8 = 78.5$		

如果将表 2-11 对照表 2-7 中的传统收视市场份额，我们可以发现两者差异很大。首先，"核—粒模式"传统收视市场结构在网络市场变成了"多寡头垄断"结构。其次，传统收视市场中，央视总体市场份额达到 29.2%，而第二至第七的市场份额只有 1.7%—3.9%，但在网络新兴传播市场中，央视一套市场份额只有 3.6%，央视其他频道份额均未进入市场份额前十名，央视在传统电视市场的优势在网络新兴传播市场消失殆尽。

当然，进一步细分节目类型也会发现，不同类型的节目在网上点击的比重差异很大。其中电视剧是拉升全网视频点击量的主要类型，占比为 63.11%；综艺节目居次，点击量占比 18.92%；而新闻/时事节目点击

---

① 数据来源：美兰德《2016 上半年中国视频融合传播白皮书》。美兰德仅发布了频道节目点击情况，而非整个电视台各个频道点击份额。考虑这个因素，集中度系数 CR_4、CR_8 应该略高于表格中的数据，尤其是央视十几个频道的市场份额排名应有提升。

量占比只有 4.24%，比上年同期大幅下降了 4.82 个百分点。在新闻资讯节目的点击量排行榜中，深圳卫视的《直播港澳台》、央视的《新闻直播间》和《中国新闻》占据前 3 名，在新闻评论节目点击量排行榜中，凤凰卫视的《总编辑时间》《新闻今日谈》和《寰宇大战略》占据前 3 名。在新闻的网络影响力来看，《新闻联播》《焦点访谈》的"网媒关注度"以及"微博提及量指标"遥遥领先于其他新闻节目，显示了央视新闻节目在网络舆论场域还是具有独一无二的地位。

二、中国电视市场集中度"M 形"变迁及其政策动因

市场结构包括竞争者、市场集中度、市场壁垒等指标，其中市场结构是最重要的精确指标，实证研究改革开放以来中国电视市场集中度的历史变迁，也是研究我国电视产业规制政策改革对市场竞争格局影响的重要视角。尤其是市场集中度发生显著变化的年份，市场准入退出政策的变化对市场结构往往会发挥直接而根本性的重大影响。反过来说，这种市场集中度的变化，也体现了规制政策改革的绩效。

（一）电视市场集中度"M 形"变迁轨迹

对于中国电视市场集中度，现有文献的评价有一定差异性。有的文献根据贝恩的市场结构分类标准认为我国电视市场属于寡占Ⅲ到寡占Ⅴ形市场结构；[①] 有的文献认为我国电视产业市场属于垄断竞争型市场结构；[②] 有的文献将电视广告市场结构与报刊相比较，认为中国报业广告市场是垄断竞争型，而电视市场属于寡头垄断型市场结构；[③] 有的文献则认为电视产业呈一般竞争状态，市场竞争相对激烈。[④] 总体来说，批评我国电视市场被行政区划人为切割、人为降低了市场集中度从而削弱规模效应的观点较多。与此同时，也有研究者注意到了集团化对集中度提高的作用。[⑤]

之所以对电视市场集中度的评价差异这么大，一方面是因为子市场特征不同、比较标准不同，另一方面就是不同历史时期的电视市场集中度也

①　陶喜红. 中国传媒产业市场结构演变研究 [M]. 北京：中国社会科学出版社，2013：70.
②　王礼生. 中国电视业市场结构实证分析 [J]. 系统工程，2007 (5)：122.
③　王威. 我国媒介广告市场集中度分析 [J]. 国际新闻界，2007 (4).
④　王桂科. 我国媒介业的产业视角分析 [D]. 暨南大学，2004：131.
⑤　商建辉、赵亮. SCP 视角下电视 产业集中度的分析 [J]. 新闻界，2011 (9)；陶喜红. 中国传媒产业市场结构演变研究 [M]. 北京：中国社会科学出版社，2013：108.

存在动态变化。本书上文考察了不同电视子市场的集中度特征，以下将进一步详察不同历史时期中国电视市场集中度变迁，及其与规制政策壁垒的关系。事实上影响中国电视集中度的规制政策不仅是"集团化"，并且从"集团化"政策对市场集中度统计所涉机构的直接影响，以及 CR_1 与 CR_4 不同变迁趋势中，都可以发现规制政策的不同具体影响，现有文献对此并未充分深入研究。1988—2014 年中国电视市场广告收入集中度系数变迁如表 2-12 所示。

表 2-12　中国电视广告市场规模与市场集中度变迁（1988—2016 年）[①]

年份	电视广告经营额（亿元）	CR_1（%）	CR_4（%）	CR_8（%）
1988	2.72	—	43.19	52.87
1989	3.62	—	37.60	47.50
1990	5.61	—	38.25	49.10
1991	10.01	—	39.35	50.46
1992	20.55	23.84（央视）	40.44	49.97
1993	29.44	21.98（央视）	37.16	47.55
1994	44.76	21.65（央视）	35.86	44.12
1995	64.98	30.78（央视）	44.81	54.09
1996	90.79	38.67（央视）	53.46	62.00
1997	114.41	36.48（央视）	53.51	64.49
1998	135.64	30.03（央视）	42.64	49.58
1999	156.15	30.19（央视）	42.69	49.86
2000	168.91	31.67（央视）	45.70	53.72
2001	179.37	30.11（央视）	53.96	65.82
2002	231.03	27.63（央视）	46.33	55.48
2003	255.04	29.52（央视）	47.38	57.01
2004	291.54	27.44（央视）	45.83	55.08

[①]　数据来源：1992 年以后数据为笔者根据中国广告协会官网、《中国广告年鉴》《现代广告》《中国广告二十年统计资料汇编》《中国传媒发展报告》等资料数据统计。1988—1991 年数据转引自陶喜红.中国传媒产业市场结构演变研究［M］.北京：中国社会科学出版社，2013：65，其广告数据亦来自《现代广告》等，数据来源和统计方法与笔者具有一致性。

年份	电视广告经营额（亿元）	CR_1（%）	CR_4（%）	CR_8（%）
2005	355.29	24.26（央视）	41.81	53.46
2006	404.02	22.94（央视）	39.95	53.43
2007	442.95	22.58（央视）	40.29	53.93
2008	501.50	32.10（央视）	50.04	62.95
2009	536.20	30.03（央视）	47.43	58.49
2010	679.83	27.71（央视）	45.41	55.27
2011	897.92	25.39（央视）	44.72	58.76
2012	1 132.27	23.76（央视）	38.95	50.36
2013	1 101.10	23.24（央视）	40.25	51.06
2014	1 278.50	21.27（央视）	35.86	46.53
2015	1 146.69	——	——	——
2016	1 239.00	——	——	——

电视广告市场集中度曲线变化方面，图 2-2 显示中国电视市场集中度大致呈现一条"较低—较高—较低—较高—较低"的"M 形"变化轨迹。具体来说，1994 年、2014 年是两个最低点（均为 35.86%），2001 年是最高点（53.95%）；另外，1996 年、1997 年（53.46% 和 53.51%），以及 2008 年（50.04%）也是一个显著的高点。曲线变化趋势上，1988 年至 1994 年间市场集中度 CR_4 系数下降趋势比较显著，从 43.19% 下降到 35.86%。1998 年 CR_4 降幅之大也是一个非常突出的现象，从上年的 53.51% 大幅下降至 42.64%。值得注意的是，CR_1、CR_4、CR_8 系数在 1996 年、1997 年、2008 年这几个高点趋势相同，但是 2001 年的 CR_1 趋势却与 CR_4、CR_8 不同，CR_1 并未和 CR_4、CR_8 那样达到历史最高点，反而下降了 1.56 个百分点。

（二）电视市场集中度波动及其规制政策影响

面对中国传媒 30 多年的市场集中度变迁，及其曲线拐点出现、曲线阶段走势的特征，我们可以从中发现什么规律呢？规制政策变革、准入退出壁垒变化其中发挥了怎样的影响？历史表明，特定规制政策下的电视机构创办、撤销、并购等政策行为和经营行为对市场结构变迁具有直接重要影

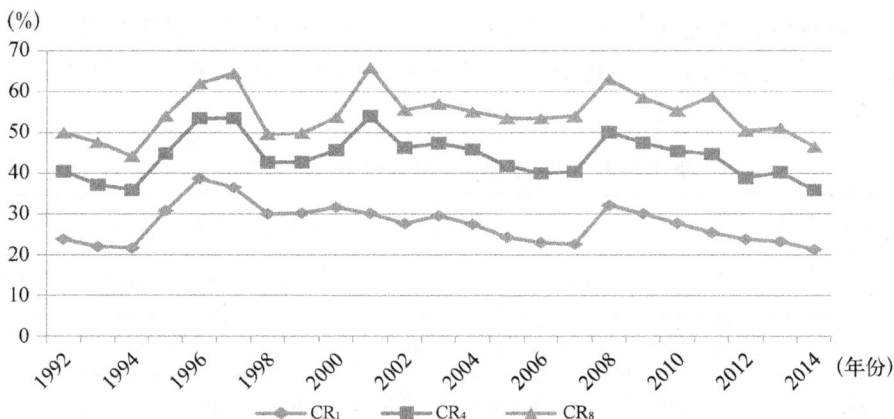

图 2-2 中国电视广告市场集中度变化曲线（1992—2014）

响：放松准入壁垒、提高退出壁垒，市场集中度就会下降；强化规制、提高准入壁垒、降低退出壁垒，市场集中度就会提升。

1. "四级办台"：降低地方市场准入壁垒导致集中度下降

表 2-12 显示，1988—1994 年中国电视广告市场集中度 CR_4 系数从 43.19% 总体下降到 35.86%，CR_8 系数也从 52.87% 下降到 44.12%。为什么会出现这种变化趋势呢？本书认为其原因主要可以归结为 1984 年 "四级办台" 政策出台以来的规制政策放松。此前原则上只有中央、省级政府广电部门具有电视准入资格，电视台数量增长非常缓慢；1984 年之后，地区、县级地方政府获得办电视台的准入资格，大型国有企业也纷纷自办电视台，另外教育电视台、有线电视台也陆续出现，中国电视播出市场准入壁垒明显降低，中国电视台数量迅速扩张，市场份额同步稀释导致市场集中度逐步下降。1978—1994 年广电部公布的经审批的电视台数量变化情况如表 2-13 所示，1984 年显然是中国电视台快速增长的重要转折年份，这一年电视台增加了 41 座，同比增长 78.85%；1985 年、1986 年分别增加 50 座、149 座，同比分别增长 53.76%、104.19%。现实中的电视播出机构数量远大于此，经审批的广播电视台以及未经正式批准的小台数量远不止官方公布的数据。这种电视机构数量快速增长的势头持续了一段时期，"市、县办电视的口子一开，各地电视台如雨后春笋般竞相出土，一股热潮掀将起来，其势汹涌"，"现在是有法请神、没法送神"。[①] 数量巨大的地方电视播出机构显然分散了广告投放，有的县台直接就在政策性转播

---

① 郭镇之. 中国电视史 [M]. 北京：中国人民大学出版社，1991：187-188.

中央电视台、省电视台节目后插播自己的广告。所以说，正是规制壁垒迅速下降导致市场竞争主体猛增，进一步又导致了电视广告市场集中度下降。

表 2-13　中国电视台数量（1978—1994 年）①

年份	1978	1979	1980	1981	1982	1983	1984	1985	1986
数量	32	38	38	42	47	52	93	102	292
年份	1987	1988	1989	1990	1991	1992	1993	1994	——
数量	366	422	469	509	543	586	684	766	——

2."治散治滥"：限制准入、行政退出导致集中度上升

表 2-12 显示，1995 年我国电视广告市场集中度止跌回升，猛然由上年的 35.86％上升到 44.81％，并且在 1996 年和 1997 年持续攀升到 53.46％和 53.51％。为什么会发生这种变化？本书认为这种市场集中度巨变同样是由于规制政策变动所致，具体来说是因为限制地方电视台准入以及对"滥播滥放"播出机构的清理整顿政策。

运动式的"治散治滥"工作本身虽然不是一项经常性规制政策，但作为行政管理部门获得中央办公厅、国务院办公厅发文支持的阶段性工作，在中国也具备强大的政策影响力，并且推动了《广播电视条例》的颁布。那么，这种电视台"滥播滥放"现象究竟是如何产生的呢？因为"四级办台"政策出台后，广电部门不但放松了地方政府办电视台的规制，实际上对各种类型的企业台、有线台实际上也相应放松了执照审批，对未经审批自行设立的播出机构也缺乏足够的行政和法律权威进行有效监管——中国当时既没有国家颁布专门电视法律法规，广电部也缺乏控制其他各个系统所属机构设立电视台的足够权威。于是，各系统、各类型的广播电视播出机构一度剧增乃至泛滥。并且，这些在相对较低行政级别、较小区域范围内播出的电视机构，经常不具备足够的财政投入、节目资源和人力资源支撑一座电视台的节目播出，其覆盖的市场范围规模也缺乏足够的广告资源来维持电视生产循环，于是便出现了各种盗版、盗录节目的播出，甚至出现了直接转播境外电视信号的现象。这些"滥播滥放"的电视内容，无论是从文化品质还是从政治舆论安全方面，都完全不符合我国既有的电视内

---

① 赵玉明. 中国广播电视通史（第 2 版）[M]. 北京：中国传媒大学出版社，2008：581.

容规制政策。所以，从 1994 年开始，广电部停批县级电视台，1995 年全面停止审批新设电视台。1996 年 12 月，为了给中共"十五大"召开营造良好的传播环境，中共中央办公厅、国务院办公厅发布《关于加强新闻出版广播电视业管理的通知》（简称"两办"37 号文件），明确要求撤销未经批准的各种电视台、有线电视台，对许多通过审批合法设立的县级电视台、有线电视台、企业办电视台提出了相应的合并或撤销要求。"治散治滥"工作进行过程中，《广播电视管理条例》于 1997 年 8 月 11 日由国务院发布（第 228 号），于 9 月 1 日起正式实施。《广播电视管理条例》对当时存在的多头批台、擅自设台建网、乱播滥放等问题进行了明确规范。

"治散治滥"对市场结构的影响，直接结果就是电视台迅速减少，电视广告市场竞争者数量迅速下降，市场集中度迅速提高。根据国家广电总局发布的数字，治理前经正式批准的广播电视机构总数为 4 147 座，此外还有 2 790 座播出机构是未经广电部批准设立的，共计播出机构 6 937 座。治理之后，各种播出机构减少了 4 721 座，只剩下 2 216 座，其中包括广播电台 294 座、电视台 343 座，以及 217 座有线电视台、1 287 座县级广播电视台、75 座教育电视台。[①] 于是，电视广告市场集中度 CR_4 系数从 1995 年的 44.81％迅速上升到 1996 年的 53.46％和 1997 年的 53.51％，CR_8 系数从 1995 年的 54.09％上升到 1996 年的 62％和 1997 年的 64.49％。

3."上星"政策：降低全国市场准入壁垒导致集中度降低

表 2 - 12 显示，1998 年、1999 年中国电视广告市场集中度 CR_4 系数分别为 42.64％、42.69％，大大低于 1997 年的 53.51％。CR_1、CR_8 系数也同样显著下降，CR_1 系数从 1997 年的 36.48％下降到了后两年的30.03％、30.19％；CR_8 系数从 1997 年的 64.49％下降到之后两年的 49.58％、49.86％。也就是说，1998 年中国电视广告市场集中度 CR_1、CR_4、CR_9 系数分别下降了 6.45、10.87 和 14.91 个百分点！一年之内为什么市场集中度和竞争格局会发生如此大的变动？本书认为这还是传媒准入壁垒规制政策变动所致。1997 年是我国批准省级电视频道通过卫星覆盖全国播出市场的高峰年份，有湖南卫视、安徽卫视、江苏卫视等 13 家省级电视频道上星，之前只有央视八个频道和少数西部偏远地区省级电视频道能够通过卫星实现全国覆盖。[②]

① 刘习良. 中国电视史［M］. 北京：中国广播电视出版社，2007：310.
② 浙江卫视、山东卫视是例外，它们 1994 年即通过卫星覆盖全国收视市场。

当然，形成 1997 年这个市场集中度高点的作用力很复杂：一方面，1996 年正式启动了"治散治滥"政策，撤销、合并大量违规或合法成立的电视台和有线电视台，广播电视播出机构下降形成市场集中度提高的作用力；另外，1997 年重庆建立直辖市带来重庆电视台广告收入飙升也成为这一年市场集中度提高的作用力之一，中国广告协会的数据显示1997 年重庆电视台广告收入达到 7.52 亿元，[①] 高居各省级电视台之首，仅次于中央电视台。而 1997 年之前、之后重庆电视台广告收入都未进入全国电视台前十名。另一股政策作用力则在推动集中度下降——1997 年电视频道"上星"政策降低了全国覆盖电视市场准入壁垒、增加了竞争主体，成为市场集中度下降的动力。1997 年我国有湖南卫视、安徽卫视等 13 个电视频道上星，1998 年有江苏卫视、北京卫视等 9 个频道覆盖全国。卫视频道广告吸附力很强，成为市场集中度大幅下降的作用力。众多新上星的省级频道迅速扩大市场收视份额，并在稍后时间里尤其是上星第二年体现出显著的广告吸附优势。其中，湖南卫视的娱乐节目在传统的"综艺节目"模式上具有颠覆式优势，安徽卫视的电视剧编排在全国也是独树一帜，从而对以往广告吸附能力较强的地面频道乃至对中央电视台频道广告吸附能力形成了竞争替代，两家卫视后来分别被称为电视领域的"湘军"和"淮军"。1997 年，"电视湘军"主力湖南电视台经营创收突破 1 亿元（达到 1.02 亿元），同比增长 41.6%；1998 年"全国媒体广告收入普遍滑坡，而……湖南电视台达到 1.27 亿元"；1999 年湖南电视台总收入超过 2 亿元。[②] 因此，原来市场集中度指标占优势的电视台广告收入市场份额相对这些"后起之秀"增长较缓，从而导致市场集中度系数迅速下降。1998 年情况类似，有 8 个省级频道上星，全国电视收视市场竞争主体较快增加，市场集中度继续保持相对较低水平。上海电视台、广东电视台长期是仅次于中央电视台的广告大台，但是它们上星后节目收视并未形成优势，在全国市场广告吸附能力增加并不显著，这也是导致电视广告市场集中度降低的因素之一。当然，受各上星频道冲击最显著的是中央电视台各个频道，尽管其广告收入绝对数额曾持续高速增长，但是在全国广告市场的份额却

---

① 现代广告杂志社. 中国广告业二十年统计资料汇编［M］. 北京：中国统计出版社，2000：63.

② 中国广播电视年鉴编委会. 中国广播电视年鉴（1998）［R］. 北京：北京广播学院出版社，1998：107；中国广播电视年鉴编委会. 中国广播电视年鉴（1999）［R］. 北京：北京广播学院出版社，1999：121；中国广播电视年鉴编委会. 中国广播电视年鉴（2000）［R］. 北京：北京广播学院出版社，2000：155.

从 1996 年的 38.67%，下降到 1997 年的 36.48%，之后两年更是下降到 30.03%、30.19%。央视市场份额之所以 1997 年下降并不明显，一方面是因为众多 1997 年上星的省级卫视到 1998 年才形成充分的广告吸附能力，另一方面也是因为 1997 年香港回归，央视具有无可比拟的采访、收视竞争优势。

4. 集团化：促进兼并、降低退出壁垒提高市场集中度

表 2-12 显示，中国电视广告市场集中度系数 2000 年和 2001 年迅速提高，同样是因为规制政策——具体来说是这两年我国通过行政力量推动的"集团化"政策所致。"集团化"的实质就是兼并重组，从而达到提高电视机构规模和实力、提高国际市场竞争力的政策目标。推进我国广播电视集团化的标志性政策，是 1999 年 9 月 17 日，国务院办公厅转发信息产业部、国家广电总局《关于加强广播电视有线网络建设管理意见》（简称国办〔1999〕82 号文件）。"82 号文"明确要求有线电视网、台分离，要求县级广播电视实行三台合一，并推进地（市）、省级无线电视台和有线电视台合并，进一步优化资源的合理配置。在国家政策的强力推动下，2000 年湖南广播影视集团成立，2001 年上海文广新闻传媒集团（SMG）以及山东、北京、江苏、四川、浙江等地广电集团或总台陆续成立。市场竞争主体大幅减少自然导致市场集中度提高。尤其是上海文广新闻传媒集团，它所兼并的上海东方电视台、上海电视台和上海有线电视台连续多年都是全国电视广告收入前 8 名的电视播出机构，兼并后全国电视广告集中度系数自然大幅提高。

2000 年，中国电视广告市场集中度 CR_4 系数比上年提高了 3.01 个百分点，2001 年又比 2000 年提高 8.26 个百分点，达到改革开放以后我国电视广告集中度的最高值 53.96%；CR_8 系数也呈同样的变化趋势，2000 年比上年提高了 3.86 个百分点，2001 年进一步比 2000 年提高了 12.10 个百分点。但 2000 年电视广告市场集中度 CR_1 系数变化不显著，只提升了 1.48 个百分点；2001 年更是下降了 1.56 个百分点。这是因为作为电视广告收入第一名的中央电视台并未在电视业内进行实质性重组，自身的广告经营也没有显著超过全行业的增长。

5. "奥运年"：生产准入壁垒提高市场集中度

表 2-12 显示，2008 年也是中国电视广告市场集中度异动的一个年份，市场集中度 CR_1、CR_4 和 CR_8 系数分别比上年提高了 9.52、9.75 和 9.02 个百分点。由此也可见，市场集中度提高主要是由市场龙头老

大——中央电视台市场份额提高带来的贡献，其他电视机构市场份额变化并不显著。央视 2008 年广告收入及其市场份额的大幅上升，显然是因为 2008 年北京奥运会带来收视率和广告吸附能力的提升。而央视有关北京奥运会重大活动和赛事报道节目，并不是市场竞争的产物，其实质还是国家规制政策赋予央视独一无二的垄断报道权的产物，或者说规制政策对其他电视台奥运报道设置了无法逾越的行政壁垒。当然，各电视台也以各种方式或多或少涉及了奥运报道，但央视的垄断报道权显然是它市场份额在这一年飙升的主要原因。

表 2-12 还显示，2008 年之后的中国电视广告市场集中度呈持续缓慢下降趋势。如何解释这种趋势的成因？本书认为，既有的跨区域准入壁垒高耸、退出政策缺失仍然是根本原因。因为 2008 年后播出市场竞争主体的准入退出并无重大变化，电视台和广播电视台数量略有增长但始终稳定在 2346 至 2375 座之间，电视台跨区域经营壁垒依然较高。在这种规制政策下，优势电视台很难突破区域市场行政壁垒，在传统电视市场实现跨越式发展和市场份额的快速提高，弱势电视台乃至亏损电视台也因为承担了宣传功能而能够通过各种方式获得资源，无法退出市场。所以，这种市场壁垒就导致市场资源相对分散，集中度下降。另外，制播分离制度推进——2009 年国务院通过了《文化产业振兴规划》、国家广电总局印发了《〈关于认真做好广播电视制播分离改革的意见〉的通知》，也使得本应被淘汰的、缺乏制作能力的弱势电视台能够通过购买节目资源而获得播出份额，因此强化了行政壁垒下的"优不胜、劣不汰"现象，加固了行政配置资源的弊端，集中度持续下降。

三、市场壁垒与中国电视市场集中度模型

上文较为具体地分析了中国电视市场集中度变迁的轨迹，并揭示了由行政限制或倡导而导致的市场进入退出壁垒变化，是影响市场集中度的关键因素。那么，我国电视市场集中度变迁过程和市场壁垒升降过程究竟有什么内在关系？这是一个值得进一步研究的问题。

市场准入退出壁垒对市场竞争有着深刻的直接和间接影响，它一方面直接影响在位市场主体之间的竞争与垄断格局——这种竞争与垄断的程度可以用市场集中度来衡量，另一方面它还影响进入或退出市场的潜在竞争主体数量，并因此而影响在位企业市场竞争的激励约束预期和行为。因

此，准入、退出规制壁垒是传媒产业规制最重要的措施之一，20世纪80—90年代国际传媒领域所谓的"放松规制"，主要指的就是不同程度上放松各种传媒子市场的准入规制和市场份额限制。

从上文对当下中国各类电视分类市场的集中度分析、电视广告市场总体集中度历史变迁分析来看，中国电视市场集中度与电视市场进入退出壁垒呈现以下关联：

表 2-14 中国电视市场准入壁垒与市场集中度关系模型

	市场竞争者数量	市场集中度
高准入壁垒/ 低退出壁垒	少	高
低准入壁垒/ 高退出壁垒	多	低

表2-14说明，准入壁垒和退出壁垒不同的组合，会导致不同的竞争者数量，进而导致不同的竞争关系和市场集中度。在市场准入壁垒高、退出壁垒低的子市场，以及这样的历史时期，市场竞争者数量相对较少，市场集中度则较高。比如，在不同电视节目类型中，全国新闻节目市场行政准入壁垒、市场集中度就比较高；综艺节目市场虽然行政准入壁垒不高但经济壁垒较高——在"大投入大产出、小投入不产出"的时代，大型综艺节目的经济投入已经不是小电视台所能够承担，现实中也是央视和几家优势电视台已经形成很高的市场集中度。而电视剧播出市场准入壁垒较低，中国2000多座电视台都能通过播出大量电视剧填充播出时间，因而电视剧播出和收视市场集中度系数较低。从历史变迁的角度看，实施"治散治滥""集团化"政策时期提高准入行政壁垒、降低退出壁垒，同时也带来了市场集中度的提高；实施"四级办台""省台上星"政策时期则降低了行政准入壁垒，从而市场集中度降低。改革开放以来，中国电视行政壁垒总体趋降，市场竞争者数量总体增加，这成为推动电视播出市场广告集中度的总体趋降的主要因素之一。

应该说，表2-14初步提炼的竞争者数量与市场集中度关系是符合理论逻辑的，但是中国电视市场竞争者数量的标准界定、统计口径差异，乃至"打擦边球"进入市场却未体现在统计数据中的现象，有时候也会使市场竞争者变化曲线和市场集中度变迁曲线不完全对应，这正是研究规制体系尚不规范的中国电视市场必须考虑的复杂性。比如，权威数据来源《中国广播电视年鉴》各年发布的数据也因统计口径有所差异，综合多期年鉴数据笔者整理出改革开放以来中国电视台数量及其曲线如表 2-15 和图 2-3 所示：

表 2-15　中国电视台数量（1978—2015 年）①　　　　　　　单位：座

年　份	1978	1979	1980	1981	1982	1983	1984	1985	1986	1987
电视台数量	32	38	38	42	47	52	93	143	292	366
年　份	1988	1989	1990	1991	1992	1993	1994	1995	1996	1997
电视台数量	422	469	509	543	586	684	766	837	880	923
年　份	1998	1999	2000	2001	2002	2003	2004	2005	2006	2007
电视台数量	1 651	1 919	1 800	1 744	1 894	1 896	2 227	2 234	2 231	2 280
年　份	2008	2009	2010	2011	2012	2013	2014	2015	——	——
电视台数量	2 346	2 359	2 367	2 366	2 368	2 373	2 373	2 375	——	——

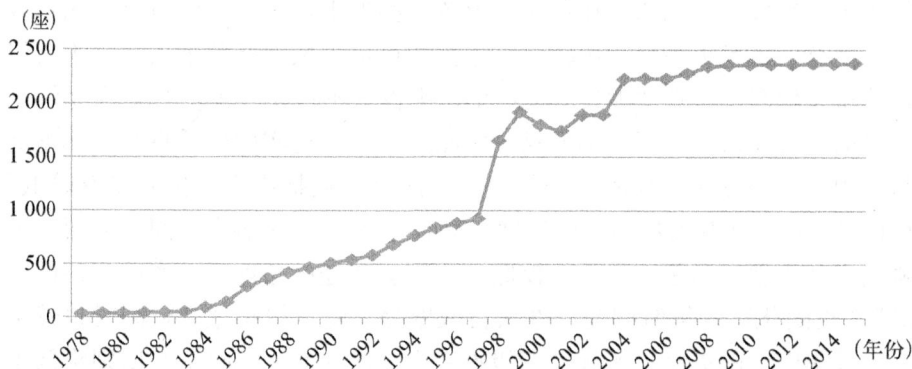

图 2-3　中国电视台数量变迁曲线（1978—2015 年）

　　表 2-15 和图 2-3 市场竞争者数量变化和图 2-2 市场集中度变迁曲线多不对应，尤其是 1995—1998 年。这是因为，图 2-3 显示的持续增长的电视台数量只是官方批准的数量，现实中这几年因为实施"治散治滥"政策，大量非正规电视台、有线电视台等市场主体数量大大减少。因为这

---

　　①　数据来源：《2016 中国广播电视年鉴》《1998 中国广播电视统计年鉴》《1996 中国广播电视统计年鉴》。

种统计口径的差异，名义市场竞争者数量持续增加的 1997 年我国电视市场集中度却达到了一个阶段性历史高点。1998 年是中国电视市场集中度大幅下降的一年，但主要原因却不是电视台数量上的增加——尽管 1998 年官方统计电视台数量的确从上年的 923 座增长到了 1 651 座，正如本书上文所分析，1998 年电视广告市场集中度下降主要是因为实施"上星政策"后，原来占据优势的上海、广东等地电视台机构市场增长速度不如原来不具备优势的湖南、安徽等地的电视台。总之，市场准入、退出壁垒的条件，的确改变了竞争者数量和竞争行为，进而影响了市场集中度和它反映出的竞争与垄断格局；并且，在分析中国电视市场竞争数量和市场集中度的关系时，必须考虑各种统计标准和数据的复杂性。

　　一般来说，准入壁垒高可能就意味着退出壁垒低，即市场竞争者达不到市场要求就自动退出市场竞争。但是，中国电视市场并不完全是这样，中国电视播出市场一方面准入壁垒很高，同时退出壁垒也很高，即便经营低效也无法退出市场。2008 年以后中国电视市场集中持续下降，一个重要原因就是准入壁垒和退出壁垒的"双高"现象。具有经营优势的电视很难跨越式发展，而经营低效者又很难退出。即便是经济欠发达地区的卫星频道已经出现了入不敷出的现象但仍然不能退出，也无法与具有市场经营优势的电视台并购重组，甚至非兼并性质的正式合作也很难持续。例如，湖南卫视与青海卫视、第一财经与宁夏卫视即便曾达成了带有兼并重组性质的跨区域合作，但是时间不长这两起合作案例都因高层行政干预，或者说因为行政壁垒而中止；贵州卫视与甘肃卫视曾达成非兼并性质的业务合作，尽管市场效果不错但后来也未能持续。在遇到经济困难时，中国电视机构往往可以依靠各种财政资助、行政帮助维持电视台的运行。2017 年地方电视台、基层电视台经营困难已经成为普遍现象，以至于在"两会"上出现了要求增加财政投入、事业编制的提案，在微信自媒体上则出现"等'包养'的省级卫视、城市电视台、县级的电视台，正以集结方式进入排队模式"[①] 的说法。由此可见，准入、退出行政壁垒在中国电视播出市场结构中起到了非常关键的作用甚至是决定性作用。并且行政壁垒、经济壁垒对电视播出市场集中度也形成不同的影响：

---

① "传媒圈"微信公众号. 部分电视媒体产生非常可怕的腐朽思想，等政府包养 [EB/OL]. https：//baijiahao. baidu. com/po/feed/share? wfr = spider&for = pc&context =％ 7B " sourceFrom"％3A" bjh"％2C" nid"％3A" news _ 2996383888991250828"％7D. [2019－07－29].

表 2 - 16　电视播出市场准入壁垒与市场集中度的关系

		行　政　壁　垒	
		高	低
经济 壁垒	高	集中度高，如全国新闻市场	集中度很高，如综艺市场
	低	集中度较高，如地方新闻市场	很低，如电视剧收视市场

　　一般来说，市场集中度高意味着垄断程度高，同时也意味着规模经济效益强。从国内外经验来看，提高市场集中度、提高规模效应的一个重要途径是市场竞争主体兼并重组，但中国电视播出市场兼并重组显然非常复杂、非常困难。中国电视市场准入资质是按照行政级别和行政区域来配置的，市场竞争和市场规模被行政规划壁垒分割，这虽然不符合"有效竞争"的经济效率标准。[①]

四、优化中国电视产业市场结构启示

　　通过前文分析可知中国电视产业的市场结构呈现出以下特点：① 全国收视市场呈寡占Ⅳ型市场结构，但其内部结构关系是央视一家独大、地方台分散竞争的"核—粒模式"，未形成势均力敌的充分竞争；② 区域收视市场属于寡占Ⅲ型以上市场结构，垄断程度显著高于全国市场，具有行政隶属关系的电视台形成"单向—层级垄断"结构；③ 三大类节目收视市场中，在新闻市场央视持续保有垄断优势，但在市场壁垒相对低的电视剧市场、综艺市场，却分别形成了分散竞争、多寡头垄断竞争结构，竞争活力提升；④ 节目制作市场竞争激烈，呈高度分散型市场结构，但电视剧制作市场在分散竞争中有集中化趋势；⑤ 网络新兴传播市场呈现集中程度较高的多寡头垄断市场结构，有效竞争实现程度较高。总体而言，中国电视市场结构复杂，各个领域有效竞争实现程度各有差异。

　　从集中度历史变迁轨迹来看，中国电视广告市场集中度在实施"治散治滥""集团化"政策时出现了两个历史高点，奥运会期间因为央视具有垄断的准入优势也形成一个市场集中度的高点；在地方电视台准入较宽松时期，在全国收视市场面向通过卫星覆盖省级综合频道放松准入时期，在

---

　　① 但是这种市场结构对中央政策在地方市场传播，以及对地方自身政策传播带来的社会绩效却不容否定，本书将在"传媒产出"章节中对传媒"公共政策传播"产品做进一步实证研究。

各级电视播出机构既不能退出市场也不能跨区域发展而只能维持在各自行政区域的正常存在时期，中国电视广告市场集中度则呈持续下降趋势。几个高点和几段下行曲线构成一条"M形"市场集中度变迁轨迹。

根据有效竞争理论的基本要求，深入考察中国电视产业竞争与垄断的实际格局，本书以下将从有效竞争条件、结构与行为关系、市场壁垒与市场集中度关系三个方面，讨论中国电视产业市场结构的再认识与再优化问题。

（一）有效竞争需形成相对势均力敌的寡头竞争

前文系列数据显示，中国电视产业全国性市场结构属于寡占Ⅳ型市场结构，市场集中度系数总体来说并不低，电视台数量也不少，为什么各界仍认为中国电视市场没有形成有效竞争的市场结构——兼具竞争活力与规模效应？

本书通过深入考察 CR_4 系数内部构成发现，排名首位的央视份额高于第2名电视台十几倍，不符合有效竞争市场结构各寡头份额相对接近、充分竞争的特征。比照竞争充分的美国电视市场则可发现，表2-17中2006年美国电视市场集中度系数 CR_4 为27.7%，CR_8 为41%，[①] 但其中第一名的市场份额是9.1%，由此可以推算排名第2—4名的平均市场份额为6.2%，接下来第5—8名的平均份额是3.3%，可见美国电视市场份额前4名的市场份额差距并不大，能够在规模效应的基础上形成势均力敌的充分竞争；其市场份额第4—8的机构也大致处于同一个竞争级别，且与前四名竞争者市场份额差距也不过分悬殊，这利于保证市场竞争的活力。相比之下，2006年中国市场首位者份额22.77%，第2—4的平均份额仅为5.73%，差距悬殊。深入考察表2-7中近年来各电视台具体市场份额分布，可见2014—2016年全国市场份额第1名（近30%）与第2名（4%左右）仍呈现出高悬殊差距，第3—8位电视台份额更是不超过3%，相对央视份额就像颗粒一样微小，无法形成充分竞争。因此，不能简单从总体市场集中度系数来判断中国电视市场结构有效竞争与否，还需要从内部竞争关系分析，只有竞争主体间处于市场势力相对均衡、优势交替呈现的方式，这样才能形成寡头之间的有效竞争关系。相对中国市场而言，美国电视市场各台份额相对接近，说明竞争比较充分；其集中度平稳提升，说明电视机

---

① 此电视市场统计仅指无线电视，不含有线电视。

构相对规模在提升，市场有效竞争实现程度更高。

表 2－17　中美电视市场广告收入集中度比较（1988—2006 年）[①]

年份	CR₁		CR₄		CR₈	
	中国 （%）	美国 （%）	中国 （%）	美国 （%）	中国 （%）	美国 （%）
1988	18.39（央视）	5.3（ABC）	43.19	15.1	52.87	23.3
1992	23.87（央视）	4.9（ABC）	40.45	15.2	51.81	25.5
1996	38.67（央视）	5.3（ABC）	53.46	18.2	62.01	27.9
2000	31.67（央视）	6.3（FOX）	45.46	22.8	54.93	35.7
2001	30.10（央视）	7.2（FOX）	53.95	24.4	65.82	37.6
2006	22.77（央视）	9.1（FOX）	39.95	27.7	53.43	41.0

（二）竞争行为对市场结构反作用力局部显现

前文分析认为中国电视区域市场是"单向—层级垄断"市场结构。所谓"单向—层级垄断"市场结构有两层含义：第一层，生产环节的采访权、播出环节的覆盖权等方面，行政级别高的电视台能够进入行政级别低的市场，但行政级别低的电视台不能反向进入行政级别高的电视台所在的市场。第二层，行政壁垒形塑的市场结构很大程度上影响了电视机构的经营行为，但是即便电视机构经营行为有效，其经营也很大程度上限制在自身所属特定层级的行政区域范围，很难反过来影响全国电视播出市场结构基本格局，地方电视台哪怕是省级卫视也很难真正实现采访、制作、经营全方位的全国最优资源配置。这种"单向—层级垄断"市场结构使得企业行为总体受制于固有行政层级结构，结构很大程度上具有决定行为的单向作用力。从历史的角度看，除了部分年份强力政策出台推动了市场结构的变化，在常规的年份、在既有"条块结合、以块为主"的规制格局下，市场竞争主体及其垄断竞争关系并无重大变化，经营行为效率在很长时间里对市场结构影响很小。

但是，在局部行政壁垒相对较低的细分市场，市场结构已经在市场竞

<hr>

①　数据来源：中国数据引自陶喜红. 中国传媒产业市场结构演变研究［M］. 北京：中国社会科学出版社，2013：267－274；美国数据引自 Eli M. Noam. *Media Ownership Concentration in America*. New York：Oxford University Press，2009：66。

争中受到企业行为的反作用。例如前文提及电视剧制作市场集中度 CR_8 系数从 2009 年的 7.8％上升到 2015 年的 14.96％，这已经表明该市场结构受到市场行为的反向作用而产生了比较显著的变化，经营高效的制作机构开始获得更大的市场份额和规模效应，经营低效的企业则降低了市场份额甚至被迫退出市场。其他节目制作市场也将出现这种结构改变，市场中超过 1 万家的制作机构迫于竞争压力不得不采取有效经营行为，如加大电视节目研发创新、提高生产效率、兼并重组等，经营高效者将取得更大市场份额，从而逐步改变原有的分散市场结构。网络传播市场更是彻底颠覆了传统电视市场结构，一些经营行为高效、竞争占优的省级卫视已超越央视取得了竞争优势。这种市场结构优化趋势显然还将持续，竞争行为改变传统市场结构的反作用力势必越来越大。

（三）降低市场壁垒对优化市场结构作用显著

上文对分类电视播出市场的比较研究显示，降低准入行政壁垒利于提高市场集中度、形成兼具竞争活力和规模效应的有效竞争格局；市场集中度"M 形"的变迁轨迹则表明，降低行政准入壁垒时期市场集中度呈下降趋势，通过特定政策提高行政准入壁垒、降低退出壁垒则导致了短期市场集中度的提高。所以，降低行政准入、退出壁垒往往能够带来市场集中度提高并利于有效竞争市场的形成。无论是中国电视子市场之间市场结构对比，还是中、美电视市场结构变迁轨迹对比，放松规制、降低行政壁垒对市场结构的优化作用都非常显著。

上文电视分类市场结构分析，即体现了进入退出行政壁垒与电视子市场结构及其有效竞争的高度关联。具体而言，全国市场只有中央电视台毫无进入壁垒，其采访制作覆盖十几个频道卫星，均可自由到达全国市场；省级电视台只有一个卫视频道无覆盖准入壁垒，各类节目采访制作存在不同程度壁垒，跨区域重组更是壁垒高耸，"核—粒模式"市场结构很大程度上由此种行政壁垒而生。区域市场中仅具有行政隶属关系的各级电视台未设障碍，由此形成"单向—层级垄断"市场结构，行政区域之外的电视机构因为行政壁垒等原因一般很难获得显著市场份额优势。新闻市场中只有中央电视台未设壁垒，所以新闻市场中央电视台一家独大；行政准入壁垒更低、地域性更弱的综艺节目市场、电视剧市场，分别形成寡占竞争和分散型竞争市场结构。节目制作市场准入壁垒更低，则形成集中度更低的高度分散竞争市场结构。网络新兴传播市场中各电视台均无行政性准入壁垒庇护，市场竞争更加公平且充分，则形成趋于有效竞争的"多寡头垄断"市场结构。虽然低准入壁垒市场有的出现竞争分散，但其集中度和规模效应也在逐步提高，如电视剧市场。而同样准入壁垒较低的综艺市场、网络传播市场，在保持竞争活力同时，已经呈现较高的规模效应。由此可见，准入壁垒越低的市场越容易形成竞争充分、规模较高的有效竞争市场结构。所以，从促进有效竞争、提高经济局效率的标准来看，降低电视市场行政壁垒是未来优化市场结构的规制创新重要路径。

对比中、美电视市场结构历史变迁轨迹，也可从一个角度观察到放松规制、降低行政壁垒对市场结构的优化作用。中国电视市场在放松准入壁垒时期，往往市场集中度下降；而通过特定政策提高准入壁垒、淘汰或重组部分电视机构，则提高了市场集中度、并形成"M形"市场集中度变迁轨迹，市场集中度变化因规制政策松紧起落较大。在常态下或放松地方电视台准入规制壁垒时期，中国电视广告市场集中度往往呈下降的态势，因为更多的机构稀释了广告收入。与此形成鲜明对照的是美国电视市场结构变迁轨迹，美国电视市场集中度从 20 世纪 80 年代至 21 世纪初呈现一条上升速率有所变化的"S形"变迁轨迹，市场集中度总体呈持续、平滑增长态势。

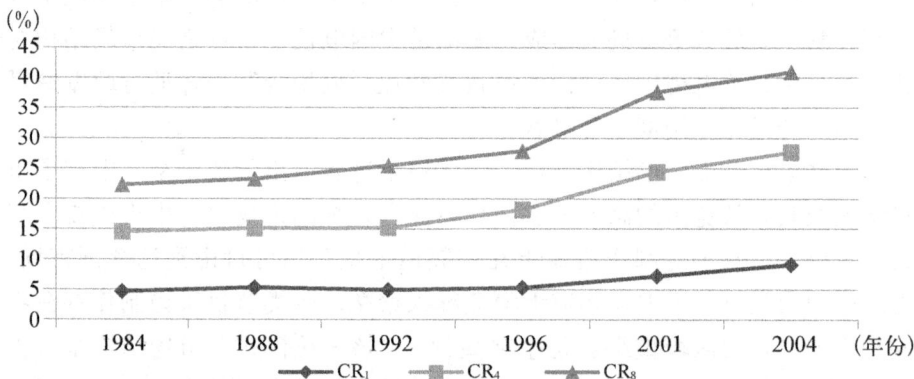

图 2-4 美国电视集团市场集中度变迁趋势（1984—2004 年）[①]

20 世纪八九十年代美国电视市场放松规制，对每家电视集团拥有的电视台数量上限放宽，电视市场兼并重组从而在市场竞争和产权交易过

---

① 数据来源：Eli M. Noam. *Media Ownership Concentration in America*. New York：Oxford University Press，2009：66.

程中提高了市场集中度。20 世纪 80 年代中期美国电视集团拥有电视台上限陆续从 7 家提升到 12 家，后来电视台数量上限到达全国观众比例的上限，最初这个观众到达比例上限为 25%，1996 年美国电信法则将这个观众到达比例上限提高到 35%，2003 年 FCC（美国联邦通信委员会）一度还在争议中将观众到达比例上限提高到 45%。后因批评者认为这会导致传媒巨头大量吞并地方媒体和小型媒体，从而对地方信息传播产生有害影响，FCC 被迫按照国会设定标准将这个上限修改为 39%。由此可见，美国的传媒规模是在政治和社会传播原则下，在市场博弈和政治博弈中达到规模经济最优，相对公平透明的市场竞争条件下往往也能够形成一组相对势均力敌的竞争对手群，市场总体集中度也没有出现大起大落的现象。

　　20 世纪 80 年代以来虽然中美都出现了放松经济规制、放松市场准入的趋势，但由于两国政治、社会目标不同，具体市场政策壁垒的改革内容差异很大。美国主要是放松全国范围的兼并重组、跨行业准入，原则相对简洁、透明，并不存在强制性退出标准；中国在电视播出市场放松准入规制、降低壁垒，主要是在一定时期针对地方行政区域内国有广电部门开放政策准入，并且因为地方党政宣传的需要而维持着很高的退出市场行政壁垒。在电视广告市场扩张时期地方电视台普遍能够获得经济扩张的红利，获得较高广告收入，市场结构分散还没有威胁到电视台的基本生存；在新媒体冲击严重、传统媒体经营越来越困难的当下，入不敷出的地方电视越来越多，调整准入行政壁垒与经济壁垒、退出行政壁垒与经济壁垒的规制创新就变得非常迫切。

（四）中国电视市场产权结构基本情况

　　市场结构主要是指某一市场中经营主体的竞争与垄断关系，一般产业组织理论研究并未对经营主体的产权属性进行区别。但是，产权属性及其结构恰恰是影响中国传媒市场竞争与垄断格局的一个显著特征，尤其是国有产权传媒的经营制度改革乃至技术改革，以及非国有产权媒体的内容规制改革，都是中国传媒规制改革敏感问题所在。因此，中国电视市场的产权结构特征，及其与经营绩效、传播绩效的关系值得关注。

　　中国电视产业各个产业环节的产权结构各异。电视播出机构，所有的市场经营者均为国有产权；电视制作机构，国有、民营产权并存（见表 2-18）。

表 2-18　2013 年中国电视机构数量及其产权情况[①]

	机构数量	国有产权比例	民营产权比例
电视播出机构	2 373 座	100%	0
节目制作机构	6 175 家	约 16%	约 84%

中国电视播出和制作机构这种产权分布体现了怎样的规制经济绩效？从数据上看，民营产权节目制作机构数量占有绝对优势，但是资源、产能、效率情况非常复杂，本书后几章将从传媒经营行为、传媒产出方面，对国有产权、民营产权媒体机构的经济绩效进行实证比较研究。

第三节　互联网媒体市场结构
绩效及其演化

当各界批评中国传统媒体产业发展低效、国际传播影响乏力时，中国互联网媒体机构却紧跟世界同业潮流，其产业发展、社会影响乃至部分技术创新在世界上占有了较为突出的地位，甚至国际权威互联网发展趋势报告认为"中国已经成为互联网领袖"。[②] 在经济生活中，中国互联网媒体作为传播能力强大的信息载体业已成为民众生活不可或缺的组成部分，成为国民经济增长和产业融合的重要基础设施，中国互联网经济占 GDP 比重更是达到 6.9%，超过了发达国家平均水平。[③]

自 2015 年我国互联网媒体广告以 1 589 亿元的经营额首次超过电视行业的 1 146.69 亿元，[④]"新""旧"媒体产业收入和市场应用差距进一步拉大。2016 年中国互联网广告收到 2 305.21 亿元，这不仅意味着互联网媒体拉大了与电视广告收入之差距，更是一举超过了电视、广播、报纸、期刊四大传统媒体广告经营额的总和。[⑤]

2018 年中国网络广告收入 3 717 亿元，全国互联网用户规模 8.29 亿人，

①　数据来源：《中国广播电视年鉴（2014）》。
②　Mary Meeker. 2016 互联网趋势报告［EB/OL］. http://mt. sohu. com/20160605/n453011915. shtml.［2019-07-29］.
③　崔保国. 中国传媒产业发展报告（2016）［R］. 北京：社会科学文献出版社，2016：220；方兴东. G20 国家互联网发展研究报告［J］. 汕头大学学报（人文社会科学版），2016（6）：17-27.
④　崔保国.2016 年中国传媒产业发展报告［R］. 北京：社会科学文献出版社，2016：219-220.
⑤　崔保国.2017 年中国传媒产业发展报告［R］. 北京：社会科学文献出版社，2017：218-219.

其中即时通信用户 7.92 亿、网络新闻用户 6.75 亿、网络视频用户 6.12 亿；网站数量 523 万个，在线政务服务用户规模 3.94 亿，在境内外上市的互联网企业 120 家，网络购物用户规模 6.10 亿，网上支付用户规模 6 亿。[①] 可以说，如今互联网不但基本实现了"信息化带动工业化"的战略目标，而且成为国民经济"互联网＋"升级转型、产业融合的经济新动力，带来了不可估量的经济效益。同时，技术先进、传播能力强大的互联网媒体，也已兼具大众传播、组织传播、人际传播的传播功能。它曾经是传统大众媒体之外的分众乃至小众增量媒体，但是在用户增长迅猛尤其是几乎覆盖全部社会主流人群的今天，互联网媒体已经成了社会信息传播、意见表达的主要渠道，构成了对传统主流媒体的巨大竞争、替代、挑战，2014 年我国提出的传统媒体和新兴媒体融合的重大命题，显然正是基于这种背景。

互联网媒体产品、产业的快速增长固然与它强大的技术功能和应用场景相关，从产业规制绩效的角度来看，这也与互联网媒体的市场结构密切相关，市场结构中的市场集中度要素则是考察市场竞争活力的重要指标。实证研究当下互联网媒体市场集中度的格局及其历史演进，并适当和传统媒体市场结构进行比较，可以使我们对中国互联网媒体以及整个传媒市场特征和规制绩效有一个更加深入的理解。本书统计市场集中度的指标主要用的是广告收入，因为销售内容、销售广告注意力是媒体的基本特征之一，广告也是传统媒体最重要的收入来源，互联网媒体对报纸、电视等传统媒体构成最直接的竞争，其生存的压力首先也是体现在广告竞争上。所以，研究中国互联网媒体广告市场结构，不仅是理解中国媒体总体市场结构之必需，也为研究各种媒体融合发展和结构优化提供了必要视角。市场竞争与垄断格局，意味着特定的财富生产激励和财富分配效应，也意味着对特定产业增长的激励。

中国互联网媒体数量巨大，其中既有专业媒体企业，也有大量个人性质的网站和自媒体；既有生产各种信息内容为主的媒体，也有通过互联网媒体提供各种形态产品和服务的机构。它们之间的市场竞争激烈且常有市场地位、竞争格局的变动，也有频繁的并购重组，从而形成了非常复杂但是基本上是以市场效果为导向的市场竞争与垄断格局。中国各种互联网媒体之间业务尽管不相同，但是大多数互联网都重视广告收入，并且在互联网广告市场形成非常重要的竞争态势。

---

① 中国互联网络信息中心. 第 41 次中国互联网络发展情况统计报告［EB/OL］. http：//www. cnnic. net. cn/hlwfzyj/hlwxzbg/hlwtjbg/201803/t20180305 _ 70249. htm.［2018 - 03 - 05］.

本书以下将实证研究中国互联网总体市场、部分重要细分子市场的市场集中度现状，分析其竞争与垄断格局；纵向研究互联网广告市场集中度的变迁，试图发现互联网媒体竞争格局的历史变迁规律。

一、中国互联网媒体广告市场的"寡头垄断—多层多元竞争"结构

互联网作为媒体对传统电视形成的经济竞争，首先主要体现在受众注意力和广告方面。在中国网络广告市场集中度方面，表 2-19 显示，2017年第三季度百度、阿里巴巴和腾讯这三家被称为"BAT"的互联网巨头占据了绝对优势，它们的市场份额分别占到 24.7％、23.4％和 13.7％，三家公司的集中度就达到 61.8％，并且这三家公司的市场份额相对较为接近，尤其是百度和阿里巴巴的份额。市场份额排名第 4—8 位的公司具体市场份额则处在 2.8％—4.0％，大大低于 Top3 的三家公司，且这些公司的市场份额相对接近。2016 年第三季度的市场份额分布和集中度也和 2017 年类似，Top3 企业尤其是 Top2 企业占有很大份额且份额比较接近，第 3—8的企业处于另一个份额级别，且份额较为接近。

表 2-19　2016 年、2017 年 Q3 中国互联网广告收入市场份额与集中度[①]

序号	机　构	2017 年市场份额（％）	2017 年集中度（％）	机　构	2016 年市场份额（％）	2016 年集中度（％）
1	百度	24.7		百度	25.2	
2	阿里巴巴	23.4		阿里巴巴	24.2	
3	腾讯	13.7		腾讯	11.2	
4	爱奇艺	4.0	$CR_1 = 24.7$ $CR_4 = 65.8$ $CR_8 = 77.6$	奇虎 360	3.4	$CR_1 = 25.2$ $CR_4 = 64$ $CR_8 = 76.3$
5	谷歌中国	3.1		谷歌中国	3.4	
6	新浪	3.0		爱奇艺	3.1	
7	搜狐	2.9		搜狐	2.9	
8	奇虎 360	2.8		优酷土豆	2.9	

①　数据来源：易观国际. 2017 年第 3 季度中国互联网广告运营商市场规模达 814.6 亿元人民币［EB/OL］. https：//www. analysys. cn/article/detail/1001096.［2019-07-29］；2016 年 Q3中国互联网广告运营商市场规模达 672.5 亿元［EB/OL］. http：//www. admaimai. com/news/ad201611142-ad130749. html.［2019-07-29］.

连续两年同一个季度市场份额和市场集中度比较接近，且 2016 年全年市场份额与集中度特征也与此类似，由此可判断这种市场份额分布和集中度格局是较稳定的中国互联网广告市场特征。[①] 那么，表 2 - 20 这样的市场份额和市场集中度特征究竟体现了中国互联网广告市场怎样的竞争与垄断格局呢？

首先，这是一个整体集中度水平较高、垄断程度较高的市场。CR_4 为 65.8%，CR_8 为 77.6%，如果按照日本经济学家植草益的标准[②]这属于"极高寡占型"市场结构。

其次，三家占据寡头垄断地位的优势企业市场份额比较接近，尤其是前两家企业份额非常接近，排名第三的企业市场份额也在进一步缩小和排名前两位的企业份额差距。这说明，这三家企业的市场势力、竞争实力比较接近，优势企业之间竞争能够形成相对势均力敌的、比较激烈的市场竞争。

第三，市场份额排名第 4—8 的互联网企业市场份额虽然和市场 Top3 企业份额差距很大，但是这 5 家企业（实际上还包括排名第 9、第 10 的企业）市场份额比较接近、市场势力比较接近，也能够形成实力相当、较为均衡的竞争。

第四，2016 年和 2017 年市场份额排名的基本格局比较稳定，但是少数企业的市场份额还是因各种经营要素、市场要素、政策要素发生了细微的变化，体现了市场竞争的作用。

分析表 2 - 19，可以发现显著的变化就是爱奇艺的广告市场份额从 2016 年第三季度的 3.1% 上升到了 4%，份额排名上升了 2 位；另外优酷土豆的市场份额也已并入母公司阿里巴巴集团进行统计。份额排名不变的互联网企业中，百度的市场份额比上年同季度下降了 0.5 个百分点，阿里巴巴市场份额比上年同季度下降 0.8 个百分点，奇虎 360 的市场份额也下降了 0.6 个百分点；也有企业市场份额在增长：腾讯的市场份额大幅上升了 2.5 个百分点，新浪的市场份额也从 2.2% 上升到 3.0%，排名从行业第九上升到第六。这说明，互联网广告市场竞争格局基本稳定的情况下，由于企业之间经营绩效差别，市场份额仍然在竞争中有升有降，因为资金、技术或业务合作等原因而进行的并购重组也时有发生。

---

① 因为缺失 2017 年全年市场份额数据，所以均用第三季度数据进行比较更具可比性。
② 苏东水. 产业经济学 [M]. 北京：高等教育出版社，2005：124 - 125.

　　互联网广告市场份额与竞争格局也受市场突发因素和政府规制影响。2016 年百度失去了持续多年的广告市场榜首地位，阿里巴巴（含大文娱）以 852.5 亿元的广告营收超过百度而位居第 1，百度位居第 2。艾瑞咨询发布的权威网络广告度监测报告评价"一直保持领先地位的搜索广告由于政策与负面事件影响，份额出现了较大程度的下滑，首次跌破 30%，与去年同期相比，份额下降近 5 个百分点"。[①] 这里所指的"负面事件"指的是 2016 年发生的"魏则西事件"，身患癌症的大学生魏则西通过百度搜索来的医疗信息一定程度上误导、耽搁了治疗，此事件引发了社会各界对百度竞价排名盈利模式的严重质疑。国家网信办、国家卫生计划委员会、国家工商行政管理总局等部门也对百度进行了联合调查执法，认为百度搜索竞价排名结果客观上影响了魏则西就医选择，而百度竞价排名机制存在付费竞价权重过高、商业推广标识不清等问题，影响了搜索结果的公正性和客观性，容易误导网民。为此，联合调查组对百度提出了三点整合意见：清理整顿医疗类等商业推广服务；改变竞价排名机制，不能仅以推广费用作为信息排位标准，并且要对商业推广信息加注醒目标识；建立先行赔付、畅通举报及其处置等网民权益保障制度。[②]

　　显然，实际参与互联网广告市场竞争的还不止这八家企业，海量的网站、微信公众号、微博账号内容都具有吸引广告的能力和经营行为，整个互联网广告市场竞争者数量巨大。即便不直接经营广告的其他互联网内容也构成对网络内容注意力的竞争。2017 年 6 月底中国互联网网站数量达到 506 万个，[③] 2016 年中国微信公众号数量 1 206 万个，汇集各垂直领域的微博达人（账号）共计超过 2 000 万人。[④] 那么，Top3 的互联网媒体寡头、Top4 或 Top8 的大型互联网企业，和这 500 多万个网站、1 200 多万个微信公众号、2 000 多万个微博账号究竟是一种怎样的竞争与垄断关系呢？谨慎审视它们之间的竞争力量对比和竞争领域、竞争性质，本书将这

　　① 2017 年中国网络广告市场年度监测报告 [EB/OL]. http：//report. iresearch. cn/wx/report. aspx? id=2980. [2019 - 07 - 29].
　　② 国家网信办联合调查组公布进驻百度调查结果 [EB/OL]. http：//www. cac. gov. cn/2016 - 05/09/c＿1118833529. htm. [2019 - 07 - 29].
　　③ 第 40 次中国互联网络统计报告 [EB/OL]. http：//www. cnnic. net. cn/hlwfzyj/. [2019 - 07 - 29].
　　④ 2017 年中国微博、微信营销行业运行态势分析 [EB/OL]. http：//www. chyxx. com/industry/201710/573450. html. [2019 - 07 - 29]；2016 年微信号数量、微信公众号用途占比及文章阅读量分布情况分析 [EB/OL]. http：//www. chyxx. com/industry/201612/479002. html. [2019 - 07 - 29].

种竞争关系概括为"寡头垄断—多层多元"市场结构，即极少数的巨型互联网媒体形成了寡头垄断的格局，尤其是在某一细分市场垄断程度更高（下文将具体分析部分细分市场的结构）；另外各个规模层次和实力层次以及不同的多元细分市场，也都形成了多种形式、多种水平的激烈竞争，并且巨型企业、大型企业、中小型企业之间也会形成一定的交叉竞争——因为消费个性化、传播去中心化的互联网传播中，每个受众接触的互联网内容产品和服务非常多，中小型互联网企业也有可能提供特定的受众市场而和大型、巨型企业形成竞争，"长尾理论"中论及的小众市场都可以通过互联网便捷的传播得到满足，尤其是自媒体市场的个性化内容生产与接收更加多层、多元。

结合上文对中国电视市场结构的实证研究，可见中国互联网媒体"寡头垄断—多层多元"的市场结构，也即其竞争与垄断格局，与电视媒体的市场结构差异极大，进行互联网媒体和电视媒体的市场结构比较，对理解它们的经营行为差异、产业发展差异以及规制政策差异都颇具启发意义。本书以下即从市场竞争者数量、CR_1 系数、CR_4 系数、CR_8 系数水平，来比较 2014 年、2015 年中国互联网媒体和电视市场的市场结构差异：

表 2‐20　我国互联网媒体与电视媒体市场结构比较（2015 年、2014 年）[1]

	2015 年		2014 年	
	互联网媒体	电视媒体	互联网媒体	电视媒体
竞争者数量	423 万个网站	2 417 座电视台	335 万个网站	2 415 座电视台
集中度 CR_1	30.01%（百度）	28.5%（央视）	31.84%（百度）	21.27%（央视）
集中度 CR_4	62.3%	37.6%	65.44%	35.86%
集中度 CR_8	74.1%	44.5%	76.89%	46.53%

基于表 2‐20，我们可以发现中国互联网媒体和电视媒体市场结构的几点重要差异。

首先，在市场集中的总体程度方面，互联网媒体的高集中度的极高寡占型市场结构，迥异于电视媒体的中等寡占型市场结构。按照日本经济学家植草益的标准，2014 年、2015 年中国互联网广告市场结构中的 CR_8 系数

---

[1]　互联网媒体市场集中度根据艾瑞网发布数据由作者计算；2014 年电视媒体市场集中度根据广告收入计算，广告数据来自中国广告协会网；2015 年后中国广告协会网未发布媒体广告排行榜数据，故按同类文献处理方法根据收视份额计算市场集中度，数据来自索福瑞机构。广告收入不等同于收视率但高度相关，在分析市场竞争格局时这两种数据有一定替代性。

和上文分析的 2016、2017 年一样大于 70%，属于"极高寡占型"；植草益定义 CR_8 系数在 40%—70% 属于"高、中寡占型"市场，那么电视收视和广告市场份额 CR_8 系数分别为 46.53%、44.5%，显然只能属于"中等寡占型"市场；如果按照美国经济学家贝恩的标准，互联网广告市场结构属于寡占 II 型或寡占 III 型，电视收视和广告市场结构则属于寡占 IV 型或寡占 V 型结构。[①]

其次，在竞争与垄断格局方面，中国互联网广告市场的"寡头垄断、多层多元"市场结构包含的竞争格局和竞争活力，完全不同于中国电视收视和广告市场结构的"核—粒模式""单向—层级"市场结构。表 2-20 显示，我国互联网媒体 2015 年市场集中度 CR_1 系数为 30.01%、CR_4 系数为 62.3%、CR_8 系数为 74.1%，2014 年 CR_1 系数为 31.84%、CR_4 系数为 65.44%、CR_8 系数为 76.89%，由此不难推算出第一梯队之间的企业实力相对较为接近，第二梯队企业之间市场份额也相对较为接近（见表 2-19）。这些寡头企业、优势企业之间因为市场势力相对接近而没有过于悬殊，因而可以形成较为充分、激烈的竞争；而这些寡头、优势互联网企业与当时 400 多万家大、中、小型网站也会形成不同水平多个层次的多元化激烈竞争。所以，在寡头企业之间的竞争、约束，以及优势企业、各种企业多层多元的市场竞争下可以保持整体互联网广告市场的竞争活力、竞争压力，所以互联网媒体中的技术创新、产品创新、商业模式创新异常活跃，利于全社会经济效率提高。这种市场结构下，行业优势企业集中度高，更好地利用了互联网技术潜在的规模经济、网络经济、范围经济效应，为社会生产带来更高的经济效率，为用户带来更经济、方便的互联网服务。中国传统电视却呈现"核—粒模式"市场结构，即优势机构一家独大，垄断势力显著，而其他电视台份额很低，竞争分散。2015 年电视市场集中度 CR_4 系数为 37.6%，CR_8 系数为 44.5%，其中央视市场份额 28.5%，市场份额排在第二位的湖南卫视市场占有率 4.3%，其他两千多家电视台市场份额当然更低，总体无法形成势均力敌的竞争。传统规制下绝大多数电视台经营被限制在本行政区域，[②] 这种市场结构既缺乏充分竞争活力，也不利于规模经济形成。

---

① 苏东水. 产业经济学 [M]. 北京：高等教育出版社，2005：124-125.
② 地方台只有省级电视台卫星频道能够跨区域覆盖，但是三十多家同质省级卫视也形成过度竞争。

二、中国互联网媒体重要细分市场结构

上文实证研究表明，中国互联网广告市场结构总体呈"寡头垄断—多层多元"特征，但这还不足以描述功能强大、产品和服务类型极其丰富的各种互联网细分市场的竞争与垄断格局，对于不同功能、不同结构的细分市场中国传媒规制的政策也有很大差异，未来的规制创新既要有统一的原则，另外也必须针对不同类型细分市场特征和问题来开展。

各种互联网广告经营者之间固然都形成了竞争，但不少企业更多地却把竞争对象锁定在同一细分市场经营者。各种业务类型的互联网媒体广告经营、内容产品之间都面对广告市场和受众注意力市场，所以会形成一定程度的相互竞争；但是不同类型的互联网内容和广告也形成了特定的子市场，其市场竞争格局也值得深入分析，因为子市场的竞争与垄断格局对互联网企业经营和受众选择其实影响更大。

2016 年中国互联网广告市场规模 2 902.7 亿元，其中搜索广告市场份额占 26.4%、电商广告占 30.0%、品牌图形广告占 13.4%、信息流广告占 11.2%、视频贴片广告占 8.3%，其他类型均在 4% 以下。这种互联网广告细分子市场份额分配格局与上年发生了较大的变化，一直保持领先地位的搜索广告份额出现了较大程度的下滑，首次跌破 30.0%，与去年同期相比，份额下降近 5 个百分点；电商广告占比 30.0%，与去年同期相比，份额具有大幅

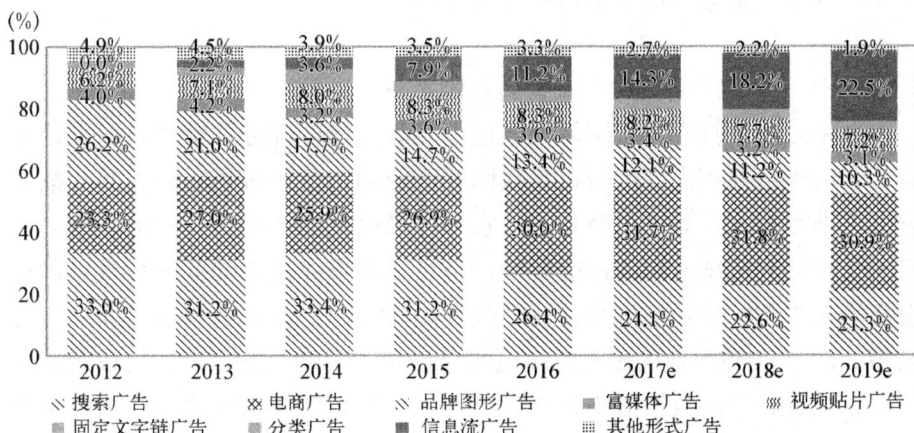

图 2-5 中国不同形式网络广告市场份额及预测（2012—2019 年）

来源：艾瑞咨询

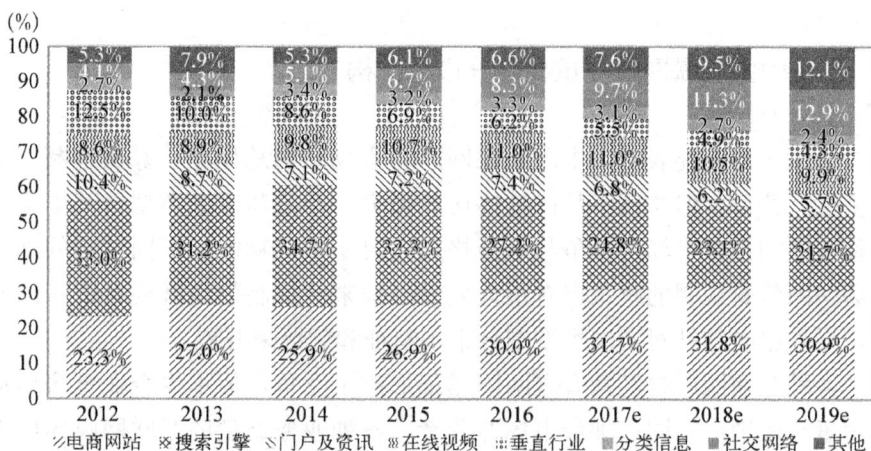

图 2-6　中国不同形式网络媒体市场份额及预测（2012—2019 年）

注：① 网络广告市场规模按照媒体收入作为统计依据，不包括渠道代理商收入；② 此处搜索引擎收入包括关键词、展示广告收入与导航广告收入，不含网站合并进搜索引擎企业的其他广告收入；③ 在线视频广告包含门户网站的视频业务，社交网络广告包含门户网站的社区业务；④ 门户及资讯广告不包含门户网站的非门户业务广告收入，包含综合资讯类 App 等；⑤ 其他包括导航网站、部分垂直搜索、客户端、地方网站、游戏植入式广告等。

来源：艾瑞咨询

度上升，2016 年电商广告的整体份额也首次超越搜索广告，升至首位。此外，从 2016 年起信息流广告在整体结构中单独核算，以社交、新闻、视频等为主要载体的信息流广告在 2016 年市场份额达到 11.2%，增速明显。①

互联网媒体市场不同广告产品类型及其市场份额的变迁，往往也意味着不同媒体类型的市场竞争格局的变迁。

（一）网络视频市场结构：极高寡占—多层竞争

本书之所以首先分析网络视频这个互联网媒体细分子市场，一方面是因为各种网络视频内容消费在互联网娱乐应用中已经位居首位，其传播影响和产业影响大；另一方面是因为它和传统电视的产品形态最为接近，并且网络视频对传统电视的传播影响、市场影响形成极大的竞争替代，因此分析网络视频的市场结构及其规制政策，对规制创新可能有较重要的参考价值。2018 年新组建的国家广播电视总局将"贯彻党的宣传方针政策，拟订广播电视管理的政策措施并督促落实，统筹规划和指导协调广播电视事

① 艾瑞咨询. 2017 年中国网络广告市场年度监测报告-简版［EB/OL］http：//report. iresearch. cn/wx/report. aspx? id＝2980.［2019－07－29］.

业、产业发展，推进广播电视领域的体制机制改革，监管、审查广播电视与网络视听节目内容和质量，负责广播电视节目的进口、收录和管理，协调推动广播电视领域走出去工作等"，[1] 这将关涉中国广播电视和网络视听行业的市场结构调整、内容生产和审查等重要规制政策。

中国网络视频市场份额和集中度概况大致见表 2-21。

表 2-21　2016 年、2017 年 Q3 中国网络视频广告收入市场份额与集中度[2]

序号	机　构	2017 年市场份额（%）	2017 年集中度（%）	机　构	2016 年市场份额（%）	2016 年集中度（%）
1	爱奇艺	24.02		腾讯视频	21.6	
2	腾讯视频	23.72		爱奇艺	21.3	
3	优酷	23.04		优酷土豆	19.7	
4	芒果 TV	6.49	$CR_1 = 24.02$ $CR_4 = 77.27$ $CR_8 = 87.16$	乐视	10.09	$CR_1 = 21.6$ $CR_4 = 72.69$ $CR_8 = 90.49$
5	搜狐视频	5.09		搜狐视频	7.4	
6	PPTV	2.37		芒果 TV	5.8	
7	凤凰视频	1.30		PPTV	3.1	
8	暴风科技	1.13		风行网	1.5	

表 2-21 显示，2017 年第三季度和 2016 年第三季度，中国网络视频机构市场份额及其集中度格局总体大致稳定，Top8 企业中有 6 家不变。连续两年同一个季度市场份额和市场集中度比较接近，且 2016 年第一、二、四季度市场份额与集中度特征也与此类似，由此可判断这种市场份额分布和集中度格局基本能代表中国网络视频广告市场竞争与垄断特征。[3] 仔细分析表中数据，我们可以发现以下特征：

首先，这是一个整体集中度水平很高、垄断程度很高的市场，比中国互联网整体广告市场集中度更高。2017 年第三季度 CR_4 为 77.27%，CR_8

①　王勇：组建国家广播电视总局 不再保留国家新闻出版广电总局［EB/OL］. http://lianghui. people. com. cn/2018npc/n1/2018/0313/c418468-29865067. html.［2019-07-29］.

②　数据来源：易观国际. 2017 年第 3 季度中国互联网广告运营商市场规模达 814.6 亿元［EB/OL］. https://www. analysys. cn/analysis/22/detail/1001096/；易观国际. 2016 年 Q3 中国网络视频广告市场规模 97.5 亿［EB/OL］. http://www. admaimai. com/news/ad201611282-ad130996. html.［2019-07-29］.

③　因为缺失 2017 年全年市场份额数据，所以均用第三季度数据进行比较更具合理性。

为 87.16％，按照日本经济学家植草益的标准，[①] 这属于"极高寡占型"市场结构，按美国经济学家贝恩的标准[②]属于寡占Ⅰ型市场结构。

其次，这是一个竞争比较充分、均衡的市场，三家占据寡头垄断地位的优势企业市场份额非常接近，第二阵营中的 No.4 企业和 No.5 企业市场份额非常接近，排名第六、七、八的企业也非常接近。2017 年第三季度 No.1 企业和 No.3 企业市场份额居然只相差 0.8 个百分点，2016 年第三季度其差距也只有 1.9 个百分点。这说明尽管整体市场集中度高、寡占程度高，尽管第一阵营和其他阵营企业市场份额差距很大，但是各个层次阵营中都有几家企业市场份额比较接近，各个层次的企业都有旗鼓相当的竞争对手，能够形成实力相当、较为均衡的激烈竞争。考虑到用户付费收视在网络视频企业中比重逐步增加，网络视频企业及其母公司也纷纷涉足网络直播、打赏分成等盈利新模式，尤其是 2017 年网络视频广告收入之外的增长还比较快，所以总体可以判断网络视频企业之间的竞争总体是比较充分的。

第三，网络视频广告市场竞争非常激烈，企业经营业绩对市场结构能够产生影响。细看 2016 年、2017 年第三季度市场 Top8 企业的具体名单，可以发现市场份额大格局基本稳定的形势下还是发生了不少变动：一年的市场竞争中，No.1 企业腾讯视频和 No.2 企业爱奇艺排名互换；No.3 企业优酷市场份额和前两名的企业份额差距进一步缩小；2016 年第三季度 No.4 企业乐视到次年同季度已经跌出了 Top8，芒果 TV 一年间市场份额也上升了 0.69 个百分点，市场份额排名由第六上升到了第四；SMG 旗下的风行网跌出 Top8，凤凰卫视旗下的凤凰视频、依托视频播放器技术进军内容生产的暴风科技在 2017 年 Q3 进入行业 Top8；PPTV 虽然排名由第七上升至第六，但其具体市场份额却下降了 0.73 个百分点。不难想到，每家企业市场份额升降的背后，都意味着各种激烈的市场竞争和经营应对。至于各个网络视频企业在竞争策略上分别采取了什么样的经营和技术创新行为，本书将在下一章"市场行为分析"中具体研究。

网络视频的产品形态和传统电视产品形态非常接近，但发展、竞争中它们分别形成的市场结构差别却非常大：网络视频市场集中度大大高于电视市场，同时网络视频媒体之间的竞争也比较充分。尽管缺乏完整系统对应匹配的数据进行严格比较，但部分相关数据对比依然可以发现网络视频和传统电

---

① 苏东水. 产业经济学 [M]. 北京：高等教育出版社，2005：124-125.
② 芮明杰. 产业经济学 [M]. 上海：上海财经大学出版社，2005：387.

视的市场结构差异。以 2014 年广告市场比较为例，中国在线视频广告市场
规模为 152 亿元，同比增长 55.1％，高于 2013 年 47.2％的增幅，[①] 电视市场
广告总收入为 1 278.50 亿元，同比增长 16.11％。[②] 2014 年第二季度、第三季
度网络视频广告市场集中度 CR_1 系数分别为 24.45％、22.82％，集中度 CR_4 系
数分别为 64.52％、64.43％，集中度 CR_8 系数分别为 88.01％、88.13％。[③]2014
年 3 月我国获得互联网视听节目许可证的机构共有 613 家，[④] 2014 年我国共
有电视台、广播电视台、教育电视台 2 415 座；[⑤] 2014 年第二季度、第三季
度网络视频广告市场集中度 CR_1 系数分别为 24.45％、22.82％，集中度 CR_4
系数分别为 64.52％、64.43％，集中度 CR_8 系数分别为 88.01％、88.13％；[⑥]
而 2014 年全电视广告市场集中度 CR_1 系数为 21.27％，集中度 CR_4 系数
为 35.86％，集中度 CR_8 系数为 46.53％。

表 2－22　我国网络视频与电视媒体广告市场结构比较（2014 年）

	网　络　视　频		电视媒体
	第二季度	第三季度	全　　年
竞争者数量	约 613 家	约 613 家	2 415 座
集中度 CR_1	24.45％ （优酷土豆）	22.82％ （优酷土豆）	21.27％ （央视）
集中度 CR_4	64.52％	64.43％	35.86％
集中度 CR_8	88.01％	88.13％	46.53％

当然，网络视频、电视媒体的市场集中度特征还不直接等同于它们的
竞争与垄断格局。一般来说，低集中度市场往往意味着市场竞争更加分散
和激烈、垄断程度更低，高集中度往往意味着竞争者更少、市场垄断程度

　　① 2014 年中国在线视频市场规模为 239.7 亿元 同比增长 76.4％ [EB/OL]. http：//www.
askci. com/news/chanye/2015/02/02/93318sfze_all. shtml. [2019－07－29].
　　② 崔保国. 中国传媒产业发展报告（2015）[R]. 北京：社会科学文献出版社，2015：291.
　　③ 根据以下数据来源，课题组自行统计：2014 年 Q2 中国网络视频广告规模达 41 亿 [EB/
OL]. http：//www.199it. com/archives/265416. html. [2019－07－29]；易观国际.2014 年 Q3 中国网
络视频市场广告规模达到 46.7 亿 [EB/OL]. http：//www.199it. com/archives/303182. html.
[2019－07－29]；2014 年电视媒体市场集中度根据广告收入计算，广告数据来自中国广告协会官网，
http：//www. cnadtop. com/tongji. html. [2016－07].
　　④ 互联网视听节目服务持证机构名单 [EB/OL]. http：//www. gapp. gov. cn/sapprft/
govpublic/6955/290980. shtml. [2019－07－29].
　　⑤ 中国广播电视年鉴（2016）（光盘版）[R]. 北京：中国广播电视年鉴社，2016.
　　⑥ 根据以下数据来源，笔者自行统计：2014 年 Q2 中国网络视频广告规模达 41 亿 [EB/OL].
http：//www.199it. com/archives/265416. html. [2019－07－29]；易观国际.2014 年 Q3 中国网络视
频市场广告规模达到 46.7 亿 [EB/OL]. http：//www.199it. com/archives/303182. html. [2019－
07－29]；2014 年电视媒体市场集中度根据广告收入计算，广告数据来自中国广告协会网，http：//
www. cnadtop. com/tongji. html. [2016－07].

更高、市场竞争程度相对更弱。但是，正如上文对电视全国市场和地方市场、各类型节目市场的具体分析结果，中国电视市场是竞争不足与竞争过度并存，竞争活力和规模效率"双低"，"有效竞争"实现程度不高。而网络视频市场则在各个层次内、各个层次之间都存在激烈的市场竞争，"有效竞争"程度较高。具体竞争行为将在本书下一章进行深入研究。

那么，为什么产品形态有很多相似乃至重叠之处的网络视频与传统电视，其产业集中度会有这么大差异呢？应该说，这里面既有技术、市场的原因，深层还有规制政策的原因。技术层面上，网络视频通过公共互联网传播，技术上可以无障碍到达全国市场乃至全球市场，产品传播的规模效应极强，所以优势网络视频机构及其内容可以达到非常大的市场范围，从而获得巨大的市场份额；传统电视的传播范围则受技术限制而小很多，无线电视传播范围固然受到无线电发射范围影响，有线电视传播范围虽然相对扩大但也有一定限制，理论上传统电视内容现在也能通过公共互联网来传播，但其内容定位往往也因为历史和现实原因而面向特定受众，潜在市场范围也不如网络视频那么大。市场层面上，网络视频媒体往往是在激烈的市场竞争、淘汰、重组中发展起来的，优势媒体能够不断提高经营效率、扩大市场，或者通过并购重组来扩大生产优势和市场份额，市场集中度从而容易达到较高水平；传统电视则不然，作为和相应行政级别和区域对应的事业单位，电视台生产、经营、资源配置、投融资的市场范围受到严格限制，机构内部的收益分配、激励约束也远不如完全市场化的网络视频媒体那么高效率，这种市场特征不利于优势电视机构进一步扩大市场份额，从而不利于市场集中度进一步提高。显然，网络视频和电视媒体市场经营业绩和市场集中度的差异，也和它们所处的规制政策环境密切相关，网络视频市场准入早期比较宽松，有各种背景的民营、国营资本投资，大型网络视频媒体多为上市公司，投资主体更加多元，投资、营销、并购等市场行为往往也因为市场化程度高而更加活跃高效；传统电视机构则是相应行政区域党政机构的宣传喉舌，兼顾经济效益和产业发展功能，跨地域经营、并购往往受到诸多限制，市场竞争和资源流动不充分，从而形成相对较低的市场集中度。

（二）搜索广告市场结构：近乎完全垄断

搜索引擎曾经在很长时间都是中国互联网广告市场份额最大的类型。[①]

[①]　直至 2016 年电商广告才以 30％的市场份额超越了搜索类型的市场份额（26.4％）。

数据显示,[①] 总体而言搜索企业收入一直较快递增（见图 2-7），并且搜索广告收入比重极大，其中关键词广告收入占 72.3%，联盟展示广告收入占 12.5%，导航广告收入占 2.8%，其他广告收入占 11.7%，而非广告收入只占 0.7%。搜索引擎对各种媒体的广告竞争效应非常强，在内容过剩时代搜索引擎对各种内容抵达受众的影响非常大。无论作为最重要的广告类型之一，还是考虑其对整体传媒市场和受众生活工作的影响，搜索引擎的市场竞争与垄断格局都值得关注。

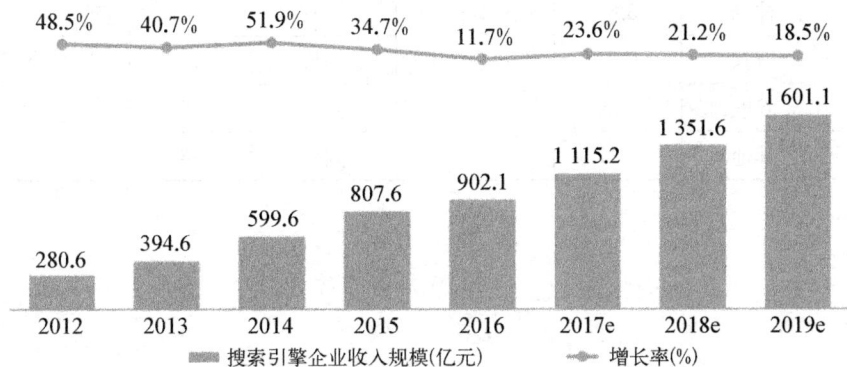

图 2-7　中国搜索引擎企业收入规模及趋势（2012—2019 年）

国际权威网站通信流量监测机构 StatCounter 数据显示，2016 年百度在中国搜索引擎市场占据绝对优势，它在搜索综合市场份额为 77.07%，在移动搜索市场的份额为 86.53%；好搜、神马、搜狗等搜索引擎则瓜分了剩余市场份额，市场集中度 CR_1、CR_4 系数极高，几乎就是完全垄断市场。

这种趋势延续到了 2017 年，尽管 2018 年初百度份额大幅下降、神马份额大幅上升，但 2018 年 3 月似乎又恢复了原有市场格局。

如果以收入为指标来统计市场份额，结果与用通信流量为指标统计也比较接近，百度都占据绝对优势地位。2015 年第四季度，在含渠道及海外收入的中国搜索引擎运营商市场收入份额中，百度占 76.73%、谷歌中国占 9.95%、搜狗占 8.44%、其他占 4.88%。2015 年第四季度，在不含渠道及海外收入的中国搜索引擎运营商市场收入份额中，百度占到 85.54%、

---

① 艾瑞咨询. 2017 年中国网络广告市场年度监测报告［EB/OL］. http：//report. iresearch. cn/wx/report. aspx? id＝2980.

搜狗占 6.69%、谷歌中国占 4.09%、其他占 3.68%。[①]

表 2-23　2016 年中国搜索引擎市场份额[②]

序号	机　构	综合搜索市场份额（%）	2017 年集中度（%）	机　构	移动搜索市场份额（%）	2016 年集中度（%）
1	百度	77.07		百度	86.53	
2	好搜	8.81		神马	9.44	
3	神马	5.63	$CR_1 = 77.07$	搜狗	2.58	$CR_1 = 86.53$
4	搜狗	3.93	$CR_4 = 95.44$	好搜	0.44	$CR_4 = 98.99$
5	谷歌	2.39		必应	0.33	
6	其他	2.17		其他	0.68	

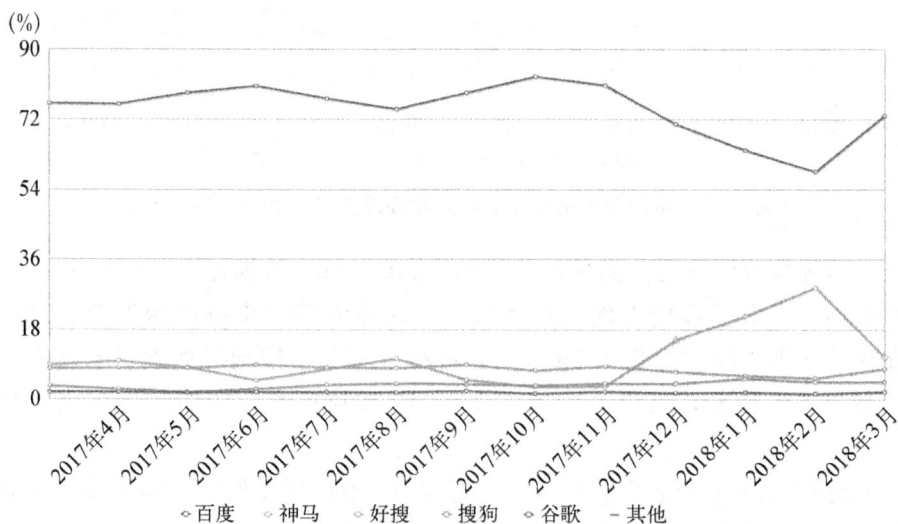

图 2-8　2017 年 3 月—2018 年 3 月中国搜索引擎市场份额[③]

当然，搜索引擎全球市场亦几乎是完全垄断格局，这与搜索技术的规模效应特征密切相关，市场最大的企业往往因为技术、资金等优势，能够

①　2016 年我国搜索引擎行业竞争格局分析［EB/OL］．http：//www．chyxx．com/industry/201612/475006．html．［2019-07-30］．

②　Mobile Search Engine Market Share China［EB/OL］．http：//gs．statcounter．com/search-engine-market-share/mobile/china＃．［2018-07］．

③　Mobile Search Engine Market Share China［EB/OL］．http：//gs．statcounter．com/search-engine-market-share/mobile/china＃．［2018-07］．

提供最优的搜索信息和服务，而增加用户使用的边际成本却近乎为零，从而最大的搜索引擎便于占领巨大的、近乎垄断的市场份额。在 2017 年 3 月至 2018 年 3 月的全球搜索市场，谷歌市场份额高达 91.25％，必应为 3.08％，雅虎为 2.13％，百度为 1.48％。[①]

（三）互联网新闻市场竞争格局：平台寡头垄断、内容分散竞争

本书主要研究中国包括互联网在内的各类传媒产业经营的竞争格局，尤其侧重媒体广告竞争、产品市场占有竞争。显然，传媒不仅具有产业经营、经济发展的功能，各国都把新闻传播功能看作媒体最主要的社会功能，中国传媒的舆论引导、信息传播等社会功能更是倚重新闻内容传播。新闻市场的竞争格局是评价传媒规制绩效的一个重要领域。

互联网时代新闻传播和竞争的维度十分复杂，关于传媒是"内容为王"还是"渠道为王"各界也一直争论不休，但可以肯定的是，新闻传播渠道、新闻生产主体是分析新闻市场竞争的两个重要维度。它是评价互联网新闻社会影响力的重要角度，也是评析互联网媒体凭借传播获得收益能力的重要维度。

1. 新闻传播渠道使用与竞争格局

中国互联网络信息中心发布的数据显示，移动终端以及成为最重要的新闻传播设备，中国互联网新闻传播最重要的三大分发渠道是：社交平台、手机浏览器和新闻客户端。

中国互联网新闻传播市场巨大，因此也成为各种技术、各种机构出于经济目标激烈参与市场竞争的领域，也成为党政部门和社会组织扩大政治和社会影响而竞争的领域。截至 2017 年底中国互联网新闻市场用户数量为 6.47 亿，同比增长 5.4％，网民使用新闻业务比例为 83.8％，其中手机互联网用户数为 6.20 亿，占手机网民总数的 82.3％，同比增长 8.5％。[②]2016 年上半年的数据显示，[③] 每天上网看新闻的网民比例是 61.9％，每次浏览新闻时长在半小时以内者占比为 62.4％，使用互联网看新闻的场景个数平均为 3.1 个。

---

① Search Engine Market Share Worldwide. http：//gs. statcounter. com/search-engine-market-share [EB/OL]. [2018－07].

② 第 41 次中国互联网络发展状况统计报告 [EB/OL]. http：//www. cnnic. net. cn/hlwfzyj/. [2019－07－30].

③ 2016 年中国互联网新闻市场研究报告 [EB/OL]. http：//www. cnnic. cn/hlwfzyj/hlwxzbg/mtbg/201701/t20170111_66401. htm. [2019－07－30].

互联网终端渠道首先可以分为移动终端和 PC 终端，然后在这两个终端上又可以区分出很多应用渠道。数据显示，2016 年中国网民使用互联网浏览新闻时，62.9％的用户只用手机，27.8％的用户手机和桌面终端都使用，只使用台式电脑和笔记本电脑的用户只有 9.3％。[①] 新闻生产和传播的竞争，某种程度上首先是互联网终端用户的竞争。当然，在一定终端上还有不同的应用入口，这也是市场竞争的一个重要领域。中国网民基于手机终端浏览新闻入口使用情况如图 2-9 所示。

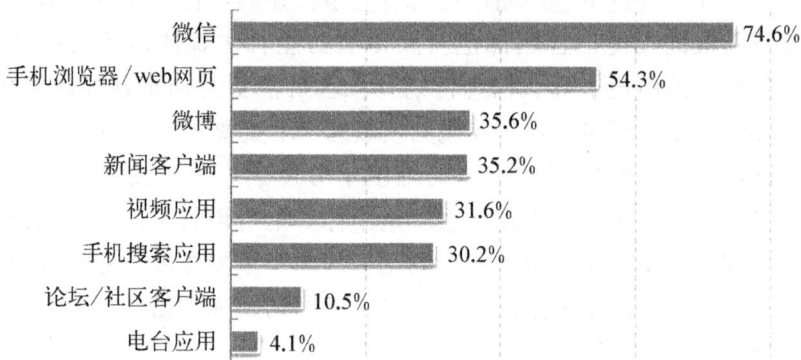

入口	比例
微信	74.6%
手机浏览器/web网页	54.3%
微博	35.6%
新闻客户端	35.2%
视频应用	31.6%
手机搜索应用	30.2%
论坛/社区客户端	10.5%
电台应用	4.1%

图 2-9   网民手机浏览新闻入口（2015 年 9 月—2016 年 2 月）[②]

从图 2-9 中八种新闻浏览的手机入口，可大致看出一些中国互联网新闻传播覆盖竞争情况，新闻入口的竞争既是商业经营的基础，也是内容传播社会影响力的基础。使用微信浏览新闻的网民比例已经占到网民总数的七成以上，浏览器和网页入口使用比例也超过五成，这显然是各个新闻生产者最重要的竞争领域；网民使用微博、新闻客户端、视频应用、手机搜索的比例也占到三成以上，也是新闻竞争的重要渠道。

调查显示，微信和微博这两种社交媒体已经成为网民获取新闻主要的入口，显然这对我国新闻生产和传播的竞争态势有着重大影响。2015 年 9 月—2016 年 2 月，使用手机获取新闻资讯的用户比例高达 90.7％，通过微信和微博等社交媒体参与新闻评论的用户比例分别是 62.8％和 50.2％，通过微信朋友圈和微信公众号转发新闻的用户比例分别是 43.2％和 29.2％。尤其是社会新闻在社交媒体上关注度很高，其浏览、评论和转发

[①] 2016 年中国互联网新闻市场研究报告［EB/OL］. http：//www. cnnic. net. cn/hlwfzyj/. [2019-07-30].

[②] 2016 年中国互联网新闻市场研究报告［EB/OL］. http：//www. cnnic. net. cn/hlwfzyj/. [2019-07-30].

率分别占到网络新闻用户的 74.3%、60.2% 和 59.6%，居各种新闻类型之首。[①] 用户对社会新闻的获取和广泛传播，使得社交媒体正在成为网络社会热点事件产生和发酵的传播源头，并且在形成社交媒体影响力以后，也会带动新闻网站和传统媒体跟进报道，从而形成更大的影响范围和舆论浪潮。所以，社交媒体平台对公共政策传播、公众意见表达都具有重大影响，商业公共关系、营销传播也经常以新闻资讯的形式传播，社交媒体平台传播竞争的重要性不言而喻。

兼用和只用 PC 终端看新闻的网民比例合计也有 37.1%，可见 PC 终端也是一个非常重要的渠道。

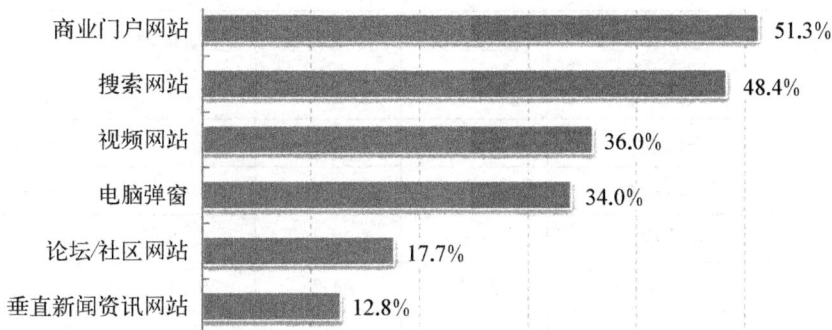

商业门户网站 ████████████████████ 51.3%
搜索网站 ██████████████████ 48.4%
视频网站 ██████████████ 36.0%
电脑弹窗 █████████████ 34.0%
论坛/社区网站 ██████ 17.7%
垂直新闻资讯网站 ████ 12.8%

图 2-10 网民 PC 端浏览新闻入口（2015 年 9 月—2016 年 2 月）

图 2-10 显示商业门户、搜索网站已经成为 PC 端新闻最重要的入口，其次是视频网站和电脑弹窗，专业垂直新闻资讯网站只占有 12.8%。移动、PC 端的新闻入口形式及其比例对新闻传播竞争的启示，是不同的新闻生产主体能从这种竞争格局中找到适于自身的空间所在。

2. 新闻内容生产主体竞争态势

互联网新闻竞争除了平台、渠道的竞争，另一个需要重点分析的竞争领域就是新闻内容生产主体之间的竞争——它既是市场运营的竞争，也是社会影响力的竞争，对于我国党政部门来说这还是舆论导向、意识形态传播的竞争，意义重大。目前，各个新闻生产机构最主要的传播渠道是常见的"两微一端"，即微信、微博和新闻移动客户端。

根据人民在线发布的中国媒体"两微一端"融合传播排行榜周榜数

---

① 2016 年中国互联网新闻市场研究报告 [EB/OL]. http：//www. cnnic. net. cn/hlwfzyj/.
[2019-07-30].

据，2018 年 1 月 22 日至 28 日，《人民日报》、央视新闻、人民网、新浪娱乐、《环球时报》这五家媒体继续稳坐排行榜前五位（见表 2-24）。排行榜的评估范围覆盖国内各家报刊、广播电视台、新闻资讯网站、杂志等媒体所开设的新媒体账号，评估指标是通过统计这些媒体在腾讯微信、新浪微博以及今日头条客户端三个移动平台上发布文章的阅读数、转发数以及评论分享等数据，制定了覆盖指数、传播指数、互动指数等指标来进行排名的，从中可以看出各媒体在移动化平台上的发展状况、传播效果和影响力，也能够看出各媒体之间的竞争格局和竞争态势。

表 2-24　中国媒体"两微一端"融合传播排行榜周榜（2018 年 1 月 22—28 日）①

排名	媒体名称	覆盖指数	传播指数	互动指数	总　分
1	《人民日报》	93.64	98.54	99.42	97.91
2	央视新闻	93.15	97.17	98.05	96.72
3	人民网	91.01	95.51	95.64	94.66
4	新浪娱乐	88.49	93.62	95.27	93.25
5	《环球时报》	83.15	94.28	95.13	92.40
6	头条新闻（新浪新闻中心）	91.95	90.18	91.64	91.12
7	光明网	84.39	91.72	93.49	90.96
8	新华网	89.18	91.68	89.04	90.13
9	中国新闻网	89.14	90.18	89.31	89.63
10	澎湃新闻	80.06	91.02	90.72	88.71

如果拿这个 2018 年的排行榜和 2015 年早期发布的榜单（见表 2-25）进行比较，我们可以发现榜单前 5 名媒体相对稳定，其中《人民日报》及其旗下的人民网和《环球时报》，以及央视新闻、新浪旗下媒体（新浪娱乐和新浪新闻）稳定靠前；榜单后几位则变化较大，总体来说是光明网、新华网、中新网及上海报业旗下的澎湃新闻等实力强大的主流国有传媒机构传播力逐步上升。首次发布的报刊、网站"两微一端"融合传播半年榜（不含广播电视媒体）上也是人民日报系、新浪系占据显著的竞争优势（见表 2-26）。

---

① "两微一端"传播榜：《人民日报》位居榜首 中国新闻网跃入前 10 [EB/OL]. http：// yuqing. people. com. cn/n1/2018/0131/c364056－29798107. html. [2019－07－30].

表 2-25　中国"两微一端"媒体融合传播排行榜
周榜（2015 年 10 月 26 日—11 月 1 日）[①]

排名	媒体名称	覆盖指数	传播指数	互动指数	总　分
1	《人民日报》	93.76	99.55	99.76	98.48
2	央视新闻	91.40	99.40	99.57	97.87
3	头条新闻（新浪新闻中心）	90.76	97.32	99.05	96.70
4	人民网	88.98	98.11	99.15	96.70
5	新浪娱乐	86.21	97.99	99.31	96.16
6	中国新闻网	84.63	96.50	98.39	94.88
7	财经网	85.10	95.24	97.86	94.26
8	这里是美国（环球网美国记者站）	81.90	96.51	97.44	93.96
9	《新闻晨报》	86.79	95.11	96.08	93.83
10	《中国新闻周刊》	88.45	95.02	95.16	93.76

表 2-26　中国媒体"两微一端"融合传播排行榜
（2015 年 1 月 1 日—7 月 31 日）[②]

排名	媒体名称	覆盖指数	传播指数	互动指数	总　分
1	《人民日报》	96.68	97.00	98.07	97.44
2	头条新闻（新浪新闻中心）	96.60	90.07	93.40	92.55
3	新浪娱乐	92.72	92.79	90.55	91.75
4	人民网	94.44	88.37	89.32	89.69
5	《环球时报》	83.84	89.09	91.49	89.43
6	《南方都市报》	91.34	88.01	88.53	88.74
7	财经网	90.37	86.03	88.22	87.67

---

① 媒体"两微一端"融合传播排行榜［EB/OL］. http://yuqing. people. com. cn/n/ 2015/1104/c364056-27777294. html. ［2019-07-30］.

② 人民网发布首份国内媒体"两微一端"融合传播排行榜［EB/OL］. http://yuqing. people. com. cn/n/2015/0915/c364056-27588791. html. ［2019-07-30］.

排名	媒 体 名 称	覆盖指数	传播指数	互动指数	总　　分
8	《Vista 看天下》	87.61	86.07	88.72	87.51
9	《中国新闻周刊》	92.83	87.65	85.42	87.38
10	《新京报》	90.92	87.53	85.98	87.32

新榜公司（全称为"上海看榜信息科技有限公司"）是近年来我国统计分析移动终端内容传播的第三方机构，尤其是对微信的统计覆盖面广、数据量大、市场认可程度高，采用其数据和人民在线数据对比分析能够进一步发现微信传播市场竞争格局。新榜公司发布的《2017 年中国微信 500 强年榜》显示，在微信公众号市场竞争中，《人民日报》及其旗下的人民网分别位居榜单第一、第四，央视旗下的央视新闻和央视财经分别位居第二、第六，新华网位居第三。分析具体数据，《人民日报》、央视、新华社这三大主流媒体的微信公众号发布微信数量、阅读量都大幅领先于其他上榜媒体，它们的微信内容总阅读量都超过 3 亿，头条阅读均超过 1 亿，由此可见其传播影响力之大。但是我们也可以发现，在这个综合官方媒体、非官方媒体和个人自媒体的微信榜单中，非官方媒体乃至个人自媒体也占据了重要地位，由此与人民在线仅仅统计媒体机构的榜单形成显著差异（见表 2－27）。

进一步分析表 2－27 榜单可以发现，占豪、十点读书、有书等非官方媒体微信公众号推送的文章虽然远远低于《人民日报》、央视新闻、新华社等官方媒体发文数量，但是这些非官媒公众号的点赞数量却非常高，占豪、十点读书公众号点赞都超过 2 000 万，均超过了央视新闻、新华社的点赞数量，有书公众号的点赞数也超过了新华社。这一定程度上可以说明，非官方媒体和个人自媒体在传播生产中占有、使用的资源大大低于官方媒体，但其内容带来的互动效应却非常强。占豪公众号内容主要是时政新闻，十点读书、有书公众号的内容是读书，应该说，互动效应和传播覆盖面、内容产量等指标都是互联网新闻竞争的重要维度。这份微信榜与"清博指数数据"统计结果也比较接近，[①] 2017 年 9 月发布的清博指数也显示《人民日报》、央视新闻、新华社位居中国微信百强榜三甲，其他进入

---

① 2017 年 9 月全国微信公众号 100 强排行榜出炉［EB/OL］. http：//www. askci. com/news/chanye/20171009/104256109234. shtml.［2019－07－30］.

表 2 - 27　2017 年中国微信 500 强年榜[①]

排名	公众号	发布	总 阅 读 数			总点赞数	新榜指数
			头条	平均	最高		
1	《人民日报》	2 252/ 5 809	5.8 亿+			5 003 万+	1 033.6
			2.5 亿+	99 986	10 万+		
2	央视新闻	2 422/ 5 334	4.9 亿+			1 459 万+	1 022.9
			2.3 亿+	87 247	10 万+		
3	新华社	2 462/ 4 606	3.5 亿+			1 122 万+	1 007.1
			2 亿+	69 501	10 万+		
4	人民网	1 824/ 6 154	3.6 亿+			271 万+	1 001.1
			1.6 亿+	44 581	10 万+		
5	占豪	364/ 2 908	2.8 亿+			2 027 万+	998.1
			3 640 万+	98 267	10 万+		
6	央视财经	1 391/ 4 416	3.6 亿+			244 万+	993.5
			1.3 亿+	76 936	10 万+		
7	十点读书	365/ 2 920	2.9 亿+			2 095 万+	989.0
			3 650 万+	10 万+	10 万+		
8	有书	365/ 2 920	2.9 亿+			1 326 万+	987.7
			3 650 万+	99 944	10 万+		
9	中国搜索	890/ 3 457	2.3 亿+			294 万+	982.9
			7 514 万+	60 667	10 万+		
10	铁血军事	358/ 2 862	2.2 亿+			300 万+	980.5
			3 511 万+	74 613	10 万+		

前十名的微信公众号依次是冷兔、央视财经、冷笑话、人民网、占豪、冷笑话精选以及十点读书。

　　那么，我们通过新榜和清博机构发布的微信榜单能够发现互联网内容传播市场怎样的竞争态势呢？首先，可以肯定《人民日报》、央视、新华

---

　　① 2017 年中国微信 500 强年榜 [EB/OL]. https：//report. newrank. cn/report _ search. html? value＝2017％E5％B9％B4％E4％B8％AD％E5％9B％BD％E5％BE％AE％E4％BF％A1500％E5％BC％BA％E5％B9％B4％E6％A6％9C&bindType＝report. [访问时间：2019 -07 -30].

社等国家级大型传媒机构能够在受众活跃的微信市场占据竞争优势，它们发布的内容多、互动性强，市场接受程度较高；其次，在微信这个超越地域限制的移动平台上，地方传统媒体竞争力总体较弱，Top10 中没有一家，新榜发布的榜单中 Top10—20 位中只有两家地方媒体主办的微信公众号——新闻夜航和上海发布，清博发布的榜单中 Top10—20 位中只有一家地方媒体主办的微信公众号——FM93 交通之声；再次，榜单中许多非国有公司主办乃至微博达人个人主办的微信公众号占有较重要位置，如占豪、铁血军事、十点读书、有书、冷兔、冷笑话等微信公众号都有很高的影响力和很强的互动性。这种竞争态势和既有竞争格局，毫无疑问给数千家传统地方媒体未来定位和生存模式提出了一系列严峻挑战——如何评价地方融合媒体的宣传喉舌定位？这种定位是否能获得市场资源和市场竞争能力？市场占有率不高的地方媒体如何体现它的宣传喉舌与舆论导向价值？而回答并解决这一系列挑战与问题，很大程度上有赖于对我国现有传媒规制的改革创新。总体而言，各级融合媒体的宣传导向功能不可或缺，政府财政对此也有较稳定的投资，但地方媒体应该更多地开发贴近受众、服务受众、服务社区治理的功能才能获得关注同时优化宣传效果；地方融合媒体的商业竞争能力似乎总体不容乐观，在市场竞争中优胜劣汰在所难免。

　　移动渠道固然占据了受众互联网新闻使用的主要份额，但仍占有互联网新闻使用 37.1% 比例的 PC 终端市场仍然重要。在 PC 互联网市场，中国互联网络信息中心发布的研究报告认为综合门户和传统新闻网站仍占市场主要地位，其中综合门户具备更强流量优势，但主流新闻网站公信力更胜一筹。根据艾瑞咨询机构发布的数据，2018 年 2 月中国新闻网站 PC 端浏览时长排名中，新浪、腾讯等机构网站占有显著优势，而人民网的浏览时长排名第 25 位，新华网浏览时长排名第 38 名（见表 2-28）。

表 2-28　中国新闻网站 PC 端浏览时长排名（2018 年 2 月）[①]

排　名	新 闻 网 站	月度浏览时间（万小时）
1	新浪—体育资讯	3 066
2	凤凰网—新闻资讯	2 718
3	今日头条—新闻门户	2 537

---

① 艾瑞数据. PCweb 指数 [EB/OL]. http：//index. iresearch. com. cn/Pc/List. [2018-07].

续表

排　名	新 闻 网 站	月度浏览时间（万小时）
4	腾讯—体育资讯	2 063
5	东方网—新闻门户	2 013
6	新浪—新闻资讯	1 754
7	网易—新闻资讯	1 658
8	腾讯—新闻资讯	1 402
9	腾讯—地方网站	1 261
10	北京时间—新闻门户	1 217
……	……	……
25	人民网—新闻门户	297
38	新华网—新闻门户	141
68	央广网—新闻门户	64

　　传统新闻媒体互联网媒体则在公信力上占有显著优势。《求是》杂志社旗下的《小康》杂志联合清华大学媒介调查实验室调查研究表明，[①] 对于互联网媒体的受众信任度，1/3 的受访者最信赖人民网，其公信力排名第一；紧随其后的分别是央视网、中国新闻网、腾讯网和凤凰网（见图 2-11）。

　　如果结合互联网新闻传播渠道和内容生产来综合评价互联网新闻的传播竞争格局，中国互联网新闻市场研究报告认为，2016 年我国移动互联网新闻市场占据优势地位的传媒机构是腾讯新闻和今日头条。[②] 因为社交媒体、手机浏览器及新闻客户端已成为受众使用移动新闻的主要入口，腾讯拥有多年 QQ、微信等社交媒体以及新闻门户网站积累，已经形成强大的渠道优势和内容编辑、传播优势，市场综合竞争力居于首位；今日头条则颇有利用技术优势

图 2-11　公信力最强的五大网络媒体

　　① 尤蕾.2016 媒体公信力调查：微博比微信更受人信赖 [J]. 小康，2016（15）：81-83.
　　② 2016 年中国互联网新闻市场研究报告 [EB/OL]. http：//www. cnnic. net. cn/hlwfzyj/.
[2019-07-30].

异军突起、"弯道超车"的势头，它通过算法技术为互联网用户提供个性化新闻资讯推荐，已经形成差异化优势，市场份额和影响力超越多数门户网站。

　　总之，上文实证研究论述了中国互联网媒体"寡头垄断—多层多元"的整体竞争格局，网络视频、电商以及搜索细分市场的广告竞争格局则体现更高的垄断性，同时也存在激烈而"势均力敌"的充分竞争。互联网新闻传播市场虽然无法统计准确的市场份额，但仍可看出市场竞争的激烈程度，并且可以发现国有传统媒体在 PC 互联网传播渠道竞争上与商业新闻网站相比处于明显劣势，在"两微一端"的移动媒体融合传播指数则是中央级权威媒体占据显著竞争优势，同时非国有传媒机构以及个人自媒体也在传播排行榜上占有较多的席位，而地方传统国有媒体主办的新媒体则竞争力较弱。

三、互联网综合媒体市场集中度演化

　　本书主要目标是研究中国传媒规制在传媒市场结构、行为、规模、产出等方面带来的绩效或者说结果，从而进一步基于此探讨传媒规制创新的方向。显然，传媒市场结构及其代表的竞争与垄断格局是会随着时间推移发生变迁的，而这个变迁的过程往往又是受当时的规制政策、传媒技术、市场经营等要素影响。本书以下将实证分析中国互联网综合媒体市场结构尤其是市场集中度的变迁情况，并探讨其变迁轨迹的特征与影响因素。

　　一般认为中国互联网媒体始于 1995 年，商业互联网新闻始于 1998 年，传统媒体网络化高潮是 1999 年，2003 年中国网络媒体影响全面形成。[①] 为了发展中国信息产业，并利用信息化带动工业化，中国对互联网产业采取了相对电视产业低得多的准入退出壁垒，由此形成互联网媒体市场经营主体数量巨大、产业规模和传播影响力增长迅猛发展态势，市场结构及其竞争、垄断特征也与电视媒体完全不同。中国互联网广告始于 1997 年Chinabyte 网获得的 3 000 美元广告费，2014 年网络广告总收入已经超过电视广告总收入。如今中国互联网媒体的产品创新、产业增长、传播影响力以及对社会各方面的介入程度，对电视等传统媒体都构成了颠覆性竞争替

[①] 彭兰，高钢. 中国互联网新闻传播结构、功能、效果研究 [M]. 北京：高等教育出版社，2011：5.

代，也为传统媒体融合发展、优化结构提供了技术平台和各种可能。当然，销售内容、销售广告注意力是媒体的基本特征之一，也是互联网媒体对电视媒体最直接的竞争所在。所以，研究中国互联网媒体广告市场结构变迁，不仅是理解中国媒体总体市场结构之必需，也为研究各种媒体融合发展和结构优化提供了必要视角。

根据艾瑞网等机构发布的历年互联网媒体广告收入总额及市场份额分布，本书统计了1999—2016年中国互联网媒体广告市场集中度变迁表，如表2-29所示。该表显示，2007年以前中国互联网媒体广告集中度系数呈下降趋势，CR_4 系数从2001年的71.61％下降到2007的42.4％，之后则持续上升，2015年 CR_4 系数又重新达到69％。将表2-29的数据转换成曲线，可以发现中国互联网广告市场集中度变迁轨迹大致呈现一条"U形"轨迹，即先下降再上升，如图2-12所示。

表2-29　中国互联网媒体广告总额及市场集中度变迁（1999—2016年）[①]

年份	广告总额（亿元）	CR_1	CR_4
1999	0.9	——	
2000	3.5	——	
2001	4.1	36.59（新浪）	71.61
2002	4.9	36.37（新浪）	71.32
2003	10.8	29.8（新浪）	66.5
2004	23.4	25.2（新浪）	63.3
2005	41.7	18.0（新浪）	47.3
2006	60.5	15.7（新浪）	46.6
2007	106	16.5（百度）	42.4
2008	170	18.8（百度）	44.4
2009	207.4	21.5（百度）	47.4
2010	337.1	24.3（百度）	49.9
2011	537.7	28.3（百度）	57.1
2012	773.1	29.5（百度）	62.8

---

① 数据来源：笔者根据艾瑞网相关互联网报告统计，其中2001年数据来自人民网。

续表

年份	广告总额（亿元）	CR₁	CR₄
2013	1 100	28.9（百度）	63.9
2014	1 540	31.9（百度）	65.6
2015	2 184.5	31.7（百度）	69
2016	2 902.7	29.37（阿里）	—

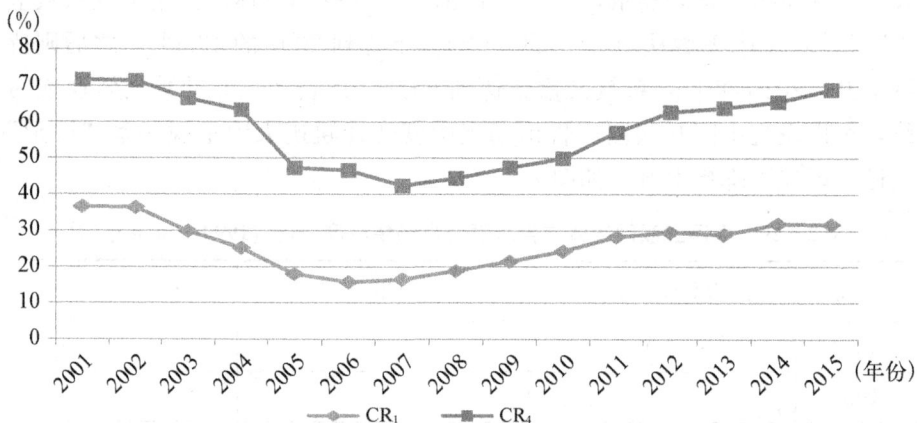

图 2-12　中国互联网媒体广告市场集中度变迁曲线（1999—2015 年）

　　图 2-12 曲线中两端的集中度系数在 70% 左右，如果按照贝恩的市场结构类型分类标准[①]这属于寡占 Ⅱ 型（高集中度）结构；曲线谷底系数为 42.4%，属于寡占 Ⅳ 型（中下集中度）。由此可以认为中国互联网媒体广告市场的垄断程度经历了由高到较低然后重新回归高垄断程度的过程。如此显著的由高到低再升至高位的"U 形"广告市场集中度系数变迁轨迹，曲线中集中度高点和低点之间基本上是单调递增或递减，除一个拐点外并未出现反复升降转折。并且市场 Top1 企业经历了新浪、百度到阿里的变迁，显示了与传统电视广告市场集中度"M 形"变迁曲线完全不同的轨迹，也和传统电视市场长期由央视一家占据 Top1 位置的竞争与垄断格局完全不同。那么，基于这个市场结构变迁轨迹和历史事实，我们可以发现中国互联网传媒规制、技术、市场这三个方面怎样的特征呢？

　　本书认为，互联网媒体市场结构与电视市场结构形成迥然不同的变迁

---

　　① 芮明杰. 产业经济学［M］. 上海：上海财经大学出版社，2005：387.

轨迹，其首要政策原因在于，中国从一开始就把互联网定位于信息产业而不是作为喉舌性质的传媒，采取了完全不同于电视媒体的准入规制。世界性范围内多数国家在产业发展初期把互联网视为信息产业，中国也不例外。换言之，与传统媒体产业相比，中国互联网更加接轨国际产业规制思潮。从传媒技术角度来看，互联网技术发展突飞猛进，为互联网传媒产品和服务创新提供了技术基础，由此也产生了更加丰富多样的市场，产生了多元、激烈的市场竞争。互联网技术也具有不同的规模效应、网络效应和服务性能，从而推动为了获得更高规模经济利益的互联网企业采取更加活跃的市场经营、竞争和重组整合措施，进而形成不同于传统媒体的市场结构变迁轨迹。深入研究互联网媒体的市场结构变迁，不仅提供了一个对传统媒体和互联网媒体市场结构比较的研究视野，而且展现一个纵向发展、融合发展的思考方向。

　　基于实证数据和互联网传媒发展历史，我们可以发现，与传统媒体市场结构变迁相比，"U 形"的互联网传媒市场结构变迁更接近于一个市场化产业演变过程——受行政干预较小、市场竞争作用较为充分，符合市场配置资源下产业生命周期市场结构演变的一般轨迹。这个轨迹各段曲线和互联网媒体产业发展生命周期高度吻合：

　　（一）产业导入期：市场需求小、业务模式较单一、集中度高且缓慢下降

　　从 1997 年到 2001 年，彼时互联网用户市场和广告需求都很小，业务模式也比较单一，能够获得广告收入的互联网媒体不多，虽然缺少精确广告市场份额数据，但可推断广告市场集中度最初应该很高，并且随市场培育和竞争者增加而逐步降低。中国一开始对互联网经营就采取了较为宽松的政策：1996 年发布的《计算机信息网络国际联网管理暂行规定》向各类企业法人、事业法人开放经营申请，2000 年公布的《互联网信息服务管理办法》对经营性互联网信息服务采取经营许可证制度、对非经营性互联网信息服务实行备案制度。民营商业网站虽然没有采制新闻资质但是可以转载，并因综合优势赢得了传媒话语权，与此同时广大网民也成为信息原创内容生产者。[①] 当然，较为宽松的准入退出壁垒，意味着当 2001—2002 年互联网泡沫破灭、广告市场需求迅速下降时，退出市场的企业也会较多，

──────────

　　① 彭兰，高钢. 中国互联网新闻传播结构、功能、效果研究 [M]. 北京：高等教育出版社，2011：21.

有限的广告投入也更倾向于集中投放在优势互联网媒体上，所以这就成为广告市场集中度提高的推动力。

（二）产业成长期：市场迅速扩张、竞争者准入及其业务创新活跃，集中度迅速下降

2003 年是中国互联网用户和广告需求大幅上升的重要节点，需求增长进而导致更多的投资和供给，从而带来广告市场集中度的加速下降——2003 年广告需求同比增长 120.41％、市场集中度 CR_4 系数则下降了 4.82 个百分点。互联网广告市场需求的增长，应该说是经济整体发展、市场自然增长加之重大突发事件推动的结果——具体来说主要是伊拉克战争爆发、SARS 疫情事件。2003 年 3 月发动的伊拉克战争导致了受众对及时、丰富的战争信息的关注需求，有学者也认为正是在 SARS 时期不宜外出的条件下形成了一种新的生活方式——"网络生活"，从而使网络广告行业从 2003 年 5 月底突然以超过 100％的速度加速发展。[1] 此说虽然有一定的戏剧性效果，但从产业客观发展来看，经过一定时间的技术与资本的双重驱动，再加上新兴市场需求突进，点燃了互联网媒体创业激情，竞争主体再度迅速增加，2002 年我国有网站 37.1 万个，2003 年底网站迅速增长到近 60 万个，新华社评价："2003 年，网络媒体长大了。"[2] 竞争者迅速增加往往会导致市场集中度相应快速下降。

互联网业务和广告模式创新也是竞争加剧、市场集中度下降的原因，2005 年中国网络广告市场集中度比上年下降了 16 个百分点，原因之一就是门户网站广告市场份额大幅下降，而搜索广告市场份额迅速增长，三大门户之一的网易广告市场份额也在 2005 年被百度超越。另外，2005 年富媒体广告创新也成为稀释原有模式市场份额的因素之一。

这种由市场需求扩张、投资者增加、创新竞争等因素推动的广告市场集中度趋势，尤其是门户网站市场份额下降的趋势持续到 2007 年，门户网站广告市场份额降至新低，搜索、富媒体及其他模式广告市场份额则升至新高，百度也替代新浪成为网络广告霸主。这个市场份额升升降降的背后，往往都意味着激烈的市场竞争、优胜劣汰，意味着企业为了应对竞争而采取的产品创新、技术创新以及经营创新、重组并购等一系列市场行为。

---

① 郭泽德. 中国网络广告 10 年发展过程研究 [J]. 中国广告，2007 (11)：144－145.

② 2003 中国网络广告 10.8 亿 SARS 带来市场大跃进 [EB/OL]. https：//news. qq. com/ a/20040113/000284. htm. [2018－07].

（三）产业成熟期：规模效应、竞争重组、壁垒因素推动市场集中度上升

2008 年前后，新浪、搜狐、网易、腾讯、百度等第一梯队优势企业的地位确立，在广告市场扩张的奥运年形成较高的经济壁垒，拉开了与中小网站广告份额差距，导致中国互联网媒体的广告市场集中度系数由降转升。这个阶段竞争仍然非常激烈，但在竞争、整合中集中度也在逐步上升，因为大型企业往往能够更好地利用互联网的规模经济、综合资源优势，可以降低生产成本获得竞争优势，也有实力进行更长期的技术投资，进一步强化自己的竞争优势，并且可以在多元化互联网产品经营中获得范围经济优势，社交媒体的网络效应也随着用户的扩大而日益显现。这些因素都在推动优势中国互联网媒体企业逐步扩大市场份额，也就带来了市场集中度的持续提升。另外，政策壁垒原因也不可忽略，2009 年谷歌公司因不满审查的政策壁垒而将搜索服务由中国内地转至香港地区，结果它在中国互联网广告的市场份额从顶峰（10.8%）逐年下降，这也扩大了百度的优势、促进了市场集中度的提高。

（四）产业蜕变期：寡头优势突出和激烈竞争并存，集中度提高和创新活跃并存

一般产业在成熟期后通常进入衰退期或者蜕变期，市场规模逐步缩小进而导致市场集中度提高。互联网媒体显然属于蜕变、创新发展的类型，寡头垄断地位的企业和具备创新能力的小企业乃至个人，都以活跃的创新、较高的效率持续推动着产业蜕变创新，并且因为互联网技术巨大的规模效应、范围经济和用户网络经济而使市场集中度维持在高位。

2011 年中国互联网广告市场集中度 CR_4 系数同比大幅上升 7.2 个百分点，其实该年初互联网实验室发布的《互联网研究调查报告》就称，腾讯、阿里巴巴和百度已经具备寡头垄断地位，[①] BAT 之说不胫而走，互联网媒体市场结构演变成为规模经济和范围经济特征明显的寡头垄断型，市场集中度进一步上升。

如何理解 2011 年市场集中度大幅上升、市场结构呈寡头垄断格局强化的特征？本书认为，和传统媒体市场集中度上升多依靠规制政策推动不

---

① 徘徊在十字路口上的百度：英雄迟暮还是老虎打盹？［EB/OL］. http：//money. 163. com/17/0619/10/CN9MHKD6002580S6. html. ［2019－07－30］.

同，互联网市场集中度提高更多是市场竞争中的技术创新、产品创新、经营创新所致，2011 年也属此类情形。这一年起，百度投巨资开发移动互联网平台产品；这一年，阿里巴巴启动"大阿里战略"，在 B2B、C2C 基础上优化了 B2C 业务，"高举高打"地推出了"天猫"电商平台；这一年，腾讯推出了微信平台业务，掀开了中国社交媒体最强势的战略攻势，面对此前残酷的微博市场竞争，已经开发出微信平台的腾讯总裁"用极轻的声音"对传记作家说："微博的战争已经结束了。"[①] 市场集中化、寡头垄断格局强化的趋势由此可见一斑；与此同时，居于寡头垄断地位的优势互联网企业之间的技术竞争、产品竞争、并购竞争也在白热化的进行。

互联网媒体市场的并购案一直非常活跃，这成为市场集中度提高的推动力，同时也说明互联网媒体市场竞争激烈、企业布局未来措施频繁。2013 年我国互联网企业作为买方企业投资股权或并购重要案例有 21 起，交易金额达到 294.11 亿元。尤其是 BAT 三巨头并购堪称大手笔，百度收购 91 无线交易金额达 115 亿元，百度收购 PPS 视频、阿里巴巴投资新浪微博与日日顺物流、腾讯投资搜狗单笔投资都超过 20 亿元。[②] 2014 年阿里巴巴收购优酷土豆 16.5％股权交易金额达 10.88 亿美元，收购文化中国 60％股权交易金额 62.44 亿港元；腾讯收购 CJ Games 并购金额 31.04 亿元。[③] 2015 年，互联网巨头阿里巴巴、腾讯、百度等公司进一步扩大了股权投资和并购，其中阿里巴巴投资和收购的媒体就有 18 家。表 2－9 数据显示，2015 年中国互联网媒体 CR_4 集中度系数已经达到 69％。国家对这些民营互联网媒体的资本运作、重组并购并无传统媒体那样的准入退出壁垒，可以认为主要是技术创新、运营能力和并购重组运作使寡头垄断地位的互联网媒体市场份额持续提升。可以预见，未来互联网媒体寡头垄断市场结构很难改变，仅有的变数可能在于具体寡头及其排序在激烈竞争中的微调与更替。

如果进一步用互联网媒体广告市场集中度变迁曲线和传统电视广告市场集中度进行比较，我们可以发现两者在基本形态、技术特征以及规制政策的显著差异：

首先是市场集中度变迁轨迹曲线形态的差异，电视市场的变迁曲线呈"M 形"曲线，而互联网传媒市场集中度曲线呈"U 形"，形成一个鲜明的

---

① 吴晓波. 腾讯传（1998—2016）[M]. 杭州：浙江大学出版社，2017：281.
② 崔保国. 中国传媒产业发展报告（2014）[R]. 北京：社会科学文献出版社，2014：303.
③ 崔保国. 中国传媒产业发展报告（2015）[R]. 北京：社会科学文献出版社，2015：330.

对比。"M形"曲线意味着市场集中度较大幅度地起起落落、总体趋降，这说明市场竞争格局不稳定，不利于企业对市场进行有效预期、制定长期发展战略；也意味着在集中度下降情况下，电视产业的规模效应没有得到充分利用。而互联网媒体市场集中度比较平缓、平滑的"U形"变迁曲线，则意味市场竞争格局变化是渐进的，市场竞争、技术创新、产品创新对竞争格局的影响呈现比较稳定的规律性，市场规律、技术规律的相对稳定使得市场竞争格局和市场趋势有合理预期，并据此制定发展战略，从而利于企业和整个产业相对稳定且持续地发展；互联网媒体广告市场集中度变迁的"U形"变迁曲线左侧下降部分，主要是因市场扩张、竞争者增加而带来的集中度下降，这往往意味着充分的市场竞争活力，而"U形"变迁曲线右侧集中度上升，则主要是因为优势企业产品竞争力强，并通过大量市场并购重组，从而扩大了市场份额，从经济效率的角度来分析，这意味着企业和全行业的规模效应、范围经济的内在经济效率得到提升。

其次，从技术特征上看，电视市场集中度变迁"M形"曲线与互联网媒体的"U形"曲线之态差异以及集中度水平差异，意味着互联网传播技术在创新空间与竞争空间、规模经济与范围经济方面优于传统电视，未来发展潜力差异还会更大。

再次，电视市场集中度变迁"M形"曲线与互联网媒体的"U形"曲线形成中，政府规制政策显然发挥了重大影响。上文论证了电视市场集中度"M"形变迁曲线每个重要拐点的背后都是"政府之手"在推动；而互联网市场集中度"U形"曲线则受行政干预相对较小，是较为宽松的准入退出规制条件下，市场充分竞争中形成的、比较符合产业生命周期市场结构演变规律的轨迹。我国政府虽然有不少关于内容规制的政策出台，例如《互联网新闻信息服务管理规定》等，但像传统媒体那样通过大规模行政壁垒具体干预互联网媒体经营和市场份额分配的政策不多，市场集中度提高或下降更多都是市场竞争合作的结果。从互联网媒体与传统电视的优势企业分布也能看出政府规制的影响，互联网广告份额首位企业经历了门户网站新浪网、搜索引擎百度、电商网站阿里的变迁，这固然是企业个体市场竞争的结果，也是互联网业务形态、商业模式乃至技术创新的竞争性变迁所致，但其前提是规制政策创造了企业充分竞争、创新的政策环境。而传统电视市场显然不具备这种充分竞争的政策环境，因为规制政策赋予了中央电视台作为宣传喉舌的地位和多种资源垄断优势，所以央视才始终占据电视市场一家独大的垄断地位。虽然"传统"电视媒体和互联网媒体正在逐步深度融合，自由市场本身也会引导各种技术、资源流向经济效率更高的领域，但是国家规制政策有超越局部经济效率的政策目标，所以研究未来传播技术应用和市场竞争与垄断格局变迁仍然必须系统分析规制政策的重要影响。

四、网络视频细分市场集中度演化

网络视频是网民各种娱乐应用中最重要的类型，国家广播电视总局对它的内容规制标准也逐步与传统电视"对标"，所以网络视频市场的竞争与垄断格局及其变迁非常值得深入分析。受众网络媒体使用中花费的时间非常多，2018年2月中国网民PC端网络浏览时间十大网站中，除了淘宝网浏览时间排名第四之外，其他九个网站居然全部是视频网站！移动App使用有效总时长排名前五的App中的第二、第三、第五均为视频应用，排第一和第四的分别是微信和QQ这两种即时通信应用。[①] 如果对产品形态更加接近的网络视频市场结构变迁轨迹和电视市场结构进行比较，同时对互联网综合市场和网络视频市场集中度变迁轨迹进行比较，我们可以进一步发现政府规制对市场结构的关键影响，发现传媒技术、市场竞争对市场结构的影响。

2005年4月土豆网公测标志中国网络视频诞生，2006年一般被认为是中国网络视频市场发展元年。2006年以来我国网络视频广告总额及其市场集中度数据和曲线轨迹见表2-30和图2-13。

表 2-30　中国网络视频媒体广告市场集中度变迁[②]

年份	广告总额 （全年）（亿元）	CR_1（Q3） （%）	CR_4（Q3） （%）
2006	1.7	——	——
2007	3.3	——	——
2008	7.4	16.5（UUSEE）	55.0
2009	10.9	12.6（优酷）	45.5
2010	21.68	21.5（优酷）	56.3

① 艾瑞指数. http://index.iresearch.com.cn/App.［2019-07-30］.

② 据《2007年中国网络视频广告报告》《2008—2009年中国网络视频行业发展报告简版》，易观国际各季度发布的市场份额报告等资料统计。表中2015年集中度 CR_1、CR_4 系数是全年数据。

续表

年份	广告总额 （全年）（亿元）	CR$_1$（Q3） （%）	CR$_4$（Q3） （%）
2011	42.5	25.6（优酷）	61.0
2012	66.6	30.2（优土）	57.3
2013	98.0	27.85（优土）	63.2
2014	151.9	22.82（优土）	64.4
2015	233.9	21.5（优土）	68.5
2016	319.5	21.6（腾讯）	73.4
2017	—	24.02（爱奇艺）	77.27

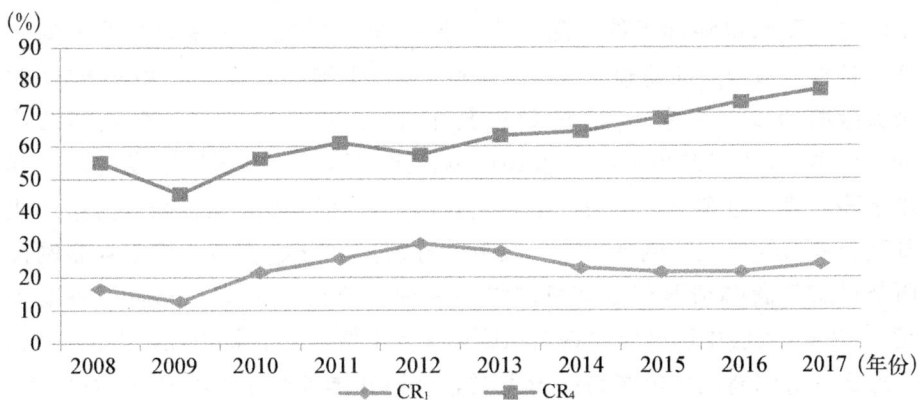

图 2-13 中国网络视频媒体广告市场集中度变迁曲线

从表 2-30 和图 2-13 看，我们可以发现，中国网络视频广告市场集中度系数 CR$_4$ 曲线和互联网广告市场一样，总体处于集中度较高的水平（45.5%—77.27%），变迁轨迹也是先降后升，并且，网络视频市场集中度轨迹下降时期更短、上升时期持续时间更长、集中度水平更高，总体趋势大致显示"J形"或者说"√形"轨迹——大体上也类似先降后升的"U形"轨迹，在经历了 2009 年的显著下降后 2010 年便迅速大幅回升，市场集中度 CR$_4$ 系数于 2016 年超过了 70%，2017 年更是达到了 77.27%。网络视频市场集中度 CR$_1$ 系数大致也是先降后升、总体上升的趋势，当然 2013—2015 年 CR$_1$ 系数出现了阶段性下降趋势。

网络视频这种"J形"市场集中度系数变迁轨迹究竟因何而形成？本书认为，这是在较为宽松的经济规制条件下，网络视频企业在激烈的市场竞争、重组整合中，充分发挥了互联网产品的规模效应、范围经济，从而形成的市场集中度变迁轨迹。"J形"曲线的左半段较为短暂的下降曲线，说明早期市场投资活跃、竞争激烈因而市场集中度趋降，但是优势企业很快就取得了竞争优势而逐步扩大市场份额，并在并购重组中是集中度达到很高的水平——77.5％的市场集中度 CR_4 系数已经属于垄断程度最高的寡占 I 型市场结构。

考察具体的历史进程，我们可以发现网络视频早期政府规制门槛和资金、技术门槛都不高，但随着市场准入和版权管理逐步规范，网络视频市场份额竞争和产品投资竞争可谓异常激烈，在频繁的资本运营、重组整合中视频网站纷纷归入综合的大型互联网传媒集团中，这正是市场集中度上升、寡头垄断格局强化的具体原因。2005 年美国视频网站 Youtube 诞生，中国的土豆网也随即上线，随后中国网络视频很快进入爆炸式发展的时期，各种风险投资纷纷进入市场，2006 年，中国的视频网站由年初的 20 余家激增到 250 多家。[①] 有的数据甚至显示 2006 年底中国视频网站达到 400 多家，[②] 不难想象广告市场份额被迅速稀释，市场集中度应是呈逐步下降之势。自 2008 年 1 月 31 日起，国家广播电影电视总局、信息产业部联合颁布的《互联网视听节目服务管理规定》开始实施，规定互联网视听节目服务商必须取得《信息网络传播视听节目许可证》或履行备案手续。[③] 2009 年底中国网络电视台（CNTV）上线，随后新华社、湖南广电、上海文广等国有网络电视台纷纷上线，之后我国加强了打击盗版力度。正是 2009 年底，视频网站酷 6 网斥巨资用于购买正版影视、整合视频内容和增购带宽，揭开了几大视频网站版权大战的序幕，影视剧的网络版权价格出现大幅度增长。网络视频公司此前存在的盈利和版权等经营层次问题，也变为战略层次的合法性的问题，网络视频行业正式进入行业的规范与整合发展期。[④] 2010 年，随着美国主打正版视频业务的 Hulu 网盈利，中国网络视频网站也纷纷效仿。2010 年百度旗下的爱奇艺视频网站创立，这一年也被认为是正版长视频元年。2010 年 11 月 12 日，国家广电总局下发《广播影视知识产权战略实施意见》，加强了对影视版权的管理。显然，资

---

① 夏芳. 国内视频网站洗牌在即 网站同质化促竞争加剧 [N]. 证券日报，2012 - 05 - 16.
② 王永强. 视频网站广告遭遇缓冲 [N]. 中国经营报，2008 - 01 - 28.
③ 互联网视听节目服务管理规定 [EB/OL]. http：//www. gov. cn/flfg/2007 - 12/29/content＿847230. htm. [2019 - 07 - 30].
④ 孙鹏飞. 基于 GE 矩阵分析法的我国网络视频行业发展状况研究 [J]. 科技传播，2009 (12 上)：7 - 9.

金实力不足的网站是无法应对这种版权大战的高额投入，市场份额慢慢下降。而优酷、土豆在上市后品牌效应和资金实力提升带来市场份额飙升，搜狐视频份额也有很快增长。由此，2010 年我国网络视频广告市场集中度显著上升。各家视频网站的版权争夺进一步推动了网络视频内容版权价格在 2011 年飞跃上涨，[①] 2011 年电视剧《沉浮》卖出了单集 100 万元的高价，几千万元一部的电视剧版权案例纷纷在优酷、土豆、PPS 等视频网站出现，竞争壁垒大大提高，99％的国内视频网站都处于亏损状态。优酷网明确提出："更愿意持续投资以扩大份额，拉大竞争差距。"[②] 激烈的市场竞争、越来越高的经济壁垒导致了网络视频广告市场集中度系数在 2011 年持续上升。值得注意的是，为什么 2012 年在市场萎缩、壁垒提高的环境下市场集中度却出现小幅回落？从具体数据来看，主要是土豆的市场份额大幅下降了近 6 个百分点，优酷的份额也下降了 4.1 个百分点，另外搜狐视频也同比下降了 3 个百分点，这些市场份额的波动更多体现的是市场竞争本身的作用，并未出现政府规制干预的现象，并且总体市场趋于集中的大方向没有改变，尤其是视频新贵爱奇艺、乐视、腾讯的市场份额增长较快。网络视频市场竞争的节目版权价格、自制节目投入等竞争可谓异常激烈，百度旗下的爱奇艺一直以大手笔投资而著称，市场份额持续较快增长，从 2011 年第三季度 6.40％的市场份额一直增长到 2017 年第三季度的 24.3％；腾讯视频借助腾讯公司整体用户优势和资金优势持续增长大有后来居上之势，其市场份额从 2012 年第三季度的 6.10％持续升至 2017 年第三季度的 23.72％；而 2012 年合并之后的优酷土豆的市场份额却持续下降，从 2012 年第三季度 30.2％的市场份额逐年下降到 2016 年第三季度的 19.70％，2017 年第三季度又重新上升到 23.4％。[③] 市场竞争之激烈、寡头垄断程度之高从这些市场份额数据变动中可见一斑，本书将在下一章在进一步研究网络视频媒体复杂的投资、创新、并购等经营行为，剖析其市场竞争垄断与规制的特征。

　　总之，无论是网络视频广告市场集中度"J 形"变迁轨迹，还是其整体集中度水平、优势企业份额变动的历史过程、规制政策对变迁曲线的干预影响，都与传统电视市场广告市场集中度"M 形"变迁轨迹大相径庭。

---

　　①　夏芳. 国内视频网站洗牌在即 网站同质化促竞争加剧 [N]. 证券日报，2012-05-16.

　　②　于洋，张意轩. 视频网站的高价版权之惑 [N]. 人民日报，2011-09-20.

　　③　马世聪. 2017 年 Q3 网络视频广告市场规模达 134.35 亿元 [EB/OL]. http://www.admaimai.com/news/ad201712132-ad136521.html. [2017-12-13].

从整体市场集中度上看，近年来网络视频市场 70％左右的集中度水平，和电视市场 40％左右的集中度水平形成极其鲜明的反差；网络视频 Top1 优势企业五度变迁，而传统电视始终是央视稳坐龙头老大位置；从规制政策对市场结构的影响来看，2010 年网络视频市场集中度发生显著变化主要是因为内容版权规范化政策出台后市场价格竞争拉开了市场份额差距，2012年市场集中度下降则是优酷、土豆、搜狐这几家媒体市场份额在市场竞争中相对地位下降所致，总体来说这种市场集中度变化主要是市场竞争的结果，而不是规制政策直接干预的结果。反观传统电视市场，"M 形"变迁轨迹中的重要拐点转折绝大多数是规制政策的直接影响所致。

第四节　中国传媒市场结构模型建构与优化

一、中国传媒市场结构模型建构

前文对中国报业、电视和互联网媒体市场结构变迁轨迹的考察，显示市场壁垒与市场集中度之间存在非常紧密的关系，分析这种关系正是探讨市场结构优化、规制创新方向的关键所在。行政壁垒对电视市场集中度的影响突出；在政策壁垒相对较低的互联网媒体市场，则主要是经济壁垒、竞争创新和规模经济等要素影响市场集中度。所以，分析传媒市场结构模型的关键要素就是市场壁垒和规模经济，抓住了中国语境下的市场壁垒要素、"互联网＋"技术下传媒融合发展的规模经济要素，就抓住了中国传媒市场结构优化的关键。

所谓市场壁垒包括准入壁垒和退出壁垒，准入壁垒即企业进入某一市场时所遇到的困难和障碍，它在决定竞争企业数量和规模分布中起着"中枢"作用；退出壁垒则指市场在位企业亏损时退出市场的成本。[①] 西方传媒产业研究中往往多关注准入壁垒，如美国学者 Noam 的经典模型就如此，核心讨论的是进入壁垒与市场集中度之间的关系。该模型认为，传媒进入壁垒高低影响市场集中度的升降、传媒产业规模经济特征影响总体市场集中度震荡轴（即中位水平）走势，准入壁垒高则市场集中度高，规模经济强则市场集中度高，如果壁垒高、规模效应弱则会出现先升后降的"倒 U 形"轨迹，如果

---

① 藏旭恒. 产业经济学（第四版）[M]. 北京：经济科学出版社，2007：108、116.

壁垒低、规模效应强则会出现先降后升的"U形"轨迹（见表 2 - 31）。①

表 2 - 31 规模经济和进入壁垒对市场集中度变化的影响

		规 模 经 济	
		上　升	下　降
进入壁垒	上　升	高集中度	倒 U 形集中度趋势
	下　降	U 形集中度	低集中度

应该说这个关系模型对美国市场竞争条件下的传媒集中度变迁具有较强解释力，对中国媒体市场也有一定解释力。但是中国传媒市场壁垒与市场集中度之间的作用关系更为复杂，有些现象用表 2 - 31 这一传媒市场结构经典模型无法解释。比如说，2001—2006 年中国电视市场准入并未降低，为什么市场集中度会持续下降？电视产业有很强的规模效应，在媒介融合时代规模效应还在进一步增强，为什么中国电视市场集中度 2009 年以后却持续降低？

所以，为了解释中国传媒市场结构变迁，本书认为还需要在市场壁垒中进一步分析退出壁垒的影响，这样才符合中国本土政策壁垒、市场壁垒的实际情况。中国电视台现实的退出壁垒主要是行政壁垒，在市场竞争条件下的美国电视市场基本不存在这方面的退出壁垒，因为经营低效破产或者被兼并则是不言自明的事情。事实上规模经济提高、投资提高、平均成本降低的经济特征对于试图进入市场者也构成了经济壁垒，所以本书在表 2 - 31 经典模型的基础上增加退出壁垒变量，并综合规模经济壁垒和行政进入壁垒变量，构建了中国本土传媒市场壁垒与市场集中度的关系模型。

表 2 - 32 中国传媒行政壁垒、规模经济壁垒对市场集中度的影响模型

		规模经济壁垒	
		上　升	下　降
进入壁垒	上　升	高集中度	倒 U 形集中度趋势
	下　降	U 形集中度	低集中度
退出壁垒	上　升	低集中度	更低集中度
	下　降	更高集中度	倒 U 形集中度趋势

①　Eli M. Noam，*Media Ownership Concentration in America*. New York：Oxford University Press，2009，p.37.

表2-32模型显示，准入壁垒升高、退出壁垒降低是中国电视市场集中度上升的动因，反之则是市场集中度降低的动因。如"集团化"、奥运报道权垄断等政策就属于行政准入壁垒提高，"治散治滥"就属于行政退出壁垒降低，这些政策都导致了市场集中度提高；"四级办台""省级频道上星"等政策则是行政准入壁垒降低，导致了市场集中度降低。在中国互联网传媒市场，较低的准入壁垒、并购壁垒加上互联网的规模经济效应作用，的确形成了"U形"集中度变迁轨迹。

中国电视市场2001—2006年、2009年以后的情况也能用表2-32模型进行分析。这两个时期是退出壁垒上升或维持高位，在位电视台即便亏损也不能退出市场，优势电视台既有规模优势很难充分发挥，所以电视市场集中度将降低。2009年后还加上"制播分离"变相降低准入门槛、[①]降低集中度的作用力，所以电视市场集中度会持续降低。中国互联网媒体市场则属于规模经济壁垒上升、行政准入和退出壁垒下降的情形。在产业导入期和成长期，由于行政准入壁垒低、竞争主体多，市场集中度下降，但随着优势企业规模形成、经济壁垒提高，市场集中度后又持续上升。互联网媒体退出壁垒较低——亏损往往就得退出，并购容易发生从而导致市场集中度提高。另外，由于互联网媒体覆盖广、规模效应强，综合互联网媒体经营多种业务，范围经济就更强，平台型互联网媒体还有用户网络规模效应——使用者越多则用户价值越大。所以，实力雄厚的互联网媒体可以比较便利地并购重组、扩大投资，其市场份额在市场集中度理论上可以达到更高水平，规模经济也由此得到更好实现。

中国报业市场集中度变迁轨迹也符合这个模型规律。1995年前后、1999年前后以及2003年几次通过治理整顿取缔或整合了大量报纸，其实质是提高了市场准入壁垒，从而导致市场集中度上升。在2004—2011年市场集中度水平下降，则可归因为停止整顿、退出壁垒相对提升，地方报业较少退出市场，加之报业的规模效应未提高。

退出壁垒下降对集中度影响也面临两种情形，一种是产业规模效应增强，这会因并购和扩大生产从而导致市场集中度上升；另一种情形是，产业规模效应并未增强、退出行为也不能长期持续，那么市场集中度虽然会因为部分机构短期退出而提高，但企业持续并购和扩大经营受限制，市场集中度长远来看还是会升而复降、呈"倒U形"轨迹。中国电视市场1996

---

① 制播分离变相降低准入壁垒的分析，见本章第二节相关内容。

年前后就是这样，"治散治滥"、行政区域内电视台合并后生产经营主要仍局限在本区域内，规模效应并未持续提高，从而市场集中度升而复降。中国电视市场实际上还具有另两种规模经济相对下降的表现：第一，多数电视台因为政策原因，缺乏足够压力和动力去积极创新、充分开拓新媒体渠道，从而削弱了电视新媒体应有的规模效应；第二，互联网媒体事实上挤占、缩减了电视市场规模。所以，只有市场能够在竞争中自动、持续淘汰低效企业并激励约束在位企业提高效率，只有行业本身能够充分利用技术或需求因素提高规模经济，才能提高市场集中度、充分发挥规模效应，从而提高经济效率和市场竞争力。

二、中国传媒市场结构的优化路径思考

基于前文对中国传媒市场结构（包括市场集中度、市场壁垒等要素）变迁原因、关系模型的深入分析，本书认为，未来中国优化传媒市场结构的路径，是基于传媒的社会和经济政策目标，探讨传媒技术进步中的高效率市场结构新趋势，妥善处理现实中局部利益，调整各个传媒领域的政策准入退出壁垒，在竞争与整合中激活国有传媒机构的效率。

世界各国传媒政策往往兼顾多重目标，而市场结构又受供需概况、产业技术特征以及公共政策等因素影响，[①] 所以优化传媒市场结构也应该综合权衡社会与经济等目标。西方国家往往为了保证意见多元、政治民主目标而在市场竞争的基础上，通过法律和行政手段限制市场过于集中、限制媒体规模。20 世纪后期以来的传媒政策新范式下，欧美国家更加注重平衡传媒的政治福利、社会福利和经济福利。[②]

中国传媒市场结构的形成亦体现了多重政策目标，为了保证宣传而通过规制政策设立了各种传媒（尤其是传统媒体）市场壁垒、形成了特定市场结构，为实现政治经济综合目标也较为频繁地调整了传媒市场壁垒。当然，传媒技术日新月异、受众需求更新迭代，党政机构曾经倚重的传统媒体宣传渠道传播效果趋于弱化，曾经利于保证宣传且对经济效率损害不大的市场壁垒则可能成为当下提高传媒效率的致命瓶颈——缺乏经济效率、

---

① F. M. Scherer、David Ross. *Industrial Market Structure and Economic Performance* (*Third Edition*). Boston: Houghton Mifflin Company，1990，p.5.

② 简·冯·库伦伯格，丹尼斯·麦奎尔. 媒体政策范式的转型：论一个新的传播政策范式 [M] //金冠军，郑涵，孙绍谊. 国际传媒政策新视野. 上海：上海三联书店，2005：15-37.

缺乏市场占有的媒体显然无法长久保证舆论导向的政策目标，传媒优化市场结构势在必行。

（一）优化传媒市场结构经济效率的"有效竞争"方向

那么究竟怎样的市场结构才能达到最优经济效率呢？经济学理论提出的是"有效竞争"理念，即兼顾市场竞争活力和企业规模效应的市场结构，经济学理论二百年发展很大程度上都是在探讨各种技术、政策条件下如何动态实现这种"有效竞争"的经济效率。一方面，只有市场在位企业以及潜在进入企业施加的竞争，才是激励约束企业提高产品质量、降低生产成本、进行经营创新、提高生产效率最根本的压力和动力，而优胜劣汰的市场竞争机制也是识别效率高低、引导社会资源向经济高效生产者配置的有效机制。理论和现实都表明，处于市场壁垒保护、处于垄断地位、没有市场竞争压力的企业几乎不可能持续提高经济效率。作为企业经营的传媒机构亦是如此，要优化中国传媒市场结构、提高传媒产业经济效率就必须充分激活传媒市场竞争、建立优胜劣汰的公平竞争机制。另一方面，经济效率另一个重要来源是规模经济效应，即只有大型企业才能充分实现生产过程的规模经济，从而降低生产成本、提高资源使用效率和社会福利。综合生产相关产品的大型企业还能产生类似规模效应的范围经济效应，产品呈网络化特征的大型企业还能够为消费者带来更多便利、形成网络经济效率。传媒产业就是典型的规模效应行业，它边际生产成本几乎为零，当下媒介融合技术时代的传媒产业更具有典型的规模经济、范围经济、网络经济效应，不能充分利用这种规模效应就无法充分提高现代传媒产业的经济效率。如果传媒企业规模大、市场份额大、规模效应强，在市场结构方面的表现往往是集中度较高或逐步提高。反之，如果过多的企业进入市场、竞争过于分散而激烈，并且低效企业不能退出、高效企业不能充分扩大市场份额，那么市场集中度逐步降低的传媒行业，既体现不了竞争的效率、也发挥不了规模经济效率。所以，要优化中国传媒市场结构、提高经济效率，基本方向就是提高传媒市场竞争活力、提高传媒企业规模效应，这是电视等传统国有传媒市场结构优化的基本方向。

（二）优化电视市场结构的障碍与进路

前文对中国电视产业市场集中度变迁轨迹及其成因、模型分析表明，中国电视产业要建立有效竞争市场结构面临着高耸政策规制市场壁垒：退出壁垒保护了低效电视台生存、阻碍了相对高效电视机构扩张和规模效应实现；进入壁垒削弱了竞争活力、阻碍了潜在高效和创新机构进入市场。在市场壁垒保护下经营的电视机构，缺乏在低壁垒的互联网媒体市场赢得竞争的压力和能力，所以无法充分利用媒体技术革命带来的规模效应；因为市场壁垒存在，电视机构也无法和相对高效的互联网媒体重组并购、充分实现规模效应。在中国经济持续增长、广告需求持续增长、互联网媒体普及尚不广的背景下，市场结构分散低效的电视台尚能依靠壁垒保护获得生存和增长，但是到宏观经济增长放缓成为新常态时、当经济高效的新媒体大规模侵蚀电视广告市场时，规模效应很低的地方电视台尤其是市县电视台经营困难已经成为普遍现象，以至于业界有了电视台"等政府包养"的戏谑之说①——从市场结构优化的角度，此乃退出机制缺乏的必然结果。从历史和现实来看，规模小、效率低的基层电视台难以退出市场原因大致有三：① 中央和地方宣传需要、保证舆论导向需要是低效电视机构存在的根本原因；② 地方公共文化传播和娱乐市场需要依然存在；③ 现实中很敏感的问题是员工安置和资产处置困难。所以，优化市场结构、建立退出机制就必须理性分析、积极面对这几个现实问题。在传媒技术融合发展、观众大量向新媒体迁徙的传播生态下，地方电视台的政策宣传节目已经不具备 20 世纪 80 年代"四级办台"政策诞生时的传播效果，其娱乐节目更是受众稀少、经济效益缺乏。所以说，大量地方电视台整个台的建制存在必要性和可行性已经大打折扣。所以，推动中国基层电视台（也包括部分省级电视台乃至中央电视台的频道）退出市场的进路在于：① 行政推动低效电视台或频道退出市场，但须安排必要的电视播出时段并拓展各种新媒体渠道，确保中央政策宣传和舆论导向需要、满足地方党政工作宣传需要；② 主动剥离电视台低效"可经营性节目"生产机构，推动其参与市场竞争并与高效市场机构实施重组整合；③ 通过各种手段，合理安置、转化电视台或频道退出市场后的员工，充分利用设备资产。当然，这只是中国两千多家电视台中的低效资源退出市场、优化市场结构的原则性思路，如何实现平稳过渡，其中还充满着多种可能性。中国电视媒体按照行政区域进行布局，虽然不符合"有效竞争"的经济效率标准，但是这种布局对中央政策在各地传播和地方性政策传播的作用却不容忽视。但可以预见的

---

① 部分电视媒体产生非常可怕的腐朽思想，等政府包养［EB/OL］. https：//www. jzwcom. com/jzw/d6/16819. html.［2019－07－30］.

是，传统电视广告市场萎缩得越快，互联网技术和基础设施发展越快，决策层对传媒业规制政策创新力度越大，则传统媒体市场结构调整越快。反之，也有可能电视市场会在缩小整体市场份额的同时维持现有分散、低效市场结构。显而易见，这种结构的风险将导致整个电视行业加速被互联网媒体挤压替代，电视媒体舆论引导能力逐渐弱。

（三）对互联网媒体市场结构的双重审视

评价中国互联网媒体市场结构影响，我们也需要基于社会效益、经济效率的双重维度。从经济效率维度审视，其市场结构及"U形"变迁轨迹较多体现了市场充分竞争、产业按照市场规律运行的结果，且已形成较强的规模效应，可以说相对较好体现了"有效竞争"的效率标准。但是，占据寡头地位的优势互联网企业亦有可能利用垄断地位来排斥竞争、损害全行业的经济效率。为了实现有效竞争，政府仍需在保持宽松行政壁垒基础上，规制垄断行为、减轻经济壁垒，阻碍竞争的不良影响。中国互联网媒体广告市场集中度 CR_4 系数已接近 70%，2015 年 CR_6 系数已经达到 74.3%，[①] 按照著名经济学家植草益的标准这已属于"极高寡占型"市场结构。并且某些市场，如即时通信、搜索引擎等市场，集中度则更高，有的已近乎完全垄断，如 2015 年第四季度中国搜索引擎市场百度就占据了 85.54% 的份额，[②] 垄断机构潜在威胁不容小觑。当然，互联网企业的规模效应不同于传统产业，"效率并不一定是由一个市场上本身存在的竞争供应商的数量决定，而是要看来自现有的公司甚至潜在的市场进入者的竞争压力是否足以使公司们有效地运转并防止反竞争行为"，[③] 国际规制理论和规制机构鲜有主张强制分拆互联网媒体以实施反垄断、优化市场结构的案例，而是保持宽松准入，并通过针对性行为规制来控制寡头垄断企业妨碍竞争的行为，通过积极政策来培育中小企业的竞争力、创新力。另外，我们也需要从社会效益的角度来审视互联网媒体寡头垄断的市场结构。在互联网传媒属性越来越强、社会影响力越来越大的传播条件下，需要规制的不仅是寡头垄断互联网企业的经济行为，对其影响社会效益和消费者便

---

①　数据为笔者根据艾瑞咨询《2008—2015 年中国网络广告市场核心媒体广告收入结构》统计。

②　数据来源：中国信息产业网，http：//www. chyxx. com/industry/201612/475006. html. [2019－07－30].

③　吉莉安·道尔. 理解传媒经济学 [M]. 李颖，译. 北京：清华大学出版社，2004：46.

利的不良行为，更需要公共机构采取针对性的社会规制。世界各国往往都根据自己的需要采取最合适的规制模式①。

（四）市场结构优化与媒体融合

中国传媒市场结构优化显然不应局限于某种子媒体，而是各种子媒体之间的优化、融合，这需要通过规制创新来调整行政准入退出壁垒，尤其是互联网媒体与传统媒体之间的壁垒。对受众而言各种媒体形态都是平等竞争的选项，所以对传媒机构来说跨媒体融合也势在必行。媒体融合表层是技术、产品、市场的融合，深层却是组织结构、传媒理念和规范标准的融合。数字技术和互联网技术已经无处不用，真正"传统"的主要是传媒机构和规制政策。中国传统媒体"融合转型"，也正是以被媒体类型和行政壁垒机械分割的布局为起点，比较传统媒体和互联网媒体市场结构的差异，正是为了发现传统"分立规制"向"融合规制"转型的距离。

所以，基于社会效益和经济效率平衡统一的政策目标、基于有效竞争市场结构理论，本书认为促进中国媒体融合发展、提高传统媒体在互联网市场竞争力的规制创新和结构优化路径，大致有整合重组、激活竞争、统一规制三个方向：一是打破产权壁垒推进非新闻类国有媒体与民营媒体进行适当重组整合、优化内部激励约束机制，国有产权比重可以根据导向安全和经营需要灵活掌握，从而在淘汰低效国有传媒机构同时扩大传媒规模，这也是在当下民营媒体已经占据了互联网媒体市场绝对优势的环境下较为可行的路径；二是进一步激活包括新闻类在内国有媒体之间竞争，既包括媒体内部竞争，也包括国有媒体之间效率考核竞争，还可以要求国有媒体安排适当比例产品进行社会采购、公平竞争；三是根据社会影响和公共利益原则对国有、民营媒体内容实施统一标准的社会规制，也对承担公共服务的内容实行统一扶持，这既是规范传媒社会价值的需要，也是推进传媒公平竞争和建立有效传播体系的需要。

在市场萎缩的背景下，全国各地加快了传媒机构融合、整合，2018 年还全面启动县级"融媒体中心"建设，这是构建融媒体宣传渠道、整合行政区域传媒资源的重大传媒政策，但是对跨区域媒体结构整合或业务合作的路径仍有待进一步探索。

① 刘幼琍. 从世界传播法规发展趋势看新媒体管制模式［R］. 2017 中国新闻史学会年会主题报告.

　　总而言之，本书研究的逻辑起点是兼具竞争活力和规模经济的"有效竞争"理论，有效传媒产业规制的一个基本标准就是要利于促进传媒产业形成"有效竞争"的市场结构。应该说，"竞争活力"标准正是市场经济的精髓所在，规模效应也是不同社会条件、技术条件下经济发展所追求的另一个目标。如果说哈佛学派和芝加哥学派在产业组织政策上存在意见差异，但是对于产业市场结构中"竞争"的重要性却是一致的，都认为充分有效的市场竞争才能保证企业个体生产效率，也才能保证社会整体资源配置流动的效率。芝加哥学派的代表性学者乔治·施蒂格勒认为"竞争也许是生活的调味品，但在经济学中竞争更加接近于一道主菜"；[①] 认为哈佛学派思想为主流思想的学者也认同"竞争是大多数现代市场的驱动力"。[②] 所以，结合理论的维度与中国传媒产业发展的现实，本书实证研究的初步结论认为，中国报业市场结构特征是"分散竞争、区域垄断、行政主导"，中国电视市场结构特征是"全国市场呈现'核—粒模式'市场结构、区域市场呈'单向—层级垄断'"市场结构，中国互联网媒体市场呈"寡头垄断—多层多元"结构。

　　市场结构固然是评价"有效竞争"的重要指标，但是中国传媒复杂的规制政策某种程度上也使得"有效竞争"的评价不能简单依照市场结构尤其是市场集中度指标，还需要更具体地分析传媒机构的市场行为是否体现"竞争活力"，并需要分析传媒"规模效应"是否得到充分实现，本书以下两章将继续对这两方面问题进行实证研究。

---

① 乔治·施蒂格勒. 产业组织［M］. 王永钦，薛铎，译. 上海：上海三联书店，2006：5.
② 亨利·W. 狄雍，威廉·G. 谢泼德. 产业组织理论先驱——竞争与垄断理论形成和发展的轨迹［M］. 张志奇，译. 北京：经济科学出版社，2010：1.

第三章
"双轨"体制下的中国
传媒市场行为绩效

　　传媒规制政策目标往往体现在公共利益和经济效率两个方面，中国常用说法是传媒必须"社会效益优先，社会效益和经济效益统一"。显然，无论要实现传媒的社会效益还是经济效益，根本上都有赖于传媒机构高效的生产经营行为。产业组织理论主流假设认为任何一种市场结构均会影响企业行为以及企业效率和创新情况，[①] 当然企业行为的影响因素非常复杂，但不可否认的是，高效政府规制主要标志之一就是促成了企业的高效行为。正如规制经济学创始人施蒂格勒所言，"所谓规制效果的大小，其含义是在某一产业部门可观察的经济行为中，有多大部分是只能由规制来说明的"。[②]

　　产业组织经济学研究的影响市场绩效和市场结构的企业行为，通常包括定价行为、产品策略、研发创新、工厂投资、法律策略等指标，[③] 还有研究者也注重并购行为、促销行为、内部组织、规模化、产业链控制等指标并强调"企业行为受制于企业所处市场结构以及企业目标"。[④] 市场行为的实质是企业在市场上为实现其目标而采取的适应市场要求并不断调整的行为。企业的市场行为（亦可简称为企业行为）受到市场结

---

　　① 威廉·G. 谢泼德，乔安娜·M. 谢泼德. 产业组织经济学 [M]. 张志奇，等，译. 北京：中国人民大学出版社，2009：8.

　　② 乔治·施蒂格勒. 产业组织和政府管制 [M]. 潘振民，译. 上海：上海三联书店，1996：158.

　　③ F. M. Sherer. *Industrial Market Structure and Economic Performance* (*Third Edition*). Houngton Mifflin Company, Boston, 1990, p4-5.

　　④ 芮明杰. 产业经济学 [M]. 上海：上海财经大学出版社，2005：400；金碚. 产业组织经济学 [M]. 北京：经济管理出版社，1991：8；藏旭恒. 产业经济学（第四版）[M]. 北京：经济科学出版社，2007：134.

构的状态和特征制约，反之，企业行为也作用于市场结构，影响和改变市场结构的状态和特征。产业组织理论就是让人们理解产业的结构和行为，该理论研究企业的规模结构（一个或多个，集中或分散）及其成因，以及市场集中对竞争的影响，竞争对价格、投资、创新的影响等内容；[①] 中国传媒规制政策文本和传媒日常工作文件也常论及各种改进传媒经营行为的措施。

产业组织经济学对企业行为及其与市场结构的关系有系统而深刻的阐述，相关理论在不同历史时期理论还经历了持续的演进。现代经济学鼻祖亚当·斯密系统论述了市场竞争，尤其是市场价格竞争的重要意义，市场价格这只无形的手在竞争过程中引导着资源配置，激励着生产者的生产和市场交易行为。主流经济学者认为市场结构对企业行为和经济绩效具有重要影响、因果关联，[②] 其中早期的结构学派学者还认为市场结构对企业行为有决定性影响。哈佛大学一批学者创立、发展的产业组织学"结构—行为—绩效"的分析范式，经历了从"结构主义"向"行为主义"的发展，被称为哈佛学派。20世纪30年代，经济学家梅森（Edward S. Mason）等人以案例研究的方式分析了若干行业的市场结构，后来出版了第一批有关产业集中度、市场结构的文献。1959年梅森教授的学生贝恩（Joe S. Bain）出版著作《产业组织》（*Industrial Organization*），其基本逻辑是从市场结构推断市场绩效，提出了"集中度—利润率"的假设，认为市场结构决定企业行为，结构和行为共同决定市场绩效。因此通常被称为"结构主义"产业组织理论。1970年谢勒（Frederic M. Sherer）出版了著作《产业市场结构和经济绩效》，进一步论述了"基本情况—市场结构—行为—绩效"的关系，最终形成了哈佛学派的"结构—行为—绩效"分析范式，并且，他强调行为的作用而自称为行为主义者。[③] 由此可见，哈佛学派对于企业自身市场行为对经济绩效的重要作用给予了充分的肯定，而企业行为的标准包括定价、产品差别化、内部组织、规模化等。尽管产业组织学的发展已经越来越深化，历史上这一理论也经历了许多批评，但是它至今仍是产业组织的主体逻辑构造；产业组织理论分析企业市场行为的指标主要还是：价格行为、广告、研究与发展、工厂投资、兼并与合约、

---

① 乔治·施蒂格勒. 产业组织 [M]. 王永钦，薛锋，译. 上海：上海三联书店，2006：1.
② 威廉·G. 谢泼德、乔安娜·M. 谢泼德. 产业组织经济学 [M]. 张志奇，等，译. 北京：中国人民大学出版社，2007：9.
③ 金碚. 产业组织经济学 [M]. 北京：经济管理出版社，1999：5.

产品选择等要素。20 世纪中期以后"行为主义"学者则认为企业行为反过来也影响既有的市场结构变化，并且对公司行为的内部复杂性进行了深入研究。

芝加哥学派则强调市场机制的自发作用的有效性，即强调市场价格的调节作用。科斯认为企业的规模边界，取决于企业参加市场交易的成本与自身组织生产成本的比较。斯蒂格勒（Stigler）认为企业规模是"生存技术（survivor technique）"检验的结果，所谓有效率的企业规模，其含义是在这一规模上，企业家能对付他在实际经营中碰到的所有问题。当各个企业使用不同种类和质量的资源，最佳企业规模也必然会呈现某种频率分布。斯蒂格勒在研究企业规模效率时，着重验证与企业规模关系的几个要素是技术和科研、广告开支、工厂规模。[1] 并且他强调，在组织生产和价格与收入决定中，竞争已成为主要的力量。竞争的经济作用在于，指导经济生活中的各个参与者娴熟而又廉价地提供他们的产品和服务。[2] 实质上斯蒂格勒强调的观点是市场经济的基本观点：在信息充分的情况下，价格竞争引导资源自由流动，就能够带来资源最优配置。从"芝加哥学派"的观点看来，不是市场结构决定企业行为进而决定市场绩效，而是企业行为决定市场绩效，并进而反改变市场结构。施蒂格勒等自由市场倡导者则对市场结构规制提出质疑，"管制（规制）会使产业行为发生变化吗？"其结论是管制未见任何显著效果。[3] 拥护自由市场的新芝加哥学派强调垄断的积极作用和高效率特征，不认为垄断不道德，但是肯定共谋（行为）才会产生真实的市场控制力量。国际竞争的逐步加剧和互联网的出现则使市场控制力量的解释和影响更加复杂，[4] 因此评价一个国家的规制政策绩效也更加复杂。

总之，尽管结构与行为的因果关联存在争议，但是企业经营行为是影响市场效率的关键因素被各个学派肯定。因此，进入市场行为、企业的定价和产品战略行为、技术创新等行为都将对企业效率和市场整体效率产生根本性影响，企业行为和企业之间相互作用的战略行为，最终反映在市场

---

① 乔治·斯蒂格勒. 产业组织和政府管制［M］. 潘振民，译. 上海：上海三联书店，1996：38－42.

② 乔治·施蒂格勒. 产业组织［M］. 王永钦，薛铎，译. 上海：上海三联书店，2007：5.

③ 乔治·施蒂格勒. 产业组织和政府管制［M］. 潘振民，译. 上海：上海三联书店，1996：171.

④ 威廉·G. 谢泼德，乔安娜·M. 谢泼德. 产业组织经济学［M］. 张志奇，等，译. 北京：中国人民大学出版社，2007：28.

均衡的产出水平、产出差异、研究与发展、产品质量及广告等方面。反过来说，这些企业行为在很大程度上体现了市场结构和整个规制政策产生的效果。无论垄断是市场结构或者其他什么原因造成的，产业组织经济学两大最重要的学派——哈佛学派和芝加哥学派都认为垄断行为伤害社会福利，竞争行为提升经济效率。20 世纪七八十年代，产业组织理论第三个学派——可竞争学派也发展起来，该理论认为自由进入条件应该取代竞争，市场进入条件可能完全颠覆现有的垄断理论，[①] 其主要学者是鲍莫尔等人。可竞争市场理论认为自由进入带来的潜在市场竞争可以协调竞争活力和规模经济之间的冲突，只要公共政策能够保证其他投资者进入的权利，规模大的企业即便拥有市场势力，也不能随意制定垄断高价，因为它随之面临着潜在进入者的价格竞争压力。由此可见，可竞争理论也肯定优势企业损害经济效率的本质不是因为它的规模本身，而是在于它制定垄断高价等垄断行为，垄断低效的企业行为才是提高或损害市场效率的根本。由此也可推论，是否能够激励、多大程度上激励企业采取有效的市场行为、约束低效的市场行为，这正是评价政府规制绩效的重要指标。

　　所以，本书在前章实证研究中国传媒市场结构的基础上，进一步从定价行为、研发创新行为、兼并重组行为、广告营销行为和成本控制行为，来评价特定规制下中国传媒机构的竞争性与垄断性。高效的政府规制政策，恰恰是促进了以上这些竞争性市场行为；反之，则是政府规制纵容了垄断性市场行为。有效竞争市场的企业，往往不具备垄断定价的地位，而是与市场其他企业公平竞争；反之，具有垄断地位的企业则可能采取掠夺性定价、搭售或附加不合理条件、索取垄断高价、拒绝交易、歧视性待遇等滥用市场支配地位的行为。为了获得竞争优势，有效率的企业往往必须积极投资进行研发创新，合理开展兼并重组以扩大规模效应、降低经营风险，还经常积极开展市场营销、扩大市场占有，并且通过各种措施降低各项非生产性成本。这些有效的竞争性市场行为，直接决定传媒产业的效率、消费者福利。当然，现实中量化实证分析市场经营行为也很难找到绝对精确的指标，所以本书将结合理论原则和比较方法来评价分析中国传媒机构市场经营行为所体现的规制绩效。

　　中国传媒市场有一个非常典型、重要的"双轨"特征，即传媒机构通

---

① 威廉·G. 谢泼德，乔安娜·M. 谢泼德. 产业组织经济学［M］. 张志奇，等，译. 北京：中国人民大学出版社，2007：28.

常包括国有企事业单位和非国有企业机构两种类型，并且这两种类型传媒机构数量都非常巨大。一般来说，传统媒体中的报社、广播电台都是事业单位体制，事业单位的部分生产机构则大量采取了国有企业体制，传媒市场上更是有数量巨大的非国有传媒企业；互联网媒体则绝大部分都是企业机构，非国有企业主办的互联网媒体更是在传媒市场上占有绝对优势，国有企事业传媒机构主办的互联网媒体往往也采取了企业体制。

　　显然，传媒事业单位和传媒企业机构的功能定位和产权性质差异很大，从而导致它们的市场经营行为特征差异也很大。绝大部分传媒事业单位并非企业，理论上是以服务公共事业为目标而不是像企业那样以盈利为目标，但改革开放以来实施的"事业单位、企业管理"制度，又使国有传媒机构形成了"混合功能、双重目标"的性质，这或许可以称为传媒内部"双轨"运行的模式。在整个传媒市场上，直接以企业形式存在的国有传媒企业、非国有传媒企业从数量上和生产规模上相对事业单位经占据了优势，在新媒体市场更是非国有传媒企业占据绝对优势，这种情形或许可以称之为外部传媒市场的"双轨"生产模式。传媒企业内部、传媒市场外部的"双轨"模式，使得传媒机构的经营行为非常复杂，但无论如何，有效的传媒规制总是为了激励企业采取高效的生产行为，约束低效的生产行为。并且，以混合功能性质存在的传媒事业单位在整个传媒行业中——包括在传媒产业经营中——所占的市场份额和重要性远远超出于西方发达国家公共传媒事业，并且我国的传媒事业单位未来还将继续成为引领舆论导向的主要阵地，传媒事业单位和大型国有传媒企业也将承担发展传媒产业的主导作用。与此同时，非国有传媒企业也已经成为我国传媒市场的主要生产者，其生产经营行为也对我国整体传媒产业发展和传媒社会应用有极其重要的影响，因此对非国有传媒企业生产经营行为的规制也是我国传媒规制创新不可分割重要领域。

　　中国特定的传媒规制下形成的这种"双轨"市场体制，处于其中的传媒企业经营行为的确非常复杂，可以说中国传媒企业行为的许多特征（比如说产权影响、委托代理关系等）已经超出了产业组织经济学主要的研究范畴，延伸到制度经济学等研究领域。但是，无论运用何种经济理论，实事求是地研究中国传媒机构行为、提高传媒绩效、实施传媒规制创新，都是本书宗旨所在。并且，对规制特征完全不同的传统媒体和互联网媒体经营行为的比较，尤其能够发现我国传媒规制对企业行为的激励和约束的绩效。市场化程度高、规模效应和网络经济特征很强的互联网媒体经营绩效相对更高，这的确与传统媒体的经营行为低效构成鲜明对比。从另一个角度看，也可以说正是因为传统媒体的经济低效，才使非国有媒体企业在互联网媒体这个准入壁垒较低的领域获得了仅有的市场机会。互联网媒体较高的经营绩效，反过来又倒逼国有传统媒体及其主办的新媒体不断优化经营行为。当然，这个过程是漫长、互动演进的，实证研究微观传媒企业的行为以及整个传媒行业的市场行为，是理解我国传媒行业特征、优化市场、实施规制创新的基础。

第一节　报纸媒体市场经营行为

报纸是目前市场份额受互联网媒体冲击最为严重的传统媒体，"都市报大战"也是中国最典型的传媒市场竞争现象之一。在复杂的功能定位和市场竞争格局下，中国报业机构显示了竞争激烈与行政垄断并存的市场经营行为特征，研发创新、兼并投资、公关营销等市场经营行为也出现了难以充分提高经济效率的困境。

一、报纸媒体产品定价行为

简单地说，定价行为就是生产企业对其生产、销售的产品与服务制定价格以实现自身目标的行为。价格的功能不但体现在回收成本、实现预期利润目标外，而且具有传递质量信号和作为市场壁垒反进入手段的作用，企业的各种竞争策略最终都将在定价决策上得到体现。① 价格是市场运行、产业与生产销售流动的基本指挥棒，因此基于这个意义上说，定价行为可能是生产企业最重要的市场行为。

传媒市场现实中产品与服务的价格表现形式、定价目标、定价策略十分复杂，很大程度上从传媒机构定价行为可以透视市场的竞争与垄断格局、发展态势，也可以从价格行为中剖析传媒规制政策的影响。垄断企业最明显的标志就是利用其垄断地位，抬高产品价格、获得更高的利润率。那么中国报业是否存在这种价格垄断行为？中国报业体现了怎样的竞争格局与规制影响？本书将基于报业"二次销售"的特征，实证分析其广告销

---

① 芮明杰. 产业经济学［M］. 上海：上海财经大学出版社，2005：400.

售、报纸发行价格行为，并分析这种行为和本书第三章所分析报业市场结构的关联。

表 3-1　中国报纸刊例广告收入和面积增长（2008—2017 年）①

年　份	广告刊例 收入增幅	广告资源量 （面积）增幅	收入增幅超出资 源量增幅百分点
2017	−32.5%	−27.3%	−5.2
2016	−38.7%	−40.7%	2
2015	−35.4%	−37.9%	2.5
2014	−18.3%	−20.8%	2.5
2013	−8.0%	−16.9%	8.9
2012	−7.5%	−17.2%	9.7
2011	11%	2%	9
2010	19%	11%	8
2009	9%	——	——
2008	19%	——	——

　　表 3-1 整理了 2008—2017 年中国报业广告刊例收入增长和广告资源（刊例面积）增长情况，并由此推算广告刊例收入超出广告资源增幅的百分点数，进而推测报纸广告刊例价格走势。因为广告平均价格通常就是广告收入除以广告资源数量，所以一般来说，如果广告刊例收入增幅高于广告资源增长，则广告价格增长，且增幅悬殊越大往往意味着广告价格增幅越大；反之亦然，如果广告刊例收入增幅低于广告时长增幅，往往意味着广告价格下降。根据表 3-1 中数据，可发现 2016 年以前报纸广告刊例收入增长率超出了广告资源增长率，其中 2013 年以前超出的百分点数还都在 8 以上，而 2014—2016 年广告刊例收入超出资源量只有 2—2.5 个百分点，这说明中国报业广告刊例价格从 2014 年开始涨幅就很小。由此可以推断 2008—2016 年报纸广告平均刊例价格绝对数值都是增长的；但是 2017 年广告刊例收入增幅低于广告资源增幅，可以推断广告刊例价格在 2017 年出现下降。根据广告刊例收入增幅和资源增幅，笔者推算出中国报纸 2010—2013 年平均刊例价格增幅分别为 7.21%、8.82%、11.71%、

---

　　① 数据来源：作者根据 CTR 历年发布的《中国广告市场回顾》整理。

10.71%,2014—2017 年平均刊例价格增幅分别为 3.16%、4.03%、3.37% 和−7.15%。由此可见,2012—2013 年报业广告收入总额虽然下降但广告价格却仍然增长了 11.71%和 10.71%,这说明报社可以通过减少广告资源交易来维持价格增幅,这似乎可以说明它具有一定的垄断地位和垄断式的经营行为,因为传统报业市场有着较高的准入壁垒,即便涨价、自身减少产品供给也不会带来更多的竞争者进入市场。2014 年以后刊例收入和市场交易量持续显著下降,但推算出的广告刊例价格仍一度保持增长,这说明即便传统报业市场壁垒依然存在,在位者依然拥有一定的垄断势力。2017 年报业刊例价格开始下降,则意味着报业机构已经因互联网广告市场的竞争替代而失去了价格垄断地位。

当然,报业广告实际定价往往低于广告刊例价格,现实中广告价格涨幅可能更低。但因为广告刊例价格是公开、持续发布的价格体系,对分析广告定价有系统的参考价值,它也是各界最常用的价格指标。现实中报业广告价格可能更早就开始降低,其垄断地位难以维持。

报纸产品定价也是报业机构的重要市场行为。表 3 - 2 统计了 2015—2017 年中国报纸印数与定价增幅,数据显示这几年中国报纸印数、总定价不同程度下降,但是平均每份报纸价格却小幅稳步上升。

表 3 - 2　中国报纸印数与定价增幅 (2015—2017 年)①

年　份	总印数增幅	总定价增幅	平均每份价格增幅
2017	−7.07%	−2.29%	4.76%
2016	−9.31%	−6%	3.96%
2015	−7.29%	−2.12%	5.21%

应该说导致这种报纸定价上涨的原因,既有市场因素也有报业政策性垄断因素,具体来说大致包括生产资料价格上涨、政策推动党报价格上涨以及报业机构为优化收入结构和提高有效发行而涨价等原因。2017 年中国居民消费价格指数(CPI)上涨 1.6%,工业生产者出厂价格指数(PPI)上涨 6.3%,在此基础上分析报纸价格 4.76%的涨幅,可以推测报纸价格上涨主要由生产资料涨价被动引起。因为新闻纸价格从 2016 年开始暴涨,

---

① 数据来源:《全国新闻出版业基本情况》历年数据,平均每份价格增幅为作者根据原始数据计算所得。

从 2016 年最低时的每吨 2 000 多元，一年多时间涨到 5 500 元，涨幅达 125％。[①] 另外，政策推动党报价格和发行量上升也成为带动整体报纸涨价的因素。每年从中央到地方的各级党政机构都大力推动党报发行订阅，例如，《南方日报》2015 年、2016 年和 2017 年发行增长率分别是 0.73％、1.2％和 3.6％，《光明日报》2017 年征订数创造 35 年来新高。党报定价也"正经历持续提价潮"：[②]《青海日报》每年 588 元、《北京日报》和《海南日报》每年 540 元、《新华日报》每年 532 元、《辽宁日报》每年 520 元、《江西日报》每年 516 元、《承德日报》每年 534 元……其中《北京日报》定价比 2015 年上涨了 50％；另外《光明日报》订阅价也从 2015 年的每年 288 元涨到 2018 年的每年 360 元。

研究显示自 2004 年以来中国报纸价格就一直呈上涨态势，增长幅度最大的时间是 2007 年和 2009 年，定价总金额年同比增长率达到 11.03％和 10.62％。例如，《南方都市报》自 2007 年在深圳地区改版加价，价格由每份 1 元涨至每份 2 元，成为国内最贵的都市报。南京成为国内首个报纸集体提价的地区，随后武汉、成都、北京、上海、昆明等地区都市报纷纷涨价，涨幅从 50％到 100％不等，总体而言，2008—2009 年全国各类报纸中有近七成涨价。之后报纸涨价依然存在，2011 年与 2012 年的全国报纸价格增幅分别为 5.78％和 4.77％。[③]

这些报业机构涨价行为背后，并存着激烈的区域寡头竞争和行政垄断结构。即便是《南方都市报》曾经在深圳市场占有 2/3 的市场份额，但是当它 2007 年 11 月提高价零售价格后，当月在深圳的零售市场份额很快下降至 26.81％，其竞争对手《晶报》《深圳晚报》《深圳特区报》的市场份额则大幅提升。[④] 与此同时，在 2008 年报业涨价潮流中有些城市如北京、武汉等地采取联合行动共同涨价时，结果零售市场却没有太大波动，零售市场格局维持稳定。同样，2011 年后重庆、贵阳、青岛等地都市报也集体提价，试图在严峻的行业生存环境中获取了更大的收益。[⑤] 数家产品同质度很高的都市报能够采取这种典型的"价格共谋"行为，一方面原因在于本书第三章所分析的不同行政隶属导致的寡头竞争市场结构；另一方面是

① 陈国权.2017 中国报业发展报告 [J]. 编辑之友，2018 (2)：28-36.
② 数据来源：记者网，https：//wap. jzwcom. com/jzw/af/18278. html. [2019-08-05].
③ 李赛可. 报纸发行提价态势、缘由与策略分析 [J]. 编辑之友，2014 (8)：42-46.
④ 田珂. 报纸涨价对中国报业市场格局的影响分析 [J]. 中国报业，2009 (3)：20-24.
⑤ 李赛可. 报纸发行提价态势、缘由与策略分析 [J]. 编辑之友，2014 (8)：42-46.

因为中国报纸作为承载着强大政策功能的产品，其价格的确偏低，当时中国内地同类报纸的销售价格是香港地区的 1/8、台湾地区的 1/12、日本的 1/12、美国的 1/7、以色列的 1/30。尽管部分报社调高了报纸售价，但我国报纸销售价格仍然是全球报纸销售价格最低的国家之一。[①]

　　这一波报纸涨价现象之前是惨烈的发行价格战。世纪之交的都市类报纸的价格大战已经成为新闻史上非常重要的一页，市场的增长背景、行政主导的市场结构低效、政府部门强大而又无奈的"有形之手"影响都在价格战中得以显现。1999 年南京报业市场价格战首先引起各界关注。1999 年 5 月 9 日，《江苏商报》以 0.2 元一份推出，这也是当时南京报业最低价，并迅速占领了当时的南京早报市场。同年 9 月 1 日，《江南时报》同样以 0.2 元一份推出。10 月 12 日，新华社江苏分社属下的报纸《现代快报》以 0.1 元的价格面世，首日报纸就卖出了 6 万份。12 月 8 日，《新华日报》集团所属的《每日侨报》推出了降价、扩版、赠送的配套活动：报纸由原先的 4 开 16 版黑白小报纸，改为对开 8 版的彩印大报，每份售价 0.1 元，并且读者在买《服务导报》时可以获赠一份《每日侨报》。1999 年底，《南京日报》也推出了买《南京日报》送《金陵晚报》的活动，如果订全年的《金陵晚报》则等额返还实物，等于报纸免费。直到 2000 年 1 月，在江苏省记协牵头下，各家报社签订了《关于调整报纸价格的协议》，协议规定自 2000 年 3 月 1 日起南京地区报纸售价最低限价为 0.3 元，各报也不再实行搭配销售或其他赠送、优惠。2002 年 1 月 10 日，湖北省新闻出版局对《武汉晚报》《今日快报》《武汉晨报》《楚天金报》等报纸之间的价格战进行干预，宣布武汉地区所有晚报类、都市报类报纸实行统一零售价，随后各家报纸都把售价调整到每份 0.5 元。2003 年，南昌报业市场由赠品比拼而导致一轮激烈的订阅价格战。2005 年 9 月，新闻出版总署对南京、成都、西安等十个报纸市场进行调查发行，报纸发行竞争依然激烈，成本 2—3 元的报纸仅售 0.5 元，甚至只卖 0.3 元、0.1 元，赠品价值也逐步上升。[②] 管理部门多次对报业价格战、赠品战、优惠战进行协调管理。

　　随着互联网媒体的剧烈冲击，中国经济"新常态"下广告需求增速放缓，中国报纸广告收入"断崖式下滑"态势已持续多年，由此也导致了报

---

①　吴锋. 30 年来我国报刊发行经营的回顾与反思 [J]. 中国出版，2008（10）：36 - 38.
②　肖赞军. 报业市场结构研究 [M]. 长沙：岳麓书社，2009：160.

业机构许多恶性竞争乃至违法的市场行为。2013 年报纸行业只有 31.4% 的媒体实现了广告收入增长，而电视广告增长的媒体占 45.5%，且平均增幅达 26.2%；互联网媒体收入增长者更是达到 66.7%。2014 年 1—11 月，报纸广告收入下降幅度更是达到上年一倍以上，下降 17.7%；报纸广告版面面积下降 19.4%。① 收入下降、价格下降的报业如何勉强维持生存乃至维持国有报业机构"发展"的形象？各种违规、违法市场行为应运而生，2014 年的"沈颢案"使得这一现象浮出水面。2014 年 9 月，21 世纪传媒总裁沈颢和总经理陈东阳因涉 21 世纪网新闻敲诈案而受到刑事强制措施，他们让报纸利用负面报道和"有偿不闻"来威胁企业投广告的现象浮出水面，并且让各界意识到这是中国报业比较普遍的"潜规则"。据新华社报道，沈灏是因为传统报业受到互联网媒体的剧烈冲击，出于公司生存和盈利的考虑，而"急于求成""利令智昏"，从 2010 年开始利用这种方法来销售广告。并且，沈颢说自己还有一种法不责众的侥幸心理，认为既然是行业内比较普遍的行为，就没有充分反省这种行为的恶劣性质。"无论是利用负面新闻，还是利用有偿沉默谋取经济利益，都是对媒体社会公器的玷污，是一种犯罪行为。"②

这种违法竞争行为究竟是不是普遍行业潜规则？新华网、光明网、中共中央党校所属中国干部学习网等主流网站在引用案件当事人沈灏的采访中，并未对此事实予以否认或解释。吴飞作为中国新闻传播学界知名学者，他针对这一事件的相关评论有很大的影响力和转载率。由此，基本可以认定这种违法竞争的现象在中国报业市场的确存在。恶性市场竞争不是违法竞争的理由，为什么中国报业广告市场居然长期允许这一违背职业准则甚至违法的行为存在？一方面原因是中国存在有法不依、执法不严的现象；另一方面，则是因为这些报纸机构都是国有事业单位和国有企业单位，司法机构偶尔可以查处违法个人，但是对数量巨大、社会影响力巨大的国有垄断报纸机构、国有垄断报纸行业，国家司法机构没有足够动力、没有足够能力依法查处这一普遍存在的违法广告竞争乃至违法广告敲诈勒索行为。

---

① 数据来源：崔保国. 中国传媒产业发展报告（2014）[R]. 北京：社会科学文献出版社，2014：21、290；姚林. 报纸广告继续下滑转型成效已见端倪 [J]. 中国报业，2015（1）：35-37.

② 失掉力量的沈颢：北大才子新闻梦的沉沦 [EB/OL]. https：//finance. sina. com. cn/leadership/mroll/20150306/142621662382. shtml. [2019-08-05].

二、报纸媒体研发创新行为

研发创新是企业提高市场竞争力最重要的方法之一，也是全行业提高生产效率的有效途径，是否能够激励推动企业进行研发创新也是评价规制绩效的指标之一。中国媒体研发统计数据严重缺失，国家统计局权威的普查数据将传媒行业研发指标包含在"文化、体育与娱乐"行业大类中，占中国媒体数量绝大多数的非上市公司的媒体研发投资方向和数额不公开。在官方性质的《中国新闻年鉴》等文献中，主要突出的是宣传事业成绩、宣传政策，涉及产业发展，往往也只是笼统地介绍收入成绩、增长情况，缺少研发等市场经营行为相关具体数据。故本书将通过对业界人士的问卷调查，并结合部分可查数据，在实证材料的基础上试图分析中国报业机构在研发创新行为与投入。

总体而言，中国报业机构近年来在数字技术、传媒产品、生产流程、传播平台、经营管理、盈利模式以及综合发展战略等方面进行了一定研发创新。艾媒咨询《2017年中国新媒体行业全景报告》数据显示，2016年中国各类传统媒体在移动端传播渠道占有情况中，报纸媒体融合传播度最高，百强报纸微信公众号开通率高达100％，入驻聚合App比例为99％，转型App比例为93％。《人民日报》发布的中国媒体融合传播指数报告也显示，2017年中国报纸媒体微博和微信建设率分别为97％和98％。

中国传媒研发创新的主要方向是运用内容海量、传播手段丰富、便捷、互动、覆盖面广泛的新媒体，进行产品创新和技术创新。在许多新闻媒体和各种总结报告中，或多或少可以看到类似的消息。从早期把传统媒体内容简单地搬上新媒体，如报纸网站、报网联动、电子报，到根据各种传统媒体的特点和新媒体特点，设计独特的新媒体新产品，如手机报、互动评论、报纸微博、报纸微信、报纸App等，2013年"全国云报纸技术应用平台"的成立，全国29家主流报纸签约加入该平台。各大报业集团也纷纷开发新产品，如上海报业集团2014年陆续推出的上海观察、澎湃新闻、界面新闻等新媒体产品就引起了较大社会反响。但是报业新媒体的经营效果似乎不容乐观，即便是影响较大的上海报业新媒体亦是如此，在其相关上市公司"新华传媒"年报中，并未显示这方面投资、收入金额。

2016年是中国报业机构创新又一个重要年份，其中"中央厨房"技术创新、"两微一端"新媒体终端创新是主要创新着力点。2016年2月，习近平总书记在《人民日报》调研并对"中央厨房"采编平台给予高度肯定，此后中央厨房作为媒体标配与龙头工程，在各地、各类媒体掀起了建设热潮，并推动了采编发网络和流程的重构，推动了新闻媒体内部体制和机制的完善。[①] 2016 年另一个媒体创新典型现象，是以"两微一端"为核心的新媒体终端出现爆发式增长，微博、微信、App 成为报业新媒体标配，报业微信、微博得到普及，App 也增加了近一倍。[②]

评价企业研发创新常用的指标是投资金额、研发团队，但由于绝大多数中国报业机构未公布这方面的系统数据，本书结合部分上市报业机构数据和对从业人士的调查问卷得出初步判断认为：中国报业机构研发创新投入较低，针对新闻传播产品的研发创新投入尤其低。

国家统计局数据显示，2009 年"文化、体育与娱乐"行业大类研发投入人员仅占全国总数的 0.05%，研发经费仅占全国总数的 0.03%。[③]《中国证券报》发布的数据显示，2014 年，深市上市公司研发投入金额合计 1 488 亿元，平均每家 8 926 万元；其中有 419 家公司研发投入占营业收入比例超过 5%，占上市公司总数的 25.13%；有 131 家公司研发投入占营业收入比例超过 10%；有 35 家公司研发投入占营业收入比例超过 20%。其中，高新技术企业以及战略性新兴产业企业为主的创业板，公司平均研发强度达到 5.38%，居三板块之首。[④] 2017 年中国 R&D 经费支出已占GDP 总量的 2.1%，2017 年沪深 300 指数成分公司的研发费用占收入比例为 1.8%（见表 3 - 3）。[⑤] 为数不多的中国报业上市公司研发投入比例差异也较大，投入方向较多聚焦在网络游戏领域等"非报业务"，以及部分新媒体传播技术研发。中国报业中浙报传媒（2017 年变更为"浙数文化"）在游戏、大数据领域的研发投入非常典型，2017 年结合重大的资产出售、重组，一家报业媒体上市公司已经完全转变为数字化文化科技与服务公司。

---

①　黄晓新，刘建华，卢剑锋. 中国报业融合创新现状、问题与趋势 [J]. 传媒，2018（4）：9 - 14.

②　崔保国. 中国传媒产业发展报告（2017）[R]. 北京：社会科学文献出版社，2017：149.

③　二次全国科学研究与试验发展（R&D）资源清查主要数据公报 [EB/OL]. http：//www. jssts. com/Item/342. aspx. [2019 - 08 - 05].

④　2014 年度上市公司总体情况分析 [EB/OL]. http：//finance. people. cn/stock/n/2015/0504/c67815 - 26942922. html♯♯1.

⑤　中金. 2017 年 A 股上市公司研发费用 5 705 亿元 [EB/OL]. http：//stock. qq. com/a/20180530/016172. htm. [2019 - 08 - 05].

表3-3　2014年、2017年主要中国上市报业公司研发情况指标[①]

公司	2014年			2017年		
	研发费用（亿元）	研发占总收入比重	研发投入领域	研发费用（亿元）	研发占总收入比重	研发投入领域
博瑞传播	0.84	5.13%	网游，推出新游戏11款	0.83	9.58%	游戏产品，上线新游戏4款
浙报传媒（浙数文化）	1.23	4.00%	电子竞技游戏、手游、视频等	4.16	25.59%	电子竞技、棋牌游戏、大数据平台、云计算等
华闻传媒	0.096	0.24%	太傻网资源开发、在线教育等	0.21	0.61%	太傻网、移动视频等产品
粤传媒	未发布	未发布	未发布	0.012	0.13%	地铁O2O终端交互媒体平台
新华传媒	未发布	未发布	未发布	未发布	未发布	未发布

　　笔者于2016年对402位中国传媒业界人士的问卷调查结果表明，中国传媒行业总体研发投入较少，而报业机构研发投入尤其少（见表3-4）。对"您认为贵公司研发投入"的问题，整体传媒行业认为研发投入"少"或"过少"者比例大于认为投入"多"或"过多"者，而来自报业机构的受访者有80.77%的人认为"少"或"过少"，认为本公司研发投入"多"或"过多"的受访者居然为零：

表3-4　传媒业与报业机构从业人士对本公司研发投入评价情况

	A过多	B多	C适中	D少	E过少	空缺
传媒业	1.24%	12.44%	45.52%	30.6%	8.21%	1.99%
报业	0	0	19.23%	50.00%	30.77%	0

　　报业机构研发创新面临的一大困境是研发效果欠佳、缺乏有效盈利模式，这也是各类国有媒体普遍面临的情况，即便是花费较大投入创办

①　资料来源：根据相应公司2014年、2017年的年度报告整理。

的新技术、新媒体产品，也经常面临"叫好不叫座"的困境，投入难以形成持续的良性循环。研发创新经常是一个投资额巨大、投资周期漫长、投资风险很高的市场行为，报业机构研发创新不仅面临技术的风险和困境，还受到产权体制、政策目标等多方面的制约。2017年9月在第二十四届全国省级党报总编辑年会上，湖北日报传媒集团党委书记、社长、总编辑陈剑文指出"新媒体发展投入巨大，但是始终没有找到足以支撑其自身可持续发展的盈利模式"。这个观点被认为代表了很多国有报业机构的普遍处境。[①] 报业机构进行的新媒体创新包括电子版报纸、新闻网站、手机报、阅读器、iPad版报纸、微博、微信、客户端、短视频等各种形式，但各种报纸新媒体都未探索出成功的盈利模式。与此同时，建设和持续运作新媒体的成本却非常高昂，利用传统报业收入来源以及财政拨款启动的新媒体业务和设备往往面临难以持续的局面。近年来各地报业机构大力建设的"中央厨房"采编系统创新都可谓大手笔，《人民日报》"中央厨房"仅环绕大屏幕就需要3 200平方米的集中办公区，浙江日报报业集团的全媒体指挥中心也配备了由27块70寸DLP高清背投显示器组合而成的大屏幕，《柳州日报》的"中央厨房"建筑面积1 200平方米。前期基本硬件设备价格昂贵，其配套软件及更新也耗资巨大，后期维护与服务成本可能还会更高。再如，河南大象融媒体集团"新闻岛"投资1.6亿元，《廊坊日报》"中央厨房"硬软件投资1 000余万元，金华日报报业集团"中央厨房"投资约1 500万元，《淮北日报》"中央厨房"预算1 348万元[②]……应该说对于收入和盈利江河日下的报业机构来说这些投入已经不低，但是对于高科技、新媒体行业来说，这些投资的确也不算很大。问题在于，许多报业机构被动或主动创新的新媒体产品在传媒市场并未形成传播优势，即使有些产品传播上产生了影响力，但绝大多数报业新媒体也面临"叫好不叫座"的尴尬。2018年6月中国网站浏览量排名前100的网站没有一家是报业机构主办的网站，排名靠前的网站多数是视频类网站；即便把比较范围缩小到新闻资讯网站，报业机构网站阅读浏览量最靠前的环球网也只排名第18，人民网浏览量排名为第26。2018年6月新闻资讯类移动App月度有效总时长排行榜上，近年来声名鹊起的澎湃新闻App也只排名第30位，这是报业机构主办新闻

① 陈国权. 中国报业发展报告［J］. 编辑之友，2018（2）：28-36.
② 陈国权. 中国报业发展报告［J］. 编辑之友，2018（2）：28-36.

资讯 App 最前的排名，而在全部 App 应用排行榜上更是前 500 名都无法进入。[①]

"政务广告"是近年来各地报社兴起的一种收入来源，并迅速在报社收入中占到很高比重，但是这种收入是否属于"盈利模式创新"也存在很大争议。所谓"政务广告"就是各级别各部门党政机构在报纸尤其是党报上投放的形象宣传广告和专刊专版报道。资料显示，这部分营收通常占到各党报总广告营收的 50％ 以上，《浙江日报》的政务类广告整体占比达到 66％，有的党报甚至占到 70％ 以上。再如，河南省第十次党代会期间《河南日报》组织了"喜迎省第十次党代会省辖市巡礼"系列新闻报道和"献礼"系列跨版特刊，就吸引了 40 余版的广告；党代会前后 15 天左右，报纸广告收入超过 1 600 万元，其中仅各地市政务广告宣传就完成 1 007 万余元；再如《陕西日报》在"追赶超越在陕西——盘点十二五迈向十三五"专题报道活动策划中，也实现广告刊发量 1 200 万元左右；《焦作日报》通过专刊实现广告营收，所办各类专刊有 80 个，形成了以专刊带大报的产品结构。[②]《南昌日报》2017 年的 5 000 多万元收入中，政务广告就占 3 000 多万元。应该说报纸广告创新的确面临技术上巨大的限制，近年来广告市场创新增量主要来自创新的广告平台和广告形式，如搜索广告、电商广告、程序化广告、移动端广告、原生广告等，而这些新的广告形式恰恰是新闻纸无法承载的，也是报业新媒体的弱项。[③] 但是，"政务广告"实质上是把广告费从党政部门公共财政预算中转账到党报收入中，这种财政收入"从左边口袋挪到右边口袋"是否属于有效的报业盈利模式创新，的确值得质疑，因为这种收入模式一定程度上已经脱离了真正的市场有效需求、脱离了社会财富创造增值的循环流程，这种广告收入只是党政机构内部流通的一种财富数字。

三、报纸媒体兼并投资行为

企业兼并是指两个以上企业在自愿基础上依据法律通过契约而结合成

---

①　数据来源：艾瑞咨询，http://index. iresearch. com. cn/App/List. [2018-08].
②　陈国权. 2017 中国报业发展报告 [J]. 编辑之友，2018（2）：28-36.
③　陈国权. 2017 中国报业发展报告 2018 [J]. 编辑之友，2018（2）：28-36.

一个企业的组织调整行为。企业兼并通常包括横向兼并（水平兼并）、纵向兼并（垂直兼并）和混合兼并（复合兼并）三种类型。有学者认为组织调整行为是对市场关系影响最大的市场行为，因此产业组织理论非常重视企业兼并行为。[①] 企业兼并实质是一个投资、产权交易的过程，发动兼并的企业动机经常在于获得规模经济效益、提高市场竞争力和市场支配力量、降低市场进入壁垒、减少资产经营风险，或者就是单纯扩大企业规模以提高经理人员的声望和收益；而被兼并企业的动机则在于减少资产经营风险、避免破产和回收资本。产业组织理论中也经常用"一体化"或"产业整合""产业链控制"概念，描述企业通过兼并投资参与更多生产服务过程的行为，其中一家企业参与生产服务两个以上前后相继阶段的过程，被称为纵向一体化（vertically integration），也即纵向兼并；一家企业参与并且整合生产服务过程中的同一阶段更多的同类企业则被称为横向一体化。

在市场经济已经形成并主导社会生产过程的发达国家，社会和理论界关注较多的问题是企业兼并行为、整合行为是否会导致垄断从而损害整体经济效率，西方权威经济学家甚至形容"整合是否会影响垄断势力是一个被争论得热火朝天的问题"，[②] 传媒领域的企业兼并更是引起全社会的警惕，因为处于垄断地位的大型传媒企业往往对民主意见表达、政治生态和选举产生直接而重大的影响，被认为是危害西方式民主社会的根本，美国反对传媒兼并人士就非常担心美国政治被五大传媒巨鳄控制而变成意大利那样由传媒企业家控制政治和公共事务的情形。[③] 中国国情则和西方不同，一方面中国企业包括传媒机构受行政区划影响普遍较为分散；另一方面，即便是因行政或市场原因而形成的大型垄断企业往往是国有企业或受政府规制较严格的非国有企业，这些企业对社会的控制力和影响力远不及西方资本主义国家私人企业对社会的控制力和影响力。所以，在能够控制企业社会影响和政治影响这个隐含的事实前提下，中国政府规制政策往往鼓励并积极推动企业"做大做强"，政策上比较鼓励企业提高竞争力和规模效应，鼓励企业兼并。现实中的问题恰恰是不

---

① 苏东水. 产业经济学 [M]. 北京：高等教育出版社，2005：149.

② 威廉·G. 谢泼德，乔安娜·M. 谢泼德. 产业组织经济学 [M]. 张志奇，等，译. 北京：中国人民大学出版社，2009：311.

③ Eli M. Noam, *Media Ownership Concentration in America*. New York：Oxford University Press，2009，p.3.

同利益主体的企业往往受到行政格局限制，难以实现经济效率主导的市场化兼并。

兼并重组、机构整合经常是企业应对市场竞争、降低成本、提高经济效率的有效经营行为。同行业中企业横向兼并可以扩大企业规模效应、降低生产成本、扩大市场份额和影响力；纵向兼并往往能够加强企业对产业链和生产过程的控制，从而降低市场风险、增强市场驾驭能力；企业对相关行业的斜向兼并收购，往往也能提高资源利用效率、获得范围经济效应。

传媒企业兼并重组、所有权融合对市场结构、企业规模、产品结构影响尤为直接。传媒所有权融合使原来单一线性的产业链向围绕内容生产的多层次、立体化的产业链转变，这种转变产生战略协同效应，可以分散经营风险；从产业结构角度看，纵向产业结构向横向产业结构过渡，产业分立向产业融合过渡，避免了同行业恶性竞争，不同产业之间的竞合关系得到强化，在同一个多媒体平台上展开更高层次的有效竞争；从产业绩效角度看，微观层面上能够带来成本节约效应，即产业融合能够提高共用资产的利用率，使生产与销售的边际成本能够长期的结构性削减，中观层面上能够产生竞争合作效应，有利于形成有效竞争的新型市场结构，从宏观层面上有利于产品和产业创新，并积极促进产业结构的升级和经济的持续增长。从市场结构来看，由分行业的高度垄断市场向融合后竞争性垄断或寡头垄断的市场结构转型，不同产业之间由非竞争关系转变为竞争关系。例如三网融合使得网络接入和有线信号传输的市场成为寡头垄断的市场竞争格局；从市场集中度来看，出现了两种相逆的作用力，随着并购的增多，产业内企业减少，集中度提高，而其他产业的进入又降低了集中度，形成有效竞争的市场，竞争活力和市场规模达到一种平衡。[①]

报业重组能够产生显著的规模经济和范围经济，这主要体现在：办报经验和人才的移植；发行网络的共用；管理机构、印刷机构共享，从而降低固定成本；品牌共享、联合广告宣传降低成本；共享信息资源、派出机构、广告代理；共享各种公共关系资源。[②]

涉及报业等媒体类型的中国传媒市场，兼并重组行为也日趋活跃。自

---

① 肖叶飞. 传媒产业所有权融合与反垄断规制. [J]. 国际新闻界，2013（4）：3-11.
② 金碚. 报业经济学 [M]. 北京：经济管理出版社，2007：153.

从 1996 年中国第一个报业集团——广州日报报业集团成立以后，到 2009 年中国有 49 家报业集团。[①] 近年来中国报业集团兼并重组明显加速，并且呈现越来越强的综合性，即重组涉及传媒子行业各个投资领域。数据显示，2008—2012 年传媒业并购规模从 6.92 亿元增长到 247.67 亿元，增长了 35 倍；[②] 2013 年比 2012 年并购金额又翻了一倍多，文化传媒业并购交易金额超过 600 亿元；2014 年我国传媒业发生近 200 起传媒行业并购案，远超 2013 年的并购数量，各类传媒子行业基本每两天就发生一起并购案，全年并购总金额超过 2 200 亿元，前 10 位涉及金额全部超过 30 亿元。2015 年传媒并购金额和案例略有下降，但 2016 年中国文化传媒行业市场回暖，融资和并购呈上升趋势，市场并购宣布交易 316 起，披露交易规模 425.91 亿美元，同比上升 14.22%（见表 3－5）。[③] 2017 年在政策趋紧的背景下，文化企业重组并购失败率似乎比较高，兼并重组案相对减少；但是 2017 年却是传媒公司上市丰收年，15 家传媒类公司在内地资本市场实现 IPO，尤其是出版类公司上市较多；传媒上市公司引进战略投资者、定增募资的案例也较多，江苏有线、快乐购、乐视网等传媒公司的融资额都超过 50 亿元。[④]

表 3－5 中国传媒行业并购概况（2008—2017 年）[⑤]

年 份	并 购 交 易	披露并购金额
2017	274 起	66 亿美元
2016	316 起	425.91 亿美元
2015	178 起	2 043 亿元
2014	196 起	超 2 200 亿元
2013	约 57 起	约 664.06 亿元
2012	—	247.67 亿元
2008	—	6.92 亿元

---

① 出版企业竞上市 不做主业做副业 [EB/OL]. http://jjckb. xinhuanet. com/jcsj/2009－05/27/content_160646. htm. [2019－08－05].
② 传媒业的春天 [EB/OL]. http://finance. ifeng. com/a/20140820/12958299_0. shtml. [2019－08－05].
③ 数据来源：《中国传媒产业发展报告》相应年份报告。
④ 数据来源：崔保国. 中国传媒产业发展报告（2018）[R]. 北京：社会科学文献出版社.
⑤ 数据来源：2013—2016 年数据均来自《中国传媒产业发展报告》相应年份报告；2008、2012 年数据来自凤凰财经，http://finance. ifeng. com/a/20140820/12958299_0. shtml. [2019－08－05]；2017 年数据来自搜狐网，https://www. sohu. com/a/218920683_750267. [2019－08－05].（单位未做换算）

从表3-5可以看出，中国传媒市场兼并行为总体逐年趋增。2009年国务院出台的《文化产业振兴规划》、2014年中央全面深化改革领导小组发布的《关于推动传统媒体和新兴媒体融合发展的指导意见》等政策也成为推动传媒兼并行为的利好政策。再进一步深入考察具体的传媒兼并案例我们可以发现，在历年活跃的传媒市场并购中，报业企业兼并行为相对较少，而互联网媒体、影视、游戏、出版行业相对更加活跃，尤其是BAT三家互联网巨头发起的并购行为更加频繁（见表3-6和表3-7）。

表3-6　2014年传媒业并购金额十大企业兼并案①

并 购 事 件	并 购 金 额	并 购 事 件	并 购 金 额
百视通合并东方明珠	492亿元	印纪传媒借壳高金食品	60亿元
阿里收购优土16.5%股权	10.88亿美元	阿里收购文化中国60%股权	62.44亿港元
马云、史玉柱收购华数20%股权	65亿元	优族信息借壳上市	6.30亿美元
复星集团收购studio	10.0亿美元	野马国际收购飞流	35.40亿元
中技控股收购点点互动	60.21亿美元	腾讯收购CJ Games	31.04亿元

表3-7　2013年部分传媒兼并案例②

买方企业	标的企业	交易金额（亿元）	交易宣布时间	交易股权（％）
阿里巴巴	新浪微博	35.48	2013年4月29日	18
阿里巴巴	日日流物流	22.04	2013年12月9日	34
阿里巴巴	高德地图	17.80	2013年5月10日	28
阿里巴巴	虾米网	—	2013年1月10日	100
百度	91无线	115.08	2013年7月16日	100

① 数据来源：崔保国.中国传媒产业发展报告（2015）［R］.北京：社会科学文献出版社，2015：331.

② 数据来源：崔保国.中国传媒产业发展报告（2015）　［R］.北京：社会科学文献出版社，2015：308.

续表

买方企业	标的企业	交易金额（亿元）	交易宣布时间	交易股权（％）
百度	去哪儿网	18.53	2012 年 12 月 11 日	—
百度爱奇艺	PPS 视频	22.40	2013 年 5 月 7 日	100
腾讯	搜狗	27.13	2013 年 1 月 30 日	36.5
腾讯	决胜教育	—	2013 年 1 月 30 日	—
优酷网	土豆网	—	2013 年 3 月 12 日	100
梅花伞	游族	38.67	2013 年 10 月 2 日	100
乐视网	花儿影视、乐视新媒体	15.98	2013 年 9 月	—
华策影视	克顿传媒	16.52	2013 年 7 月 30 日	100
光线传媒	新丽传媒	8.29	2013 年 10 月 28 日	27.64
浙报传媒	杭州边锋、上海浩方	32	2013 年 5 月 10 日	100
苏宁和弘毅资本	PPTV	25.43	2013 年 10 月 29 日	44
中国电信	天翼视讯	11.44	2013 年 4 月 26 日	80
博瑞传播	吉比特	9.20	2012 年 8 月 30 日	—
博瑞传播	漫游谷	10.36	2013 年 7 月 10 日	70
粤传媒	香榭丽	4.5	2013 年 10 月 28 日	100
蓝色光标	西藏博杰	16	2013 年 7 月 9 日	89

　　中国传媒兼并的一大特点是呈现显著的地域性，尤其是国有媒体重组并购更是如此，往往还需要通过行政手段来促成。2013 年 10 月 28 日，由解放日报报业集团和文汇新民联合报业集团合并组建的上海报业集团正式挂牌成立，这成为中国传媒重组的一个重大事件。各界一般认为，这次重组是在市场收缩的大环境下，报业采取"抱团取暖"、降低成本、提高竞争力的重要经营行为；同时也有人认为，报社重组也有利于组建大型国有

传媒集团，利于舆论口径的统一管理。新成立的报业集团将以统筹经营为主要职责，集团所属的解放日报社、文汇报社、新民晚报社则恢复报社独立建制，实行党委领导下的总编辑负责制，以做好媒体内容业务和把握舆论导向为主要责任。据估算，上海报业集团成立后，资产达到 208.71 亿元，净资产为 76.26 亿元，总体经济规模居全国报业集团前列。此外，集团旗下《新闻晚报》宣布于 2014 年 1 月 1 日起停刊，集团对旗下同质化报纸的优化整合拉开序幕。上海报业集团的成立不仅解决了恶性竞争的问题，也是从上海文化产业发展的战略布局出发，将上海的媒体做成"媒体旗舰"的重要举措。[①]

　　基于以上对近年来包括报业在内的中国传媒行业兼并投资行为的概述，我们可以发现随着传媒行业规模扩张尤其是互联网媒体市场规模和业务类型的极大扩张，即便有些年份受政策鼓励或限制可能有所加快或有所波动，但中国传媒企业大手笔的兼并投资行为总体日趋活跃。兼并投资的过程也是资源流动、优化配置的过程，是市场筛选高效企业、淘汰低效企业的过程，从而兼并投资行为也是提高总体行业经基金效率的自然进程。从中我们也可以发现，承担舆论导向功能的国有传媒企业尤其是国有报业机构兼并投资行为活力严重不足，已经实施的兼并投资行为中经常带有浓重的行政色彩，部分市场化、经济效率导向的兼并投资行为也多是面向互联网媒体、游戏动漫等新兴传媒业务，传媒业务多样化对国有传媒机构吸引受众和用户、实现有效舆论导向提出了新的课题，对国有传媒尤其是报业传媒经营方向和市场生存能力提出了严峻挑战。产业组织经济学之所以把兼并、一体化作为影响市场结构和经济效率的重要指标，是因为激励市场竞争中的企业往往会通过兼并、一体化行为来提高自身竞争力和经济收益，具有很强市场势力的企业还经常会因为自身经济收益而损害其他企业收益乃至社会利益，但是，中国报业机构的兼并投资行为因为产权、功能定位、内部机制等原因，总体来说似乎还远未充分建立适应当下媒体融合、业务多元的竞争战略、兼并投资战略。

　　2017 年浙江报业集团剥离传统报纸业务的重组行为引起业界高度关注。2017 年 3 月 31 日，上市公司"浙报传媒"以 19.97 亿元人民币的价格，将旗下新闻传媒类资产出售给控股股东浙报传媒控股集团有限公司，

　　① 资料来源：中国行业研究网，http：//www. chinairn. com/news/20131026/095356770. html. [2018 - 08].

其中包括公司所持有的 21 家一级子公司股权,如浙江日报新闻发展有限公司、钱江报系有限公司、浙江老年报报业有限公司、浙江日报报业集团印务有限公司、浙江法制报报业有限公司、浙江《美术报》有限公司等,上市公司名称也相应变更为"浙数文化"。与此同时,公司还全面启动资产业务的优化重组和体制机制的系统性改革创新,集中资源实现向互联网数字文化产业集团转型。这次出售的资产 2015 年营业收入为 23 亿元,占到浙报传媒 2015 年度营业收入的 67.45%。[1] 显然,将新闻传媒类资产转移至控股股东,而保留公司更具发展潜力和盈利能力的数字娱乐及大数据产业板块,这有利于公司优化业务结构、集中资金及资源重点发展优势业务,新公司高度介入人工智能等高新技术领域,进一步完善了产业生态链,旨在建设国内领先的互联网数字文化产业集团,从而实现业务的转型升级和公司的可持续发展。

四、报纸媒体公关营销行为

产业组织理论非常强调广告对市场竞争的影响,广告对企业自身的经营决策和整体市场结构都会产生重要影响,它可以减少消费者搜寻成本、增加消费者可察觉价值、实现质量信号传递功能,它也可以作为市场反进入的手段,因此广告的战略意义及其福利效应也是产业组织理论和质量经济学研究热点之一。[2] 也有产业组织理论学者将这种影响市场结构的重要因素概括为推销战略,[3] 事实上各种市场营销行为、公共关系维护行为,往往都是充分市场竞争条件下企业为了获得自身市场份额必须采取的市场经营行为。反之,处于垄断地位的企业往往不愁产品销售、不担心市场份额,对公共营销行为采取的投入往往较低。由于不同行业的产品消费特征差异很大,报业营销费用无法和其他行业直接比较;但是数据显示多数报业公司 2017 年营销费用占总收入的比重比 2014 年有所上升(见表 3-8),本书认为这也从一个角度说明报业市场和新媒体市场竞争加剧、营销力度相对加大。

---

① 浙报传媒出售新闻传媒类资产,一份报纸成公司累赘?[EB/OL]. http://cj. sina. com. cn/article/detail/1641561812/173604. [2019-08-05].

② 芮明杰. 产业经济学 [M]. 上海:上海财经大学出版社,2005:421.

③ F·M. 谢勒. 产业结构、战略与公共政策 [M]. 张东辉,等,译. 北京:经济科学出版社,2010:3.

表3-8　2014年、2017年主要中国上市报业公司营销费用情况①

公　　司	2014年		2017年	
	营销费用（亿元）	营销费用占总收入比重（%）	营销费用（亿元）	营销费用占总收入比重（%）
博瑞传播	0.89	5.28	0.67	7.69
浙报传媒	3.84	12.52	2.64	16.23
华闻传媒	5.34	13.51	4.28	12.51
粤传媒	3.49	21.57	2.36	26.39
新华传媒	4.28	23.92	4.18	29.29

关于报业营销投入情况，传媒业界人士对本书所做的问卷调查回答显示报业营销的投入相对不足：

表3-9　中国报业及传媒业员工对本公司营销投入评价占比

	A过多	B多	C适中	D少	E过少	（空）
报业	0	3.85%	30.77%	38.46%	26.92%	0
传媒业	1.24%	12.44%	45.52%	30.6%	8.21%	1.99%

表3-9显示，来自报业的受访者认为本公司营销投入"少"或"过少"的受访者比例合计达到65.38%，大大高于传媒业总体这两项选项比例合计数值的38.81%；相应地，认为本公司营销投入"多"或"过多"的受访者比例合计只有3.85%，也大大低于传媒总体13.68%的选择比例。这说明，报业机构员工普遍认为本公司在营销方面投入比较低，而且持这种看法的员工比例大大高于整体传媒行业员工看法。

五、报纸媒体成本控制行为

具备垄断地位的企业，在缺乏有效规制时，往往会利用自身的垄断地

---

① 资料来源：作者根据相应公司年报整理。

位给产品定高价，从而获得更高的垄断利润。竞争较充分、规制较合理市场中的企业，则更多必须通过提高生产效率、合理控制成本、产品创新来赢得利润。

铺张浪费、生产效率偏低、非生产性费用高，这曾是各界对中国国有媒体常有的批评。具体来说，近年来，在"八项规定"落实以前，中国国有媒体铺张浪费、成本控制不力大致表现为生产材料"跑冒滴漏"、办公费用高、吃喝招待费用高、办公建筑装潢费用高等。我国媒介事业单位管理上有严格的上下级、科层制机关管理特征，往往导致管理人员比较多、管理成本比较高。① 作为国有事业单位，传媒机构也存在官僚机关作风，责权不明晰，影响工作效率。在中国报业机构中是否也存在这种现象呢？国家新闻出版广电总局相关文件就认为，近年来我国各种以新闻出版产品和服务为主要内容的展会过多过滥，存在求轰动效应不重实际效果现象，存在豪华装饰、强行摊派、酒会宴会、旅游式展会、高消费娱乐、借展会之名赠送礼品等现象。② 这些活动可能是行政机构主办，但往往涉及新闻出版机构的参与和不必要的高额成本支出。但是，绝大部分报社作为国有事业单位，其各项费用支出并不公开，难以获得其准确数据并准确评价传媒规制这方面的绩效。作者2016年的调查问卷也表明，报业机构人士认为本公司行政成本较高。表3-10显示，报业机构受访者认为本公司行政成本"多"或"过多"的比例合计达42.31%，大大高于认为本公司行政成本"少"或"过少"的比例（7.69%），也高于传媒行业整体认为本公司行政成本"多"或"过多"的比例之和（27.61%）。

表3-10 报业及传媒业员工对本公司行政成本评价情况

	A 过多	B 多	C 适中	D 少	E 过少	空缺
报业	11.54%	30.77%	50.00%	7.69%	0	0
传媒业	7.96%	19.65%	51.49%	15.67%	2.99%	2.24%

上市报业公司发布的管理费用数据，似乎也可以透视出一些国有报业机构管理费用、成本控制的一些特征。2014年、2017年中国主要上市报业公司管理费用情况如表3-11所示：

---

① 谢金洲. 媒介经营与管理 [M]. 北京：北京大学出版社，2011：470.
② 关于坚持厉行节约、严格控制和规范新闻出版展会的通知 [R] //中国新闻年鉴（2014），2014：45.

表 3-11 2014 年、2017 年中国主要上市报业公司管理费用情况①

公　司	2014 年		2017 年	
	管理费用（亿元）	管理费用占总收入比重（%）	管理费用（亿元）	管理费用占总收入比重（%）
博瑞传播	2.79	16.56	2.52	28.93
浙报传媒	4.17	13.60	4.41	27.11
华闻传媒	3.51	8.88	3.78	11.05
粤传媒	1.42	8.78	1.61	18.01
新华传媒	1.36	7.60	1.15	8.06

表 3-11 显示，2017 年中国主要报业上市公司管理费用占总收入比重差异很大，在 8.06%—28.93% 之间，这可能与不同公司的统计口径差异以及管理方式都有关；但是 2017 年与 2014 年相比管理费用绝对数值其实相对变化并不大，有的公司还降低了，但是管理费用占总收入比重相对 2014 年都有所提高，这可能是新媒体冲击下报业机构收入降低所致。

第二节　电视媒体市场经营行为

传媒业曾被称为"最后的暴利行业"，电视行业就曾是这种典型。这种典型的"行业暴利"及其背后的行业垄断地位，在每年的电视广告招标拍卖、在万众瞩目的"春节联欢晚会"等现象中尤为瞩目；这种"行业暴利"与行业垄断现象或许还体现在大量节目制作公司将电视节目出售给电视台播出的交易中；甚至也表现在电视台曾经肆无忌惮的广告插播行为中。然而，近年来随着互联网媒体影响力和市场份额迅速扩大，电视媒体的广告招标、节目采购、广告播放等行为也发生了显著的逆转与分化，电视广告需求已逐步萎缩，许多电视台尤其是地方电视台已经失去了市场竞争中的生存能力。

---

①　资料来源：作者根据相应公司年报整理。其中博瑞传播 2017 年年报注明管理费用中包含研发费用。

总之，通过研究电视媒体的广告定价、节目定价以及插播广告（这其实是观众收看节目而付出广告收看时间的"收视定价"）等行为，并系统分析电视媒体机构的研发创新行为、并购重组行为、营销公关行为和成本控制行为等维度，则可以科学系统地评价电视媒体经营行为及其绩效，也可以根据这个体系来评价传媒规制的绩效。电视产业的兴衰固然是一种技术更替、市场竞争淘汰的现象，但是从公共政策的角度来看则需要科学审慎地分析传媒规制对电视机构市场经营行为经济效率的影响。

一、电视媒体产品定价行为

产品价格高低显然直接影响企业收益，也体现了企业在市场上的竞争与垄断地位。对全社会而言，垄断企业限产高价往往会损害社会整体福利和经济效率。广播电视机构的产品定价行为主要涉及三类对象——广告主、节目供应商、受众，所以其定价行为相应也包括三类：广告产品定价、节目采购定价、收视费和插播广告数量。实际上收看广告是观众收看电视节目所付出的价格。研究电视机构在各个主要产品市场的定价行为，是分析其所处市场的竞争与垄断状况的重要方法，也是评价传媒规制绩效的重要维度。并且，近年来在互联网媒体冲击下，电视机构定价行为也发生了剧烈变化，分析这种变化中的行为特征恰恰能够突出缺乏互联网媒体竞争时电视市场的竞争与垄断特征，也利于进一步探讨当下和未来优化电视机构市场行为的路径。

（一）广告定价

各界似乎对广告经营总额的关注度远高于广告价格关注度，但是价格往往是供给、需求方综合博弈的结果，能看出面对供给和需求变动时相应主体的行为特征。产业组织经济学一个基本的重要观点，就是认为垄断市场结构下的企业会利用自身的市场势力抬高产品价格，为自己获得垄断利润，与此同时却损害了消费者福利和社会整体福利。宏观广告行业经营数据由国家职能部门和第三方机构发布，但是准确的微观传媒机构广告产品价格却往往缺少稳定而系统的发布渠道，甚至是作为商业秘密很难获取。本书将尽可能应用权威第三方咨询机构发布的可用系统数据，以及媒体发布的非系统但可信度较高的数据，来分析电视传媒的定价行为特征。

表 3-12　2008—2017 年电视台广告刊例收入与时长增幅①

年份	广告刊例收入增幅（%）	广告时长增幅（%）	收入增幅超出时长增幅百分点（%）
2017	1.7	−4.5	6.2
2016	−3.7	−4.4	0.7
2015	−4.6	−10.7	6.1
2014	−0.5	−8.9	8.4
2013	9.6	−7.0	16.6
2012	6.4	−10.2	16.6
2011	13	−5.2	18.2
2010	11	−9	20
2009	15	3	12
2008	16	−0.8	16.8

　　根据表 3-12 中权威广告监测机构 CTR 发布的广告刊例收入与时长增长数据，我们大致可以推测电视刊例价格的走势。因为广告平均价格通常就是广告收入除以广告时长，所以一般来说，如果广告收入增幅高于广告时长增长，往往意味着广告价格增长，且增幅悬殊越大往往意味着广告价格增幅越大；反之亦然，如果广告刊例收入增幅低于广告时长增幅，往往意味着广告价格下降。根据表 3-12 中数据，我们看到 2008—2017 年电视台广告刊例收入增长率均超出广告时长增长率，由此可以推断这十年广告刊例价格绝对数值都是增长的；其中 2008 年、2010—2013 年广告刊例收入超出广告时长的百分点数尤其大，均在 16.6 个百分点以上，这说明广告价格增幅也相应很大，电视台在制定广告价格上有强势话语权乃至一定程度垄断权。尽管广告刊例价格在实际操作中有不同程度的折扣，但业界市场分析普遍采用的刊例价格还是有其参考价值，可以用来分析电视台广告的价格趋势。结合其他个案材料，可以由此综合判断电视台广告定价中的竞争与垄断现象。

　　从表 3-12 中还可以发现，2014 年中国电视广告刊例收入增幅超过刊例时长增幅的百分点数是一个显著拐点，它在 2014 年大幅下降并且

---

① 数据来源：作者根据 CTR 媒介智讯历年发布的《中国广告市场回顾》数据整理。

自 2008 年以来首次低于 10 个百分点,这说明广告刊例价格增速大幅下降。笔者对这种现象的基本解释是:2014 年是中国进入"媒体融合"时代的标志性年份,2014 年之前姑且可对应地称之为"媒体分立"时代,"分立"和"融合"时代中国传统电视面临的竞争与垄断格局差异显著,电视机构相应的定价行为也显著不同:

1."媒体分立"时代:电视台广告定价垄断优势显著

所谓"媒体分立",指的是报业、电视、互联网等媒体机构都在各自媒体类型领域生产、传播、经营、竞争,媒体类型之间的业务渗透和市场竞争不显著。政府规制机构也曾经按不同媒体类型实施分立规制。

在"媒体融合"之前较长一段时间里,电视是我国各类传媒中覆盖面最广、到达率最高、影响力最大的媒体,其市场影响力几乎不可替代,电视广告价格在一个时期连续递增,价格增幅明显高于其他类型媒体。市场对电视广告需求旺盛的同时,电视台和电视频道数量却控制严格很难增长,并且政府管证机构对广告插播、娱乐节目多有限制,造成电视广告的进一步稀缺,既有电视台的广告定价能力自然强势。

2010 年、2011 年中国电视广告价格上涨幅度明显,央视招标连攀新高,省级卫视广告普遍大幅上涨。2010 年央视黄金时段广告招标收入首次突破 100 亿元,同比增长 18.47%,[①]尽管金融危机之后广告需求增长放缓,但是央视作为唯一的国家电视台,其高度稀缺的黄金广告时段还是吸引了国内外众多广告客户激烈竞价。省级卫视方面,2010 年江苏卫视晚间平均价格增长 31%、山东卫视增长 29%、浙江卫视平均增长 30%、湖南卫视增长 37%、安徽卫视平均涨幅 15%、贵州卫视更是暴涨 45%。2011 年,中国电视广告刊例价格总体上涨 13%,其中仍是省级卫视上涨最高,白天、晚上、夜间分别涨价 29%、23%、24%,央视广告刊例价格涨幅相对省级频道较小,全天三个时段分别涨价 2%、5%、5%。即便在 2012 年经济形势走弱、广告时段减少的情况下,上半年各级电视台的广告刊例花费继续上涨,其中央视广告刊例价上升 3%,省级卫视广告刊例价上涨 11.9%,[②]电视广告的强势地位由此也可见一斑。电视广告价格大幅上涨也与政府部门限制广告播出有密切关系。2009 年发布、2010 年开始实

①　受益经济回暖 央视 2010 年广告招标超百亿 [EB/OL]. https://finance.qq.com/a/20091119/000707.htm. [2018-08].

②　数据来源:中国工商报官网,http://www.cicn.com.cn/content/2013-01/04/content_121734.htm. [2018-08].

施的《广播电视广告播出管理办法》（第 61 号令）[①] 就规定："每套节目每小时商业广告播出时长不得超过 12 分钟。……电视台在 19:00—21:00 之间，商业广告播出总时长不得超过 18 分钟""播出机构每套节目每日公益广告播出时长不得少于商业广告时长的 3%。……电视台在 19:00—21:00 之间，公益广告播出数量不得少于 4 条（次）""播出电视剧时，不得在每集中间以任何形式插播广告。"61 号令还对白酒等广告大类广告时长进行了明确限制，这也成为广告价格上升的推动因素。另外，2011 年国家广电总局发布《关于进一步加强电视上星综合频道节目管理的意见》，这份被各界戏称为"限娱令"的节目管理意见明确限制了 2012 年各种娱乐类节目的播出数量。从社会效益的角度"限娱令"显然有其合理性，但市场直接效果就是导致了娱乐节目广告时段的大幅增长。根据 CTR 媒介智讯数据，2012 年省级卫视综艺节目新节目数量从上年的 95 档下降到 86 档，但是省级卫视综艺节目广告刊例收入增长了 82.2%。2011 年 10 月国家广电总局发布《关于进一步加强广播电视广告播出管理的通知》，继续强调限制广告插播，这也导致 2012 年省级卫视电视剧插播广告时长减少 42.2%，电视剧广告刊例收入减少 33%。这都意味着单位广告价格的上升，意味着电视台对广告客户的强势定价地位。其实，在国家广电总局发布"限广令"以前各台插播广告时间逐步增加，广告时段价格也不断提高，没有出现竞争降价的现象。广告时段受限制后，广告价格增长更快，这说明，电视广告对于广告商来说总体还是一种替代性不强的卖方垄断市场，尽管网络视频广告对电视广告构成了一定竞争。

需要指出的是，中国电视市场行政垄断是全行业在特定行政区域的垄断，即便面临快速增长的广告市场需求也因垄断政策很难增加电视台和频道的市场供给，这是广告定价增长的"基本面"；但是央视、省级卫视、省级地面频道、县市频道等各类电视播出机构面临的竞争与垄断格局差异也很大，其中省级卫视之间的竞争最为复杂且激烈，它一方面多在本省市场具有垄断优势，另一方面在全国市场又面临着 30 多家定位基本雷同的省级卫视过度竞争。根据 CTR 媒介智讯《中国广告市场回顾》发布的数据，2010 年省级卫视广告时长下降 14%，但其广告刊例收入却增长 17%；央视广告时长下降 8%，其广告刊例收入增长 4%；省会城市台广告时长下

---

① 广播电视广告播出管理办法［EB/OL］. http://www. sapprft. gov. cn/sapprft/govpublic/10550/332951. shtml.［2019-08-05］.

降12％，广告刊例收入增长6％。省级卫视广告时长下降最多、刊例收入却也增长最多，这即说明市场竞争最激烈的省级卫视广告单价增长最快。为什么"过度竞争"的省级卫视恰恰是广告价格增长最快的呢？本书认为，从供给的角度来看，这是因为省级卫视在激烈竞争中加快了产品创新、经营创新进而提高了收视率——其创新行为将在下文中具体论述，给观众带来了更加多样、质量更高的节目同时提高了自身广告价值，从而提高了省级卫视广告时段的议价能力，特别是国家广电总局几度限制省级卫视娱乐节目播出和广告插播量，更是通过减少供给而提高了价格。从市场需求的角度来看，这是因为省级卫视凭借节目质量提高较快而在一个时期内逐步挤占了央视和地面频道的市场份额；垄断地位更加显著的央视和地面频道则因竞争不足、创新动力相对较弱，因而在全国经济持续发展和广告市场需求持续较快增长的背景下，广告收入以及广告价格增幅却相对较小。所以本书认为，中国电视广告定价行为总体具有卖方垄断定价特征，部分竞争激烈乃至竞争过度的市场仍然因整体电视广告市场的垄断特征而具有垄断议价优势。在"媒体分立"时代，电视传播影响力和广告营销影响力几乎具有不可替代的优势。

2013年中国电视播出机构的广告议价优势依然存在。中国传媒大学广告主研究开展的市场生态调研数据显示，[①] 71.9％受访电视媒体广告刊例价格上涨，平均涨幅为14.5％，在各类媒体中广告价格增幅最高；2013年有45.5％的受调查电视媒体实现了收入增长，且增幅达到26.2％。该调研认为，广告主选择媒体时更青睐贴合目标消费者使用习惯的媒体组合，选择"媒介受众与企业目标消费者的吻合程度"作为广告媒介选择最为看重因素的广告主占比为73.3％，远高于排名第二"的媒体性价比"（58.3％）和排名第三的媒体覆盖范围（52.5％）。显然，电视媒体当时在受众使用上具有显著优势，电视媒体以其强大的形象背书和塑造品牌能力而为广告主所看好，2013年电视媒体依旧以33.4％的比例高居广告主媒体广告费分配榜首位，高于互联网媒体20.4％、传统户外广告12.6％、报纸8.9％、杂志7.4％的比例。总之，中国电视台依托行政区域垄断的地位，借助中国经济持续增长、广告市场持续增长的背景，覆盖率高、传播力强的中国电视广告价格曾经远远高于其他媒体。

---

① 崔保国. 中国传媒产业发展报告（2014）[R]. 北京：社会科学文献出版社，2014：290.

2."媒体融合"时代：丧失广告定价垄断后的被动局面

21世纪互联网媒体"狼来了"的警告已出现多年，但电视媒体广告刊例收入首次负增长出现在2014年，实际广告总收入大幅下降则是2015年，这一年开始中国广告协会官网甚至开始不发布媒体广告收入排行榜——一般认为是因为各家媒体广告收入普遍下降，数据发布影响媒体形象。2014年通常被认为是中国"媒体融合"的标志性年份，2014年8月18日习近平总书记主持的中央全面深化改革领导小组第四次会议审议通过了《关于推动传统媒体和新兴媒体融合发展的指导意见》，推动媒体融合以及成为我国最高层的战略部署。可以说，传统媒体是因传播影响力和市场份额受到互联网媒体冲击太大才"被融合"到竞争激烈的互联网传播大环境中，传统媒体也需要国家政策层面积极推动这种被动的融合，政府管理部门也对市场化程度很高、产权性质多元的互联网媒体采取了更加严格的产业规制。无论如何，"媒体融合"时代传统电视媒体已逐步失去"媒体分立"时代的传播优势和广告市场议价垄断优势，面对激烈的内容市场和广告竞争，摸索更加积极的广告定价已经成为一种"新常态"。

表3-12显示，自2014年开始电视台广告刊例收入增幅超出刊例时长增幅的数值跌至10个百分点以下，这说明广告单价涨幅下降，电视台广告资源稀缺程度在下降，广告定价能力、谈判议价优势在下降。根据CTR《2014年中国广告市场回顾》发布的数据，2014年央视广告刊例收入下降11.3%，广告时长下降15.8%。实际上在2013年11月18日举行的央视2014年黄金资源广告招标会上，央视首次未公布招标总金额，这可能就是广告招标下滑的迹象。2014年11月对2015年黄金资源招标会更加低调，连招标预售总额都不公布，并且缩短了竞标时间，取消了媒体专场、只允许"央视系"媒体进入招标会现场。2015年举办的2016年黄金资源广告招标会上，不但没有公布具体招标金额，甚至没有如前两年那样笼统地宣布"广告招标创新高"之类的表述。这种一反常态的行为，也成为媒体报道关注的重点，[①] 因为央视黄金资源招标往往就是"中国经济晴雨表"，也是中国传统媒体广告经营的晴雨表。媒体报道的细节也耐人寻味，"还是熟悉的时间，却已不是熟悉的味道""北京一关注消费的券商研究员

---

① 李蕾. 央视广告低调招标：不公布总金额 取消媒体专场［EB/OL］. http：//new. qq. com/cmsn/20151119/20151119012793.［2019-08-05］.

对记者称，前几年自己还会蹭到招标会现场去观察企业信息、行业动态，'现在一切如浮云了，不是你提醒，我都忘了11·18央视招标会了'"。对于这种现象，连中央电视台品牌顾问、知名品牌战略专家李光斗也认为央视过去那种"以不变应万变""坐在家里收钱"的日子一去不复返。① 2017年电视广告招标更加艰难，业内评价是"也只有芒果和央视敢玩了！其他台都不敢玩了！怕流标，怕丢脸！""省级卫视招标老祖先，安徽卫视不玩了！15秒广告招标天价的浙江卫视不玩了！江苏卫视不玩了，东方卫视也不玩了！"②

新媒体的冲击下电视广告价格下降现象在美国出现更早，美国2009—2013年电视广告总量上增幅微小，但是在单条广告价格上出现明显下调节奏，2009—2013年黄金时段平均一条30秒的电视广告价格逐年下降，从2009年的8 900美元到2013年的7 800美元，降幅达到12.3%。③而在行政区域垄断制度下的中国电视广告市场，一个时期内每年提高广告价格"几乎是每个电视台保增长最稳妥的手段"，随着电视广告传播性价比的持续走低和广告经营难度加剧，电视台广告刊例价格才开始日渐稳定。不难想象，随着互联网媒体尤其是移动互联网媒体覆盖率、传播力的进一步提高，电视广告受到的冲击会进一步增强。电视机构如何开发互联网新媒体产品、如何探索新的盈利模式已经成为当下各界高度关切的问题，而对作为国有产权、事业性质的电视台而言，其产品创新和模式创新则不仅是技术上和商业上的问题，政府规制创新也是至关重要的维度。

（二）节目定价

在节目市场，电视台曾经因为对节目播出平台的政策性垄断而对节目定价有强势谈判优势和定价权，对电视台不合理的节目定价长期以来学界、业界都存在尖锐的批评；直到互联网视频媒体形成足够大的收视市场和节目购买市场，才逐步打破了电视台对电视节目垄断定价的格局，优质节目的价格竞争也日趋激烈。

---

① 江芬芬. 央视2016广告招标入账近200亿？豪门盛宴罕见投放黑马 [EB/OL]. http：//m. hexun. com/tech/2015 - 11 - 21/180716942. html. [2019 - 08 - 05].
② 从央视招标看2017年电视广告形势 [EB/OL]. https：//wap. jzwcom. com/jzw/09/15855. html. [2019 - 08 - 05].
③ 吕海媛.2014电视市场，冰火两重天 [J].广告大观，2014（12上）：31 - 33.

有研究者指出电视台与台外制作机构地位不平等，利润是完全倒向媒体。根据上海电视节与 CSM 研究机构合作推出的《2005—2006 中国电视剧市场报告》统计，全国有近四成电视台每年 70％—80％的广告收益是依靠电视剧得来，全国每年用于电视剧购买的资金约为 22 亿元，由此带来的经济效益却是 200 多亿元，带来的广告收入大约为 400 亿元。世界先进国家的电视节目在市场上的利润分配关系是制作占 50％，播出媒体占 25％，广告、发行方占 25％；而很长时间中国电视节目的利润是完全倒向媒体的，制作方在总利润中仅占 6％以下。问题的症结在于我国电视剧交易是一次性的版权或播映权的买卖，而不是广告收益的分成。电视台依靠渠道与不公平的市场交易机制，获得电视剧广告收入的大部分。而且电视台常常不付出现金购买，用广告时段置换电视剧播出权，将广告运营的风险转嫁到台外制作机构的身上。另外，台属电视剧制作机构剥离以及转型改制，但实际上电视台与台属制作机构还有千丝万缕的联系，电视台在选择台属制作机构、台外制作机构的产品时，并不是根据市场机制的质量与价格因素，而是台属制作机构优先，造成制播环节的不公平竞争。电视台与台属制作机构，不是建立在现代企业制度上的独立核算的经济关系，不能构建内部模拟市场，难以建立产业意义上的制播分离模式，只能在低效率中运行。[①] 2011 年全国电视剧广告收入达 934.54 亿元，而内电视剧生总产值不到 90 亿元。利润行业分配结构完全畸形，使电视剧制造业沦为产业链底端而陷于低水平运作。[②] 2011 年我国生产完成并获得《国产电视剧发行许可证》的电视剧共计 469 部 14 942 集，加上国家广电总局同意备案公示但最终未获得发行许可的，2011 年电视剧产量为 1 040 部 33 877 集。然而，每年国内电视台播出的电视剧集数约为 6 000 至 8 000 集，其中黄金时段播出的大概只有 3 000 集，热门剧只有 600 集左右，我国每年的电视剧产量和播出比为 5∶3，近 3 年来电视剧审批数目和播出数目比大约为 5∶1。[③] 总之，在电视播出机构数量有限、频道资源行政垄断的情况下，数量巨大的节目制作公司特别是民营制作公司在节目价格谈判

　① 杨旦修，梁琨．电视剧制播体制改革的问题与发展方向［J］．现代视听，2012（4）：24－28．

　② 任陇婵．中国电视剧制造：市场经济粗鄙化的文化样本［J］．南方电视学刊，2012（6）：50－53．

　③ 国产电视剧发展背后的隐忧［EB/OL］．http：//www. gmw. cn/media/2012 - 04/25/content_4035062. htm. ［2019－08－05］．

中完全处于劣势地位。

为什么播出机构作为节目市场的买方有这么强势的垄断地位呢？市场供大于求是基本原因，另外播出机构的国有产权性质，缺乏有效的激励约束机制，往往容易导致国有电视台工作人员定价随意乃至徇私舞弊、寻租牟利。2013 年中国有 6 175 家持有《广播电视节目制作经营许可证》的制作机构（含广播电视台自身节目制作机构），其中，事业单位和国有企业近千家，民营企业近 5 200 家（约占总量的 84%）；137 家持有《电视剧制作许可证（甲种）》的制作机构（含广播电视台自身节目制作机构）。但是只有 2 家全国性电视台，30 多家省级广播电视台，节目市场尤其是电视剧市场节目定价权主要把握在这不到 40 家电视台手中。只有省级以上电视台播出的电视剧，在具有足够的规模效应下，才能回收制作成本。全国 200 多家地市级电视台、2 000 多家县级广播电视台基本不具备电视剧定价能力，因为它们规模小，只能是在省级以上电视台播出以后再次播出，购买电视剧价格一般也都比较低。甚至，大量电视制作以后找不到电视播出机构，"电视剧平均年产 1.43 万集，播出量不足一半，市场'无形之手'严重失灵——没有发挥出有效配置资源的作用"。[1] 2013 年中国 6 000 多家节目制作机构注册资金超过 600 亿元，年末总资产超过 1 300 亿元，但是根据《中国广播电视年鉴（2014）》的统计，2013 年全国电视节目交易总额只有 151.55 亿元，其中电视剧交易金额 100.09 亿元、动漫交易金额 17.00 亿元、纪录片交易金额 6.34 亿元。市场交易额不高，这与电视产业垄断程度高、定价不合理有直接关系。

电视台垄断节目价格不仅导致行业交易低效，也直接带来了交易腐败行为，节目制作公司往往通过向电视台领导和节目采购人员行贿来达成交易并获得较高价格。例如，在安徽广播电视台腐败案中，从台长张苏洲、原分管副台长赵红梅到原总编室主任肖融、原节目购销中心主任陶东昕和原副主任张文旭，在购剧过程中"从上到下"全员受贿，金额最小的也在百万元以上。[2] 知名编剧汪海林曾在接受《中国新闻周刊》采访时提到，一般影视制作公司预算销售额的 15% 作为"宣发费"，其中给采购人员的回扣费用一般是 5%—8%，这是大家心知肚明的"行规"。[3]

---

① 任陇婵. 中国电视剧制造：市场经济粗鄙化的文化样本 [J]. 南方电视学刊，2012（6）：50 - 53.

② 资料来源：搜狐网，http://www.sohu.com/a/114699626_391444. [2019 - 08 - 05].

③ 鲁伟. 贿售电视剧：电视台腐败频发 多部热播剧受牵涉 [J]. 财经，2017 - 05 - 29.

　　但是，随着网络视频平台用户和节目需求量的增加，电视台垄断节目播出渠道和节目定价权的市场格局逐渐被打破。近年来中国网络视频平台内容支出不断增长，2016 年网络视频平台购买节目内容的成本约为 308 亿元，同比增长 100％，节目支出占到视频网站总收入的 68％；2017 年内容支出约 416 亿元，同比增长 35％，到 2020 年则有望达到 750 亿元。网络节目价格上，2006 年电视剧网络版权价格仅为千元级别，2009 年后逐步上升至每集 30 万元，2012 年后突破百万元，到 2017 年头部剧的网络版权已经达到了每集 800 万—1 000 万元，几乎是 2012 年价格的 10 倍。网络剧方面，超级网剧的价格也由 2015 年的每集 100 万—300 万元上升至 2017 年的每集 400 万—600 万元（见表 3-13）。[①]

表 3-13　近年来部分"现象级"电视剧网络版权价格[②]

播出时间 （年份）	电视剧名称	网络版权价格 （万元/集）
2017	《凰权·弈天下》	约 1 000
2017	《凉生，我们可不可以不忧伤》	1 000
2017	《如懿传》	900
2017	《琅琊榜 2》	800
2015	《武媚娘传奇》	200
2013	《新编辑部的故事》	120
2012	《甄嬛传》	30
2011	《步步惊心》	70＋
2011	《宫锁珠帘 2》	185
2010	《我的青春谁做主》	20
2010	《宫锁珠帘》	35

　　网络视频平台节目定价的增长毫无疑问对电视台购买节目形成直接竞争，加之省级卫视之间的竞争日趋激烈，电视台购买优质节目尤其是优质

---

　　① 460 亿市场规模！网络超电视：2017 年我国影视行业市场全概况 ［EB/OL］. https：//www. sohu. com/a/205346366_770746. ［2019-08-05］.

　　② 2017 年中国网络剧行业发展规模及版权价格情况分析 ［EB/OL］. http：//www. chyxx. com/industry/201803/614922. html. ［2019-08-05］.

电视剧的价格和总投资都日趋增长。目前电视台独播剧单集采购价平均约为 250 万—350 万元，对优质剧目的采购价格也不及网络版权价格。2017年完成制作的《凉生，我们可不可以不忧伤》网络版权价格达到每集 1 000万元，而该剧同步电视台购买价格不足网络视频平台的一半。[①] 由于网络视频平台市场化程度高，往往还依托大型互联网目公司可以获得雄厚的资金支持，未来一线网络视频平台对电视剧等节目市场的定价水平还将对电视台构成更加激烈的市场竞争。媒体报道数据显示，2017 年 Top5 卫视广告收入规模基本稳定，但是电视剧采购预算额和价格都大幅提升，其中预算金额合计约为 68.5 亿元，同比增长 35％，增加的 19 亿元的预算将多用于购买头部剧版权。[②]

（三）收视定价

电视台和观众之间实际上也存在一个定价行为，付费节目模式直接表现为收视价格，商业广告模式则表现为广告插播量。因为在商业广告模式中，两种电视产品有两种交易"货币"、两种价格形式——电视节目卖给观众，交易"货币"是收视率，实质是插在节目中播出广告的时段；广告时段卖给广告商，以现实货币交易。居于行政垄断地位电视台曾经对观众也有垄断定价表现，直到近年来电视收视不可替代的垄断地位才逐步被网络视频平台打破，观众也因此在市场竞争中有了更多选择。

电视台曾经插播广告泛滥，这即是垄断定价的表现；但是近年来电视收视时间和广告播出时间都在逐步下降。媒体描述，"正欣赏电视剧精彩剧情时，突然被插播的广告打断，而插播广告少则两三分钟，多则近 10 分钟"。2009 年江苏卫视和湖南卫视晚间广告的满档率达到了 120％，浙江卫视和山东卫视的满档率也在 110％以上。以至于 2009 年国家广电总局出台"61 号令"——《广播电视广告播出管理办法》，规定播出机构每套节目每小时商业广告播出时长不得超过 12 分钟；播电视剧可以在每集中插播 2 次商业广告，每次时长不得超过 1 分 30 秒，其中在 19：00—21：00 之间播出电视剧每集可插播 1 次商业广告，时长不得超过 1 分钟。CSM 媒介研究测

①　2017 年中国网络剧行业发展规模及版权价格情况分 [EB/OL]. http：//www.chyxx. com/industry/201803/614922. html. [2019－08－05].

②　2017 前瞻：Top5 卫视收入 300 亿，预算向精品剧倾斜，电视剧采购增加 35％ [EB/OL]. http：//www. sohu. com/a/126618392_505773. [2019－08－05].

量仪调查显示，61号令立竿见影，2010年一季度省会收视市场广告播出量同比减少25％。这对观众来说，就是少支付了广告收视时间，增加了节目收视时间，福利得到提升。对此，电视台普遍的应对措施是，增加植入广告，提高广告价格。2011年10月，国家广电总局发布了《关于进一步加强广播电视广告播出管理的通知》，禁止电视台在电视剧片头之后、剧情开始之前以及剧情结束之后、片尾之前插播广告。同年11月又发布《〈广播电视广告播出管理办法〉的补充规定》，决定自2012年1月1日起，全国各电视台播电视剧时每集中间不得再以任何形式插播广告。CTR媒介智讯资料显示，2012年上半年，我国电视广告播出资源总量减少了14％。这对观众是一种"降价"行为，但并不是电视台之间的竞争导致的，而是政府规制所致。

近年来电视广告刊例时间逐年下降，这代表电视台对受众"收视定价"的逐步降低。《中国广播电视年鉴》数据表明，2015年全国电视台播出广告时间由上年的203.26万小时下降至195.37万小时，与此同时节目总体播出量却从上年的1 747.61万小时增长至1 779.60万小时。

由于免费收视习惯、收费电视内容性价比不高等原因，中国收费电视模式始终发展缓慢；在IPTV、网络电视覆盖率越来越高的情形下，通过有线电视系统付费的收视需求进一步萎缩。

二、电视媒体研发创新行为

高效的传媒规制，在经济效率上应该利于形成兼具竞争活力和规模效应的有效竞争的市场结构，以及相应的市场行为；而有效竞争、竞争活力充分的市场，显然对企业价格竞争、产品创新、技术创新提出了较高的要求，否则企业将在竞争中失败、破产。反之，能够垄断产品价格、不存在创新压力的企业，则是因为市场缺乏竞争活力。有效竞争不是过度竞争，所以有效竞争市场不仅仅是价格竞争，更包括追求产品歧异性的创新、各种技术创新成为企业竞争手段。

电视市场曾经是中国市场容量最大的传媒市场类型，至今也仍是受众覆盖面最广的媒体类型，为了争夺这个市场，电视机构的确进行了各种各样的研发创新。本书将从电视节目创新数量及其频道分布、年度差异和电视机构技术创新领域，并结合部分典型案例和业内人士问卷调查，来评价中国电视市场研发创新行为，并尝试探讨研发行为与市场结构的内在关系，进而据此评价中国电视传媒规制绩效。因为很难获得系统的研发创新资金投入、研发人员数据，因此只能通过部分广电类上市公司发布的研发数据来窥视电视机构的研发行为。

一是中国电视节目创新数量较多，尤其是综艺节目、专题类、青少类和生活服务类节目。中央级频道、省级卫视和 71 个城市地面频道在 2017 年晚间 17:00—24:00 时段内共播出新节目 4 000 余档，其中进入频道日常播出的常态新节目近 600 档，占新节目总量的 14%；总体数量较 2016 年减少了 110 余档，且呈继续下滑之势。包含评选/颁奖/典礼、节庆/假期特别节目、电视比赛/活动等多种形式的非常态新节目则占到新节目总量的 86%，其中又以非节庆性的庆典/颁奖/晚会类新节目最多，在非常态新节目中的占比达到 29%（见图 3-1）。[①] 按节目类型分，综艺节目以绝对优势成为电视节目创新的热点，它在常态新节目中占比达到 32%，在非常态新节目中占比达 41%；专题类和青少节目近年来在电视节目去娱乐化政策导向之下也迎来新的发展，占有较高比例；生活服务类节目则因其服务性、贴近性也占有较高比例，在常态新节目中其数量占比达到 23%，成为仅次于综艺节目的第二大创新类型。

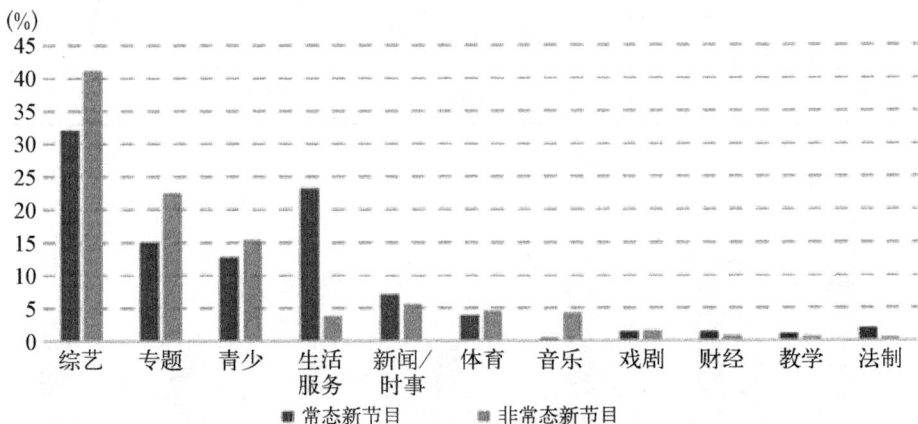

图 3-1　2017 年新节目类型分布比例（%）

二是省级电视台尤其是一线省级卫视是中国电视节目创新的主力军，民营制作公司参与节目创新活跃，2016 年后电视台自主研发的高收视率节目比例提高。如按新节目播出频道来分，则省级台是新节目播出主要

---

① 本部分数据 2017 年数据除特别说明外，均源自 CMS 发布的《2017 年晚间新节目观察》。

渠道，其中省级卫视为数不多的几十个频道新节目占到了所有新节目的1/4。省级和市级地面频道因频道总数较多，播出新节目的数量高于省级卫视。

从具体频道来看，湖南卫视、浙江卫视、东方卫视、江苏卫视、北京卫视这五大卫视节目创新最为活跃，且在新节目中占比逐年提高，2015年、2016年和2017年这五大卫视在新综艺节目占比分别为43.1%、48.6%、54.8%。[①]并且，高收视常态新节目有进一步向湖南卫视、浙江卫视、上海东方卫视等头部卫视频道集中的趋势，2017年平均收视率超过0.5%的常态新节目中，这三个频道占所有上星频道的近七成。2017年央视综合频道、四套和八套的高收视新节目占比也较上年有明显增长。新节目及高收视上星频道节目具体分布如表3-14和图3-2所示：

表3-14　各级频道新节目分布比例（2016—2017年）[②]

年份	中央级频道		省级卫视		省级地面频道		市级地面频道	
	常态新节目	非常态新节目	常态新节目	非常态新节目	常态新节目	非常态新节目	常态新节目	非常态新节目
2017	5.1%	4.4%	25.0%	9.6%	37.9%	42.9%	32.1%	43.1%
2016	2.6%	2.9%	25.9%	6.6%	44.7%	43.9%	26.8%	46.6%

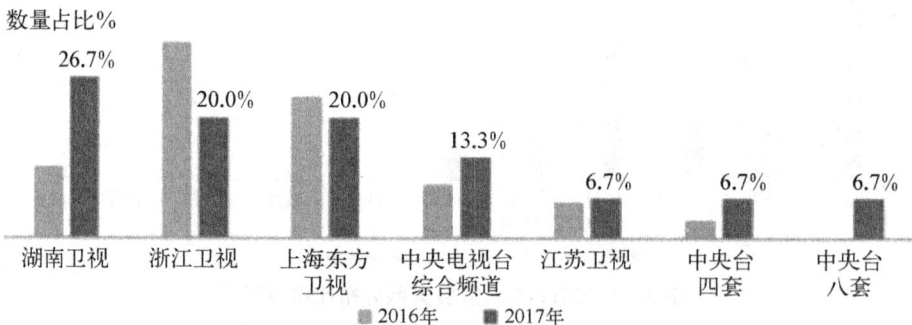

图3-2　平均收视率超0.5%的上星频道常态新节目频道分布（2016—2017）[③]

---

① 2018年中国媒体市场趋势［EB/OL］. http://www.ctrchina.cn/insightView.asp?id=2238.［2018-08-05］.

② 数据来源：作者根据CMS《收视中国》发布数据整理。

③ 数据来源：CMS媒介研究《2017年晚间新节目观察》。

　　值得注意的是，一个时期内许多"现象级"电视节目创新都有民营制作公司通过"制播分离"的制度参与其中，民营公司的激励约束机制往往比国有电视台更强（见表 3－15），利于提高创新能力和创新效率。

表 3－15　部分民营综艺节目制作企业和主要创新作品①

制作公司	主　　要　　作　　品
灿星制作	《中国好声音》《中国好歌曲》《中国好舞蹈》《蒙面唱将》《金星秀》《武林大会》等
世熙传媒	《舞动奇迹》《中国梦想秀》《挑战麦克风》等
光线传媒	《势不可挡》《超级减肥王》等
唯众传媒	《波士堂》《开讲啦》《上班这点事》《爱拼才会赢》《我是先生》等
天择传媒	《士兵突击》《私人订制》《花样年华》等
蓝色火焰	《最美和声》《疯狂的麦咭》《女神的新衣》等
能量传播	《鲁豫有约》《壹周立波秀》《超级演说家》等
红森林	《爸爸去哪儿》《百变大咖秀》等
乐正传媒	《天下无双》《中国星力量》等

　　三是 2016 年以来中国电视领域自主研发节目热播也是一个重要现象，许多节目取得了文化传播和收视市场的双重成功。中国电视界大量引进乃至抄袭世界各国电视模式的现象一度非常普遍，也曾引发各界诟病和法律争议，其中 2016 年初《中国好声音》节目与版权方的纠纷曾引起高度关注。国家相关管理部门多次倡议自主研发、限制节目模式盲目引进和表面联合制作，并且于 2016 年再度发布《关于大力推动广播电视节目自主创新工作的通知》。2016 年以后东方卫视、湖南卫视、浙江卫视自主研发节目或者改进创新节目效果显著，特别是一度在娱乐节目热潮中创新不力的中央电视台近年来在文化综艺类节目中也重新"满血归来"，研发了《朗读者》《国家宝藏》《经典咏流传》等经典节目。表 3－16 中列举的省级卫视高收视节目来源一定程度上体现了这一轮自主研发朝的政策导向和市场绩效。

---

　　①　资料来源：艺恩咨询、国泰君安证券研究等。其中红森林以参与拍摄和后期制作的形式参与《爸爸去哪儿》《百变大咖秀》等节目制作。

表 3-16　2016 年前 31 周省级卫视高收视率节目来源分类数量①

频　道	全国收视超过 0.7%的节目数量	引进模式 节目量	自主研发 节目量	联合制作 节目量
浙江卫视	13	2	8	3
江苏卫视	11	4	6	1
东方卫视	9	1	8	0
湖南卫视	7	2	5	0
北京卫视	6	0	6	0
山东卫视	2	0	2	0
深圳卫视	3	2	1	0
四川卫视	1	1	0	0
湖北卫视	1	0	1	0
安徽卫视	1	1	0	0

　　四是实力雄厚的广电媒体在传媒技术和新媒体产品创新上有所突破，多数广电媒体主办的新媒体产品市场竞争力较弱。技术创新，尤其是新媒体技术创新是传统媒体应对竞争、满足市场需求的重要手段，但现实中只有不多的强势媒体在技术创新上取得进展，多数广播电视台形式上开发了新媒体产品，但该新媒体业务投入、产出并不高。

　　我国政府每年都投入巨资用于数字电视和下一代广播电视网的开发建设，以及智能电视操作系统、机载卫星电视、无线双向覆盖等传播技术的研发。截至 2015 年底，中央电视台及 4 家省级广播电视台投资建设了综合制播平台，29 家省级以上广播电视播出机构投资开办了网络广播电视台，全国另有 220 余家广播电视播出机构获准开办互联网视听节目服务。目前我国已形成以 7 家互联网电视集成平台和 22 家互联网电视内容服务平台为核心的职能电视产业模式，截至 2017 年 10 月底，我国已开通 144 个高清电视频道。② 集成服务平台分别由中央三台和上海、浙江、广东、湖南等 7 家广电播出机构运营；内容服务平台方面，除上述 7 家集成服务机构所办内容服务平台外，还有江苏电视台、（广电总局）电影卫星频道节目制作中心、湖北广播

---

　　① 杨雪. 一线卫视原创节目占比有多高，哪些节目类型成创新热点［EB/OL］. http：//www. sohu. com/a/127264838＿570245. ［2019-08-05］.
　　② 崔保国. 中国传媒产业发展报告（2018）［R］. 北京：社会科学文献出版社，2018：30.

电视台、城市联合网络电视台、山东广播电视台等机构开展内容服务。

IPTV 是广播电视新媒体的重要类型,自从 2005 年上海文广获得我国第一张 IPTV 经营牌照以来,我国广电系统在这个领域投资巨大,技术创新上有所突破。上海广播电视台旗下的东方明珠上市公司 2017 年研发投入金额为 2.89 亿元,用以完成混合云建设,提升融合媒体平台的安全性、运营响应能力、支撑每天上亿行收视报表的快速计算。公司用户中心已汇聚超 5 000 万用户数据,可以实现用户登录、管理和用户画像标签,公司通过人工智能技术在数据中台、内容中台和业务中台的全场景应用,可以优化产品的体验并提升业务运营能力,试运营结果用户画像提高视频推荐效率 30%,节目智能审核提高 2—5 倍效率,智能客服分流 80% 的基础问题。公司拥有内容分发服务器负载均衡软件 V2.0 等 59 项软件著作权,公司旗下的百视通技术、文广科技拥有高新技术企业证书、软件企业认定证书,IPTV 标准、关键技术与产业化项目还入围国家科技进步一等奖。

芒果 TV 是湖南广播电视台旗下的互联网视频平台,它通过系统的内容创新、经营创新、技术创新获得巨大的成功,尤其是自从 2014 年启动"芒果独播"战略以来,在媒介融合的变革时代开启了中国广电系对新媒体的新探索乃至"先锋性逆袭",多项指标已成为仅次于 BAT 互联网三巨头旗下网络视频之外的中国第四大网络视频平台,它也成了中国最早实现盈利的视频网络媒体,被国家新广总局评价为"广电行业融合样板"和"标杆级案例"。芒果 TV 借助湖南卫视的节目优势,在全国首创"强势 IP 圆周"内容开发体系和"马栏山制造"内容制作工程,形成了独立、完整、高回报的内容产业链。近年来芒果 TV 累计投资数亿资金升级改造全终端平台,形成了以客厅大屏、移动小屏并重,以国内市场为主、海外市场同步拓展的"多屏互动、一云多屏"新体系和快乐全球立体化传播格局。芒果 TV 还利用"媒体云计算技术"、云转码、云存储、云 CDN,实现了 7×24 小时不间断对数百套电视频道和用户 UGC 内容高效智能化处理,研制了芒果 TV 舆情检测和内容安全管理系统,能够对芒果 TV 全终端体系和全互联网平台进行 24 小时监测,可满足 20 000 人同时在线直播监看需要,平均每天可处理信息超过 10 亿条。[①]

然而,除央视、湖南、上海等少数电视机构以外,多数国有电视台主

---

① 易柯明,等. 中国视频业的"芒果 TV 模式" [EB/OL]. http：//www. mgtv. com/gba/c/20180604/1135235936. html. [2019－08－05].

办的网络视频平台和新媒体产品在市场上竞争力很弱。绝大多数广播电视台主办的网络电视台目前主要是把传统媒体节目移植到网络，技术、内容、经营上尚未取得重大突破。根据艾瑞咨询监测数据，2017年5月进入全国在线视频覆盖 Top10 的国有电视台主办视频媒体只有芒果 TV；2018年5月进入全国在线视频覆盖受众排行榜前十名的依然只有芒果 TV 和央视网，重金打造的中国网络电视台也只排名第12，浙江卫视主办的新蓝网排名第18。移动端视频服务 App 市场上国有电视机构竞争力更弱，前20名中仅有芒果 TV 排名第九。[①]

五是从部分电视机构的研发投入数据以及业内人士问卷调查综合观察，多数中国电视机构研发创新力度近年来有所增强但是投入似乎仍不足。业界常用研发投入占企业总收入的比例来衡量研发力度，因为缺少权威部门发布的电视产业研发投入系统数据，本书仅从部分广电类上市公司2014年、2017年发布的研发数据来观察电视机构研发投入情况。表3-17中这些上市公司包含了广告经营、电视节目制作、节目传输、新媒体服务等业务类型，从其年报信息可发现，这些广电类公司2017年研发投入及其占比多数有所提高；研发投入领域绝大多数集中于新媒体、新技术系统、云计算、大数据相关领域；传媒内容研发方面普遍投入较少，中视传媒和幸福蓝海这两家以生产内容为主的大型公司均未发布具体研发投入信息。

表 3-17　2014 年、2017 年部分广电类上市公司研发情况[②]

公司	2014 年			2017 年		
	研发费用（亿元）	研发占总收入比重	研发投入领域	研发费用（亿元）	研发占总收入比重	研发投入领域
东方明珠 & 百视通	0.13 & 0.13	0.29% & 4.51%	东方明珠未公布；百视通研发领域：核心电子器件、高端通用芯片及软件产品，智能数字电视终端软件	2.89	1.78%	用户平台、混合云及物联网，IPTV 视 3.0，VR 大小屏互动，小红盒子 4，东方购物 App 重构和智能客服，新媒体游戏平台，下一代广播电视无线网络，等久之

---

① 数据来源：艾瑞咨询，http：//www. iwebchoice. com/html/class _ 69. shtml，http：//index. iresearch. com. cn. [2018-08].
② 资料来源：笔者根据相应公司 2014 年、2017 年年度报告整理。

续表

公司	2014 年			2017 年		
	研发费用（亿元）	研发占总收入比重	研发投入领域	研发费用（亿元）	研发占总收入比重	研发投入领域
电广传媒	—	—	以"双向化、智能化、云服务、全业务"为指导思想，推进新媒体与新技术融合发展	0.71	0.82%	润、亿科思奇、九指天下、金极点等公司扩大新产品研发投入
歌华有线	0.31	1.25%	依托高清交互平台，探索新媒体应用和公司转型	0.43	1.59%	云平台，技术系统，智慧城市，文化、民生服务
华数传媒	0.74	3.08%	互联网直播编码改造，无线产品开发，大数据平台	1.45	4.51%	华数视＋云平台，用户行为分析系统，新媒体平台接入
天威视讯	0.31	2.34%	智能高清机顶盒及相关 App 开发，应用商店系统，新媒体内容聚合平台、酒店系统等	0.63	3.93%	"FTTH 相关平台和网络""威视云平台""天威大数据平台"等
江苏有线	—	—	—	1.11	1.38%	智慧城市、政府云计算；与金融机构合作；推出"孝乐工程""地方新闻""电影院线"内容平台
幸福蓝海	—	—	—	—	—	—
中视传媒	—	—	—	—	—	"将切实推进研发与创新"

笔者对传媒业界人士的调查问卷也表明，广播电视行业受访者认为自己所属公司研发投入"少"或"过少"者合计过半，为 51.42%，比例高

于整体传媒业评价公司研发投入"少"或"较少"的受访者比例（38.81％）；广播电视行业受访者认为自己所属公司研发投入"多"或"过多"者占比合计仅为 7.14％，低于整体传媒行业评价公司研发投入"少"或"较少"者的比例（13.68％）。值得关注的是，来自影视制作行业的受访者认为自己公司研发投入"少"或"较少"的比例仅为 39.39％，低于广播电视行业这项比例；而认为本公司研发投入"多"或"过多"的比例为 18.18％，高于广播电视行业这项比例。本书认为，之所以调查显示影视制作行业研发投入高于广播电视行业，这可能是因为民营资本的影视制作为了应对激烈的市场竞争和充分的盈利激励不得不投入较多资金用于研发，而国有产权的广播电视行业则因行政垄断保护而削弱了竞争意识、研发投入相对较少。调查中，影视制作行业受访者 78.79％来自民资控股公司，而广播电视行业受访者来自国有事业单位（84.29％）或国有全资企业单位（6.43％）占比共计 90.72％，现实中产权性质和研发投入的关联性的确存在。具体数据如表 3－18 所示：

表 3－18　传媒业与广播电视机构从业人士对本公司研发投入评价情况

行　业	A 过多	B 多	C 适中	D 少	E 过少	空缺
广播电视	1.43％	5.71％	40.71％	35.71％	15.71％	0.71％
影视制作	0	18.18％	42.42％	27.27％	12.12％	0
传媒业	1.24％	12.44％	45.52％	30.6％	8.21％	1.99％

三、电视媒体兼并投资行为

兼并重组与扩大投资向来是世界各国企业规模增长和进入新的产业领域的有效策略，也是市场优胜劣汰和资源流动的途径。"做大做强"也一直都是中国电视产业重要的政策目标，从 20 世纪八九十年代的"治散治滥"、世纪之交的"集团化"，到面向互联网时代提出的媒体融合、资源整合战略，无不如此。然而，由计划经济向市场经济转型的中国电视传统媒体产业市场兼并重组行为总体并不活跃，其中电视播出机构兼并重组尤为艰难，电视节目制作机构尤其是非国有制作机构兼并重组相对较多但也受政策重大影响。

对于兼并重组以及类似的合作扩张生产理论和实践，中国广播电视机构经营者对此并不陌生，上海广播电视台的管理人员曾表示"我们还有几个大台几乎每天都在考虑跨区域扩张合作的事"。[1] 近年来，上海广播电视台、湖南广播电视台、江苏广播电视台、浙江广播电视台、山东广播电视台等强势媒体的确进行了一些兼并重组合作、投资合作，这种重组行为不仅扩大了产业规模、促进了资源流动，并且形成了多元混合的组织股权结构，常常还能够形成更有活力的内部治理结构，甚至可以通过这种治理结构更好地抵制体制低效和行政干预现象。但是，在现有广播电视政府规制下，国有广播电视机构及其部门、节目之间跨区域兼并合作成功的案例较少，得到国家广电总局批准的少数案例也都因各种原因夭折；相对而言，非国有资本广电机构之间、国资机构与非国有广播机构的合作增长较快，逐步展开了各种形式的兼并重组融合。

近年来中国广播电视产业影响最大的兼并重组案例，莫过于 2014 年 11 月上海广播电视台重组旗下的百视通、东方明珠两家上市公司，它进一步注入尚世影业、东方希杰、五岸传播、文广互动等其他 SMG 优良资产，组建了中国 A 股市场第一家市值过千亿元的传媒公司。重组后的百视通公司构建了完整的文化传媒产业链布局，推进了传统媒体与新兴媒体的融合，在巩固、提升现有业务竞争优势的基础上，加大对 OTT 等互联网渠道和平台的投资，加快推进互联网化转型。[2] 2015 年 4 月 29 日，即将被百视通吸收合并的东方明珠迎来最后一个交易日（30 日起东方明珠将连续停牌直至完成终止上市手续），收盘时东方明珠市值达 739 亿元，百视通市值为 788 亿元，目前两者合并市值高达 1 527 亿元，比公布合并公布之初的"千亿航母"市值再增五成。[3]

SMG 对外重组、合作却困难重重，上海文广在全国最有比较优势的财经节目与宁夏卫视几经周折后虽然达成了合作，但是最后却还是以亏损、中止合作而告终。这其中既有政策规制的阻力，也有自身跨区域重组经验不足的弊端。经过多年洽谈、协调，2010 年 2 月上海第一财经电视节目通过宁夏卫视上星实现全国覆盖，期待实现规模效应。但是，全国观众尤其是作为宁夏卫视收视率大本营的宁夏观众投资习惯、收视习

---

① 鲍晓群 2010 年 8 月 24 日接受作者访谈时所说，时任 SMG 生活时尚频道总监。

② 资料来源：SMG 一财网，http：//www.yicai.com/news/2014/11/4043576.html.［2017-08］.

③ 资料来源：东方财富网，http：//finance.eastmoney.com/news/1349，20150430502248889.html.［2017-08］.

惯与上海观众差别很大，开播后 2 个月银川地区收视率从上年同期的 0.18％下降到 0.12％。[①] 许多观众认为节目专业性太强看不懂。于是，2010 年 10 月宁夏卫视节目进行重大改版，播出大众财经节目以吸引观众。新节目本身在短期内取得了一定成功，但是从第一财经经营全局来看，这种定位应变却存在诸多局限：偏离了第一财经专业财经定位、扩大规模后管理跟不上、公关与营销不力，最终于 2014 年 1 月，第一财经—宁夏卫视合作尚处于投入阶段、未及收益阶段就中止合作，2013 年也成为第一财经前所未有的亏损年。其实，国有电视台公关营销不力是普遍现象。因为电视台在辖区内长期处于行政垄断地位，基本属于卖方市场，营销意识与一般竞争性行业相比要弱很多。这其中政策阻力体现在哪些方面呢？因为长期以来我国是按行政区域分配卫星频道资源、电视台呼号，所以宁夏方面始终存在一种被"吞并"的印象，不少宁夏党政官员也可能认为宣传平台大打折扣，宁夏台自身员工则有很多人认为自身节目制作能力受抑制，观众中也存在较强烈的本土自主意识。对合作改版节目表示满意的受众仅为调查者的 3％。尽管对合作持肯定态度的观众较多，但也有 30.57％的宁夏观众认为宁夏卫视应该播出宁夏人自己制作的节目，23.83％的宁夏观众提出比较严厉的批评意见，认为合作后失去了宁夏对外宣传的窗口。[②]

　　中国电视市场另一对堪称"强弱合作、资源互补"典型的湖南卫视和青海卫视重组合作，也一度成功、最终失败。2009 年 10 月，湖南、青海两家广电机构成立合资公司——绿色创意文化传媒有限公司——共同运营青海卫视的节目制作和广告经营。合资公司中青海电视台占 51％股份，湖南广播电视台占 49％股份，由湖南广播电视台副台长聂玫任负责人，湖南广播电视台承担青海卫视的所有运营资金。青海电视台负责青海卫视的新闻节目制作和安全播出，湖南广播电视台负责青海卫视的运营，包括影视剧、影视动画、体育、科技、娱乐等节目的制作、引进、营销和青海卫视所有广告及衍生产品的生产、营销。双方共同组建隶属于青海电视台的青海卫视编审委员会，负责青海卫视所有节目（含广告）内容的导向把关及终审。青海卫视团队在长沙完成节目制作、终审（人员由青海电视台派驻长沙）和播出，通过三路光缆将信号传送至青海西宁延时一分钟播出，并

　　① 谢明辉. 新版宁夏卫视收视效果本土调查 [J]. 传媒，2011（6）：45-48.
　　② 谢明辉. 新版宁夏卫视收视效果本土调查 [J]. 传媒，2011（6）：45-48.

最终实现上星。2010 年 1 月 1 日，青海卫视改版试播；2010 年 5 月 26 日，青海卫视全新改版绿色启航新闻发布会暨正式开播晚会在长沙举行。青海卫视在起步阶段充分利用了湖南卫视和其他地面频道丰富的影视剧、综艺类节目、主持人、制作团队及与湖南卫视有合作关系的嘉宾艺人等资源和相关制作设备，社会效益和经济效益明显。2010 年湖南广电运营团队尝试将青海当地的特色文化和湖南的电视理念结合开发出"花儿朵朵"这一大型选秀节目，创收超过 1 亿元，而上一年青海卫视全年的收入还不足 1 亿元。[①] 尽管新节目总体收视效果均未达预期，但湖南台进入后青海卫视的营收的确有了明显改善，2012 年其广告收入已经超过 2 亿，增长迅速。但是，"湖南卫视栽培三年的'青芒果'，终究还是没能迎来瓜熟蒂落的那一天"，"2013 年 5 月有消息称合作三年的湖南卫视和青海卫视已经分道扬镳，这一消息随后被湖南电视台副台长张华立证实"。湖南台相关人士认为，卫视运营成本起码需要四亿到五亿一年，湖南台头几年经营损失巨大。湖南台、青海台合作中止合作的原因主要是政策性的阻碍，除了国家层面对跨区域整合心有顾虑，也有地方政府的态度。"一个省一个上星频道是传统政策，所以卫视是各省对外宣传最重要的窗口，如果这个窗口被别人占了，地方政府不免有一种丢脸的感觉，无非是一年亏个把亿，很多地方政府也不在乎这点钱。"[②] 网络媒体对该合作破裂的原因报道则更加直白："主要原因是很高一层的大领导对电视媒体的跨省合作始终颇有微词，高层不太主张现阶段这种跨地域的电视整合方式，所以两家的合作就终止了。"[③] 青海卫视自身缺乏独立运营卫视的资源、能力，湖南卫视撤出后，央视则承担了对口支援的任务。

相对而言，市场化影视制作机构兼并收购行为则更加活跃。表 3-7 "2013 年部分传媒兼并案例"中就列举了多宗影视兼并重组案例。但是 2017 年中国资本市场控制力度加大，尤其是对互联网金融、游戏、影视、VR 四个行业的并购重组监管控制严格。[④] 表 3-19 和表 3-20 列举

① 《跨区域合作：希望与困难同在》（内部文件），由湖南广播电视局办公室 2010 年 7 月 29 日提供。

② 徐婷. 湖南卫视青海卫视分道扬镳 广电系跨区域整合遭重创——"卫视联盟"瓦解 [N]. 华夏时报，2013-05-13.

③ 青海卫视、湖南卫视分手内幕 [EB/OL]. http：//info. broadcast. hc360. com/ 2013/05/100834558142. shtml. [2019-08-05].

④ 徐露. 文娱并购大"灾年"：2017 年多家影视公司启动并购，但多遗憾终止 [EB/OL]. http：//news. pedaily. cn/201711/423330. shtml. [2019-08-05].

了 2017 年部分成功交易和终止失败的影视行业相关并购案例，大致可见中国影视市场部分并购交易动态，也可以看出国有影视机构兼并重组行为相对较少。

表 3-19　2017 年中国部分影视传媒行业重大并购案例①

标的企业	CV 行业	买方企业	交易金额（亿美元）	交易股权
天津猫眼	影视音乐	微影时代	5.74	28%
梦幻工厂	影视音乐	梦舟股份	1.33	70%
笛女阿瑞斯	影视音乐	幸福蓝海	1.04	80%
金石威视	文化传媒其他	汉邦高科	0.86	100%
天意影视	影视音乐	鹿港文化	0.58	45%
视通超然	影视音乐	引力传媒	0.56	100%
河北当代	影视音乐	当代东方	42.43	49%

表 3-20　2017 年部分中止的影视公司并购案②

时　　间	宣布终止并购案例
11 月 17 日	出版传媒宣布终止收购世熙传媒
10 月 17 日	印纪传媒宣布终止重大资产重组
9 月 28 日	华录百纳宣布终止并购欢乐传媒
9 月 26 日	长城影视公告停止收购德纳影业，调整对首映时代的收购方案
7 月 19 日	台基股份放弃收购润金文化
2 月 23 日	乐华文化宣布，放弃与上市公司共达电声的并购
2 月	当代东方宣布收购永乐影视，7 月发布并购草案但媒体报道未通过审核

---

①　2017 文化传媒市场报告 [EB/OL]. https：//www. sohu. com/a/218920683 _ 750267. [2019-08-05].

②　徐露. 文娱并购大"灾年"：2017 年多家影视公司启动并购，但多遗憾终止 [EB/OL]. http：//news. pedaily. cn/201711/423330. shtml. [2019-08-05].

四、电视媒体营销公关行为

竞争活力很强的市场中企业往往会投入较大资金进行市场营销，尤其是广告投资，它往往体现了对消费者的服务与承诺。所以，电视机构是否进行了有效的市场营销与公关也是电视产业竞争效率的一种体现，并且是传媒规制绩效的一种体现。当然，中国广播电视媒体财务指标并不公开，尤其是成本支出，本书将通过部分电视媒体相关上市公司发布的数据结合一般性观察，以及对从业人士的问卷调查来评价中国电视机构的营销公关行为。

表 3-21 2014 年、2017 年主要中国广播影视类上市公司营销费用概况①

公　　司	2014 年		2017 年	
	营销费用（亿元）	营销费用占总收入比重	营销费用（亿元）	营销费用占总收入比重
东方明珠 & 百视通	0.36 & 2.27	0.78% & 7.61%	8.07	4.97%
电广传媒	3.43	6.27%	5.13	5.87%
歌华有线	1.08	4.38%	1.38	5.12%
华数传媒	3.52	14.59%	5.11	15.93%
天威视讯	0.84	6.41%	1.30	8.17%
江苏有线	——	——	6.44	7.96%
幸福蓝海	——	——	4.47	29.47%
中视传媒	0.22	2.95%	0.32	4.58%

从表 3-21 整理的中国主要广播影视类上市公司营销费用概况可以发现，从被称为"媒介融合元年"的 2014 年到 2017 年，中国广电影视类公司营销费用的绝对金额和占总收入的比例普遍上升，本书认为这是中国传媒业竞争进一步加剧所导致。进一步深入考察，似乎还可以发现一些规律：以主营业务类型看，主营有线电视业务的公司营销费用比例

---

① 资料来源：相应公司 2014 年年报。

相对较低，比如歌华有线、江苏有线等；而致力于互联网技术业务的公司营销费用比例往往较高，如华数传媒、东方明珠的新媒体业务，主营影视制作业务的公司可能营销费用占总收入比例可能会更高，如幸福蓝海居然达到29.47%。显然，市场竞争越激烈的传媒子市场营销投入往往越高。

一般产业观察和表3-21中部分实证数据也显示，广播影视公司所属行政级别也影响着市场竞争程度，从而可能有营销费用投入。具体来说就是，中央媒体所属公司营销费用占总收入比例较低，如中视传媒，在现实中也不难观察到中央电视台因自身的国家台垄断地位而缺乏足够的营销动力；而地方媒体所属公司营销费用占总收入比例往往较高，因为它们面临的市场竞争更加激烈，如华数传媒、天威视讯。现实中产业观察也可以发现，面临激烈竞争的省级卫视往往在自身营销上投入更大，与各类大型网站的合作营销行为也更多。省级传统广电媒体与视听节目网站联合营销节目与广告、共同开发新业务、成立合资公司等市场行为也比较多。地方媒体似乎也存在一种情况，地方媒体在行政区域所在地也具有天然垄断地位，加上它天然不可能跨地域传播、自身规模经济实力也有限，因此缺少跨地域营销的动机与经济实力。当然，部分经济实力较雄厚、旨在通过互联网渠道打破行政区域限制获得超常规发展的地方媒体显然除外，例如华数传媒、天威视讯等。

对广播电视和影视制作从业人员的问卷调查则显示，这两个行业分别有50%和54.55%的受访者认为自己所在公司营销投入适中，大大高于认为本公司营销投入"少"或"过少"、"多"或"过多"的受访者比例；而这两个行业认为本公司营销投入"少"或"过少"的受访者占比之和（37.86%、31.82%）又高于认为本公司营销投入"多"或"过多"的受访者比例之和（10.71%、13.64%）。这说明广播电视、影视制作从业者大体认可本公司的营销投入，但也有较多的从业者认为本公司营销投入不足，尤其是广播电视从业者（见表3-22）。

表3-22　广播电视业及传媒业员工对本公司营销投入评价

行　业	A过多	B多	C适中	D少	E过少	（空缺）
广播电视	2.14%	8.57%	50.00%	28.57%	9.29%	1.43%
影视制作	0	13.64%	54.55%	22.73%	9.09%	0

五、电视媒体成本控制行为

产业组织理论批评垄断市场结构的重要原因之一，就是垄断企业往往会因为缺乏竞争而缺乏动机控制生产中的各项成本，并且可能产生经营者请客吃饭以寻求管理部门予以特权应付反托拉斯诉讼等所谓 X-非效率活动。[①] 本书将从一般产业观察、部分上市公司公开数据以及对业内人士的调查问卷来评价中国电视机构的成本控制行为。

在中国，拥有行政垄断地位的国有电视台生产成本高，浪费大更是诟病已久的问题。我国几十年广播电视年鉴以及各种广播电视文献几乎没有关于生产成本、利润的统计，记录指标往往是事业建设产出数量。事实上由于面向市场而生产的节目和为了政治宣传、文化教育而制作的节目成本收益无法简单比较，各种内容往往实行交叉补贴。有研究者批评我国相当部分电视台内部没有现代管理必需的科学专业分工，都是大而全、小而全的国有事业单位框架；普遍没有真正意义上的成本核算，只有年底的成本归集，全部是事业流水账，没有成本概念，看不到成本，所以到了年底，账面上只有赤字，看不到亏损，历年的《中国广播电视年鉴》，有关计划财务管理情况的表述，从来没超过两个页码，总支出、支出构成、节余或亏空等最基本的财务状况也说不清或说不全，有的省广播电视概述中，居然对财务状况一字不提。如果有，经常也就是收入、成就统计数据。另外，国有电视台资源浪费也极其严重，从豪华的电视大楼、演播室、一次性使用的道具、耗资巨大的联欢晚会，到频道资源、网络光缆资源，普遍使用率低、闲置率高，因为花的是"公家的钱"。[②] 十多年过去，这些现象并没有得到根本改变。对电视台而言，宣传安全是比产业经营更重要的激励，经营决策要层层上报审批、效率较低；对员工而言，个人收益与工作业绩不是绝对相关，"大锅饭"现象或多或少存在。电视竞争虽然逐步加剧，但与一般竞争性行业相比较，电视台还是具有明显的垄断地位，低效行为较明显。

党的十八大以后，"八项规定"的确减轻了铺张浪费，但是哪些是能够产生经济回报的经济投资？哪些是可以且必须减少的支出？这似乎又成

---

① 芮明杰. 产业经济学 [M]. 上海：上海财经大学出版社，2005：383.
② 陆地. 中国电视产业发展战略研究 [M]. 北京：新华出版社，1999.

了一个新问题。根据《中国广播电视年鉴（2014）》统计，中央电视台2013年9—10月减少播出17项晚会类节目，约占原计划播出量的一半；把清明、端午等传统节日的晚会节目调整为新闻报道、专题节目等形式的特别报道，同时坚持节俭办节目，杜绝过度使用声光特效、舞台布景等，不搞异地分会场晚会，减少明星大腕。中央电视台还压缩出国培训项目3期50人次，节约培训经费400万元，节约会议经费512万元；还取消印制挂历、台历和贺年卡。这预算中哪些是铺张浪费，哪些是必要的生产投入、人力资源投入以及市场营销投资？简单地用政治运动的方法降低这方面投入的做法值得商榷。

对从业人士的问卷调查结果与一般行业观察结果比较接近，认为广电机构行政成本高的受访者比例大大高于认为行政成本低的受访者比例，也大大高于影视制作行业认为本公司行政成本偏多的比例。表3-23数据显示，广播电视行业认为本公司行政成本"多"或"过多"的受访者占比之和达到44.29%，认为本公司行政成本"少"或"过少"受访者占比之和却只有7.14%，而这个调查比例总体说明国有事业性质的广播电视台总体行政成本偏高。对比鲜明的是，以民营公司为主体的影视制作行业受访者中只有12.13%的人认为本公司行政成本"多"或"过多"，而认为本公司行政成本"少"或"过过少"的受访者比例之和却有25.76%。

表3-23　广播电视业及传媒业员工对本公司行政成本评价

	A 过多	B 多	C 适中	D 少	E 过少	（空缺）
广播电视	16.43%	27.86%	47.86%	5.00%	2.14%	0.71%
影视制作	4.55%	7.58%	60.61%	22.73%	3.03%	1.52%

从中国主要广播影视类上市公司发布的具体数据大致可从某些方面窥视该行业管理费用支出情况，尽管管理费用不等同于行政成本，但还是有较大程度的重合。数据表明，中国多数广播影视上市公司从2014年到2017年间管理费用都有所提高。分公司主营业务类型来看，影视制作类公司（如幸福蓝海、中视传媒）管理费用占总收入比例一般低于涉及新媒体类业务的公司（如华数传媒、天威视讯）（见表3-24）。

总而言之，竞争激励企业控制成本、垄断往往导致成本提高的经济规律，在中国电视产业中也有显著体现。

表 3-24   2014 年、2017 年主要中国广播影视类上市公司管理费用概况①

公　　司	2014 年		2017 年	
	管理费用（亿元）	管理费用占总收入比重	管理费用（亿元）	管理费用占总收入比重
东方明珠 & 百视通	3.00 & 4.66	6.54％ & 16.64％	12.43	7.65％
电广传媒	9.09	16.62％	11.99	13.72％
歌华有线	1.22	4.95％	1.45	5.37％
华数传媒	2.77	11.50％	4.14	12.91％
天威视讯	1.72	13.06％	2.43	15.28％
江苏有线	——	——	8.79	10.87％
幸福蓝海	——	——	1.13	7.42％
中视传媒	0.56	7.44％	0.57	7.95％

第三节　互联网媒体市场经营行为

与报纸、电视等传统国有媒体在事业制度、行政保护的基础上逐步市场化的定价、研发、兼并等经营行为不同，中国互联网媒体从创立之初就面对着市场激烈的竞争和巨大的市场机遇，形成了高度市场化的定价、研发、兼并、营销及成本控制行为。中国互联网传媒目前无处不在的应用、异常活跃的投资与消费和广阔的产业发展前景，显然直接来源于互联网传媒企业各种市场经营行为。中国互联网企业的市场经营行为不仅改变了互联网传媒产业，也深刻且较为彻底地改变了"传统"媒体产业的业态和竞争格局。那么，中国互联网传媒企业的市场经营行为究竟体现了怎样的竞争与垄断特征？基于此可以对相关传媒规制绩效做出怎样的评价？本书以下将较为深入地分析中国互联网媒体产业和企业的产品定价行为、研发创

---

① 资料来源：作者根据相应公司 2014 年、2017 年的年度报告整理。

新行为、兼并投资行为、成本控制行为特征。

一、互联网媒体产品定价行为

产业组织理论研究产业竞争与垄断现象及其经济效率，往往首先关注的就是企业定价行为，产品定价能力往往是影响企业财富最直接的因素。互联网媒体提供的产品服务和盈利模式种类相对传统媒体都有了极大的拓展，为了便于在较为统一的框架内和传统媒体做比较分析，本书分析互联网媒体广告产品、内容付费产品定价，[①] 这也是最能体现互联网作为媒体的产品定价。

互联网媒体是否体现了竞争活力？是否有垄断定价的能力和行为？理论上看，海量的互联网媒体数量和极低的进入壁垒会导致每一家网站都无法垄断广告定价和付费内容定价。截至 2018 年底，中国有 523 万个网站，每一种互联网业务都有无数的竞争者，各项服务如果定价过高，都会导致交易流向其他低价服务供应商。现实中，由于互联网广告早期受众覆盖面不广，网络广告制作成本与发布相对便利，加之网络广告供给大大高于需求，互联网广告价格往往较低。一组被各种文献广泛引用的数据曾认为"一般网络广告的 CMP（每千人成本）相当于报纸的 1/5，电视的 1/8"。胜三咨询机构发布的媒体广告价格则显示，近年来 PC 网络广告和移动媒体广告整体价格上涨幅度和电视广告较为接近，略高于影院媒体，但是比报纸媒体广告价格涨幅高出很多，具体如表 3 - 25 所示。

表 3 - 25　全国性媒体广告净涨价幅度[②]

	网　　络	手机媒体	电　　视	报　　纸	影院媒体
2015 年实际涨幅	10％	12％	11％	7％	9％
2016 年实际涨幅	10％	13％	11％	4％	9％
2016 年预计涨幅	10％	12％	11％	4％	9％

[①]　其他互联网产品定价，可以包括多种多样的互联网垂直服务产品收费定价，如电商、金融、教育等产品。

[②]　数据来源：胜三咨询（R3 Worldwide）所发布《2017 年中国媒体价格增长趋势报告》《2018 年中国媒介价格增长趋势报告》，其中 2016 年实际涨幅数据为 Q1—Q3 数据。

续表

	网　络	手机媒体	电　视	报　纸	影院媒体
2017 年预计涨幅	9%	15%	9%	−4%	10%
2018 年预计涨幅	PC6% 在线视频 8%	18%	8%	−5%	—

各种行业数据和法院判决案例表明，即便是具有强大市场势力的寡头垄断企业乃至特定业务中接近完全垄断地位的互联网媒体，总体而言在广告定价地位上并不具备垄断定价的能力。产业组织理论认为产品的差异性也会导致垄断，因为各个互联网企业服务不能完全互相替代，占有垄断地位的互联网企业也有可能采取垄断定价。但是这种定价行为究竟是买卖双方自愿交易，还是卖方强迫交易？其性质判断非常复杂，并且因为互联网企业盈利模式多样，包括广告模式也比传统媒体要丰富得多，某一种产品价格是否合理、是否存在垄断现象，都要根据具体情况来分析。在中国广告市场现实中，因为寡头垄断互联网企业之间存在激烈的业务竞争和广告市场竞争，特定业务领域接近完全垄断地位的企业在广告方面仍然存在可替代性和价格竞争。表 3-26 对中国三大互联网巨头 BAT 旗下的视频网站广告价格比较就表明，这些企业即便拥有强大的市场势力，但并不具备广告垄断定价能力，其广告价格涨幅总体并不大，重点广告产品价格涨幅较大，这可能更多是其广告效果、市场需求等综合因素导致。

表 3-26　三大视频网站 2014 年、2017 年广告价格比较

（单位：元/CPM）[1]

	2014 年				2017 年			
优酷	重点 100	A 级 65	B 级 45	全国 35	重点 130	A 级 70	B 级 55	全国 45
爱奇艺	特级 100	一级 55	次级 35	全国 30	特级 130	一级 70	次级 45	全国 40
腾讯视频	核心 城市 100	重点 城市 60	其他 城市 35	通投 30	核心 城市 120	重点 城市 65	其他 城市 45	通投 40

---

[1]　资料来源：中国产业信息网，http://www.chyxx.com/industry/201801/601702.html.
[2019-08-05].

　　媒体时常也有对 BAT 等互联网寡头涉嫌垄断行为的报道，但真正被法院认定经济垄断的行为极少。个别不同市场份额特别高的企业（如百度搜索等）的某些不当广告行为（如医药广告等）似乎应该定性为广告内容不良影响，而不是垄断价格、经济垄断。

　　2009 年 12 月，我国《反垄断法》实施后的第一起反垄断案在北京第一中级人民法院宣判，百度在搜索引擎市场的垄断地位未被法院认定，人人信息公司要求百度赔偿经济损失并解除对其网站的屏蔽的诉讼请求被驳回。人人信息公司认为，自己因降低了在百度的广告竞价排名价格，百度就减少对人人信息公司旗下全民医药网搜索显示页面数量，这是百度滥用市场支配地位对全民医药网进行技术屏蔽和恶意封杀，违反了《中华人民共和国反垄断法》的规定。但是北京市第一中级人民法院审理后认为，人人信息公司所举的证据无法证明百度具有垄断地位。此外，即使百度具有垄断地位，《反垄断法》禁止的是垄断企业所实施的、能够影响市场结构、破坏市场竞争秩序的行为和措施，而百度对全民医药网的屏蔽是基于该网站存在大量垃圾外链，这种措施是正当的。因此，法院判决驳回了人人信息公司的诉讼请求。[①]当然，各界对百度垄断的批评声也不少。比如，用户在使用百度搜索某些关键词后，再打开有百度广告联盟的网站，就会针对那些关键词给用户推荐广告，或者直接在广告位置显示那些关键词，其中不乏虚假营销广告的骚扰，网络作家"龙涛"就在微博上询问如何"屏蔽流氓的百度广告"。[②]

　　腾讯的 QQ 在中国即时通信市场具有很高的市场占有率，但法院判决腾讯没有滥用市场支配地位的垄断行为。针对奇虎 360 公司对腾讯公司的起诉，2013 年 3 月广东省高级法院判定，微博、SNS 社区、电子邮箱等对即时通信有很强的替代性，应作为统一市场来看，而且这是一个全球性竞争市场，QQ 在市场中并无支配地位。由于几乎所有的即时通信都是免费的，腾讯不具备控制商品价格、数量或其他交易条件的能力，更不具备阻碍及影响其他经营者进入这个市场的能力，构筑不起任何市场壁垒。法院判定，腾讯并未处绝对主导地位，也未加以滥用，不存在滥用市场支配地位的情况，不支持原告的全部诉讼请求。[③]

---

　　① 反垄断第一案宣判 百度垄断地位未被认定 [EB/OL]. http：//news. sina. com. cn/c/2009 - 12 - 18/145919289994. shtml. [2019 - 08 - 05].

　　② 互联网反垄断第一案宣判 腾讯胜诉"奇虎"难下 [EB/OL]. http：//media. people. com. cn/n/2013/0329/c40606 - 20957351. html. [2019 - 08 - 05].

　　③ 资料来源：深圳特区报，http：//sztqb. sznews. com/html/2013 - 03/29/content _ 2424004. htm. [2017 - 11].

《中华人民共和国反垄断法》所称市场支配地位，是指经营者在相关市场内具有能够控制商品价格、数量或者其他交易条件，或者能够阻碍、影响其他经营者进入相关市场能力的市场地位。《中华人民共和国反垄断法》第十七条规定以下行为属于滥用市场支配地位的行为：（一）以不公平的高价销售商品或者以不公平的低价购买商品；（二）没有正当理由，以低于成本的价格销售商品；（三）没有正当理由，拒绝与交易相对人进行交易；（四）没有正当理由，限定交易相对人只能与其进行交易或者只能与其指定的经营者进行交易；（五）没有正当理由搭售商品，或者在交易时附加其他不合理的交易条件；（六）没有正当理由，对条件相同的交易相对人在交易价格等交易条件上实行差别待遇；（七）国务院反垄断执法机构认定的其他滥用市场支配地位的行为。《中华人民共和国反垄断法》第十九条规定了市场支配地位的推定方法，有下列情形之一的，可以推定经营者具有市场支配地位：（一）一个经营者在相关市场的市场份额达到 1/2 的；（二）两个经营者在相关市场的市场份额合计达到 2/3 的；（三）三个经营者在相关市场的市场份额合计达到 3/4 的。有前款第 2 项、第 3 项规定的情形，其中有的经营者市场份额不足 1/10 的，不应当推定该经营者具有市场支配地位。被推定具有市场支配地位的经营者，有证据证明不具有市场支配地位的，不应当认定其具有市场支配地位。

所以，根据中国反垄断法对滥用市场支配地位的定义及相关案例的判决，可以认为中国互联网传媒垄断定价、排斥竞争的行为并不突出。在市场集中度很高、规模经济较为显著的条件下，中国互联网产业仍然能够保持垄断竞争或寡头竞争的市场格局，这对整个互联网产业发展是有利的。这种市场格局的形成，与中国互联网媒体政府规制中的准入、退出壁垒有密切关系，即便在位企业形成了市场优势地位，潜在的进入对手、市场竞争仍然能够使这些优势企业保持较高的生产效率。

当今世界互联网传媒市场，巨型企业寡头垄断已经是市场常态，政府规制的重点往往不是干预其结构、规模，而是依法监管其不合理削弱市场竞争、损害消费者福利的垄断行为。占据很高的市场份额并不意味着企业滥用了市场优势地位，只有企业实施了滥用优势地位的行为，滥用才成立。有学者指出，随着网络经济的到来，美国的反垄断法政策的主要目标已从保护消费者、市场的有效竞争和经济效率转向强调保护创新。在网络市场，反垄断法规制的重心已从规制企业合并转向规制滥用市场支配地位，这是因为在网络经济时代，市场支配地位的取得更加自然，对于规制者来说，规制居于市场支配地位企业的垄断滥用行为变得更为必要。①

二、互联网媒体研发创新行为

在传媒市场，互联网媒体本身似乎就是研发创新的代名词，从科学技术的基础创新到针对用户、针对市场的产品和服务创新，以及各种商业模式、各种治理结构，互联网媒体近年来几乎是一日千里的速度颠覆着既有传媒使用方式和市场消费，也革命性地颠覆着报业、电视等传统媒体的市场地位和社会影响。本书这一部分仅从互联网媒体的研发创新投入力度来分析其研发创新行为，并试图分析这种创新行为背后的规制动因。如果以此和前文报业、电视媒体创新行为进行比较，更是不难发现两类媒体迥异的行为特征。

各方数据显示中国互联网媒体研发创新投入巨大，研发强度不仅大大高于我国各行业平均水平，在国际研发投入排行榜上也占有较重要地位，并且中国互联网机构的业务范围已经覆盖大众信息传播、人际信息传播、商品传播、金融服务、代理服务等领域，信息与服务、信息与物质的联系更加紧密，从而大大突破了传统媒体的概念和传播服务领域。某种意义上说，正是这种强度高、领域广的研发创新行为颠覆了传媒信息理念、颠覆了信息与物质的关系，从而颠覆了传媒的生存与经营方式。

和传统媒体研发创新数据难以获取不同的是，从政府机构、第三方机构以及互联网媒体自身的各种报告中，研发投入都是非常重要、公开的指标，这也说明研发创新对互联网媒体的极端重要性。根据 2018 年 7 月 27 日中国互联网协会和工信部信息中心联合发布的 2018 年"中国互联网企业 100 强"榜单，阿里巴巴、腾讯、百度、京东等 100 家上榜互联网企业 2017 年的互联网业务总收入为 1.72 万亿元，互联网业务收入同比增长 50.6%；这些企业 2017 年营业利润总额为 2 707.11 亿元，较去年同比增长 82.6%，即便是规模庞大具有市场势力乃至一定垄断力量的互联网巨头仍然获得"大象快跑"的成长业绩。对此，工信部在介绍基本数据后紧接着就介绍了这些互联网企业在业态创新、场景应用创新的特征，以及研发投资巨大的背景：这 100 强互联网企业 2017 年研发投入首次突破千亿，达

---

① 杜仲霞. 网络经济下反垄断法滥用市场支配地位的界定——评腾讯 360 案 [J]. 安徽农业大学学报（社会科学版），2011（5）：77 - 81.

到 1 060.1 亿元，同比增长 41.4%，平均研发强度达到 9.6%，比我国研发经费投入强度高出 7.48 个百分点；其研发人员为 19.7 万人，研发人员占比 19.4%；这些企业拥有 2.2 万项专利，其中一批互联网核心技术已经进入国际第一方阵。[①] 2017 年中国整体研发经费投入强度为 2.12% 的工业企业研究与试验发展经费支出与主营业务收入之比为 0.9%，由此可见我国互联网企业研发投入强度大大高于其他行业。

普华永道发布的《2017 年全球创新 1 000 强》榜单数据也显示包括互联网媒体在内的中国信息类企业研发投入数额巨大、增长迅速。阿里巴巴进入"最具创新精神的十家企业榜"，这也是中国企业首次进入该榜单。2017 年阿里巴巴集团研发投入 25 亿美元，研发强度（研发支出占营业收入之比）为 10.8%，在全球创新 1 000 强中排名第 58；腾讯以 17 亿美元的研发投入在全球创新 1 000 强中排名第 83，百度、携程、京东、网易、搜狐、新浪、58 同城等互联网企业都进入了这个创新一千强榜单。[②] 这些互联网媒体或者说互联网综合企业的高研发支出金额以及研发强度，与表 3 - 3 中的报业机构、表 3 - 27 中的广电机构研发投入普遍 5% 以下（已经彻底向数字产品转型的浙数文化例外）研发强度形成鲜明的对比。

表 3 - 27 全球创新 1 000 强中的中国互联网媒体研发投入情况（2015—2017 年）

	研发支出（亿美元）			收入（亿美元）			研 发 强 度		
年份	2015	2016	2017	2015	2016	2017	2015	2016	2017
阿里巴巴	15	20	25	111	147	230	14.0%	13.6%	10.8%
腾讯	11	13	17	114	148	219	9.6%	8.8%	7.8%
百度	10	15	15	71	96	102	10.2%	15.3%	14.4%
携程	3	5	11	11	16	28	31.6%	30.3%	40.0%
京东	3	5	8	166	261	375	1.6%	1.9%	2.1%

---

① 2018 年中国互联网企业百强榜单揭晓 [EB/OL]. http://www. miit. gov. cn/n1146290/n1146402/n1146455/c6279591/content. html. [2019 - 08 - 05].

② 数据来源：普华永道官网，https://www. strategyand. pwc. com/innovation1000. [2019 -08 - 05]；搜狐网，http://www. sohu. com/a/202671964 _ 505837. [2019 - 08 - 05].

续表

年份	2015	2016	2017	2015	2016	2017	2015	2016	2017
搜狐	4	4	4	17	19	17	24.5%	20.6%	21.4%
网易	2	3	4	13	33	55	11.2%	9.2%	8.0%
新浪	2	2	2	8	9	10	25%	23.8%	21%
58同城	0.4	1.1	1.6	2.3	6.4	10.9	17.4%	17.2%	14.7%
网龙	0.4	0.6	1.1	1.4	1.8	4	28.6%	33.3%	27.5%

中国大型互联网企业研发投入强度大的行为由来已久，并且往往伴随着对前沿技术的研发、业内顶级研发人才的引进，这才是互联网企业业务类型和规模近年来一直迅猛增长的内在原因。以百度为例，百度2014年总营收为人民币490.52亿元（约合79.06亿美元），比2013年增长53.6%，但其2014年研发支出为人民币69.81亿元（约合11.25亿美元）（见表3-28），比2013年增长70.0%，快于总收入增长。百度还吸引了吴恩达、王海峰、余凯、张潼、贾磊、吴华、吴韧等一批世界顶级的科学家，也吸纳了前微软资深副总裁张亚勤、云云创始人刘骏等外部人才。[1] 媒体报道，2013—2014年，百度公司在PC领域一度遭受了竞争对手的攻击，同时，移动互联网的大潮来得太快。为此百度加大研发投入，扩充美国硅谷研发中心的规模，在人工智能、大数据、语音、图像识别等领域进行深入地布局。[2] 研发创新，加上营销的配合，推动了百度的业务重大转型。百度将业务群组和事业部整合为三大事业群组：移动服务事业群组、新兴业务事业群组、搜索业务群组。其中，搜索业务是百度传统基本业务，移动服务是未来核心，新兴业务则担任着持续开发创新的任务。百度2014年销售、总务和行政支出为人民币103.82亿元（约合16.73亿美元），比2013年增长100.7%，主要由于移动产品和服务的促销支出增长。对于曾经以PC业务为主导的百度，2014年已经从以PC为中心过渡成为一家以移动业务为先的公司，其移动搜索营收已经超过PC搜索，并提出了用

---

① 百度发布2014年第四季度财报：净利同比增16% [EB/OL]. http://tech.sina.com.cn/i/2015-02-12/doc-ichmifpx7831905.shtml?sina-fr=bd.ala.cb. [2015-02-12].

② BAT年度财报对比：腾讯收入高 阿里赚钱 [EB/OL]. http://tech.qq.com/a/20150320/012221.htm. [2019-08-05].

移动技术将用户联系到一起的传播理念。腾讯2014年年报未披露准确的研发投入,但其年报关于"策略摘要"中提及的内容显然都与研发创新相关,移动互联网技术研发、互联网金融创新成为腾讯这家巨型公司持续快速发展的推动力。其年报表示,"我们专注于'连接'策略将我们的用户与内容、服务及硬件连接起来以丰富用户的线上及线下生活",这是由于"我们充分利用了在用户统一登录、对用户社交图谱、多平台市场推广能力、基础设施支持、支付解决方案及对用户需求洞察方面的优势"。智能手机游戏、音乐服务、安卓应用商店、移动支付平台、微众银行互联网金融等新产品,显示出其研发创新的优良绩效。在BAT中国互联网企业三强中,早期阿里巴巴并不是一家拓展技术边界的科技公司,而是一家通过技术进步拓展商业边界的企业,但是它仍然有着很高的研发投入,尤其是近年来在"阿里云"业务中投入巨大。2014年在纽约上市创下IPO新高后,各界认为阿里巴巴将在研发投入上加大资金,用科技优化电商世界的"生态系统",果然近几年其研发投入增长迅速,2017年举全国上市公司之首。

中国网络视频媒体的技术创新、内容创新研发水平大大高于传统电视媒体。2014年以来,主流在线视频企业的移动端行业化进程不断加速;随着在线视频行业及大数据技术的快速发展,基于大数据分析、为广告主提供更加高效精准广告服务的广告产品成为行业发展热点。在线视频企业通过对数据收集、整理、分析后,对用户的属性、特定行为进行标签化处理,可在保证实时有效的情况下,针对cookie进行有效的广告投放,而整个投放过程由产品程序实施执行,体现了互联网产品"科技与高效"的特性。[1] 网络视

表 3-28 2014 年部分上市互联网媒体研发投入[2]

公　　司	研　发　费　用	研发占总收入比重
百度	69.81 亿元	14.23%
乐视网	8.06 亿元	11.81%
优酷土豆	4.161 亿元	10.33%
奇虎 360	2.55 亿美元	38.00%
人民网	0.19 亿元	1.22%

---

[1] 徐昊. 2014 年中国在线视频市场营收规模增长强劲 [EB/OL]. http://report. iresearch. cn/html/20150201/245907. shtml. [2018-08-07].

[2] 数据来源:作者根据公司年报整理计算,其中奇虎 360 为 2013 年数据。

频内容创新上，因其没有行政许可的限制，创新主体不计其数、创作风格丰富多样，尤其是网络剧、微电影领域吸引了大量的资金和专业团队进入。如，2013年优酷自制剧《万万没想到》点击总量达到4.2亿次，公益微电影《爱的代驾之非诚勿驾》上线不久，点击量即突破1亿次。

与一般非国有资本控股的互联网公司研发投资行为不同，国有控股互联网机构经常是研发投入较低、投资周期相对较短、抗市场风险能力较弱。在表3-28互联网媒体研发投入表格中，上市很早的人民网研发费用及其所占比例之低非常突出，这从一个侧面可以看出国有传媒企业投资研发的低效率。根据人民网年报，这笔研发投资主要用于人民在线舆情监测平台系统研发。如此看来，这笔带有公共职能的研发投入的直接经济产出很可能是不高的。人民网其他市场性质研发投入的效率也不高，2013年、2014年，人民网投入巨资、招聘顶级人才开发"即刻搜索"却惨遭失败的消息广被报道。但是，即刻搜索耗费的投资额究竟是2亿还是20亿？始终没有权威说法。《第一财经日报》《长江日报》等主流媒体是用"2亿投资？""传两年花掉20亿"这样的不确定性表达。《第一财经日报》认为"国字头"的媒体经营、开发上既有国家支持的优势，但也存在许多尴尬。"知情人士"认为"竞争对手是市场化的，甚至很多互联网企业开创期的做法是不光彩的，比如用盗版的免费方式获得流量，如此，他们最初的内容生产成本并不高，'国字头'企业能干这种事吗？肯定不行，起点就不一样，怎么拼？再加上不接地气，即刻搜索的命运只能如此。"①

在激烈的市场竞争条件下，世界范围内成功的互联网媒体研发投资普遍高。曾经是世界上市值最高、至今位列前茅的互联网媒体谷歌，2017年研发投入139亿美元，占其营收比例为15.5%；2013年其研发开支就达到80亿美元，占其总营收比重的13.2%。谷歌的"登月"研发项目，包括投资许多稀奇古怪的技术，比如无人驾驶汽车、谷歌眼镜、气球Wi-Fi等。2013年该公司研发部门就有1.86万雇员，大多数研发经费用于人力和人才支持。②

当然，2017年中国企业包括互联网企业研发费用增速放缓乃至总额下降的现象也值得引起关注。根据普华永道发布的《2017年全球创新1 000

---

① 韩朝. 邓亚萍离开即刻搜索背后：体制内烙印是双刃剑 [EB/OL]. http://finance. sina. com. cn/chanjing/gsnews/20131202/022017493203. shtml. [2019-08-05].

② 凤帆. 全球十大研发投入最多的公司 [EB/OL]. http://tech. qq. com/a/20141119/000916. htm. [2019-08-05].

强》榜单分析，中国虽然有 113 家企业上榜，上榜企业数量仅次于美国和日本，但是 2017 年总部位于中国的公司研发支出下降了 3.3%，这是自 2005 年"全球创新 1 000"发布以来的第一次下降，主要原因是中国经济总体放缓和财政方面限制加大。[①] 2017 年中国互联网 100 强企业研发费用增幅为 41.4%，相对 2013 年上半年 53.6% 的研发费用增幅也有所放缓。[②] "科技是第一生产力"，如何通过科技创新有效地服务于传媒事业、传媒产业的政策目标？在科技颠覆传媒生态和传媒使用的时代，这是一个非常迫切的现实问题，也是研究、创新规制从而激励传媒机构有效研发创新行为的重要性所在。

三、互联网媒体兼并投资行为

近年来互联网媒体之所以能对传统媒体和各类传统产业市场"攻城略地"，进而跨越式地"做大做强"，最重要的原因之一就是它们活跃的兼并投资行为，有的是在兼并之后进行持续的技术、业务创新。企业兼并收购，可以起到提高规模效应、完善产业布局、降低成本、控制风险等作用，在市场竞争激烈、规制政策许可时，这往往是企业经营的重要选择。显然，我国互联网媒体行兼并收购交易金额、市场结构影响都远远超过传统媒体。在我国数百上千的传媒并购案中，"新""旧"媒体并购行为偏重不同。在并购目的方面，互联网并购更多地是出于战略目的及移动互联网的布局需要，或者是为了补齐自身的短板，或者是为了遏制竞争对手。传统媒体并购则更多地是出于改善业绩的短期目的。[③]

前文表 3-5、表 3-6、表 3-7 中所列 2014 年中国传媒行业并购案例其实多数属于互联网媒体，尤其是 BAT 等大型互联网寡头。近年来它们凭借其丰富的生态系统、庞大的用户群、强大的资金实力以及技术和运营整合能力，进行了持续大规模的兼并投资（见表 3-29，表 3-30，表3-31)，在信息、传媒、文娱等领域有着极为广泛的战略布局，某种程度上这些兼并投资行为也对传媒行业竞争格局、生态模式、发展模式形成重大颠覆：

---

①　余晓春. 全球创新 1 000 强报告评述——基于普华永道《2017 年全球创新 1 000 强》[J]. 中国发明与专利，2018 (7)：34-41.

②　数据来源：中国信息产业网—人民邮电报 [EB/OL]. http：//www. cnii. com. cn/ industry/2013-08/01/content_1195570. htm. [2019-08-05].

③　崔保国. 中国传媒产业发展报告 (2014) [R]. 北京：会科学文献出版社，2014：309.

表 3 - 29　2017 年腾讯大文娱兼并投资布局表①

时　　间	企　业	国家和地区	轮　次	金　额
2017 年 1 月 1 日	漫漫漫画	北京	Pre-A 轮	数千万元
2017 年 1 月 4 日	Ookbee	泰国	C 轮	1 900 万美元
2017 年 1 月 12 日	知乎	北京	D 轮	1 亿美元
2017 年 11 月 8 日	Snapchat	美国	IPO 上市后	20 亿美元左右
2017 年 4 月 1 日	派派	北京	B 轮	4 000 万元
2017 年 5 月 5 日	棒棒糖	上海	A 轮	数千万元
2017 年 5 月 9 日	Smule	美国	F 轮上市前	5 400 万美元
2017 年 10 月 18 日	Whatpad	加拿大	D 轮	4 000 万美元
2017 年 1 月 8 日	铸梦动画	上海	B 轮	1 亿元
2017 年 1 月 19 日	豆腐	广东	A 轮	数千万元
2017 年 1 月 22 日	悟漫田	吉林	天使轮	数百万元
2017 年 3 月 6 日	天津动漫堂	天津	B 轮	数千万元
2017 年 1 月 25 日	阅文集团	上海	B 轮	1 亿美元
2017 年 2 月 20 日	美豆爱厨房	江苏	天使轮	数百万元
2017 年 3 月 8 日	超冲影业	广东	A 轮	3 000 万元
2017 年 3 月 17 日	新榜	上海	B 轮	1.8 亿
2017 年 3 月 23 日	快手	北京	D 轮	3.5 亿美元
2017 年 4 月 26 日	糖人动漫	辽宁	A 轮	数千万元
2017 年 4 月 30 日	稻来传媒	北京	天使轮	未透露
2017 年 5 月 26 日	毒舌电影	广东	A＋轮	数千万元
2017 年 6 月 5 日	丛潇动漫	北京	天使轮	500 万元
2017 年 6 月 6 日	Storybook 初篇信息	广东	天使轮	数千万元

① 崔保国. 中国传媒产业发展报告（2018）［R］. 北京：社会科学文献出版社，2018：272.

续表

时　间	企　业	国家和地区	轮　次	金　额
2017 年 6 月 27 日	衣川文化	北京	A＋轮	数千万元
2017 年 6 月 29 日	What you need	广东	天使轮	600 万元
2017 年 7 月 26 日	绘梦文化	河北	Pre-A 轮	数千万元
2017 年 9 月 1 日	徒子文化	北京	A 轮	数千万元
2017 年 9 月 5 日	华体文化	浙江	Pre-A 轮	2 000 万元
2017 年 9 月 25 日	逻辑思维得到 App	北京	C 轮	9.6 亿元
2017 年 10 月 10 日	迷说	广东	战略投资	240 万元
2017 年 10 月 16 日	懒熊体育	北京	B 轮	3 000 万元
2017 年 10 月 25 日	骚客传媒	上海	战略投资	数亿元
2017 年 11 月 10 日	猫眼电影	北京	战略投资	10 亿元
2017 年 11 月 19 日	美的专业主义	上海	天使轮	数千万元
2017 年 11 月 20 日	糖人动漫	辽宁	战略投资	700 万元
2017 年 11 月 22 日	十字星	浙江	Pre-A 轮	数百万元
2017 年 11 月 27 日	《留学生日报》	北京	A 轮	2 000 万元
2017 年 12 月 12 日	面包小聚	北京	A 轮	未透露
2017 年 12 月 18 日	趣头条	上海	B 轮	数千万美元

表 3-30　2017 年阿里巴巴大文娱投资布局表①

时　间	企　业	国家和地区	轮　次	金　额
2017 年 5 月 26 日	趣拍云	浙江	并购	未透露
2017 年 3 月 21 日	大麦网	北京	并购	数亿元
2017 年 8 月 15 日	Glo Station	香港	天使轮	300 万美元
2017 年 1 月 20 日	麦特文化	北京	战略投资	数百万元

---

① 崔保国. 中国传媒产业发展报告（2018）[R]. 北京：社会科学文献出版社，2018：273.

续表

时　间	企　业	国家和地区	轮　次	金　额
2017 年 7 月 24 日	淘票票	浙江	战略投资	13.33 亿元
2017 年 10 月 27 日	两点十分动漫	湖北	B 轮	数千万元
2017 年 6 月 19 日	Nonolive	广东	A 轮	数千万美元
2017 年 12 月 15 日	GLO VR	香港	天使轮	300 万美元

表 3 - 31　2017 年百度大文娱投资布局表①

时　间	企　业	国家和地区	轮　次	金　额
2017 年 11 月	梯影传媒	北京	天使轮	2 500 万元
2017 年 9 月	蜻蜓 FM	上海	B 轮	超 10 亿元
2017 年 9 月	何仙姑父	北京	A＋轮	数千万元
2017 年 4 月	人人视频	北京	B 轮	未透露
2017 年 5 月	完美文学	北京	未透露	8 亿元
2017 年 5 月	Moboplayer	山东	A 轮	数百万元
2017 年 2 月	爱奇艺	北京	战略投资	15.3 亿美元

　　种种互联网媒体"天花乱坠"般的兼并、投资、扩张、创新，和传统媒体通过缩版、减发行、裁员、撤栏目、申请财政兜底等行为来维持财务平衡"调整供给侧"真是有天壤之别。

　　中国互联网媒体活跃的兼并投资行为由来已久，许多重要的兼并案例可以说已经对产业市场结构产生了重大影响，有些大型互联网公司的发展模式、发展战略也在兼并投资中持续创新。在中国互联网企业兼并史上有许多经典案例值得记载：2013 年百度公司投资 115.05 元（合 19 亿美元）收购 91 无线曾经是中国互联网有史以来最大的并购案，超过了 2005 年雅虎 10 亿美金并购阿里巴巴的规模；阿里巴巴投入 5.86 亿美元购入新浪微博 18％的股份；百度投入 3.7 亿美元购入 PPS；阿里巴巴投入 2.94 亿美元购入高德 28％的股份；优酷以换股的形式得土豆 100％股权，交易金额

① 崔保国. 中国传媒产业发展报告（2018）［R］. 北京：社会科学文献出版社，2018：273.

约 10.4 亿美元，几年后优酷土豆又以 56 亿美元的价格被阿里巴巴收购，再度刷新中国互联网并购交易记录……腾讯长期以来是以自主开发产品为主——尽管其中不乏被批评为模仿式开发的产品，但后来也加快通过资本市场并购来完善自身产业布局，其中 2010 年是其并购战略的分水岭，2014年以后并购进一步加速，近年来腾讯对盛大文学、快手视频、搜狗搜索、京东电商的兼并或入股合作投资行为都是对行业竞争结构产生重大影响的兼并投资行为（见图 3-3）。

(数量)　　　　　　　　　　　　　　　　　　　　　　　　(金额：亿元)

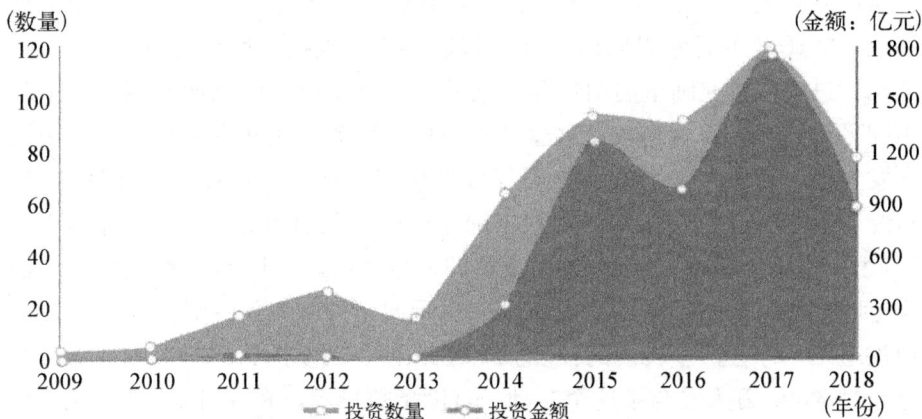

图 3-3　腾讯历年投资数量和金额（截至 2018 年 5 月）[①]

为什么要兼并重组？为了提高企业规模效应、共享生产资源、降低成本、提高经营协同效应从而提高运营效率是常见原因，也有越来越多的企业是为了长远的产业战略布局而实施兼并重组，如上文论及的 BAT 兼并行为。兼并重组的效率在优酷网、土豆网兼并案中特别典型。曾经是中国网络视频行业市场份额第一、第二的网络视频媒体，在广告市场低迷的 2012 年通过了合并方案，2013 年交割。"抱团取暖"、成本降低是它们并购合作的主要原因。对于高昂的视频版权费价格，非独家的影视剧一集少则数十万，多则上千万。面对高价版权，合并后的优酷土豆有了明显价格优势。两家合并前，是买两个版权，花两个价钱，而合并后，只需要花一个价钱两个平台都可以播。[②] 2012 年第四季度优（酷）土（豆）综合运营费用为人民币 2.45 亿元（3 930 万美元），相对 2011 年同期预计综合运

---

① 资料来源：搜狐科技，https：//www.sohu.com/a/233976377_167921.［2019-08-05］.

② 优酷土豆副总裁朱向阳：2013 年版权成本将降低［EB/OL］.http：//money.163.com/12/1129/11/8HFMVVHE00253G87.html.［2019-08-05］.

营费用为人民币 2.734 亿元（美元 4 390 万元）缩减 10％。该费用缩减主要是因为坏账相关费用降低，由土豆合并导致的流量成本降低，等等。① 2012 年优酷土豆集团产品研发费用占费用总额的 22％，管理费用占比 31％，营销费用 47％。相比较上年优酷网和土豆网各自的费用数据，合并后的优土网营销费用大幅度下降（2011 年合并数据为 5.173 3 亿元），管理费用有所下降（2011 年合并数据为 2.55 亿元），而产品研发费用获得较大的提升。从这方面看，优土的合并在运营管理上实现了成本节约，而更注重产品研发。② 优土被阿里（巴巴）并购后，各种生产经营协同则更加多样，2016 年 5 月阿里提出与优土打通用户、数据和服务方面的"三通"战略。进一步扩充阿里的用户和数据平台，丰富用户的画像和偏好，串联不同平台的服务，为用户提供适合的场景化服务。在共享用户方面，协同宣发方面，阿里大文娱整合一周年效果显现，整体用户规模月活达 5 亿，再配合电商平台的 5 亿月活用户，阿里的大宣发往往能造成刷屏的效果。《三生三世十里桃花》如此，《白夜追凶》也如此。2017 优土超级剧集《白夜追凶》播放期间，优土和淘宝又一次玩起了大宣发：一则"去淘宝搜索白夜追凶，你会回来转发的！"的 H5 在微博、朋友圈、豆瓣等刷屏，最终有超过 3 000 万人参与了这个互动，百度指数显示，在 9 月 15 日也就是来电 H5 推出后的隔天，《白夜追凶》飙升至剧集上线后的最高点。最终，单集成本只有 200 万元的《白夜追凶》凭借 45.62 亿的播放量位居 2017 年度网络剧播放量第二。③

  网络视频目前是拉动网络流量最大的内容类型，其产品形态和传统电视最为接近，但是在企业兼并投资行为上，中国网络视频机构和上文论及的传统电视兼并、合作异常困难不同，网络视频、短视频、网络直播媒体、影视内容制作媒体市场化并购活跃、市场影响巨大，扩大投资或联合投资组建新机构、开发新业务的案例也非常多，本书此处不一一列举。总之，互联网媒体活跃的兼并投资行为对传统媒体的业态和生存已经构成颠覆性、灾难性挑战，而各种业态、各种产权的网络视频兼并重组和研发创新等市场经营行为，也将会给目前尚能维持但已经呈现种种收视危机和经

---

① 数据来源：199IT 互联网数据中心，http：//www.199it.com/archives/97605.html.[2019 - 08 - 05].

② 李丹. 优酷土豆网 2012 年 Q4 暨 2012 年财务报告分析 [EB/OL]. http：//jingji.cntv.cn/2013/04/12/ARTI1365732029245127.shtml. [2019 - 08 - 05].

③ 2017 腾讯娱乐白皮书 [EB/OL]. http：//ent.qq.com/zt2017/whitePaper17. [2019 - 08 - 05].

营危机的国有电视机构形成致命的颠覆。

四、互联网媒体公关营销、成本控制行为

互联网媒体市场存在着海量的既有商品、层出不穷的新产品、不计其数的生产竞争者，如何让自身的产品在竞争中脱颖而出与消费者达成交易，如何在竞争中赢得投资者和产业链各环节合作者的商机，每一家互联网媒体的营销活动、公关活动至关重要，它们往往投入高额资金用于公关营销。相对国有报业、电视机构而言，互联网控制生产成本的行为在业界和学界似乎并没有受到高度关注，部分上市公司年度报告中也将销售费用和行政费用合并公布，因此本书将这部分内容合并在公关营销行为中简单介绍。以下表3-32概述了2014年部分中国互联网媒体收入、利润、营销和管理等费用情况：

表 3 - 32　2014 年部分中国互联网媒体收入、利润、营销等费用情况[①]

公司	总收入	利润	营销费用及其占总收入比重	管理、行政费用及其占总收入比重
腾讯	789.32亿元	305.42亿元	销售及市场推广开支77.97亿元，占总收入比重为9.88%	一般及行政开支141.55亿元，占总收入比重为17.93%
阿里巴巴	708亿元（约113.2亿美元）	269.94亿元（约43.54亿美元）	2014年Q4营销费用为30.21亿元（约4.87亿美元），占收入比重的12%；2013年同期营销费用为18.97亿元。此项增长主要是由于以股份为基础的酬金增长，也由于对被收购企业（主要是UCWeb和Auto Navi）的整合营销费用，以及加强淘宝、天猫品牌所支出的广告营销费用增加（尤其是在较小的城市），促销本土化新业务服务	2014年第四季度，阿里巴巴集团一般及行政开支为24.19亿元（约3.9亿美元），占收入比重的9%；2013年第四季度该项支出20.46亿元人民币，占收入比重的11%

① 资料均来自各公司年报。说明：上文"传媒规模"章节美国相关资料统计中，阿里巴巴2014财年收入为85.76亿美元，其跨度为2013年第二季度到2014年第一季度；此处统计资料中，阿里巴巴2014年总收入为708亿元，跨度为2014年第一季度到第四季度，故两者数据不同。

公司	总收入	利润	营销费用及其占总收入比重	管理、行政费用及其占总收入比重
百度	490.52亿元（约79.06亿美元）	128.04亿元（约20.64亿美元）	销售、总务和行政支出为人民币35.24亿元（约5.68亿美元），主要由于移动产品和服务的促销支出增长。占总收入比重为7.18%	
新浪	7.682亿美元	1.77亿美元	四个季度运营开支5.189亿美元，占总收入比重为67.55%。上年为3.714亿美元，这主要与人力成本、营销开支、基础设施支出和坏账拨备的增加有关	
搜狐	17亿美元	−1.71亿美元	2014年度营业费用12亿美元，较上年增长62%，占总收入比重为70.59%。增长主要是由于薪酬福利费用的增加以及较高的市场推广活动费用。"2014年下半年，我们采取措施优化成本结构，合理化支出，优化团队并大幅削减了市场费用。迄今，这些成本控制措施已基本完成，其效果将体现在2015年的财务数据中"	
网易	124.80亿元（约20.11亿美元）	47.57亿元（约7.67亿美元）	总运营费用36.86亿元（约5.94亿美元），占总收入比重为29.54%。2013年运营费用为23.65亿元。运营费用增加是由于推广在线游戏，电商业务及与2014年世界杯相关的广告业务的市场营销费用增加，以及员工人数和平均薪资提高带来的研发费用的增加	
乐视网	68.19亿元	1.29亿元	4.89亿元，占总收入比重为7.17%	管理费用1.75亿元，占总收入比重为2.57%
优酷土豆	40亿元（约6.495亿美元）	−8.886亿元（约1.432亿美元）	销售及营销费为人民币10亿元（约1.662亿美元），占总收入比重为25%	日常及行政管理费用为2.538亿元（约4090万美元），占总收入比重为6.35%
人民网	15.84亿元	4.46亿元	销售费用2.88亿元，占总收入比重为18.18%	管理费用2.03亿元，占总收入比重为12.82%

一般来说，同具备行政垄断地位的传统国有报纸和电视台相比，中国互联网媒体面对竞争的营销行为要积极得多，营销费用也大得多；互联网媒体的办公、行政费用一般都低于国有传统媒体低，也低于国有控股的互联网媒体。承担宣传任务的国有媒体，包括国有互联网媒体，往往更重视内容生产、内容覆盖，而不太注重受众体验、广告营销、市场效果；生产过程中往往也更注重产品、产量及其宣传效果，却不太重视成本控制和投

入经济回报。国有传统媒体虽然都创建了网站，但是往往点击率、覆盖率、影响力非常有限，长年以来中国网站覆盖、流量排名前二十名中都极少有国资媒体网站。这种情况直到芒果 TV 与 2014 年发力"独播战略"以后才改变，以前集中各种优势资源的中国网络电视台虽然在覆盖率上曾有优势，但广告经营等经济指标也难言乐观。至少是相对于巨大的投资来说，其经济收益并不显著。2015 年 5 月中国网络电视的覆盖数已仅次于优酷网，在全国所有视频网站中排名第二，浏览量更是超过优酷，排名第一。浙江卫视的新蓝网也排名第二十。①《中国广播电视年鉴》着重介绍了中国网络电视台的技术、内容、社会影响等方面的成就，但完全没有涉及其投资、经济收益。中国网络电视台也开发建设了 IPTV、手机电视业务，用户不少，但是收入却很低。截至 2013 年底，中国网络电视台负责建设的总平台共开通运营全国 12 个地区的 IPTV 业务，总体用户数达 1 437 万，全年 IPTV 业务总收入 4 亿元，另外中国网络电视台手机电视业务收入也只有 1.5 亿元。这与同年中国移动视频基地总收入额 23 亿元、中国电信天翼视讯总收入的 12 亿元相差甚远，这一定程度上也说明了中国国有电视机构新媒体视频业务在营销等经营行为上的不足。

五、互联网媒体与传统媒体市场经营行为比较

从本书对几大类媒体的产品定价行为、研发创新行为、兼并投资行为、公关营销行为和成本控制行为的分析来看，报业、电视、互联网媒体这几种市场行为特征有较大不同，这也说明它们面临的竞争形势不同、垄断地位不同。

经济规制目标是提高资源配置和生产效率，这种效率提高最终还是要落实到企业市场经营行为上。本书基于从业者对所在机构经营投入的主观评价调查，以及相关客观数据，发现互联网媒体和电视媒体市场行为特征迥异。我国报纸媒体市场价格竞争比较激烈，但是绝大多数报纸机构研发创新并不活跃，也并未充分实施兼并重组行为，提高规模经济、降低成本、提高经济效率，行政成本高、资源浪费等情况也不同程度存在。广播电视机构中，省级卫视市场竞争比较激烈，尤其是其综艺节目市场竞争比

① 数据来源：艾瑞咨询，http：//www. iwebchoice. com/html/class _ 69. shtml？3Months. [2018 - 08].

较激烈；但是在行政区域内，电视市场垄断现象比较严重，尤其是在新闻节目等领域，在与民营节目供应商合作上具有垄断地位、谈判优势。面对同业竞争、新媒体竞争，我国传统电视在部分节目创新中有较大投入，但是新媒体领域创新并不活跃。由于行政垄断的原因，我国广播电视机构同样很难通过兼并重组来提升规模效应和经济效率。

与传统媒体形成鲜明对比的是，我国互联网媒体虽然市场集中度很高，但是并未呈现价格垄断局面，企业内容创新、技术创新活跃，创新投入巨大，企业营销投入也较高，但是在行政费用方面比较低，绝大多数有影响力互联网媒体都是上市公司，其财务信息、市场行为比较透明。值得注意的是，国有互联网媒体要么创新研发投入偏低，要么巨大的投入却没有产生充分的经济回报，如人民网、中国网络电视台。

表 3-33　互联网媒体与电视媒体从业者对所在机构投入情况评价①

	过多或多			少或过少		
	报纸媒体	电视媒体	互联网媒体	报纸媒体	互联网媒体	互联网媒体
研发成本	0%	7.14%	22.06%	80.77%	29.41%	29.41%
人才成本	3.85%	8.57%	27.94%	61.54%	33.82%	33.82%
新媒体投入	15.39%	14.29%	33.82%	46.15%	22.06%	22.06%
营销成本	3.85%	10.71%	22.06%	65.38%	36.76%	36.76%
行政成本	42.31%	44.29%	20.59%	7.69%	30.88%	30.88%

表 3-33 显示，互联网媒体从业人员对所在机构研发、人才、新媒体、营销等生产性投入评价多或过多的比例，显著高于电视媒体，其中互联网媒体人员对研发成本、人才成本多或过多的认同比例超过电视媒体的 3 倍，新媒体、营销投入多或过多的认同比例超过电视媒体的 2 倍。行政成本则恰恰相反，电视从业人员认为所属机构该项投入过多或多的比例超过互联网的 2 倍，说明电视媒体行政成本投入高、资源消耗于非生产性投入较多，不利于生产效率提高。

经营行为客观数据也显示我国互联网媒体研发等经营行为比电视媒体更有效，特别是优势互联网媒体研发投入巨大、并购重组活跃。2015 年全球在软件和服务领域研发占研发总投入的 59%，尤其是软件研发支出达

----

① 数据来源：笔者于 2016 年对 402 位传媒从业人员调查统计所得。

到 1 420 亿美元；中国企业的研发支出占比从 2015 年的 5.8% 上升到 2016 年的 6.9%，研发支出增幅领跑全球。其中互联网公司阿里巴巴以 22 亿美元研发投入居中国首位，百度、腾讯的研发投入也分别达到 16 亿美元、14 亿美元，它们的研发强度分别达到 13.6%、15.3% 和 8.8%。互联网媒体研发投入高由来已久，百度 2014 年总营收为人民币 490.52 亿元，同比增长 53.6%，但其 2014 年研发支出为人民币 69.81 亿元，同比增长 70.0%。2013 年上半年我国互联网百强企业研发投入费用同比增长 53.6%，在总收入中占比接近 8%，平均高于行业 2 个百分点。①

相对而言，中国电视媒体无论是在技术研发还是在节目内容研发上投入力度都小得多。各电视台、行业管理部门发布的报告几乎从未涉及研发投入具体数据，中国电视行业急功近利地依赖节目模式引进、"模仿克隆"泛滥等现象为各界诟病已久。② 研发乏力现象背后是系统研发预算保障不足，研发资金在全国名列前茅的央视研发投入最多也就是年经营额的 1%。③ 以研发水平相对较高、在新媒体领域投入较多的 SMG 为例，其旗下上市公司东方明珠 2015 年研发投入 2.17 亿元，占营业额的 1.03%。其他电视台往往投入更低或完全未公布相关数据。我国电视媒体研发投入水平甚至低于近年来全国平均水平，2015 年我国研发经费投入 1.4 万亿，投入强度为 2.07%。④

并购重组也是企业提高资源配置和生产效率的重要市场行为，互联网媒体重组司空见惯、非常活跃，但传统电视则受限于行政区划制度，很难形成资源互补的有效重组，跨区域重组则完全无法实施。2015 年我国传媒行业共发生并购案例 178 起，涉及金额 2 043.2 亿元。BAT 对各种传媒的投资、重组尤其活跃，其中阿里巴巴收购优酷土豆并购案金额 56 亿美元。⑤ 第一财经、新浪微博、华谊兄弟、《南华早报》等知名媒体都成为并购重组对象，吴晓波等自媒体知名人士也纷纷通过重组并购在创业板上

① 数据来源：搜狐财经，http：//business. sohu. com/20161027/n471478984. shtml. [2018-08]．新浪科技．http：//tech. sina. com. cn/i/2015-02-12/doc-ichmifpx7831905. shtml? sina-fr=bd. ala. cb. [2018-08]．中国信息产业网，http：//www. cnii. com. cn/industry/2013-08/01/content _ 1195570. htm. [2018-08]．

② 朱继双．从英国创意产业看卫视节目的研发与生产 [J]．视听界，2015 (11)：86-88；牛艺，孙媛．电视节目形态研发现状及应对策略 [J]．中国报业，2014 (8下)：13-14．

③ 方明伟．电视节目研发、创新的现状及对策分析 [J]．2012 (6)：66-67．

④ 数据来源：央视网，http：//news. cctv. com/2016/11/11/ARTIvPFOsjr1bt7WagKlPjD q161111. shtml. [2018-08]．

⑤ 崔保国．中国传媒产业发展报告 (2016) [R]．北京：社会科学文献出版社，2016：238、241．

市。2014 年 SMG 旗下的新媒体公司百视通也吸收合并了上市公司东方明珠，但传统电视媒体绝大多数依然按行政区域经营，跨区重组障碍重重。湖南卫视和青海卫视、SMG 与宁夏卫视曾被国家广电总局特批达成重组性质的深度合作，但 2013 年因行政干预又中止合作。当然，电视台作为各级党政机构的宣传喉舌，即便亏损也能够获得财政补贴维持生存，因而缺乏有效创新经营的激励约束。

综合上述业内主观评价和客观数据，可以发现我国互联网媒体和电视媒体在特定规制下呈现如下（见表 3 - 34）截然相反的行为特征或者说规制效果。

表 3 - 34   互联网媒体与报纸、电视媒体经营行为比较

	报 纸 媒 体	电 视 媒 体	互联网媒体
研发投入	很少	较少	较多
人才投入	少	较少	较多
新媒体投入	较少	较少	较多
营销投入	少	较少	较多
并购规模	小	小	大
行政成本	较多	较多	较少
综合评价	低效	较低效	较高效

传媒融合时代，媒体的创新力和竞争力的提高，显然要依靠有效的研发创新、人才投资、营销、新媒体投入。为了布局创新活跃的新媒体市场、提高规模经济和范围经济，合理并购重组也必不可少。表 3 - 34 显示，传统电视媒体这几方面的市场经营行为效果均低于互联网媒体。至于电视媒体行政支出较高的现象，也是传统规制经济低效的表现之一。

第四节   中国传媒市场行为、结构与市场竞争活力评价

产业组织理论的核心议题是研究市场的竞争与垄断问题，实证分析中国传媒产业的竞争活力与规模经济也是本书的核心目标。产业组织经济学理论认为企业市场行为受市场结构的驱动力很强，早期 SCP 理论"结构学派"甚至认为市场结构起到了决定性作用，"行为学派"则认为市场行为

和市场结构双向影响，而市场结构、市场行为都一定程度上受到规制政策的影响。中国的产业经济学家还特别强调体制因素对市场结构、市场行为和市场绩效的全面影响。[①]

那么，表3-34中反映的国传媒企业市场行为特征究竟体现了与市场结构怎样的关系？结合市场行为和市场结构特征，应该如何评价中国传媒产业的竞争活力程度？表3-34中呈现的中国传媒机构市场行为特征究竟体现了市场结构和传媒政策怎样的影响？各种业界和学界观察评论不少，本书试图通过系统的理论分析和实证研究对此得出更为严谨而全面的结论。

对于中国传媒市场的竞争程度，笔者于2016年4—10月对业界人士进行的问卷调查中，设置了"您认为您所处的行业竞争者数量多还是少""您认为您所处行业市场竞争是否充分？""您认为中国传媒市场竞争是否公平？"和"您所处行业是否存在竞争过度现象？"这几个问题，调查结果分别见表3-35、表3-36、表3-37、表3-38。

表3-35 传媒业界人士对本行业市场竞争者数量的评价（%）

	"太多"或"多"	适 中	"少"或"太少"
报纸媒体	65.39	19.23	11.54
广播电视	84.28	14.29	1.43
影视制作	74.24	24.24	1.52
互联网综合媒体	72.72	22.73	4.55
网络视频	54.17	33.33	12.5

表3-36 传媒业界人士对本行业市场竞争与否充分的评价（%）

	"非常充分"或"充分"	适 中	"不充分"或"非常不充分"
报纸媒体	46.16	15.38	38.47
广播电视	60	19.29	20.72
影视制作	66.66	22.73	9.09
互联网综合媒体	61.36	29.55	9.09
网络视频	50	29.17	20.84

---

① 金碚. 产业组织经济学 [M]. 北京：经济科学出版社，1999.

表3-37　传媒业界人士对本行业市场是否存在过度竞争的评价（％）

	"严重过度"或"过度"	适中	"不过度"或"缺少竞争"
报纸媒体	38.47	38.46	23.07
广播电视	52.15	33.57	13.57
影视制作	45.46	42.42	12.13
互联网综合媒体	43.18	40.91	13.64
网络视频	25	58.33	16.66

表3-38　传媒业界人士对本行业市场竞争是否公平的评价（％）

	"非常公平"或"公平"	适中	"不公平"或"非常不公平"
报纸媒体	11.54	46.15	42.31
广播电视	16.43	37.86	45.71
影视制作	15.16	56.06	28.79
互联网综合媒体	11.36	54.55	34.09
网络视频	29.17	33.33	37.5

所以，基于上述对中国传媒行业各个细分行业市场结构、市场行为的实证分析，结合对业界人士主管评价的问卷调查，本书从竞争者数量、市场集中度、竞争充分性、竞争公平性和市场行为效率这几个方面对中国传媒行业市场竞争活力做出了如下表3-39中的评价，并得出中国报纸媒体竞争活力"弱"、电视媒体竞争活力"较弱"、互联网媒体竞争活力"较强"的概括性评价：

表3-39　中国传媒细分行业竞争活力综合评价

	竞争活力评价					
	竞争者数量	市场集中度	竞争充分性	竞争公平性	市场行为评价	综合评价
报纸媒体	多	低	不充分	较弱	低效	弱
广播电视	多	较低	较不充分	较弱	较低效	较弱

续表

	竞争活力评价					
	竞争者数量	市场集中度	竞争充分性	竞争公平性	市场行为评价	综合评价
影视制作	多	低	较充分	较弱	较低效	较弱
互联网综合媒体	多	高	较充分	较强	较高效	较强
网络视频	较多	高	较不充分	较强	较高效	较强

笔者在对传媒业界人士的问卷调查中还设置了产权性质相关的问题，发现报纸媒体、广播电视媒体九成以上都是国有企事业单位，而互联网综合和网络视频媒体八成以上都是民营或外资控股，具体如表3-40所示。尽管官方没有发布传媒各个细分行业具体系统的产权分布情况，但是这个比例和各界一般印象以及官方零散发布的正式数据比较一致。

表 3-40 调查发现中国传媒细分行业产权性质分布（%）

	国有事业单位、国有全资或控股	国内民资控股	外资控股
报纸媒体	92.30	7.69	0
广播电视	95.01	2.86	1.43
影视制作	12.13	78.79	6.06
互联网综合媒体	9.09	81.82	6.82
网络视频	12.51	83.33	4.17

进而，本书基于对中国报业、电视和互联网媒体的市场结构、市场行为和竞争活力的评价，推导出中国传媒市场行为与市场结构、产权结构的关系模型，或者说，推导出中国传媒市场结构竞争活力与市场行为的关系模型，以及中国传媒市场产权关系特征与市场行为特征的关系模型，并且发现这两组关系完全一致，这也可以说明国有控股与市场竞争弱活力市场同构、非国有控股与竞争强活力市场同构。所以说，中国传媒市场"新""旧"媒体的"双轨"并立，同时也是国有、非国有产权属性的"双轨"并立，"双轨"市场并立呈现出几乎完全对立的市场行为特征（见表3-41）。

表 3 - 41 中国传媒市场行为与市场结构、产权结构的关系模型

		市 场 结 构		产 权 结 构	
		竞争 活力弱	竞争 活力强	国有 控股	非国有 控股
市场行为	研发投入	低	高	低	高
	并购规模	小	大	小	大
	营销投入	低	高	低	高
	行政成本	高	低	高	低

第四章

比较视角下的中国传媒
规模经济绩效

追求更大的规模经济和更充分的市场竞争是许多国家的传媒规制目标。世纪之交放松传媒经济规制潮流的主要原因,一方面是为了放松传媒、通信等行业的并购以及交叉准入壁垒,以充分利用数字技术对各种传媒的兼容、融合特征,而提高传媒机构规模效应,这种规模效应同时体现在规模经济和范围经济上;另一方面是为了让原来分属传媒、通信等行业的企业之间能够跨行业竞争,从而提高整体市场的竞争程度和竞争活力。尽管各界常批评传媒企业只是为了自身盈利而推动放松规制,但放松规制对传媒寡头控制传媒内容提供了更大的空间,放松规制后传媒与通信行业整体规模水平得以提高、竞争更加激烈也是显著事实,并且世界各国传媒数字化、媒体融合创新普遍加速。

主流经济学理论认为规模经济和技术变革能够提高生产率。规模经济和大规模生产在过去的一个世纪成为生产率增长的最重要的要素,尽管企业管理能力不足也可能导致大型企业的规模报酬下降、对竞争变得不够敏感。经济学家萨缪尔森在其名著《经济学》中就强调,生产率由于规模经济和技术变革得以增长,有效率的生产常常要求企业有较大的规模,并且拥有数十亿美元的投资资本。[①]

所以,最优市场结构应该是保证"有效竞争",即在保证企业追求规模经济前提下使竞争有效。[②] 在传媒行业,其边际成本往往极低,即使是

---

① 保罗·萨缪尔森,威廉·诺德豪斯. 经济学(18 版)[M]. 萧琛,主译. 北京:人民邮电出版社,2008:102、105.

② J. M. Clark. Toward a Concept of Workable Competition. *American Economic Review*. 1940 (6),Vol. xxx,No.2.

传统技术，规模大的传媒企业往往具有很高的规模经济和范围经济效应；数字技术进步迅速，规模经济更加显著。企业规模成为提高生产效率、营销效率、创新实力的重要条件。

"做大做强"也是中国传媒行业的重要政策目标，从 20 世纪 80 年代的"治散治滥"、90 年代尤其是世纪之交的传媒"集团化"，到 21 世纪以国家战略的高度提出"传统媒体与新兴媒体融合发展"政策，无不如此。我国提出媒体融合发展的政策，既是为了让传统媒体结合新兴媒体的传播手段，更有效地传播国家政策和主流文化，也是期待我国传媒机构能够建成大型传媒机构，克服规模效应不足、国际竞争力不足的弊端，并寄望融合发展的大传媒行业成为带动国民经济结构升级、发展模式转型的支柱产业之一。

所以，本章将从传媒机构的收入规模、产量规模等指标来实证分析中国传媒机构的规模绩效，并通过国际横向比较、国内不同级别和区域规模比较，来评价中国传媒规模以及传媒规制对规模的影响。企业的相对规模指标往往就反映在市场结构特征中，即垄断程度高的市场往往存在数家相对规模较大、市场份额高的企业，垄断程度较低的市场往往缺少相对规模较大、市场份额较高的企业，正如表 2-32 中国传媒行政壁垒、规模经济壁垒对市场集中度的影响模型所揭示的那样；企业的绝对规模则是市场需求、政府规制、生产技术等综合要素的体现。总之，企业规模的确深受传媒规制影响，也即是说传媒企业规模可以作为评价传媒规制绩效的一个指标。当然，产业组织学 SCP 理论中的"绩效"，主要是指的企业经营绩效，本书研究的"规制绩效"却不完全指这个方面，更多地是指制定规制政策的主体，即政府的政策目标实现情况与效果。提高企业规模和规模经济效率恰恰也是中国传媒规制政策重要目标之一。

第一节　传媒产业规模经济概述

一、传媒产业的规模经济与范围经济

美国管理学家钱德勒认为："规模经济最初可以被定义为从事单一产品的生产或分配的单一经营企业，由于规模的提高而带来的生产成本或分配成本降低。联合生产或联合分配的经济性，产生于单一经营企业内部由于生产或分配多种产品而带来的成本节约。"另外，只要在一个企业中将两条或更多的生产线合并起来比各自分开生产更能节约成本的话，就存在范围经济。规模经济的前提是投入的增加和产出规模的扩大，当然，这种生产受到市场需求的约束，只有消费者购买了产品，厂商才能补偿成本并获得利润。

传媒产业具有规模经济和范围经济的特征。各种传媒产品都具有边际成本极低，甚至是边际成本近乎零的特征，因为传媒生产、消费中，当第一份传媒产品生产出来以后复制更多的产品几乎是不用什么成本的。所以，传媒产品总产量越大，生产初始传媒产品所需成本就摊得越少，企业生产一份产品的平均成本就越低。传媒生产的范围经济特征也很明显，传媒机构生产出两种或两种以上传媒产品时，许多生产要素是可以共享或部分共享的，这样每一种产品的平均成本比单独生产一种产品会更低。报纸媒体具有规模效应，是因为相对报纸采访、写作、制版成本，多印刷一份报纸的边际成本相对较低，所以印刷、发行量越大其规模效应越高。电视媒体的规模经济效应更强，相对于拍摄、制作、编排以及基本传输设备的配备等生产成本，多为一位消费者提供服务的成本更是几乎可以忽略不计，其内容复制成本极低、播出范围内增加消费边际成本几乎为零，因为电视传输系统，如有线电视、卫星电视、无线发射台，在其覆盖范围内增加消费几乎不用增加投入，故消费规模扩大后可以摊薄固定成本，规模效应显著。互联网传媒的规模经济则更强，因为各种内容产品、服务产品乃至物质产品都可以借助于公共互联网设施来传输，互联网媒体根本就不需要自己的专有传输设施，而公共互联网设施在既有传输能力内增加产品供给的边际成本也可以忽略不计，并且互联网基础设施是全国、全球联通的，其规模经济可达的潜在范围更是远远超过传统电视媒体。范围经济的本质是产业链在相关领域延伸，数字化条件下新媒体产品层出不穷，利用企业基础的内容资源来开发各种丰富的新产品、拓展产业链、实现范围经济，往往也是各种传媒产业提高效率、提高收益的选择。

显然，有效的规制应该激励传媒生产实现充分的规模经济和范围经济。恰恰我国传媒产业最大的弊端之一，就是规制政策上按照行政区域和行业部分的范围，人为分割市场，每个市场的传媒机构规模也因此受到限制。

西方学者研究传媒规模，研究为了规模效应而带来的传媒所有权集中的问题，常关注两个方面的问题：一是大规模媒体产权集中会导致媒介观点减少、政治势力滥用，影响民主社会，"意大利的贝卢斯科尼传媒帝国就是一个臭名昭著的负面案例"；另一方面是媒介产权对媒介管理资源、媒介生产的影响，认为产权限制会使企业无法利用规模经济、降低经济效率。经济影响方面，有的学者通过分析英国传媒公司边际利润率与观众市场份额的关系，指出传媒产业规模经济效应明显，其中地面电视和全国性报纸规模与经济效率的相关系数分别是 0.876 和 0.663；垂直整合则更多是为了企业收益稳定、降低风险；斜向扩张只有在经营专门共同内容时才有明显经济效益；传媒政策促成的传媒市场结构和企业产权结构，对企业经济绩效影响明显。[①]

当然，中国传媒机构和欧美发达国家面临的主要问题不同。经济效率方面，欧美发达国家市场化程度较高，传媒机构较充分的遵循市场规律，规模经济发展比较充分，20 世纪八九十年代开始，欧美放松规制政策下传媒机构规模进一步扩大，经济效率进一步提高。中国传媒发展的起点，是计划经济下初步创立的按行政区域设立的传媒机构。这种传媒格局不利于按照市场规律高效率的配置资源，也不利于生产效率的提高。社会效益方面，中国传统媒体绝大部分是国有媒体，各种规模的媒体机构都体现中央统一的舆论口径，不存在大媒体垄断舆论的问题；互联网媒体目前在新闻内容尤其是时政新闻和重大舆论观点上只是转发国有媒体的内容，政府部门对互联网媒体的其他内容规制也较为严格，所以理论上说并不存在规模大的媒体控制社会政治舆论的担心，本书对此不做重点研究，本书研究重点是传媒经济规制的绩效，对于传媒在公共政治、公共文化方面绩效，仅从相关公共传媒产品的数量进行评价，不对其内容做深入分析。

二、传媒机构规模概述

如何评价传媒机构规模？如何测度企业最优规模？这是一个颇具争议性的理论问题，正如规制经济学创始人乔治·施蒂格勒所评价"一个世纪以来，规模经济理论的发展可谓是步履蹒跚"。[②] 传媒机构的规模既

① Gillian Doyle. *Media Ownership: The Economics and Politics of Convergence and Concentration in the UK and European Media*. SAGE Publications，2002.

② 乔治·施蒂格勒. 产业组织和政府管制［M］. 潘振民，译. 上海：上海三联书店，1996：38.

涉及产业经济效率的提高，更涉及民主社会意见市场自由表达与集团控制的政治问题，因此对传媒规模以及传媒规模方面的规制政策更是观点各异。但不可否认的是，包括中国在内的世界各国政府都将传媒产业、传媒企业充分增长并带动全社会信息经济的增长作为重要政策目标。因此，本书将从传媒机构的经营收入、利润以及具体传媒产品产量规模指标来描述传媒规模，并在横向、纵向比较中分析规制政策可能对传媒规模产生的影响。

（一）世界媒体规模概述

论及传媒机构规模，其依据一般首先是机构营业收入。根据世界媒体实验室（World Media Lab）发布的 2017 年"世界媒体 500 强"排行榜数据，美国的互联网新媒体谷歌公司以 894.60 亿美元的收入规模位居榜首，美国的有线电视与宽带媒体供应商康卡斯特公司以 804.03 亿美元的收入居次席，美国的综合媒体沃尔特迪士尼公司以 551.37 亿美元的收入位居第三。整个传媒 500 强排行榜评判依据是媒体 2016 年的营业收入，上榜企业平均收入为 24.56 亿美元。2018 年"世界媒体 500 强"同样是这三家美国媒体位居前三甲，它们的收入分别是 1 108.00 亿美元、845.26 亿美元和 594.35 亿美元。

纵向比较看，同为世界传媒实验室发布的 2014 年"世界媒体 500 强"榜中，美国的康卡斯特公司以 646.57 亿美元的年收入排名榜首（当时榜单不包括互联网新媒体企业），上榜媒体企业平均收入为 21.62 亿美元。2017年、2014 年"世界媒体 500 强"前 10 名传媒企业名单见表 4-1：

表 4-1　2014 年、2017 年"世界媒体 500 强"Top10① （单位：亿美元）

年度	2017 年				2014 年			
序号	企业名称	总部所在地	营业收入	净利润	企业名称	总部所在地	营业收入	净利润
1	谷歌	美国	894.60	194.78	康卡斯特	美国	646.57	68.16
2	康卡斯特	美国	804.03	90.45	沃尔特·迪士尼	美国	488.13	75.01

① 数据来源：世界媒体实验室官网，http://media.icxo.com/summit/2017media500/#issue. [2018-08].

续表

序号	企业名称	总部所在地	营业收入	净利润	企业名称	总部所在地	营业收入	净利润
3	沃尔特·迪士尼	美国	551.37	93.66	21世纪福克斯	美国	318.67	45.14
4	直接电视集团	美国	364.60	60.95	直接电视集团	美国	317.54	28.59
5	时代华纳	美国	293.18	39.26	维旺迪	法国	304.56	27.06
6	21世纪福克斯	美国	285.00	29.52	时代华纳	美国	297.95	36.91
7	NBC环球媒体	美国	284.60	72.30	NBC环球媒体	美国	236.50	—
8	脸书	美国	276.38	102.17	贝塔斯曼	德国	230.16	11.97
9	腾讯控股	中国大陆	257.61	70.27	时代华纳有线公司	美国	221.20	19.54
10	考克斯	美国	201.00	22.81	BCE公司	加拿大	192.05	19.83

　　传媒企业规模效应有多强？利润额是评估指标之一。在榜单利润排名前10名的世界传媒企业中，有8家企业收入规模也在前10名，另两家利润排名第9、第10的企业，其收入规模也分别排名第24名、第22名。而2014年榜单利润排名前10名的机构同样有8家企业收入规模名列前10，另两家利润排名第7、第10的企业，其收入规模分别排名第15名、第12名（见表4-2）。

　　2017年"世界媒体500强"榜单包括电视或广播电台、报纸、图书、期刊、互联网新媒体、有线宽频或卫星、影视文娱或节目及媒体公关传播9个传媒子行业，不同子行业的技术特征、市场特征也影响了不同的规模效应，各个子行业的入选数量、平均营业额可以体现这方面的差异。从上榜企业数量看，电视或广播电台企业上榜数量最多，为103家；从上榜企业平均营业收入看，互联网新媒体企业平均收入最高，为64.30亿元。在2014年"世界媒体500强"中，综合媒体上榜企业数量最多，为104家；其入选企业较多的子行业依次是图书出版、广播电台或电视、报纸出版、有线或卫星点身体通信等。从评价营业收入来看，有线或卫星电视通信子行业最高，49家该行业媒体平均营业收入48.57亿美元，其他子行业平均营业收入较高的依次是综合媒体、广播电台或电视、媒体服务等（见表 4 - 3）。

表 4 - 2　2017 年、2014 年"世界媒体 500 强"利润前 10 名①

（单位：亿美元）

年度	2017 年				2014 年			
序号	企业名称	子行业	净利润	营业收入	企业名称	子行业	净利润	营业收入
1	谷歌	互联网新媒体	194.78	894.60	沃尔特·迪士尼	综合媒体	75.01	488.13
2	脸书	互联网新媒体	102.17	276.38	康卡斯特	有线或卫星电视通信	68.16	646.57
3	沃尔特·迪士尼	综合媒体	93.66	551.37	21 世纪福克斯	综合媒体	45.14	318.67
4	康卡斯特	有线宽频或卫星	90.45	804.03	时代华纳	综合媒体	36.91	297.95
5	NBC 环球媒体	综合媒体	72.30	284.60	直接电视集团	有线或卫星电视通信	28.59	317.54
6	腾讯控股	互联网新媒体	70.27	257.61	维旺迪	综合媒体	27.06	304.56
7	直接电视集团	有线宽频或卫星	60.95	364.60	维亚康姆	综合媒体	23.91	137.83
8	时代华纳	综合媒体	39.26	293.18	BCE 公司	综合媒体	19.83	192.04
9	查特通信	有线宽频或卫星	38.53	102.75	时代华纳有线公司	有线或卫星电视通信	19.54	221.2
10	汤森路透	综合媒体	30.98	111.66	哥伦比亚广播公司	广播电台或电视	18.79	152.84

① 数据来源：世界媒体实验室发布 2017 年世界媒体 500 强 [EB/OL]. https://www.sohu.com/a/213351123_470107. [2019 - 08 - 20]；2014 年世界媒体 500 强利润前 10 排行榜 [EB/OL]. http://www.askci.com/data/2014/12/31/9594qiub.shtml. [2019 - 08 - 20].

表 4 - 3　2017 年、2014 年"世界媒体 500 强"
子行业入选数量排名①　　　　（单位 亿美元）

年度	2017 年				2014 年			
排名	子行业	上榜企业数	营业收入总和	平均营业收入	子行业	上榜企业数	营业收入总和	平均营业收入
1	电视或广播电台	103	1 712.08	16.62	综合媒体	104	4 255.21	40.92
2	图书	83	849.61	10.23	图书出版	97	702.77	7.25
3	报纸	79	585.83	7.42	广播电台或电视	90	1 585.44	17.62
4	综合媒体	52	2 878.43	55.35	报纸出版	66	692.41	10.49
5	有线宽频或卫星	51	2 551.75	50.03	有线或卫星电视通信	49	2 380.05	48.57
6	影视文娱或节目	50	618.90	12.38	期刊出版	43	513.67	11.95
7	互联网新媒体	32	2 057.62	64.30	影视文娱或节目	40	520.53	13.01
8	期刊	27	266.21	9.85	媒体服务	11	159.47	14.50
9	媒体公关传播	23	760.54	33.07	——	——	——	——
	总计	500	12 280.88	24.56	总计	500	10 809.74	21.62

　　从以上数据可知，不同子行业媒体的规模不尽相同，一定程度上反映了不同子行业的技术特征，以及这种技术特征下企业的最优经济效率、经济规模选择——在市场化程度高的国家和地区尤其如此。市场化程度高的国家和地区，政府经营限制相对少，企业为了达到最大盈利目标，

---

　　① 数据来源：世界媒体实验室发布 2017 年世界媒体 500 强［EB/OL］. https：//www.sohu. com/a/213351123＿470107.［2019 - 08 - 20］；2014 世界媒体 500 强排行榜出炉 中国大陆 52 家企业入选［EB/OL］. http：//www. askci. com/chanye/2014/12/31/9290k89b. shtml.［2019 - 08 - 20］.

往往会选择最优的企业规模。只要市场生产要素充分、市场需求旺盛，企业往往会采取投资扩张、兼并重组等各种经营行为，来降低生产成本、提高经济效率；反之，如果成本高、效率低，企业往往会抛售资产、撤出投资以减少损失。传媒企业虽然有较强的政治、文化属性，但是企业尤其是公众企业的传媒机构，主要也是按照经济逻辑来采取经营管理行为。

（二）中国传媒规模概述

从 2017 年"世界媒体 500 强"数据看，中国共有 77 家媒体公司入选，在入选国家或地区中居第二，仅次于美国。美国占据 500 强中的 107 个席位，位居各国第一。从 2016 年广告市场规模看，全年中国广告经营额为 6 489 亿元，也位居世界第二。[①] 这与中国国民经济总量在世界的地位相对应。2014 年"世界传媒 500 强"榜单上中国入选公司数已经略高于日本而位居第二，2017 年中国传媒公司入选数量则与日本拉开了距离。由此大致可以推论，中国传媒产业总体规模已经在世界处于前列。2017 年、2014 年"世界媒体 500 强"入选公司数量最多的 10 个国家或地区，以及这两年中国具体上榜企业 Top10 分别见表 4 - 4、表 4 - 5：

表 4 - 4　2017 年、2014 年"世界媒体 500 强"
入选数最多的 10 个国家/地区[②]

排名	2017 年			2014 年		
	国家/地区	入选数量	代表性媒体	国家/地区	入选数量	代表性媒体
1	美国	107	谷歌、康卡斯特、沃尔特·迪士尼、直接电视	美国	86	康卡斯特、沃尔特·迪士尼、21世纪福克斯、直接电视
2	中国大陆	77	腾讯、百度、网易、中央电视台、上海文广集团	中国大陆	52	中央电视台、上海文广集团、江苏凤凰出版集团、江苏广电

---

① 2016 年全国广告经营额达 6 489 亿，市场规模世界第二［EB/OL］. http：//news. cctv. com/2017/05/17/ARTIWrL98xu0LL0SplmyU7Bf170517. shtml. ［2019 - 08 - 20］.

② 数据来源：2017 年第五届世界媒体 500 强隆重揭晓［EB/OL］. http：//media. icxo. com/summit/2017media500/#award. ［2019 - 08 - 20］；2014 年世界媒体 500 强排行榜揭晓［EB/OL］. http：//media. icxo. com/summit/2014media500/. ［2019 - 08 - 20］.

续表

排名	国家/地区	入选数量	代表性媒体	国家/地区	入选数量	代表性媒体
3	日本	42	电通、富士媒体、木星电讯、日本电视台、读卖新闻	日本	48	读卖新闻、富士媒体、木星电讯、东京放送
4	英国	36	自由全球、天空广播、WPP集团、里德爱思唯尔、英国广播公司	英国	46	自由全球、天空广播、里德·爱思维尔集团、英国广播公司
5	法国	23	维旺迪、阳狮、拉加代尔集团、德高集团、法国电视集团	德国	26	贝塔斯曼、德国公共广播电视、阿克塞尔斯普林格公司、布尔达
6	印度	21	印度时代集团、ZEE娱乐、DISH电视印度公司、阳光卫视网络、HT媒体	法国	20	维旺迪、拉加代尔集团、法国电视、阿歇特利夫雷公司
7	韩国	19	Naver、KBS公司、CJ E & M公司、SG & G公司、MBC公司	加拿大	20	BCE公司、罗杰斯通信公司、魁北克公司
8	加拿大	17	BCE公司、萧氏通信公司、魁北克公司、柯各科公司	印度	20	印度时代集团、印度Raj电视、ZEE娱乐、18网络
9	德国	17	贝塔斯曼、德国公共广播电视、七星媒体、阿克塞尔斯普林格公司	韩国	17	CJ E & M公司、韩国放松公司、CJ海乐威、SG & G公司
10	中国香港	16	TVB、凤凰卫视、丰德丽控股、世界华文媒体、星岛新闻集团	意大利	15	媒体集股公司、意大利公司、RCS媒体集团

　　但是，传媒产业总量规模与传媒公司个体规模还是有很大差异，中国传媒公司个体收入规模和总量规模地位很不相称，规模相对较小。2017年"世界媒体500强"的平均收入为24.56亿美元，但中国上榜传媒公司平均收入只有11.11亿美元，低于美国、英国、日本等传媒大国。

表 4-5　2017 年、2014 年"世界媒体 500 强"中国大陆上榜媒体前十名[①]

2017 年					2014 年			
国内排名	世界排名	公　司	营业收入（亿美元）	净利润（亿美元）	世界排名	公　司	营业收入（亿美元）	净利润（亿美元）
1	9	腾讯控股	257.61	70.27	49	中央电视台	49.02	—
2	26	百度	101.61	14.48	70	上海广播电视台、上海文广集团	34.39	—
3	47	网易	54.99	16.72	87	江苏凤凰出版传媒集团有	26.56	3.61
4	53	中央电视台	50.72	—	90	江苏广播电视总台	26.23	5.25
5	58	上海广播电视台、上海文广集团	45.94	5.24	109	湖南出版投资控股集团	21.47	1.52
6	71	江苏凤凰出版传媒集团	34.15	3.03	118	江西省出版集团	19.32	—
7	86	湖南出版投资控股集团	30.08	2.76	121	浙江广电集团	18.36	3.23
8	91	上海东方明珠新媒体	28.02	4.23	123	河北出版传媒集团	18.16	1.16
9	104	江西省出版集团	23.70	—	128	北京广播电视台	17.73	—
10	120	长江出版传媒股份有限公司	19.87	0.85	145	中国出版集团	15.01	—

　　仔细分析 2017 年"世界媒体 500 强"全榜单我们会发现，中国的互联网新媒体收入规模在世界有着相对较高的排名（见表4-5），其中腾讯还进入了前 10 名；但电视、报业等传统媒体的规模在世界范围内规模则相对较

----

① 数据来源：2017 年第五届世界媒体 500 强隆重揭晓［EB/OL］. http：//media. icxo. com/summit/2017media500/♯award.［2019-08-20］；2014 年世界媒体 500 强排行榜揭晓［EB/OL］. http：//media. icxo. com/summit/2014media500/.［2019-08-20］.

小（见表 4-6），至少和中国的整体经济规模、整体传媒规模很不相称。聚集各种市场资源、政策资源、人才资源的中央电视台在世界传媒 500 强中也只排名第 53，而同样主营广播电视但是人口市场资源很小的加拿大 BCE 公司、卢森堡 RTL 公司却分别以 160.52 亿美元、65.19 亿美元的收入位居榜单第 13、36 名。

表 4-6　　2017 年"世界媒体 500 强"部分国家入选公司平均收入①

国家/地区	入选数量	入选公司平均收入（亿美元）
美国	107	65.52
中国	77	11.11
日本	42	12.70
英国	36	27.50
世界	500	24.56

中国传统媒体在"世界媒体 500 强"中规模历来偏低。2014 年"世界媒体 500 强"榜单上中国只有一家传媒机构进入前 50 名，那就是中央电视台，世界排名第 49 名。另外，中国 52 家世界 500 强上榜企业，营业收入排名 1—100 名的只有 4 家，分别排第 49 名、第 70 名、第 87 名、第 90 名；排名 101—200 名的传媒有 8 家；排名 201—300 名的传媒有 13 家，排名第 301—400 名的有 14 家；排名 401—500 名的有 13 家。中国排名最高的传媒排在第 49 名，不说美国、日本、英国、德国、法国等经济发达的大国，即便是经济发达但人口少、本国市场相对小的加拿大、卢森堡等国家，或者是市场规模不如中国的巴西、南非、墨西哥等发展中国家最大规模的传媒也高于中国最大传媒机构排名。加拿大的 BCE Inc 公司以 192.05 亿美元收入排第 10 名，加拿大的 Rogers Communications Inc 公司以 119.62 亿美元收入排第 19 名，卢森堡的 RTL Group SA 公司以 81.03 亿美元收入排名第 31，巴西的 Grupo Globl 公司以 72 亿美元的收入排名第 33，巴西的 Globo Comunicacao E Participacoes SA 公司以 61.95 亿美元的收入排名第 40，南非的 Naspers Ltd 公司以 59.52 亿美元收入排名第 41，墨西哥 Grupo Televisa SAB 公司以 56.45 亿美元的收入排名第 43。

---

① 数据来源：2017 年第五届世界媒体 500 强隆重揭晓 ［EB/OL］. http：//media. icxo. com/summit/2017media500/♯award.［2019-08-20］.

2013 年中国 2 000 多家广播电视机构总收入广播电视行业总收入3 734.88 亿元，按年底汇率折合 612.59 美元，其中包括广告、有线电视、财政拨款等项目，这个收入额尚不及美国有线电视巨头康卡斯特公司的年收入——646.57 亿美元。上海广播电视台 2013 年曾经也提出过以康卡斯特模式作为自己的发展目标，但这个目标在 2014 年随着高管更替、发展战略调整已经改变。

我国传媒与国内其他行业或者与其他国家相比，规模经济亦不显著。根据中国企业联合会、中国企业家协会发布的 2017 年"中国企业 500强"排行榜数据，上榜企业入围门槛为营业收入 283.11 亿元，[①] 参考这个标准，中国传统媒体中收入最高的中央电视台 2016 年 338.36 亿元人民币的收入[②]勉强可以入围，大约只能排名 420 名，应该说经济规模在国内不是非常突出。相对而言，美国传媒公司规模在其国内的排名则大大靠前，根据 2017 年《财富》美国企业 500 强数据，[③] 康卡斯特公司收入排名全美第 31 位，沃尔特迪士尼公司排名全美第 52 位，时代华纳排名全美第 95 名，21 世纪福克斯排名全美第 101 位……所以，美国的传媒大企业往往也是全社会中的财富创造大企业，这点与中国社会非常不同。2014 年情形也非常类似，中国企业联合会、中国企业家协会发布的 2014 中国企业 500 强入围门槛为 228.62 亿元人民币，中央电视台收入也大概排名第 400。而美国即便是"传统媒体"在其国内也具有强大的财富实力，2014 年美国财富 500 强中，康卡斯特排名全美第 46 位，沃尔特迪士尼排名全美第 66 位，新闻集团排名全美第 91 位，直播电视集团排名全美第 102 位，时代华纳排名全美第 105 位，时代华纳有线电视排名全美第 134 位。在世界其他国家，大型传媒机构往往在全社会都有很高的地位和社会影响，迥异于中国传媒在国内只有社会影响但是经济影响、经济地位并不太高的情形。

那么，为什么中国媒体产业总体规模在世界上已经位居前列，但是个体层面传媒机构尤其是"传统媒体"规模偏小呢？上文分析表明，无论是与国际传媒同行、国内其他行业企业相比，还是与他国传媒在本国的经济

---

① "2017 中国企业 500 强"入围门槛再创新高，中国电子强势上榜［EB/OL］. http：//www. sohu. com/a/191354241 _ 660587. ［2019 - 08 - 20］.

② 数据来源：根据 2017 年度"世界媒体 500 强"中央电视台收入按 2016 年底人民币汇率折算而得。

③ 2017 年《财富》美国 500 强排行榜［EB/OL］. http：//www. fortunechina. com/fortune500/c/2017 - 06/07/content _ 284275. htm. ［2019 - 08 - 20］.

地位相比，中国传媒机构规模都偏小。限制中国传媒产业提升规模的瓶颈显然不是生产要素、市场需求，而是规制政策。对于国内包括电视产业在内的文化产业发展缓慢的原因，原湖南广电局长、人称"电视湘军领袖"的魏文彬认为"我们面临的是体制性障碍、行政性切割两大顽症所纠结出来的一个死结。不解开这个死结，我们就做不大，神仙也做不大"。业界有高达78％的人认为中国电视媒体发展的主要问题是"传媒制度和政策不明朗"，国家广电总局自己诊断认为"体制机制问题已成为广播影视产业发展的主要障碍"。美国学者也认为，"像中国和苏联这样的大国，之所以不能和美国抗衡，一个重要的原因是他们非市场经济国家，没有把利润和收视率的最大化当成视听工业的重要动机"。[1] 重组整合、跨区域发展是实现规模效应的有效途径，我国传媒长期以来有"条块结合、以块为主"的政策，各个地方行政区域广播电视机构各自独立，难以实现有效整合，对此，本书第三章市场结构绩效研究中已有非常深入的分析。规模效应带来的经济效率，应该体现在投入产出比、人均产出上，但是中国的传媒尤其是广播电视传媒经济投入和利润很难统计，在历年的《中国新闻年鉴》《中国广播电视年鉴》中从来都没有公开这方面的数据。作为党和政府喉舌，宣传事业经常是社会效益、政治效益为先，经常是不计成本、更不计利润，无怪乎中国传媒机构的经济规模、利润规模难以提升，难以和国际同行、国内其他行业大型企业相比。

第二节　中国报纸媒体规模

报业无论是从生产技术特征方面，还是从经营规模实践来看，都有非常强烈的规模效应。报纸生产过程中，当报社投入巨大的固定成本完成了采编、排版、印刷出第一份报纸以后，每多复制一份报纸的边际成本相对于初始成本是极低的，所以其生产过程有明显的规模效应；印刷完成之后，投巨资建立的发行、营销体系中每增加一份报纸的销售的边际成本也是极低的，所以报业发行、营销过程也有显著的规模效应。那么，中国报业规模效应达到怎样的程度？中国报业规制对报业规模效应起到了怎样的作用呢？

---

① 易旭明. 中国电视产业的制度变迁与需求均衡 [D]. 上海大学，2011：3.

一、中国报业机构收入规模

（一）中国报业收入及其国际比较

体现报业规模的指标首先是营业收入。2017年共有11家中国报业机构进入"世界媒体500强"，营业收入从0.36亿美元到6.59亿美元不等，平均值为2.41亿美元。与2014年"世界媒体500强"相比，中国上榜报业机构数量增加了4家，但是平均收入比2014年的3.87亿美元降低了三分之一强，其中除了国内排名第一的报业机构之外，2017年榜单中其他排位的中国报业机构营业收入均低于2014年榜单中同样排位的机构。这也说明2014年以来中国报业机构收入规模普遍在降低，当然世界报业机构大趋势也如此。

表4-7　2017年、2014年"世界媒体500强"上榜中国报纸媒体[1]

2017年				2014年			
榜单排名	公　司	营业收入（亿美元）	净利润（亿美元）	榜单排名	公　司	营业收入（亿美元）	净利润（亿美元）
239	华闻传媒投资集团	6.59	1.26	248	浙江报业集团	6.39.	0.85
250	浙江报业集团	6.05	1.17	251	华闻传媒投资集团	6.19	0.87
280	杭州日报集团	4.61	0.26	271	湖北日报传媒集团	5.27	0.13
355	华西都市报集团	2.55	0.48	297	杭州日报集团	4.31	0.26
385	参考消息报社	1.85	0.53	389	参考消息报社	2.00	0.57
393	新华报业传媒集团	1.71	——	392	华西都市报集团	1.91	0.38
430	今晚传媒集团	1.19	0.23	453	北青传媒	1.04	0.027

---

[1] 数据来源：2017年第五届世界媒体500强隆重揭晓［EB/OL］. http：//media. icxo. com/summit/2017media500/♯award.［2019-08-20］；2014年世界媒体500强排行榜揭晓［EB/OL］. http：//media. icxo. com/summit/2014media500/.［2019-08-20］.

榜单排名	公　司	营业收入（亿美元）	净利润（亿美元）	榜单排名	公　司	营业收入（亿美元）	净利润（亿美元）
468	大河报社	0.72	0.14	—	—	—	—
471	北青传媒	0.69	−0.10	—	—	—	—
485	新民晚报社	0.52	0.20	—	—	—	—
492	中国汽车报社	0.36	0.014	—	—	—	—
	平均值	2.41	—		平均值	3.87	

　　2017 年"世界媒体 500 强"中共有 79 家报业机构而中国就占其中 11 家，这个总体数量并不算少，但是从报业机构个体收入规模来看，中国上榜报业机构平均收入与全部上榜报业机构平均收入差距很大，中国顶级收入规模的报业机构与美国、日本、英国等发达国家上榜"世界媒体 500 强"的顶级报业机构收入规模差距也甚远。2017 年"世界媒体 500 强"报业机构平均收入规模为 7.42 亿美元，大大高于中国上榜企业平均 2.41 亿美元的规模。美国、日本、英国最大的报业机构收入分别为 81.39 亿美元、32.89 亿美元和 23.49 亿美元，远超中国最大的报业机构 6.59 亿美元的收入规模。2014 年情形也类似，2014 年世界媒体 500 强中报纸媒体共 66 家，其营业收入从 0.65 亿美元到 85.74 亿美元不等，平均营业收入 10.49 亿美元。其中，上榜的中国报纸媒体 7 家，营业收入从 1.04 亿美元到 6.39 亿美元不等。2014 年中国报业机构上榜数量并不少，但收入规模相对小，即便是中国最高的报业集团收入（6.39 亿美元）也远不及世界报业 500 强的平均收入（10.49 亿美元），与世界最大的报业机构收入（85.74 亿美元）相比更是不到其 1/10。

　　广告收入是报业最重要的收入来源，这方面的数据也有助于我们了解中国报业规模水平。前文我们统计报业市场结构时列举了 2015 年、2013 年中国报业机构广告收入 Top8 的具体数字，其中 2015 年中国报业机构广告收入前八位的收入从 3.07 亿—35.05 亿元不等。中国广告协会发布的"中国媒介单位广告营业额前 100 名"榜单则显示，2013 年中国传媒机构广告收入前 100 名中有 34 家报纸机构，这些报纸机构的广告经营额从 1.39 亿—37.96 亿元不等，其中有 4 家广告收入超过 10 亿元，常州市报业广告中心以 1.39 亿元居年 97 位。2011 年是中国报业广告收入历史最高年份，这一年中国媒体单位广告营业额 100 强中的报纸机构占 38 家，其中深圳报业集团以 39.91 亿元居报业广告收入首位，西安晚报广告中心以 1.65 亿元居第 100 位。

表 4－8　**2017 年、2014 年"世界媒体 500 强"报业 Top10 概况**[①]

	2017 年				2014 年		
榜单排名	公　司	总部所在国	营业收入（亿美元）	榜单排名	公　司	总部所在国	营业收入（亿美元）
31	新闻集团	美国	81.39	25	新闻集团	美国	85.74
75	读卖新闻	日本	32.89	45	甘尼特公司	美国	51.61
80	日本经济新闻社	日本	30.76	49	阿瓜斯卡连特斯公司	墨西哥	29.96
83	甘尼特公司	美国	30.47	80	朝日新闻公司	日本	29.87
103	先进出版公司	美国	24.00	82	每日邮报与通用信托公司	英国	29.17
107	朝日新闻公司	日本	23.53	96	施伯史泰德公司	挪威	25.12
108	每日邮报与通用信托公司	英国	23.49	97	Connect 集团	英国	23.94
119	Connect 集团	英国	19.92	101	每日新闻社	日本	22.59
122	施伯史泰德公司	挪威	19.18	124	RCS 媒体集团	意大利	18.09
124	每日新闻社	日本	18.76	125	论坛出版公司	美国	17.95

（二）中国报业机构新媒体收入规模

除了报业总收入，报业机构的新媒体收入规模也可以作为评价报业机构乃至报业规制绩效的指标之一，因为报业传统广告与发行收入来源已经在迅速衰退，传统媒体和新兴媒体融合发展已经成为我国的基础性传媒发展战略，也是报业机构个体探索未来发展的基本方向。业内人士也认为，

---

① 数据来源：2017 年第五届世界媒体 500 强隆重揭晓［EB/OL］. http：//media. icxo. com/summit/2017media500/♯award. ［2019－08－20］；2014 年世界媒体 500 强排行榜揭晓［EB/OL］. http：//media. icxo. com/summit/2014media500/. ［2019－08－20］.

如果只顾办好报纸是一种"不负责的行为","这只能解决眼前三五年的事情",长远来看"还是要用新的观念、新的渠道、新的技术、新的平台、新的手段创新发展,比如说要通过兼并、收购、特殊管理股等办法,利用整合资源、做基金平台、做孵化等渠道向媒体融合要效益。"①

近年来,一些报业机构通过扩大各种类型的新媒体业务投入、新媒体产品生产,并通过资本市场大规模兼并重组,报业机构新媒体领域的收入逐步增加,"媒体融合"发展战略得以逐步实施。已经撤销多份报纸、大力投入澎湃新闻等新媒体的上海报业集团可谓是中国媒介融合发展的典型之一,2017 年 1—11 月上海报业集团报业主业收入增长了 1.68 亿元,其中新媒体收入增加值为 1.42 亿元,增长 108%。这也是 4 年来上海报业集团新媒体收入的增长绝对数第一次超过了报纸收入跌幅的绝对值。在上海报业旗下澎湃新闻 2017 年的 2 亿元收入中,1.8 亿元来自广告,另外 2 000 万元来自版权收入。2017 年上海报业集团新媒体版权收入比 2016 年增加 3 100 万元,新媒体版权收入将是未来持续增长的"纯收入"。②浙江报业集团旗下上市公司浙数文化 2017 年的收入中,广告及网络推广收入 1.48 亿元,报刊发行收入 0.79 亿元,而在线游戏收入却达到 8.64 亿元。在浙报传媒剥离报纸业务之前的 2015 年,其广告及网络推广收入为 7.64 亿元、报刊发行收入为 3.52 亿元、在线游戏运营收入为 9.11 亿元、信息服务收入为 1.77 亿元;2014 年浙报传媒浙报在线游戏收入 8.02 亿元,已接近其广告业务收入的 8.97 亿元。由此可见实力雄厚的报业机构已经在传统报纸业务和新兴媒体业务融合发展方面探索了不少新路径。再如,成都报业集团旗下的上市公司成都博瑞传播股份有限公司 2014 年网络游戏收入为 4.22 亿元,已经接近其广告收入的 4.41 亿元;2014 年华闻传媒数字内容服务业总收入为 2.24 亿元,网络与信息安全服务收入为 0.37 亿元,视频信息服务为 2.23 亿元。相对而言,作为中国第一家报业集团的广州日报报业集团传统报纸业务占收入比重较大、新媒体收入占比较低,近年来其发展势头就不如新媒体业务增长较快的报业机构。当然,目前中国报业机构主办的新媒体影响力普遍不高,少数有影响力者经济收入也很低,"融合发展"可谓异常艰难。

---

① 推进媒体深度融合 深化党报改革创新——第三届中国报业集团高层座谈会纪实〔EB/OL〕. http：//www. xinhuanet. com/zgjx/2017－12/26/c_136852467. htm. 〔2019－08－20〕.

② 推进媒体深度融合 深化党报改革创新——第三届中国报业集团高层座谈会纪实〔EB/OL〕. http：//www. xinhuanet. com/zgjx/2017－12/26/c_136852467. htm. 〔2019－08－20〕.

二、中国报业印刷规模

如果说收入规模是生产、消费和管理等综合因素在规模经济方面的一种体现，那么生产规模则是规模经济最初的来源和最重要的来源之一。评价中国报业生产规模，应该包括报纸印刷生产这项指标。特别是平均期印数最能体现规模经济效应，因为印刷等硬件设备、报纸内容生产、排版校对工作完成后，印刷的份数越多，上述投资、工作所带来的成本就能在更多的报纸上分摊，平均成本趋于下降，经济效率趋于上升，规模效应提升。

2017 年中国共出版报纸 1 884 种，总印数为 362.50 亿份，平均期印数 1.87 亿份，与上年相比，报纸种数下降 0.53%，总印数下降 7.07%，平均期印数下降 4.23%。[1] 这组数据大致体现了最新中国报业印刷生产的基本规模以及同上年比较的变化趋势。另外，不同的报纸产品印刷生产规模也有很大差异，中国的统计口径中，通常将报纸按照行政级别分为全国性、省级、地市级和县级报纸；还常按报纸的内容将报纸分为综合报纸、专业报纸等。2017 年、2013 年中国各级报纸的印刷生产规模分别如表 4-9 所示：

表 4-9　2017 年、2013 年中国各级报纸印刷规模概况[2]

报纸级别	2017 年			2013 年		
	种数/增长率	总印数（亿份）/增长率	平均期印数（亿份）/增长率	种数/增长率	总印数（亿份）/增长率	平均期印数（亿份）/增长率
全国性	215/−0.92%	78.14/−0.79%	0.29/−1.22%	219/−0.45%	80.82/5.32%	0.33/3.47%
省级	766/−1.79%	166.69/−10.17%	1.11/−4.45%	799/−0.37%	245.31/−1.37%	1.44/6.58%

① 2017 年全国新闻出版业基本情况 [EB/OL]. http：//data. chinaxwcb. com/epaper2018/epaper/d6807/d2b/201808/89938. html. [2019-08-20].

② 2017 年全国新闻出版业基本情况 [EB/OL]. http：//data. chinaxwcb. com/epaper2018/epaper/d6807/d2b/201808/89938. html. [2019-08-20].

报纸级别	种数/增长率	总印数（亿份）/增长率	平均期印数（亿份）/增长率	种数/增长率	总印数（亿份）/增长率	平均期印数（亿份）/增长率
地市级	884/0.68%	116.87/−6.45%	0.45/−5.65%	878/0	155.46/−0.34%	0.59/−1.17%
县级	19/0	0.80/−0.98%	0.002 9/−1.35%	19/5.56	0.83/1.81%	0.003 1/2.40%

　　由表 4-9 可见，2017 年中国省级报纸印数规模最大，其总印数为
166.69 亿份，平均期印数为 1.11 亿份；地市级报纸印数规模居次，其总印数
为 116.87 亿份，平均期印数为 0.45 亿份；全国性报纸总印数 78.14 亿份，平
均期印数为 0.29 亿份，这可能与全国性报纸种数相对较少（215 种）有关；
县级报纸则是种数、总印数、平均期印数都最低。但是一个非常显著的特征
是，除县级报纸种数持平以外其他各级报纸各种印数指标全部负增长，这也
说明传统报纸业务市场需求逐渐衰退的趋势。相对而言，2013 年报纸印刷生
产规模全面下降的趋势还不是特别明显，部分指标还呈增长态势。2013 年中
国共出版报纸 1 915 种，总印数 482.41 亿份，同比增长 0.003%；平均期印
数 2.37 亿份，同比增长 4.10%。分报纸级别看，全国性报纸 2013 年总印数、
平均期印数都有所增长，省级报纸的评价期印数也有较大增长（增幅
6.58%），县级报纸则是种数、总印数、平均期印数都有不同程度的增长。

　　如果按综合类、专业类对报纸进行分类，2017 年、2013 年它们的印
刷生产规模指标则如表 4-10 所示：

表 4-10　2017 年我国综合报纸、专业报纸印刷规模概况①

报纸类型	2017 年			2013 年		
	种数/增长率	总印数（亿份）/增长率	平均期印数（亿份）/增长率	种数/增长率	总印数（亿份）/增长率	平均期印数（亿份）/增长率
综合	852/0.24	229.05/−8.61	0.69/−8.23	821/0.49%	319.38/−5.95%	0.94/−2.76%
专业	693/−1.00	103.38/−3.31	0.91/0.21	1 094/−0.64%	163.04/5.62%	1.43/9.17%

　　① 2017 年全国新闻出版业基本情况 [EB/OL]. http：//data. chinaxwcb. com/epaper2018/
epaper/d6807/d2b/201808/89938. html. [2019-08-20].

　　从表 4-10 可见，2017 年中国综合类报纸的总印数、平均期印数都以 8% 以上的幅度下降，并且这种下降趋势在 2013 年已经出现；而专业类报纸 2013 年的印数呈增长态势，特别是平均期印数增幅达 9.17%。加上报纸种数因素，可见专业报纸平均期印数显著高于综合报纸；但综合报纸总印数大大高于专业报纸，可能是因为综合报纸种数多一些且印刷的期数大大高于专业报纸。

　　从具体某种报纸的印数规模来看，2017 年中国共有《人民日报》《参考消息》等 24 种报纸平均期印数达到或超过 100 万份，比 2016 年减少了 1 种；其中综合类 9 种，减少了 3 种；专业类报纸 13 种（其中教学辅导类 11 种），增加了 2 种；读者对象类报纸 2 种，保持稳定。2017 年排名前 10 位的综合类报纸每种平均期印数 148.9 万份，减少了 11.9 万份；排名前 10 位的专业类报纸平均期印数 443.3 万份，增加 16.8 万份，增长 3.9%。[①] 2017 年、2015 年和 2013 年中国平均期印数百万份以上的综合报纸部分情况如表 4-11、表 4-12 所示：

表 4-11　2017 年平均期印数百万份以上的综合类报纸[②]

排名	报纸名称	刊期	所在省份	2016 年排名	排名变化
1	《人民日报》	周七刊	中央在京	1	0
2	《参考消息》	周七刊	中央在京	2	0
3	《新华每日电讯》	周七刊	中央在京	4	1
4	《南方都市报》	周七刊	广东	3	−1
5	《广州日报社区报》	周三刊	广东	9	4
6	《都市快报》	周七刊	浙江	7	1
7	《环球时报》	周七刊	中央在京	12	5
8	《半岛都市时报》	周七刊	山东	6	−2
9	《扬子晚报》	周七刊	江苏	11	2

---

　　① 2017 年新闻出版产业分析报告 [EB/OL]. http：//www. cbbr. com. cn/article/123452. html [2019-08-20].

　　② 2017 年新闻出版产业分析报告 [EB/OL]. http：//www. cbbr. com. cn/article/123452. html [2019-08-20].

表 4-12　2015 年、2013 年中国平均期印数 100 万以上的报纸①

序号	2015 年		2013 年	
	报纸名称	印数（万份）	报纸名称	印数（万份）
1	《人民日报》	333.42	《人民日报》	314.32
2	《参考消息》	231.53	《参考消息》	288.47
3	《南方都市报》	182.6	《南方都市报》	190.30
4	《新华每日电讯》	161.04	《广州日报》	185.0
5	《钱江晚报》	158.00	《扬子晚报》	179.00
6	《齐鲁晚报》	150.30	《钱江晚报》	177.00
7	《扬子晚报》	150.00	《齐鲁晚报》	173.60
8	《半岛都市报》	122.00	《新华每日电讯》	156.78
9	《环球时报》	116.54	《楚天都市报》	115.1
10	《楚天都市报》	101.57	《半岛都市报》	112.0
11	—	—	《南方周末》	103.0

　　当然，中国多数报纸印刷生产规模并不高，2015 年中央和省、自治区、直辖市级的综合报纸中，平均印数最低者只有 0.14 万份，其中平均期印数在 1 万—5 万份的综合报纸有 48 种；平均期印数低于 1 万份的综合报纸有 10 份，其中绝大多数为少数民族语言报纸。2013 年中央及省、自治区、直辖市综合报纸印刷数量在 0.06 万—314.2 万，其中平均期印数在 1 万—5 万的报纸有 32 种；平均期印数低于 1 万的报纸有 11 种。一般来说，印数很低的报纸绝大多数承担政策宣传任务，即便没有规模经济但因社会效益也需要继续生产。

　　另外，报纸的印刷数量经常还不等于有效发行数量，一些面向市场的报纸虚报发行量作假、印刷后销往废纸收购站的情况并不鲜见，所以说表 4-9—表 4-12 中反映的中国报纸印刷生产规模往往还要打上一定折扣。

三、中国报业综合规模

　　国家新闻出版行政管理部门每年发布的《新闻出版产业分析报告》非

---

①　资料来源：《中国新闻年鉴（2016）》《中国新闻年鉴（2014）》。

常看重报业集团的经济规模，并且根据报业机构的主营业务收入、资产总额、所有着权益和利润总额 4 项指标，定期发布中国报业集团经济规模排行榜；还根据营业收入、增加值、总产出、所有者权益（净资产）、资产总额、利润总额和纳税总额 7 项经济规模指标，采用主成分分析法对全国 31 个省（自治区、直辖市）以及新疆生产建设兵团新闻出版业的总体经济规模进行综合评价。尤其是在近年来报业广告收入甚至印数都未公开发布的情况下，这也是了解中国报业规模的重要指标。

《2017 年新闻出版产业分析报告》显示，这一年中国报业集团资产规模平缓增长，主营业务止跌回升，但是利润总额由增转跌。全国 47 家报业集团共实现主营业务收入 391.6 亿元，较上年增加 9.5 亿元，增长 2.5%；拥有资产总额 1 672.4 亿元，增加了 53.0 亿元，增长幅度为 3.3%；实现利润总额为 29.9 亿元，减少了 4.2 亿元，降幅为 12.2%（见表 4 - 13）。

表 4 - 13　2017 年 47 家中国报业集团经济规模情况[①]

指　　标	金额（亿元）	增　长　率
主营业务收入	391.6	2.5%
资产总额	1 672.4	3.3%
所有者权益	890.69	2.94%
利润总额	29.9	−12.2%

《2017 年新闻出版产业分析报告》显示上海报业集团、浙江日报报业集团和成都传媒集团 3 家集团资产总额超过 100 亿元。该报告还发布了 2017 年根据主营业务收入、资产总额、所有着权益和利润总额 4 项指标，采用主成分分析方法通过 SPSS 计算得出的 2017 年中国报业集团总体经济规模排名。表 4 - 14 汇集了按这种统计方法得出的 2017 年、2013 年、2012 年中国报业集团十强名单，从中可以体现中国报业集团的规模水平以及这些年份的相对地位变更情况。

《2017 年新闻出版产业分析报告》还按营业收入、增加值、总产出、所有者权益（净资产）、资产总额、利润总额和纳税总额 7 项经济规模指标统计出 2017 年中国各省（直辖市、自治区）的新闻出版业（包括图书、报

---

① 2017 年新闻出版产业分析报告［EB/OL］. http：//www. cbbr. com. cn/article/123452. html.［2019 - 08 - 20］.

纸、期刊、音像等出版产业）经济规模排名（见表 4 - 15），其中前十位地区营业收入共计 13 684.5 亿元，占全行业营业收入的 75.5%，同比增长 0.9%；拥有资产总额共计 15 920.1 亿元，占全行业资产总额的 71.8%，同比提高 0.3 个百分点；实现利润总额共计 946.5 亿元，占全行业利润总额的 70.4%，同比提高 2.1%。

表 4 - 14　2017 年、2013 年和 2012 年中国报业集团规模十强[①]

综合排名	2017 年		2013 年		2012 年	
	报业集团	综合评价得分	报业集团	综合评价得分	报业集团	综合评价得分
1	上海报业集团	3.653 1	成都日报报业集团	3.050 3	成都传媒集团	3.839 8
2	浙江日报报业集团	3.327 0	浙江日报报业集团	2.566 3	广州日报报业集团	2.373 8
3	成都传媒集团	1.749 5	山东大众报业集团	2.279 8	解放日报报业集团	2.110 4
4	陕西华商传媒集团	1.201 5	广州日报报业集团	2.112 9	北京日报报业集团	1.775 9
5	山东大众报业集团	1.116 0	解放日报报业集团	2.088 2	文汇新民联合报业集团	1.326 7
6	广州日报报业集团	1.079 8	文汇新民联合报业集团	1.085 8	山东大众报业集团	1.290 1
7	湖北日报传媒集团	1.002 4	河南日报报业集团	0.925 0	浙江日报报业集团	1.150 6
8	河南日报报业集团	0.876 2	南方报业传媒集团	0.868 1	南方报业传媒集团	0.636 4
9	重庆日报报业集团	0.677 3	湖北日报传媒集团	0.749 9	河南日报报业集团	0.581 4
10	南方报业传媒集团	0.652 4	四川日报报业集团	0.496 3	杭州日报报业集团	0.508 8

---

① 数据来源：《2017 年新闻出版产业分析报告》《2013 年新闻出版产业分析报告》《2012 年新闻出版产业分析报告》。

表 4 - 15　2017 年中国新闻出版业总体经济规模综合评价前 10 位的地区[1]

综合排名	地区	综合评价得分	2016 年排名	排名变化
1	广东	2.823 8	1	0
2	山东	1.920 3	2	0
3	北京	1.826 0	5	2
4	浙江	1.716 5	3	—1
5	江苏	1.704 2	4	—1
6	上海	0.820 4	6	0
7	河北	0.400 3	7	0
8	安徽	0.393 0	8	0
9	四川	0.316 7	19	1
10	福建	0.251 1	9	—1

由此可见，中国报业以及整个新闻出版业经济规模较大的机构或地区，绝大多数是经济发达、人口规模较大的省市，因为这样的地区往往生产要素供给和市场需求规模都比较大，从而利于整体生产规模提升。

第三节　中国电视媒体规模

电视产业可谓是具有规模经济效应的典型产业，其制作、播出、传输收视等生产环节都具有规模效应，这其中传输环节的规模效应尤其显著。

电视节目制作通常包括选题策划、拍摄、后期制作等环节，所制作的节目内容一般包括新闻节目、专题节目、综艺节目、谈话节目、纪录片、动画片、影视剧等类型。电视节目制作过程需要花费较多的人力、物力、财力，但是节目制作出来以后多复制一个数字拷贝边际成本几乎为零，即便是用光盘、磁带、胶片等载体复制的成本与制作成本相比也几乎可以忽略不计。复制拷贝越多、销售规模越大则前期制作成本被分摊越多，所有产品的总体平均成本下降，从而体现出规模经济。电视制作中使用的机器

---

[1]　2017 年新闻出版产业分析报告 [EB/OL]. http：//www. cbbr. com. cn/article/123452. html. [2019 - 08 - 20].

设备、节目资源、信息渠道、品牌资产等生产要素，在扩大规模的生产中也具有规模经济和范围经济，例如：为制作一个节目而造的演播室用于更多的节目制作，同一节目素材用于不同节目、不同频道节目，同一消息源用于挖掘尽可能多的节目素材等，都可以带来规模经济和范围经济。如果把电视节目资源用于不同产品的生产、销售则可以带来范围经济，电视节目公开播出、音像制品发行销售、衍生产品生产销售（如围绕电视节目开发的玩具、主题公园、生活用品）都可以为电视经营者带来更大的范围经济收益。

电视播出环节严格意义上主要包括电视节目的包装串联、平台集成、发射播出等，传统的电视播出渠道通常包括电视频道、电视网，这个产业环节的生产过程主要由电视台（广播电视台）承担，但电视台往往也承担了大量的节目制作、无线传输、互联网传输等功能，也经常将单个节目通过电视节目合作系统直接销售给各地电视台。经营更多节目频道、节目集成平台、节目销售的电视台往往可以共享一定的管理、销售、品牌等资源，因而这个生产过程具有一定的规模效应。但是更强的规模经济效应体现在电视节目播出后观众收视过程中。在电视台发射播出能力范围内，增加一个观众收视的边际成本实际为零，所以观众规模越大、播出固定成本越低，规模经济效应得以充分体现。

电视传输收视产业环节主要指通过无线微波、有线电视、卫星电视网络系统将电视台播出的节目向广大观众传输的过程，这个过程因传输设备投资和传输能力巨大而具备显著的规模效应，其中有线电视长期以来也是经济学研究自然垄断产业的代表性产业之一。早期模拟信号有线电视只能传输电视节目，即具有较强规模效应，现代数字电视系统传输能力更强大，并且能够传输广播、电视、语音、图片、数据、文字等各种信息内容，其生产的规模经济和范围经济特征进一步加强。当然，这也意味着数字有线电视系统和电话电信传输、互联网传输系统业务范围融合，它们之间的规模效应和竞争程度都同时提高。数字卫星电视系统覆盖范围则更广、地域局限更小，其内容传输能力非常强大，因而规模经济效应同样非常显著。当然，电视产业的传输环节供应商往往也越来越多地进入电视节目内容生产环节，和无线电视播出机构形成激烈竞争。

电视产业中，不仅传输机构可以利用其技术能力拓展更大的信息服务范围，电视机构往往也通过运营节目内容强大的综合影响力进入专业的影视节目制作、文化主题公园运营、动漫游戏等文化产业领域，综合性传媒机构也越来越多，其规模经济和范围经济往往非常显著。本书将从电视产业的收入规模、收视规模等指标来考察中国电视产业的规模效应，进而评价中国传媒规制在规模效应方面体现的绩效。

一、中国电视收入规模

（一）中国电视机构收入规模

根据国家广电总局发布的数据，2017 年我国共有地级以上广播电视播出机构 505 座、县级广播电视播出机构 2 049 座，共计 2 554 座，[①] 2017 年全国广播电视服务业总收入 6 070.21 亿元，其中实际创收收入 4 841.76 亿元，包括广播电视广告收入 1 651.24 亿元、有线电视网络收入 834.43 亿元、新媒体业务收入 277.66 亿元、广播电视节目销售收入 523.54 亿元。由此可推算出，2017 年中国平均每座播出机构广告收入 0.65 亿元；2017 年全国共有电视台或广播电视台 2 425 座，如果按《2017 年全国广播电视行业统计公报》发布的全国电视广告收入为 968.34 亿元，[②] 平均每座电视台（或广播电视台）广告收入为 0.39 亿元，按《中国传媒产业发展报告（2018）》发布的数据，2017 年全国电视台广告收入为 1 234.39 亿元，[③] 电视台平均广告收入规模为每座 0.51 亿元（见表 4 - 16）。

表 4 - 16　中国电视机构广告收入规模（2013—2016 年）[④]

年份	电视台（广播电视台）数量（座）	电视广告总收入（亿元）	电视台（广播电视台）平均广告收入（亿元/座）
2017	2 425	1 234.39	0.51
2016	2 456	1 239.00	0.50
2015	2 365	1 146.69	0.48
2014	2 373	1 278.50	0.54
2013	2 373	1 101.10	0.46

①　地级以上广播电视播出机构及频道频率名录 [EB/OL]. http：//www. chinasarft. gov. cn/art/2017/4/17/art _ 69 _ 32922. html. [2019 - 08 - 20]；县级广播电视播出机构及频道频率名录 [EB/OL]. http：//www. sarft. gov. cn/art/2017/4/17/art _ 69 _ 32923. html. [2019 - 08 - 20].
②　2017 年全国广播电视行业统计公报 [EB/OL]. http：//www. gapp. gov. cn/sapprft/contents/6588/379318. shtml. [2019 - 08 - 20].
③　崔保国. 中国传媒产业发展报告（2018）[R]. 北京：社会科学文献出版社，2018：194.
④　数据来源：电视机构数量数据来自《中国广播电视年鉴（2017）》，广告收入数据来自《中国传媒产业发展报告（2018）》。

多高的广播电视机构收入规模才算高、规模经济才算有效率呢？理论上并没有权威的说法，而关于中国电视台具体机构的收入规模和电视广告收入规模等数据很难通过正常的公开途径获取，官方未公开发布，半官方的中国广告协会近年来也不再定期按年度发布，电视台都不是上市公司，因此其自身也不发布。作为市场第三方机构的"世界传媒实验室"发布的中国电视机构收入数据可以提供一个重要参考，且可以和国外同行进行横向比较；中国电视机构收入规模数据纵向比较也可以体现一定的分析价值。世界传媒实验室发布的 2017 年、2014 年"世界媒体 500 强"数据中包含的部分中国电视机构收入数据表 4-17 所示。

表 4-17　2017 年、2014 年"世界媒体 500 强"上榜中国电视媒体[①]

2017 年				2014 年			
榜单排名	公　司	营业收入（亿美元）	净利润（亿美元）	榜单排名	公　司	营业收入（亿美元）	净利润（亿美元）
53	中央电视台	50.72	——	49	中央电视台	49.02	——
58	上海广播电视台、上海文广集团	45.94	——	70	上海广播电视台	34.39	——
152	江苏广播电视总台	15.34	2.31	90	江苏广播电视总台	26.22	5.25
214	北京广播电视台	8.68	——	121	浙江广电集团	18.36.	3.23
——	——	——	——	128	北京广播电视台	17.73	——
——	——	——	——	205	广东广播电视台	8.23	——
——	——	——	——	250	上海东方明珠集团	6.27	1.61

表 4-17 显示世界传媒实验室发布的 2017 年"世界媒体 500 强"中国电视机构上榜 Top4 机构收入规模在 8.68 亿—50.72 亿美元，榜单中排名第一、第二的电视机构收入从 2014 年的 49.02 亿美元、34.39 亿美元分别增长至 50.72 亿美元、45.94 亿美元，但是排名第三、第四的电视机构收入却相对下降。尽管规模经济收入没有绝对标准之说，但是中国电视机构这

① 数据来源：2017 年第五届世界媒体 500 强隆重揭晓 [EB/OL]. http：//media. icxo. com/summit/2017media500/♯award. [2019-08-20]；2014 年世界媒体 500 强排行榜揭晓 [EB/OL]. http：//media. icxo. com/summit/2014media500/. [2019-08-20].

个收入规模水平与世界发达国家、高水平电视机构收入规模相去甚远，2014 年度世界媒体 500 强排行榜中美国排名前三位的广播电视机构收入分别是 152.84 亿美元、62.43 亿美元和 51.61 亿美元，英国、卢森堡、日本、巴西、墨西哥排名第一的电视机构年收入规模分别是 84.30 亿美元、81.03 亿美元、61.95 亿美元和 56.45 亿美元，大大高出中国同年相同排名地位的广播电视机构收入规模；2017 年"世界媒体 500 强"排行榜中美国广播电视机构排名前三的机构收入规模分别是 131.66 亿美元、62.74 亿美元、52.76 亿美元，2017 年加拿大、卢森堡、德国、英国、日本排名第一的广播电视机构收入规模，也大大高出同年中国排名首位的电视机构收入规模。具体见表 4 - 18。

表 4 - 18　2017 年、2014 年"世界媒体 500 强"电视台/广播电台 Top10

2017 年				2014 年			
榜单排名	公　司	总部所在国	营业收入（亿美元）	榜单排名	公　司	总部所在国	营业收入（亿美元）
13	BCE 公司	加拿大	160.52	12	哥伦比亚广播公司	美国	152.84
18	哥伦比亚广播公司	美国	131.66	26	英国广播公司	英国	84.39
36	RTL 集团	卢森堡	65.19	31	RTL 集团	卢森堡	81.03
38	德国公共广播电视集团	德国	63.92	37	清晰频道传播公司	美国	62.43
40	Iheartmedia 公司	美国	62.74	39	富士媒体控股公司	日本	62.16
42	英国广播公司	英国	59.15	40	环球传播投资公司	巴西	61.95
45	富士媒体控股公司	日本	56.01	43	特立维萨电视集团	墨西哥	56.45
49	自由媒体公司	美国	52.76	46	贝洛公司	美国	51.61
53	中央电视台	中国	50.72	49	中央电视台	中国	49.02
54	天狼星 XM 广播公司	美国	50.00	51	Mediaset SPA 公司	意大利	46.98

　　中国广电机构之间的规模差异很大，能够上榜"世界媒体500强"的中国广电机构显然是少数，国内其他广电机构规模处于怎样的水平呢？由于各广电机构的具体综合收入难以统计，但广告往往是广电机构最主要的收入来源，因此国内排名前列的广电机构广告营业额一定程度能够代表其整体经营规模。2014年是中国电视广告的峰值，因此2012年至2014年中国电视机构的广告收入规模一定程度上能够说明中国电视机构的广告收入规模水平。2014年中国电视机构（部分含广播广告收入）广告收入Top10的收入分别在20.50亿元至272.00亿元之间，2014年之后无权威机构发布的具体电视播出机构广告收入数据。2012—2014年中国电视机构的广告收入规模Top10数据见表4-19。

表4-19　中国媒体单位广告收入Top100中的电视机构（2012—2014年）[①]

2014年			2013年			2012年		
榜单排名	电视台	营业收入（亿美元）	榜单排名	电视台	营业收入（亿美元）	榜单排名	电视台	营业收入（亿美元）
1	中央电视台	272.00	1	中央电视台	255.98	1	中央电视台	269.00
2	湖南电视台	83.30	2	湖南电视台	70.84	2	上海文广	64.61
3	上海文广（电视部分）	54.44	3	上海文广	63.82	3	湖南电视台	60.05
4	浙江卫视	48.70	4	江苏电视台	52.52	4	江苏电视台	47.32
5	江苏电视台（集团）	47.80	5	浙江广电集团	51.50	6	浙江广电集团	38.71
9	深圳广电集团（电视部分）	35.47	8	深圳广电集团	35.77	8	山东广播电视台	31.50
11	北京电视台	28.00	11	山东广播电视台	31.79	9	北京电视台	31.00
12	安徽广播电视台	25.18	12	安徽广播电视台	31.38	10	深圳广电集团	28.08

①　数据来源：中国广告协会相关年份发布的《中国媒体单位广告营业额前100名名单》。

续表

榜单排名	电视台	营业收入（亿美元）	榜单排名	电视台	营业收入（亿美元）	榜单排名	电视台	营业收入（亿美元）
13	天津电视台	20.50	14	辽宁电视台	25.00	11	安徽广播电视台（电视）	27.38
13	辽宁电视台	20.50	15	天津电视台	21.00	13	河南电视台	18.73
上榜电视机构数量53家			上榜电视机构数量53家			上榜电视机构数量47家		

　　电视产业链主要包括制作、播出和传输三个环节，所谓"电视机构"主要指综合各种业务范围的电视播出机构，但是电视节目制作环节显然也是电视产业的重要组成部分，其规模经济也值得关注。比较2017年度、2014年度"世界媒体500强"榜单可以发现，中国排名靠前的影视文娱或节目公司的收入规模近年来增长非常快，中国收入前三位的影视文娱或节目公司收入分别从3.33亿美元、3.09亿美元和2.01亿美元增长至16.15亿美元、8.87亿美元和6.39亿美元，上榜公司平均收入也从1.71亿美元增长至4.23亿美元；上榜公司数量大幅增加，从9家增长到了17家；在"世界媒体500强"中的排名也大幅上升。2017年、2014年"世界媒体500强"中的中国上榜影视娱乐或节目公司具体见表4-20。

表4-20　2017年、2014年"世界媒体500强"中国影视娱乐或节目公司[①]

2017年			2014年		
榜单排名	公司名称	营业收入（亿美元）	榜单排名	公司名称	营业收入（亿美元）
145	万达电影院线	16.15	333	华谊兄弟传媒集团	3.33
212	完美世界	8.87	344	广东奥飞动漫	3.09
243	浙江华策影视	6.39	388	浙江华策影视	2.01
266	华谊兄弟传媒集团	5.05	399	博纳影业集团	1.79
273	广东奥飞动漫	4.84	406	中视传媒	1.66

---

　　①　数据来源：2017年第五届世界媒体500强隆重揭晓［EB/OL］. http：//media. icxo. com/summit/2017media500/♯award. ［2019-08-20］；2014年世界媒体500强排行榜揭晓［EB/OL］. http：//media. icxo. com/summit/2014media500/. ［2019-08-20］.

续表

榜单排名	公司名称	营业收入（亿美元）	榜单排名	公司名称	营业收入（亿美元）
274	星美控股集团	4.83	439	北京光线传媒	1.19
295	北京华录百纳影视	4.14	466	上海新文化传媒	0.87
318	印纪娱乐传媒	3.61	481	北京华录百纳影视	0.77
328	文投控股	3.24	489	长城影视	0.69
344	博纳影业	2.75	—	—	—
349	慈文传媒	2.63	—	—	—
358	北京光线传媒	2.49	—	—	—
395	橙天嘉禾娱乐集团	1.67	—	—	—
398	上海新文化传媒	1.60	—	—	—
406	上海电影	1.51	—	—	—
425	阿里巴巴影业	1.32	—	—	—
464	中视传媒	0.74	—	—	—
	平均收入	4.23		平均收入	1.71

　　尽管表4-20能够显示近年来中国影视文娱或节目公司收入规模纵向比较有了显著提升，但是这个规模水平放在世界范围横向比较显然还是很低的。2017年"世界媒体500强"榜单中影视文娱或节目公司前三位公司的收入分别为130.37亿美元、83.55亿美元和64.97亿美元，平均收入为12.38亿美元（见表4-21），中国只有万达电影院线一家公司以16.15亿美元的收入小幅超过这个平均收入规模，并且它还不是主营影视节目制作。2014年"世界媒体500强"榜单中上影视文娱或节目公司平均收入为13.01亿美元，大大超出榜单中同类中国公司的平均收入规模1.71亿美元的水平。

　　电视行业规模效应显著，尤其是播出、传输环节，但是表4-17和表4-18所列举的中国排名靠前的电视机构和世界排名靠前电视机构的收入金额，却显示中国电视机构的绝对规模大大低于发达国家，表2-7列举国内电视市场份额"核—粒模式"市场结构也显示我国电视机构相

表 4 - 21　2014 年、2017 年"世界媒体 500 强"
影视娱乐或节目 TOP10 公司

2014 年			2017 年		
榜单排名	公司名称	营业收入（亿美元）	榜单排名	公司名称	营业收入（亿美元）
18	华纳兄弟娱乐	123.12	19	华纳兄弟娱乐	130.37
21	特纳广播系统公司	99.83	30	现场国家娱乐公司	83.55
35	现场国家娱乐公司	64.79	37	探索传播公司	64.97
44	探索传播公司	55.35	50	索尼影视娱乐	51.75
88	狮门娱乐公司	26.31	76	AMC 娱乐公司	32.36
111	费曼特尔公司	21.09	78	帝王娱乐公司	31.97
126	斯塔茨公司	17.78	97	派拉蒙影业	27.00
151	ITV 工作室有限公司	14.36	109	狮门娱乐公司	23.47
152	天文马来西亚公司	14.31	145	万达电影院线	16.15
173	东映股份有限公司	11.44	168	天文马来西亚公司	12.57

对规模分布不符合"有效竞争"的效率标准，既缺乏充分的竞争活力也缺乏充分的规模经济。尽管各界对这种市场结构和经济规模的产业经济效率约束有比较充分的了解，对其产生的宏观政治经济原因、历史原因乃至具体原因也有不同程度的理解，但是对如何通过规制创新，在保证舆论导向前提下提高竞争活力和经济规模从而提高电视产业效率，尚在曲折的探索之中，本书也属于这种探索的一部分。

　　对于规模效应很强的电视播出市场，如果进入者和竞争者过多会导致企业规模经济缺失，进入者和竞争者过少又会因垄断导致生产低效。那么怎样才能在保证规模的基础上促进电视播出、传输机构的竞争，从而获得竞争效率呢？世界电视产业的实践很多，常见的政策思路有两方面，一方面适当地增加市场竞争者数量，培育市场竞争；另一方面是实施"制播分离"、分工协作，即通过政府规制规定具有规模经济和一定垄断地位的播出机构，必须向社会机构采购一定比例的节目，从而对电视机构自身制作的节目形成竞争压力。经济学理论研究也认为，小企业与大企业的协作可以作为评估竞争活力的重要标准之一。根据发达国家的成功经验，解决大、中、小企业恶性竞争的出路，是在大企业周围聚集一批为之协作配套的中小企业，通过建立较稳定、有序的协同竞争关系来替代重复性竞争。[①] 对电视行业而言，主要是通过大量节目制作公司与播出机构形成协作关系，提高竞争效率。21 世纪以来中国的"制播分离"政策几经曲折，最终除了新闻节目以外目前都已经形成了较为充分的竞争、合作，并且市场化影视节目制作机构数量及其生产规模都得到大幅提升，因为网络视频播出市场的扩大也对具有行政垄断地位的国有电视播出机构形成直接竞争。总体而言，中国电视市场的竞争活力和规模经济也即"有效竞争"水平正在缓慢提升。

（二）中国电视机构新媒体收入规模

数字传媒技术革命不但改变了传媒机构的竞争格局和规模效应，也逐步改变了整个电视行业的业务模式结构，传统电视业务收入逐年减少、新媒体业务收入逐年增加。作为传统的电视业务收入，2017 年中国电视广告收入 968.34 亿元，比 2016 年的 1 004.87 亿元下降了 3.64％；2017 年中国有线电视网络收入 834.43 亿元，比 2016 年的 910.26 亿元下降了 8.33％。2017 年中国各种互联网新媒体业务获得持续增长，网络媒体广告收入 306.71 亿元，占广告收入总额 18.57％，网络等各种新媒体广告成为新的收入增长点；2017 年中国电视行业新媒体业务收入 277.66 亿元，占实际创收收入 5.73％，其中，交互式网络电视（IPTV）收入 67.61 亿元、互联网电视（OTT）收入 18.31 亿元、网络视听节目服务收入 142.98 亿元。[②] 这种收入结构也从一个方面说明，中国电视产业"媒体融合"的水平也在逐步缓慢提高。

二、中国电视收视规模

电视节目在制作播出后，如果其收视观众越多则其规模效应越强；反之，如果大量的机构制作播出大量的节目，每个节目收视观众都不多，则其规模效应相应就不高。规模效应高往往意味着单位投入获得更多的收益，这是经济高效的重要表现。当然，也有观点认为电视节目只要社会价值高、文化价值高，即便其规模效应不强也值得提倡，甚至有观点批评大

---

① 曹建海. 试论有效竞争北京师范大学学报（社会科学版）[J]. 1999 (6)：59 - 65.
② 数据来源：国家新闻出版署官网，http://www. gapp. gov. cn/sapprft/contents/6588/379318. shtml。[2019 - 08 - 20].

规模工业化制作的节目，为了经济效益和生产效率损害了社会和文化价值。本书将在传媒公共产品产量相关内容中评价中国传媒在社会和文化价值方面的产出价值，但此部分作为分析电视节目的经济效率，主要从收视规模的角度来评价中国电视生产环节的规模绩效，事实上批评中国电视机构生产规模小而散的观点也非常多。本书将从中国电视节目总体收视规模、频道收视规模、不同节目类型收视规模等方面，来实证研究中国电视节目收视规模特征，并探讨其中规制影响，进而评价规制在提高收视规模方面的绩效。

截至 2017 年底，我国电视综合人口覆盖率为 99.07％，比 2016 年进一步提高了 0.19 个百分点，[①] 2017 年中国电视观众人均收看电视时间为 139分钟，比上年下降了 13 分钟，[②] 但是结合中国 13.9 亿的人口规模基数来看，中国电视收视总体规模仍然非常庞大。具有全国覆盖资质的具体电视频道覆盖率也很高，Top20 频道的覆盖率都在 85％以上，覆盖率实质上也是潜在收视规模体现。具体见表 4-22。

表 4-22　2016 年全国卫视频道覆盖率（潜在收视规模）Top20[③]

排名	频　　道	覆盖率（％）	排名	频　　道	覆盖率（％）
1	中央台七套	93.2	11	北京卫视	88.4
2	中央台综合频道	91.5	12	安徽卫视	88.3
3	中央台二套	90.5	13	中央台十一套	88.3
4	中央台新闻频道	90.5	14	山东卫视	88.1
5	湖南卫视	90.1	15	江苏卫视	87.9
6	中央台少儿频道	89.6	16	贵州卫视	87.4
7	中央台十套	89.3	17	四川卫视	87.3
8	浙江卫视	89.0	18	天津卫视	86.9
9	中央台十二套	88.6	19	上海东方卫视	86.6
10	中央台四套	88.5	20	江西卫视	86.5

①　数据来源：国家广电总局官网，http：//www.sapprft.gov.cn/sapprft/contents/6588/379318.shtml.［2019-08-20］.
②　数据来源：CMS 媒介研究，http：//www.csm.com.cn/Content/2018/06-25/1529254546.html.［2019-08-20］.
③　数据来源：徐立军.中国电视收视年鉴 2017［R］.北京：中国传媒大学出版社，2017：10.

当然，覆盖率只是代表潜在的收视可能性，现实中电视频道和电视节目的收视规模差异很大。2016 年中国电视节目收视高峰时段和历年一样在 19:00—22:00 的黄金时段，其中最高峰值在 20:30 左右，收视率接近 36%；收视的次高峰出现在 11:3—13:00，峰值出现在 12:30，为 13%。但是 2016 年全年整体收视水平低于 2015 年，尤其是黄金时段收视下降趋势更加显著。① 从电视频道类型看，2016 年中央电视台频道和省级上星频道获得 30% 的收视份额，省级非上星频道获得 20% 的收视份额，市级频道和其他频道分别获得 8.5% 和 11.4% 的收视份额，考虑到各类频道的数量差异很大，其中中央电视有 20 个左右的频道、省级上星卫视约 50 个，全国 30 多座省级电视台，每座一般都有 10 套左右的节目，而市级频道和其他频道（以县级电视频道为主）的数量更是高达数百、数千个，因此可以推论，中央电视台频道平均收视规模为"高"、省级上星频道平均收视规模为"较高"、省级非上星频道平均收视规模为"较低"、其他频道（以县级电视频道为主）平均收视规模为"很低"。具体见表 4-23。

表 4-23　2016 年全国电视收视市场各类频道的市场份额及收视规模评价②

年份	中央电视台频道	省级上星频道	省级非上星频道	市级频道	其他频道
2016	30.0	30.0	20.0	8.5	11.4
2015	28.5	31.2	21.1	9.6	9.4
2014	29.2	30.0	20.1	9.5	8.3
收视规模	高	较高	较低	低	很低

落实到具体电视频道的收视规模，2016 年则是中央电视台综合频道及其四套、三套、八套、六套、新闻频道和六套，以及湖南卫视、浙江卫视和上海东方卫视收视规模最强，它们的收视份额分别在 2.6%—4.3%，这 10 个频道 2015 年收视份额分别在 1.8%—5.0%。具体如表 4-24 所示。

① 徐立军. 中国电视收视年鉴 2017 [R]. 北京：中国传媒大学出版社，2017：25.
② 徐立军. 中国电视收视年鉴 2017 [R]. 北京：中国传媒大学出版社，2017：29. 收视规模评价为本书推论.

表 4 - 24　2016 年全国收视市场市场份额排名 TOP10 频道①

排名	频　道	2016 年市场份额（%）	2015 年市场份额（%）
1	中央台综合频道	4.3	5.0
2	中央台四套	3.5	2.6
3	中央台三套	3.4	2.8
4	湖南卫视	3.3	4.3
5	中央台八套	3.1	2.4
6	中央台六套	3.0	3.0
7	浙江卫视	2.7	2.7
8	中央台新闻频道	2.6	2.9
9	中央台五套	2.4	2.0
10	上海东方卫视	2.4	1.8

　　不同的节目类型也有不同的收视规模，电视剧节目收视份额绝对规模最高，而综艺节目收视比重超出播出比重的比例最多，可以说是相对收视规模最高。2017 年，中国收视市场电视剧节目播出和收视比重分别为 26.7% 和 30.9%，新闻/时事节目播出和收视比重分别为 10.6% 和13.9%，生活服务类节目的播出和收视比重分别为 14.5% 和 7.2%，综艺节目则以 5.9% 的播出份额获得了 12.0% 的收视份额。2015 至 2017 年中国电视收视市场主要节目类型的收视、播出比重见表 4 - 25。

表 4 - 25　2015—2017 年主要节目类型收播比重（历年所有调查城市）（%）②

节目类型	2017 年		2016 年		2015 年	
	播出比重	收视比重	播出比重	收视比重	播出比重	收视比重
电视剧	26.7	30.9	27.1	29.6	26.2	30.0
新闻/时事	10.6	13.9	10.7	13.8	11.0	14.1
综　艺	5.9	12.0	6.1	13.7	5.9	13.0
生活服务	14.5	7.2	15.3	7.6	17.1	8.2

　　①　徐立军. 中国电视收视年鉴 2017［R］. 北京：中国传媒大学出版社，2017：32.
　　②　2017 年新闻节目收视回顾［EB/OL］. http://www. csm. com. cn/Content/2018/06 -25/1551583189. html.［2018 - 08］.

　　"资源使用效率"是业界常用的反映电视节目规模效应的指标之一，它指的是收视比重超过播出比重的比例。数据显示，中国新闻类电视节目的收视比重近年来一直稳定在 30% 左右。而电视剧的资源使用率则在总体趋于降低的基础上有很大波动，2000 年以来的资源使用率在 9.2% 至 44.3% 之间。这两类节目近年来的资源使用效率情况见表 4 - 26、4 - 27。

表 4 - 26　2011—2017 年新闻节目的收播比重及
资源使用效率（历年所有调查城市）[①]

年　　份	播 出 比 重	收 视 比 重	资源使用率
2017	10.6	13.9	31.5
2016	10.7	13.8	29.0
2015	11.0	14.2	30.3
2014	10.9	14.2	30.3
2013	11.3	14.8	30.7
2012	10.7	14.0	30.8
2011	10.0	13.1	31.5

表 4 - 27　2000 年以来电视剧资源使用效率（%）[②]

年　　份	2000	2001	2002	2003	2004	2005	2006	2007	2008
资源使用效率	24.9	23.6	23.8	33.6	28.6	44.3	36.2	36.4	31.6
年　　份	2009	2010	2011	2012	2013	2014	2015	2016	2017
资源使用效率	23.4	12.1	13.0	21.5	18.3	24.5	14.5	9.2	15.6

　　在中国电视收视市场，不同频道类型的播出比重和收视比重差异也比较大，以综艺节目为例，中央级频道、省级上星频道和省级非上星频道综艺节目收视比重均高于播出比重，说明这些频道播出综艺节目受众

---

　　① 2017 年新闻节目收视回顾［EB/OL］. http：//www. csm. com. cn/Content/2018/06 -25/1551583189. html. ［2018 - 08］.
　　② 在媒体融合的浪潮中远航——2017 年全国电视收视市场回顾［EB/OL］. http：//www. csm. com. cn/Content/2018/06 -25/1529254546. html. ［2018 - 08］.

面较广、有一定的规模效应；而市级频道综艺节目收视比重则低于播出比重，说明它覆盖范围、受众面较窄，相对其他类型频道不具备规模效应（见图4-1）。

播出比重(%)　　　　　　　　　　　　　　　　　　　　　收视比重(%)

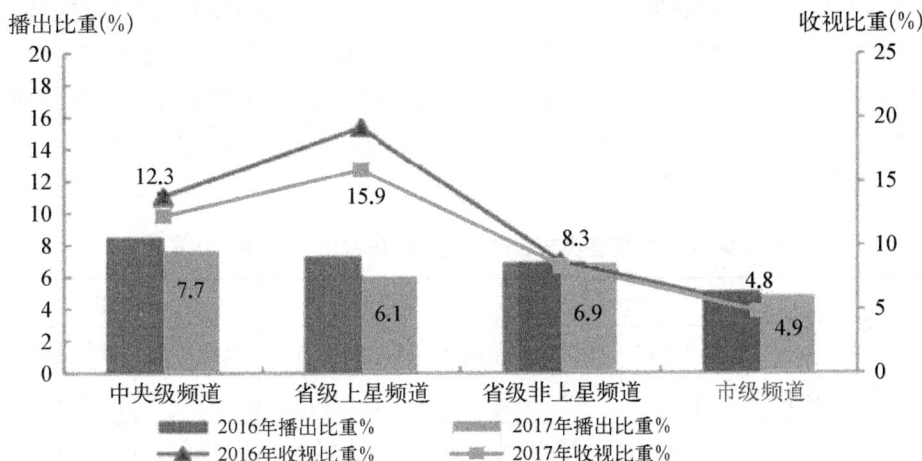

图4-1　2016—2017年各级频道综艺节目播出
及收视比重（历年所有调查城市）[①]

当然，资源使用效率、播出比重、收视比重反映电视节目收视的相对规模，但是在绝对收视规模上各类节目的总体收视时长、人均收视时长都不同程度下降，以电视综艺节目为例，2017年下降幅度居然高达23.2%。这可能是因为2017年互联网视频吸引了越来越多的观众注意力，另外传统电视渠道播出的《人民的名义》等超级热门电视剧也分流了电视综艺收视时间。2012—2015年全国市场综艺节目人均收视时长在5 384分钟—7 011分钟，具体见表4-28。

表4-28　2012—2017年综艺节目全年人均收视总时长及增长率[②]

年　份	2012	2013	2014	2015	2016	2017
人均收视总时长	6 340	6 587	6 386	6 980	7 011	5 384
增长率	−4.4	3.9	−3.1	9.3	0.4	−23.2

① 2017年综艺节目收视分析［EB/OL］. http：//www. csm. com. cn/Content/2018/06-25/1511290158. html.［2018-08］.

② 2017年综艺节目收视分析［EB/OL］. http：//www. csm. com. cn/Content/2018/06-25/1511290158. html.［2018-08］.

不同电视节目类型的规模效应还可以体现在播出时长与制作时长比例上，比例越高则说明电视制作的规模效应越高，反之则越低。从这个角度看，影视剧节目的绝对时长规模和相对规模效应都属于最高，《中国广播电视年鉴》发布的数据显示2014—2016年中国影视剧制作时长在整体总时长占比分别为 3.5％、3.4％和 3.4％，但其播出占比一直处在42.5％、42.8％和42.7％的高位，这就说明影视剧节目重复播出率很高，规模效应显著。2014 至 2016 年部分节目类型的制作、播出在整体节目占比见表 4-29。

表 4-29   全国市场各类节目的播出、制作占比（2014—2016 年）①

节目类别	2016 年		2015 年		2014 年	
	播出占比	制作占比	播出占比	制作占比	播出占比	制作占比
新闻/时事	14.5	28.2	14.2	27.8	14.0	28.0
综　艺	8.1	13.7	8.1	14.5	8.2	14.3
影 视 剧	42.7	3.4	42.8	3.4	42.5	3.5
专题服务	12.8	25.7	12.7	26.5	12.6	25.9
广 告 类	10.7	13.8	11.0	13.7	11.6	15.6

落实到具体节目收视率这个具体的收视规模指标，一般来说电视剧和综艺节目收视率较高，直播重大新闻事件收视也很高，但总体而言中国电视节目收视率近年来逐年下降，尤其是高收视率节目下降显著。2017 年中国电视剧收视率最高的是湖南卫视播出的《人民的名义》，它首播平均收视率 3.8％，市场份额 12.1％；2017 年综艺节目中收视率最高者是浙江卫视的新一季《奔跑吧》，其 12 期节目平均收视率为2.8％，同时段份额12.2％，浙江卫视播出的《中国新歌声》第二季 15期节目平均收视率为 1.8％，占同时段市场份额的 8.1％。"清流"类文化真人秀节目《中国诗词大会》第二季 10 期节目平均收视率也达到 1.8％，同时段份额 5.2％，最后一期节目收视率 2.3％，同时段份额为 6.5％。2017 年的新闻直播中，在朱日和训练基地举行的庆祝中国人民解放军建军 90 周年阅兵直播各个频道合计收视率为 6.3％，平均到达率为 11.1％；十九大开幕式直播收视率为 5.14％、市场份额

---

① 数据来源：《中国电视收视年鉴》《中国广播电视年鉴》。

为 71.2%、到达率为 19.46%，闭幕式收视率 4.84%、市场份额 67.91%、市场份额 67.91%、十九届中央政治局常委同中外记者见面会收视率为 5.29%，市场份额 68.51%，到达率 14.24%。[①] 除了这些高收视节目之外，2017 年收视率较高的节目总体减少，收视率较低的节目总体增加。即便是在收视集中的晚间时段，在季播综艺节目这个比较热门的节目类型中———一般来说季播综艺节目都是有较高的投入并且为了保持观众新鲜感没有全年播出而是采取一年一季或两季播出，2017 年 71 城市上星频道晚间季播节目收视率超过 1% 的节目数量较 2016 年减少了 15 档，收视率 0.5% 以上的节目都在下降，而收视率低于 0.5% 的节目占节目总数的比例则从 56.7% 增长到了 66.0%。具体如表 4-30 所示。

表 4-30　2016—2017 年上星频道晚间季播综艺节目
收视率分布 (71 个城市，18:00—24:00)[②]

收视率分别	2017 年				2016 年			
收视率水平	<0.5%	0.5%—1%	1%—2%	≥2%	<0.5%	0.5%—1%	1%—2%	≥2%
占节目总数之比率	66.0%	18.5%	14.7%	0.8%	56.7%	20.8%	19.5%	3.0%

应该说上星频道晚间季播综艺节目是各类节目中收视率很高的节目，如果这类节目仍然是高收视率者少、低收视率者多，那么全国其他时段和类型节目收视率高者则更少。2013 年中国全天电视市场收视率超过 1% 的节目占播出量的 1.46%，66.23% 的节目收视率在 0—0.09%。在高收视率节目中，央视频道高收视栏目占全国上星频道高收视栏目播出总量的 88%，省级卫视仅占 12%。央视的高收视率栏目主要集中在综合、中文国际、综艺和新闻频道；省级卫视的高收视率栏目多集中在湖南、江苏、浙江、上海东方等强势频道[③]，具体数据如表 4-31 和表 4-32 所示：

---

① 2017 年新闻节目收视回顾 [EB/OL]. http://www.csm.com.cn/Content/2018/06-25/1551583189.html.[2018-08].
② 2017 年综艺节目收视分析 [EB/OL]. http://www.csm.com.cn/Content/2018/06-25/1511290158.html.[2018-08].
③ 陈若愚. 中国电视收视年鉴 2014 [R]. 北京：中国传媒大学出版社，2014：175.

表 4-31　2013 年中国上星频道栏目收视率分布情况①

收视率区间	全国上星频道		
	栏目期数合计	比例（%）	合计（%）
超过 2%	499	0.22	1.46
1.5%—1.99%	791	0.35	
1%—1.49%	2 019	0.89	
0.5—0.99%	7 940	3.50	32.32
0.1—0.49%	65 418	28.28	
0—0.09	150 336	66.23	66.23

表 4-32　2013 年高收视栏目频道分布

频　道		播 出 期 数	栏 目 个 数
央视频道	CCTV-1	1 226	14
	CCTV-4	994	4
	CCTV-13	364	8
	CCTV-3	326	16
	CCTV-10	2	1
省级卫星频道	湖南卫视	146	9
	江苏卫视	123	4
	浙江卫视	67	7
	东方卫视	48	7
	深圳卫视	8	4
	湖北卫视	2	1
	黑龙江卫视	1	1

　　如果说省级卫视节目中具备规模效应的高收视率栏目还比较少，那么地面频道尤其是市、县级频道的收视率和规模效应则更低。目前虽然缺乏当下总体频道栏目收视率分布具体数据，但可以推断当下高收视率节目应该是越来越少，低收视率节目越来越多。正如业内人士所评论，"十多年

① 陈若愚. 中国电视收视年鉴 2014［R］. 北京：中国传媒大学出版社，2014.

前（2007）定义'高收视率节目应该是收视率达到 4％（收视份额达到 10％）或更高的节目'；几年前大家还敢于把收视率大于 2％的节目锁定为高收视率节目，并且一年盘点下来也有不少硕果。但当下，这个高收视率节目的门槛大约已降到收视率为 1％了"。[①] 2017 年也是电视观众上网时间首次超过看电视时间（人均超出 5 分钟）的标志性年份，"互联网从而成为名副其实的第一媒介，这大概就是电视从此进入低收视率竞争时代的一个重大标志，互联网驱动的节目跨平台多渠道、碎片化的传播，正在加速电视低收视率竞争时代的到来"。[②] 从另一个角度来看，电视观众人均收视时间低于人均上网时间、电视高收视率门槛大大降低，这也是电视节目规模效应下降的显著标志。

第四节 中国互联网媒体规模绩效及其媒体融合启示

规模经济和范围经济之所以能够降低生产成本，其本质是因为某些生产要素能够以低成本乃至有时近乎为零的边际成本重复使用，互联网媒体因其传播技术特征可以打破时间、空间的限制，可以融通各种传统传播形态产品的生产与消费，还可以极为便利地融合各种信息内容之外的物质产品生产与消费，因此互联网媒体的规模效应可以达到比传统媒体更大的程度，为传媒生产和各种传统的传媒规制政策也带来了新的机遇与挑战。

互联网综合了许多种产业的生产与消费功能，如果把互联网作为一种媒体来分析，那么内容生产、信息传播、受众接受与互动属于其基本产业流程，恰恰是在这几个流程或者说环节中互联网媒体都有非常强的规模效应。首先是内容生产环节，数字技术打破了语音、文字、图片、声频、视频等各种媒体的生产边界，从而使这些媒体的内容和信息流可以在曾经互相隔离分立的传媒子行业生产中重复使用，这就是扩大传媒生产规模经济和范围经济的重大突破；其次是信息传播环节，无论是跨越各种传媒子行

---

① 郑维东. 中国电视进入低收视率竞争时代［EB/OL］. https：//news. znds. com/article/30982. html.［2018－08－21］.

② 郑维东. 电视进入低收视率竞争时代［EB/OL］. http：//www. csm. com. cn/Content/2018/06－25/1850382391. html.［2019－08－21］.

业产品终端的传播，还是跨越时间与历史、跨越地理空间的信息传播，互联网媒体具有传统媒体都有无可比拟的传播能力，传播的规模经济大大增强，在大数据、人工智能和物联网技术越来越发达的当下和未来，信息传播的范围和规模经济效应显然会达到前所未有的程度；最后是受众接收信息和进行互动的环节，在强大的传播技术支撑下，受众已经能够在很大程度上跨越时间和空间，在融合各种需求的层面综合使用传媒，受众参与传媒内容生产和内容消费的规模效应也得到大幅提高。

那么，作为专业从事传媒产品生产的互联网传媒机构是否可以充分运用这种传媒规模效应？或者说，中国的互联网传媒机构的规模效应达到了怎样的水平？中国的传媒规制是否有利于驱动传媒机构充分实现互联网的规模效应？这也是评价传媒规制的重要维度。尽管互联网作为一种技术已经在各种"传统"媒体得到应用，但是作为生产机构而言，中国的互联网媒体机构和"传统"媒体机构显然还是有重大区别，这也正是研究"互联网＋"时代和"媒体融合"时代传媒规制的重要性所在。

与报业、电视等传统媒体相比，中国互联网媒体的规模在世界同行业中的地位要高得多。按公司市值计算，中国最大互联网公司阿里巴巴曾经达到世界排名第三；按年收入统计，腾讯公司收入排名曾经达到世界第四。进入世界前列的中国互联网媒体数量也远远大于传统媒体。这一方面体现了互联网技术的差异，另一方面也是中国政府对传统媒体和互联网媒体不同传媒规制带来的结果。

一般来说，媒体经营规模越大，其经济效率往往越高。20世纪末世界各国放松规制大潮中，各国传媒规制往往放宽了对传媒规模的限制，利于传媒企业通过兼并重组、投资扩张来提升经营规模，提升国际竞争力。因为互联网媒体跨区域传播能力更强，网络经济效应更加显著——网络中的参与者越多则其价值越高，所以互联网传媒的规模效应比传统媒体更强，世界互联网媒体集中度比传统媒体更高，大型互联网媒体公司在市场上的重要性也更强。中国政府规制目标中，显然也包括了扩大传媒规模，从而提升其传播影响力和经济效益。中国传媒多数是以行政区域来划分市场范围，绝大多数传统媒体禁止非国有资本投资。但是中国互联网媒体从20世纪90年代出现开始，这种行政区域限制就基本不存在，传媒产权限制也宽松得多。中国互联网媒体和传统不同的相对规模和绝对规模，恰恰成为研究中国传媒规制绩效的重要佐证。

一、中国互联网收入规模

与中国报业、电视等传统媒体经营数据公开不足不同，中国互联网媒体经营数据，包括规模方面的数据相对而言要充分得多，上市公司年度报告、管理部门以及比较权威的第三方机构发布的数据来源均比较充分。因为各种发布机构的定义范围不尽相同，而互联网机构的业务范围恰恰广泛庞杂，本书将综合参照各种数据来分析中国互联网媒体的规模水平和特征，及其对中国传统媒体与新兴媒体融合发展的启示。

根据中国互联网协会和工信部信息中心发布的"2018 年中国互联网企业 100 强"数据，2017 年中国互联网百强企业的互联网业务总收入为 1.72 万亿元，互联网业务收入同比增长 50.6％，营业利润总额为 2 707.11 亿元，同比增长 82.6％。其中，阿里巴巴集团、腾讯公司、百度公司、京东集团、网易集团、新浪公司、搜狐公司、美团点评集团、360 公司和小米集团位居榜单前十名。榜单中 100 家互联网企业平均收入达到 172 亿元，平均利润 27.07 亿元，中国互联网企业的收入规模水平由此也可见一斑。百强互联网企业中有 83 家企业实现盈利，利润率超过 40％的企业达到 11 家，这也是互联网企业经济规模、研发能力和经营水平的综合体现。历史纵向比较，近五年来发布的"中国互联网百强企业"互联网业务收入总规模，从 2014 年度榜单的不足 4 000 亿元增长至 2018 年度榜单的 1.72 万亿元，扩张了 4.5 倍，其中信息消费增长贡献近 15％，[①] 由此可见，互联网企业一方面具有强烈的媒体特征、信息传播消费特征，同时因其强大的整合渗透能力而把业务范围扩张到多种产业领域，体现了强大的融合能力，这也是互联网媒体和传统媒体的根本差异之一。"中国互联网企业 100 强"的评比标准是企业规模、盈利、创新、成长性、影响力和社会责任六大维度的 8 类核心指标，显然企业规模是其中最重要的标准之一，但榜单并未公开发布每家上榜企业的具体收入规模。

权威新媒体咨询研究机构艾瑞咨询发布的中国互联网企业收入排行榜（和）数据（见表 4 - 33），可以作为观察具体中国互联网企业收入规模的重要参考：

---

① 2018 年中国互联网企业百强榜单揭晓［EB/OL］. http：//www. miit. gov. cn/n1146290/n1146402/n1146455/c6279591/content. html.［2018 - 08 - 11］.

表 4-33　2016 年中国互联网企业收入规模 Top40①

排名	公司	大行业	收入（亿元）	排名	公司	大行业	收入（亿元）
1	京东	新零售	2 602.0	21	跨境通	新零售	85.4
2	腾讯	文化娱乐	1 519.4	22	金山网络	文化娱乐	82.8
3	阿里巴巴	新零售	1 438.8	23	欢聚时代	文化娱乐	82.0
4	百度	搜索引擎	705.5	24	珠海银隆	交通出行	79.0
5	唯品会	新零售	565.9	25	58 同城	生活服务	75.9
6	苏宁易购	新零售	528.8	26	驴妈妈	在线旅游	72.5
7	蚂蚁金服	新金融	400.0	27	新浪	文化娱乐	71.5
8	小米商城	新零售	398.5	28	神州租车	交通出行	64.5
9	网易	文化娱乐	381.8	29	房天下	房地产	63.5
10	携程	在线旅游	197.9	30	聚美优品	新零售	62.8
11	美团点评	生活服务	195.0	31	完美世界	文化娱乐	61.6
12	国美互联网	新零售	182.1	32	今日头条	文化娱乐	60.0
13	陆金所	新金融	135.0	33	汽车之家	垂直媒体	59.6
14	华为商城	新零售	119.3	34	神州优车	交通出行	58.5
15	当当	新零售	117.0	35	易车网	垂直媒体	57.7
16	搜狐	文化娱乐	114.5	36	京东金融	新金融	55.0
17	爱奇艺	文化娱乐	112.8	37	三七互娱	文化娱乐	52.5
18	途牛	在线旅游	105.5	38	智明星通	文化娱乐	47.4
19	360 公司	搜索引擎	99.0	39	猎豹	工具	45.7
20	菜鸟网络	新零售	93.5	40	微博	社交	45.5

表 4-33 显示，2016 年中国互联网企业收入规模 Top40 企业收入在 45.5 亿元至 2 602 亿元之间不均衡分布，其经营的业务范围不仅包括文化娱乐和搜索引擎等内容信息传播业务——这类业务通常被认为是比较典型的"传媒"业务，也包括新零售、新金融、在线旅游、生活服务、交通出行等业务。其中在受众日常生活中影响颇大的新浪、微博、今日头条等

---

① 艾瑞咨询. 2016 年中国互联网企业收入 Top100 榜单重磅出炉 [EB/OL]. http：//news. iresearch. cn/content/2017/11/271414. shtml. [2018-08].

知名媒体在榜单中分别只排名第 27、第 32 和第 40，而许多新零售、新金融等互联网企业收入则在相对不长的时间内达到了很高的收入规模，如京东、蚂蚁金服、唯品会、小米商城、携程、美团点评等企业，这再次说明互联网传播技术具有强大的多元场景应用能力和规模经济潜力。当然，文化娱乐企业依然是艾瑞咨询所发布的完整 2016 年中国互联网企业收入规模 Top100 榜上数量最多的类型，超过总数的 1/3，这也说明互联网媒体市场需求巨大、规模效应很强。

　　世界传媒实验室对"互联网媒体"的定义比"互联网企业"的范围显然更窄，基于其数据我们可以放在世界范围内比较分析中国互联网媒体的收入、利润规模。"世界媒体 500 强"上榜互联网媒体收入规模从 1.96亿—257.61 亿美元，平均收入 45.02 亿美元；"世界媒体 500 强"中世界互联网媒体十强收入规模从 36.50 亿—894.60 亿美元不等，平均收入 186.63亿美元，其中有三家中国互联网媒体，分别是腾讯、百度和网易。这说明中国互联网媒体的规模水平在世界顶级互联网媒体阵营中占有比较重要的地位。具体信息见表 4 - 34 和表 4 - 35。

表 4 - 34　2017 年度"世界媒体 500 强"上榜中国互联网媒体①

榜单排名	公　司	营业收入 （亿美元）	净利润 （亿美元）
9	腾讯控股	257.61	70.27
26	百度公司	101.61	14.48
47	网易公司	54.99	16.72
142	搜狐公司	16.50	—2.19
246	新浪微博	6.32	1.08
322	东方财富网	3.39	—
332	新浪公司	3.13	0.19
351	芒果 TV	2.62	—
377	人民网	2.06	0.15
381	新华网	1.96	0.40
	平均值	45.02	—

---

① 数据来源：2017 年第五届世界媒体 500 强隆重揭晓［EB/OL］. http：//media.icxo. com/summit/2017media500/♯award. ［2019 - 08 - 20］.

表 4-35　2017 年度"世界媒体 500 强"世界互联网媒体 Top10[①]

榜单排名	公　司	营业收入 (亿美元)	净利润 (亿美元)
1	谷歌	894.60	194.78
8	脸书公司	276.38	102.17
9	腾讯控股	257.61	70.27
26	百度公司	101.61	14.48
28	奈飞公司	88.31	1.87
41	纳斯皮斯公司	60.69	—
47	网易公司	54.99	16.72
51	Aitaba 公司	51.69	−5.73
60	艺电公司	43.96	—
64	领英公司	36.50	
	平均值	186.63	

　　除了收入规模，公司市值也是反映企业规模以及投资者对该企业发展前景预期的一个重要指标，"互联网女皇"玛丽·米克尔 2018 年发布的权威互联网咨询报告《互联网女皇报告》数据显示，2018 年 5 月 29 日世界互联网公司市值 Top20 中有 9 家中国公司（见表 4-36），其中很多公司在 2013 年还名不见经传。由此可见，中国互联网公司（包括互联网媒体和应用互联网传播经营其他业务的公司）经营规模在世界同行中的总体地位仅次于美国公司。值得注意的是，这个 Top20 榜单中除了中国、美国公司竟然没有一家其他国家的公司，这恰恰说明互联网媒体具有特别强大的规模效应，并且这种规模效应往往只有在中国、美国这样拥有巨大需求的市场中才能充分发挥出来，当然，美国互联网公司不仅在其国内规模庞大，而且在世界范围内的市场占有、生产服务规模都极高，而中国互联网公司则打破传统行业的各种市场限制，充分应用中国的市场需求就已经使企业规模达到很高的程度，并且在世界同行的竞争力也在逐步增强。

---

　　① 2017 年第五届世界媒体 500 强隆重揭晓 [EB/OL]. http://media. icxo. com/summit/2017media500/♯award. [2019-08-21].

表 4-36 世界上市/私营互联网公司市值 Top20[①]

排名	公　　司	所在地区	市值（亿美元）	
			2013/5/29	（2018/5/29）
1	苹果	美国	4 180	9 240
2	亚马逊	美国	1 210	7 830
3	微软	美国	2 910	7 530
4	谷歌/Alphabet	美国	2 880	7 390
5	脸书	美国	560	5 380
6	阿里巴巴	中国	—	5 090
7	腾讯	中国	710	4 830
8	奈飞	美国	130	1 520
9	蚂蚁金服	中国	—	1 500
10	eBay＋PayPal	美国	710	1 330
11	BookingHoldings	美国	410	1 000
12	Salesforce. com	美国	250	940
13	百度	中国	340	840
14	小米	中国	—	750
15	优步	美国	—	720
16	滴滴出行	中国	—	560
17	京东公司	中国	—	520
18	Airbnb	美国	—	310
19	美团点评	中国	—	300
20	今日头条	中国	—	300
	总额		14 290	57 880

　　凭借广告获得收入是媒体机构的重要特征，也是通常意义上内容信息传播"媒体"最重要的收入来源，中国互联网媒体的广告收入规模在世界同行中排名也比较靠前。根据阳狮集团旗下的媒介咨询服务公司 Zenith 发布的 2017 年度《全球 30 大媒体所有者报告》数据，全球媒体广告收入 30 强中有三家中国媒体——百度、腾讯和中央电视台，分别排名第四、第十四和第二十。2016 年

　　① 2018 互联网趋势报告 [EB/OL]. http：//tech. qq. com/a/20180531/003593. htm # p=68. [2019-08-21].

全球广告前三位媒体 Alphabet（谷歌母公司）、脸书和康卡斯特的广告收入分别是 794 亿美元、269 亿美元和 129 亿美元，[①] 而根据《每日经济新闻》数据百度公司 2016 年的广告总收入折合人民币 645.25 亿元，[②] 与世界顶级媒体的广告收入规模差距不小。艾瑞咨询发布的互联网广告监测报告数据则显示，阿里巴巴（含大文娱）2016 年广告收入为 852.5 亿元、2017 年广告收入超过 1 000 亿元，已超越百度而位居中国媒体广告收入榜首。

二、中国互联网用户规模

尽管企业的规模经济和范围经济效应常用收入、利润等指标衡量，但规模经济和范围经济效应的产生显然还是源于生产、消费过程。因为互联网生产的产品类型多样因此生产标准也很多样，似乎只有用户规模和用户流量是共同的指标。根据中国互联网络信息中心发布的第 42 次《中国互联网络发展状况统计报告》数据，截至 2018 年 6 月 30 日，中国网民总规模为 8.02 亿，其中手机上网用户 7.88 亿；分具体互联网产品类型看，社交媒体性质的即时通信用户规模为 7.56 亿，新闻用户为 6.63 亿，其他各种互联网新兴应用产品也有很高地规模，其中网络购物用户规模为 5.69 亿，网络支付用户规模为 5.69 亿，网络直播用户规模为 4.25 亿，网上外卖用户规模为 3.64 亿，网约出租车用户规模为 3.46 亿，在线政务服务用户规模为 4.70 亿。

表 4 - 37　　中国网民各类互联网应用的使用规模
（2017 年 12 月—2018 年 6 月）[③]

应　　用	2017 年 12 月		2018 年 6 月		半年增长率
	用户规模（亿）	网民使用率	用户规模（亿）	网民使用率	
即时通信	7.20	93.3%	7.56	94.3%	4.9%
搜索引擎	6.40	82.8%	6.57	81.9%	2.7%
网络新闻	6.47	83.8%	6.62	82.7%	2.5%

①　谷歌与脸书称雄 2016 年广告市场［EB/OL］. http：//finance. sina. com. cn/stock/usstock/c/2017 - 05 - 02/doc-ifyetwsm1806910. shtml. ［2019 - 08 - 20］.

②　央视看了心酸，腾讯看了眼红，这家中国公司 1 年广告收入超 600 亿［EB/OL］. http：//finance. sina. com. cn/wm/2017 - 05 - 04/doc-ifyexxhw2202671. shtml? source = cj&dv=2. ［2019 -08 - 20］.

③　中国互联网络发展状况统计报告（第 42 次）［EB/OL］. http：//www. cnnic. net. cn/hlwfzyj/hlwxzbg/hlwtjbg/201808/t20180820 _ 70488. htm. ［2018 - 08 - 12］.

续表

应　　用	2017 年 12 月		2018 年 6 月		半年增长率
	用户规模（亿）	网民使用率	用户规模（亿）	网民使用率	
网络视频	5.79	75.0％	6.09	76.0％	5.2％
网络音乐	5.48	71.0％	5.55	69.2％	1.2％
网上支付	5.31	68.8％	5.69	71.0％	7.1％
网络购物	5.33	69.1％	5.69	71.0％	6.7％
网络游戏	4.42	57.2％	4.86	60.6％	9.9％
网上银行	3.99	51.7％	4.17	52.0％	4.5％
网络文学	3.78	48.9％	4.06	50.6％	7.5％
旅行预定	3.76	48.7％	3.93	49.0％	4.5％
电子邮件	2.84	36.8％	3.06	38.1％	7.5％
互联网理财	1.29	16.7％	1.69	21.0％	30.9％
微博	3.16	40.9％	3.37	42.1％	6.8％
地图查询	4.92	63.8％	5.24	65.4％	6.4％
网上订外卖	3.43	44.5％	3.64	45.4％	6.0％
在线教育	1.55	20.1％	1.72	21.4％	10.7％
网约出租车	2.87	37.1％	3.46	43.2％	20.8％
网约专车或快车	2.36	30.6％	2.99	37.3％	26.5％
网络直播	4.22	54.7％	4.25	53.0％	0.7％
共享单车	2.21	28.6％	2.45	30.6％	11.0％

从表 4-37 数据来看，截至 2018 年 6 月底中国已经有 20 多种互联网产品的用户总规模在 1.69 亿人以上，其中即时通信、网络新闻、网络视频等应用规模在 5 亿以上，并且半年以来各种互联网应用的规模还在持续增长，有的应用还增长非常快，例如互联网理财、网约车用户规模半年增长在 20％以上。这说明，中国互联网市场规模的确非常大并且还有进一步增长的空间，这正是互联网机构扩大生产规模、提升规模效应的基础。2018 年 7 月中国互联网 PC 和移动端产品具体的用户规模 Top20 情况，则如表 4-38 所示：

表 4 - 38　2018 年 7 月中国 PC 与移动互联网产品用户覆盖 Top20[①]

排　名	PC 端		移　动　端	
	网　　页	月度覆盖人数（亿）	App	月度覆盖人数（亿）
1	百度-网页搜索	4.04	微信	10.60
2	淘宝网- C2C 平台	3.15	QQ	6.82
3	百度-其他	3.14	腾讯视频	6.35
4	奇虎 360 -网页搜索	2.75	爱奇艺	6.03
5	百度-知识搜索	2.73	手机淘宝	5.93
6	腾讯-电子邮箱	2.72	搜狗输入法	5.55
7	爱奇艺-宽频影视	2.52	支付宝	5.34
8	天猫- B2C 商城	2.42	新浪微博	5.29
9	优酷-综合视频	2.40	优酷	5.21
10	腾讯-综合视频	2.39	百度	4.49
11	百度-百科搜索	2.17	高德地图	4.49
12	百度-媒体首页	2.16	QQ 浏览器	4.14
13	百度-社区	2.04	百度输入法	3.77
14	新浪微博-微博	1.87	360 手机卫士	3.76
15	东方网-新闻门户	1.85	百度地图	3.74
16	新浪-博客	1.84	WiFi 万能钥匙	3.67
17	奇虎 360 -安全中心	1.83	腾讯手机管家	3.47
18	腾讯-其他	1.82	酷狗音乐	3.07
19	腾讯-手机娱乐	1.75	UC 浏览器	3.06
20	腾讯- SNS 服务	1.61	QQ 音乐	2.94

　　表 4 - 38 显示了中国互联网产品覆盖人数 Top20 的情况。从另一个角度看，这也是相应互联网企业特定产品生产、消费的规模水平，显示了互联网产品极强的规模经济、范围经济效应。2018 年 7 月中国市场 PC 端覆

---

　　① 艾瑞指数，http：//data. iresearch. com. cn/iRIndex. shtml. [2018 - 09 - 02].

盖人数前 20 的互联网产品覆盖规模都在 1.61 亿人以上，其中规模最大的百度网页搜索覆盖人数达到 4.04 亿人；移动端覆盖人数前 20 的互联网产品覆盖规模在 2.94 亿人以上，其中覆盖人数最多的互联网产品——微信的覆盖规模更是超过 10 亿人，规模效应非常显著。但为什么即时通信产品的规模效应又尤其高呢？这是因为通信产品不仅具有一般的产量扩大、平均成本降低的特征，它还具有网络效应，即某一网络系统的用户越多，则每个用户都因可以联系更多的用户而获得更大的收益。从表 4-29 我们还不难看出，无论是 PC 端还是移动端互联网产品，Top20 榜单中有许多都是属于腾讯、百度公司，也有不少属于阿里巴巴公司，这说明这些互联网产品也有很强的范围经济效应，即不同的产品由同一家企业生产可以降低成本、充分利用某些生产要素。

三、"新""旧"媒体规模比较及其媒体融合启示

（一）中国互联网媒体与传统媒体规模比较

前文从收入和生产消费指标实证分析了中国报业、电视和互联网媒体规模概况，其中表 4-7 和 4-8 展示了 2017 年度榜单中国前列报业机构和世界前列报业机构的收入规模，表 4-17 和 4-18 展示了 2017 年度、2014 年度榜单中国前列电视机构和世界前列电视机构的收入规模，表 4-34 和表 4-35 展示了 2017 年度中国前列互联网媒体和世界前列互联网媒体的收入规模。通过传播广告获取收入是媒体机构重要特征，表 4-39 集中比较了中国互联网媒体和报业、电视机构的广告收入规模和国际同行排名前列机构数量情况：

从表 4-39 看，绝对规模上 2015 年我国互联网媒体行业广告收入超出电视广告约 1 000 亿元。但考虑到互联网广告是 2014 年才第一次超过电视广告，可见其增长之快、与电视广告收入差距扩大速度之快。单家传媒机构广告收入规模上，Top4 互联网媒体均超过 Top 电视媒体，尤其是 Top1 和 Top2 超越的幅度尤其巨大。和行业情况类似，Top1 的百度广告收入也是 2013 年才首次小幅超过央视，但之后两年百度广告收入已经超过央视两倍。报纸媒体的广告收入规模则更低，2014 年即便是上海、浙江这样的发达经济地区报业集团广告收入也不超过 10 亿元。应该说，这种传媒机构广告收入规模差距既是媒体技术规模效应的差距，也反映了不同传媒规制的效果。

表 4-39　2015 年、2014 年我国互联网媒体与电视、报纸部分规模指标比较①

	2015 年			2014 年		
	互联网媒体（亿元）	电视媒体（亿元）	报纸媒体（亿元）	互联网媒体（亿元）	电视媒体（亿元）	报纸媒体（亿元）
行业广告经营额	2 136.4	1 146.69	501.12	1 540	1 278.79	339.77
TOP 4 企业广告收入	641.09（百度）	—	—	490.4	272.00（央视）	35.05（深圳）
	443.27（阿里）	—	—	375.1	83.30（湖南）	11.42（重庆）
	162.13（腾讯）	—	—	80.0	54.44（上海）	9.57（浙江）
	84.43（搜狐）	—	—	62.2	48.70（浙江）	9.24（上海）
规模世界同行排名前列企业数量	Top 20　6	0	0	5	0	0
	Top 50　—	0	0	—	1	0
	Top 100　—	3	0	—	2	0

如果说绝对收入规模与技术类型差异有关，那么国际同行相对规模地位则更显著地体现了规制的影响。从互联网媒体和电视媒体在世界同行的规模相对地位来看，2015 年世界互联网领袖机构 Top20 中中国公司占 6 席，2014 年有 5 席，2018 年度更是有 9 席。与此同时，2014 年、2015 年世界传媒 500 强榜单中前 20 名均无中国电视机构，2014 年曾以 49.02 亿美元收入规模排名世界第 49 名的中央电视台，2015 年排名也跌至 53 名。值得注意的是，国内市场很小的卢森堡 RTL 集团收入为 81.03 美元，同处发展中国家的巴西环球电视同期收入为 61.95 亿美元，墨西哥 Televisa 公司为 56.45 亿美元。在世界前列的报业机构中更是从未出现过中国报业机构的身影。同行比较中媒体技术属于常量，所以经济规模上的显著差异则有

---

①　数据来源：作者自行整理，其中原始数据分布来源于：崔保国．中国传媒产业发展报告（2016）[R]．北京：社会科学文献出版社，2016；2014 年中国媒体单位广告营业额前 100 名名单 http：//www．cnadtop．com/tongji．html．[2016-08-06]；Mary Meeker．2016 互联网趋势报告 [EB/OL]．http：//mt．sohu．com/20160605/n453011915．shtml．[2017-08-06]；2017 年第五届世界媒体 500 强隆重揭晓 [EB/OL]．http：//media．icxo．com/summit/2017media500/#review．[2017-08-06]．

力地说明了规制变量所发挥的作用。综上，可以推断在特定的规制条件下中国互联网媒体比中国电视媒体更好地发挥了自身技术条件、国内宏观经济条件，更好地发挥了规模经济和范围经济效应。

总之，本章各种有关中国传媒收入和生产消费规模的实证数据分析表明，在中国巨大的传媒市场需求和持续较快增长的宏观经济背景下，中国传媒产业及其子行业的总体规模不断增长，和世界其他国家横向比较中国传媒总体规模也和中国整体经济地位相称。但是，论及具体的中国传媒机构（企业或事业单位）规模时，报业、电视媒体机构规模进入世界同行前列者很少，而互联网媒体机构却在世界同行前列中占有较多席位、充分发挥了中国传媒市场需求巨大的优势。

(二)中国互联网媒体与传统媒体规模差异对"媒体融合"的启示

为什么中国互联网媒体机构的绝对规模和国际相对规模都大大高于中国报业、电视机构？应该说，一方面是因为技术差异导致互联网、报业、电视媒体规模经济和范围经济特征的确存在差异；另一方面则是因为不同媒体的政府规制差异导致传媒市场壁垒、竞争格局及并购结构等因素的差异，从而导致企业规模差异。从另一个角度看，传统媒体和互联网媒体的规模差异也是一个与"媒体融合发展"高度相关的问题，因为"融合"往往才能带来充分的规模经济和范围经济，传统媒体绝对规模和相对规模未得到充分发展，往往也意味着"媒体融合"未得到充分发展。

之所以传媒技术影响传媒机构的规模，是因为互联网媒体传媒技术特征也意味着它产品的类型数量、成本结构与报业和电视等传统媒体存在很大差异，这就导致互联网媒体的规模经济和范围经济大大高于传统媒体，这正是互联网媒体规模效应的科技基础。前文所列举的中国互联网产品应用类型、消费者规模，研发投入力度，投资涉及的范围，都说明互联网媒体技术上可以和许多种产品（服务）融合，同一种产品（服务）也可以通过科学技术创新进一步降低成本并扩大生产规模，所以互联网媒体往往可以充分利用规模经济和范围经济来把自身的生产经营做到极大的规模，也可以充分实现媒体和各种产品（服务）真正融合发展。相比而言，报业、电视等传统媒体提供的产品（服务）则单调得多，除了报纸、电视节目之外很少有其他产品（服务）可以达到大规模生产水平，盈利模式也主要倚重广告收入（报纸发行收入也比较大，但往往是亏损发行以获取最大的广告收入）。

　　之所以规制也影响传媒机构规模，是因为中国政府对互联网媒体更为宽松的准入、所有权、竞争、并购和内容等规制，为中国互联网媒体提高规模效应提供了更加优越的政策条件。本书第三章分析互联网媒体市场集中度变迁的成因时，就论及中国互联网媒体宽松的准入壁垒带来活跃的投资、充分的竞争和并购，这显然有利于互联网媒体获得充分的社会资本投入和生产资源，也利于在较为充分的竞争中倒逼互联网媒体提高自身的生产效率、创新效率；本书第四章还介绍了中国互联网媒体在全国乃至全球市场的定价行为、研发创新行为、并购行为，显然互联网媒体这些相对传统媒体更为有效的市场经营行为是在特定的准入规制、所有权规制、内容规制条件下产生的，从而又对中国互联网媒体的生产和收入规模产生直接影响。同样，第三章分析报业和电视媒体市场结构特征、市场集中度变迁成因时，也分析了报业和电视作为国有媒体在市场范围、经营行为、政府干预方面的特征，尤其是行政区域垄断的市场分割限制了规模提升；传统媒体经营的互联网新兴媒体虽然不受行政区域限制，但是因产权激励等原因而在经营规模上鲜有大作为，即便获得一定规模的传播影响力也有"叫好不叫座"的缺憾，很难把旗下的新媒体影响力变现为收入。

　　媒体规模和"媒体融合"显然高度关联。"媒体融合"的指标不仅包括内容、渠道、平台融合，还应该包括传媒产品融合、组织机构融合等重要的标准，从这个意义上看，中国传统媒体和互联网媒体的差异或者说差距不仅在于生产规模，而且在于利用先进传媒技术来生产符合市场需求的"融合产品"的效率，更在于充分利用市场机制在不同机构之间配置资源和优胜劣汰、整合重组有效的"融合传媒机构"的效率。所以，从"媒体融合"的角度看，互联网媒体生产和收入规模大、产品（服务）类型广也是媒体机构"融合发展"的规模大、范围大、效率高的表现；反之，报业、电视等传统媒体收入规模相对小、产品（服务）类型窄也是"媒体融合发展"规模小、范围窄、效率低的表现。应该说，当今世界收入规模和影响力巨大的互联网企业不仅仅通过生产信息、内容产品和服务，而是通过互联网信息传播技术为基础，更加高效、精准、大规模地融合物质产品和服务的生产流通，从而使"融合发展"的内涵得到极大拓展，传媒生产"规模"和"融合"的互相依存程度也越来越高。

　　虽然"媒体融合"必须基于传播技术创新，但是仅有技术创新又远远不够，传媒机构对传播技术的应用行为往往受到规制政策的重大影响。各种新兴传播技术在中国传统媒体机构也得到了广泛的应用，但是本书前两章研究显示，报业、电视等传统国有媒体在特定传媒规制下形成了特定的准入退出壁垒、竞争格局以及效率较低的市场行为，这才是影响中国传统媒体机构"融合发展"和传媒规模效应的关键所在。

第五章
中国传媒产出绩效
及其规制归因

　　在一定的传媒技术、生产要素、市场需求等条件下，在特定的政府规制对传媒机构的激励与约束下，传媒产品得以发展。政府通过法规、补贴等手段介入媒介市场运行，目的在于弥补市场功能之不足、达成社会目标。[①] 从根本上说，生产符合社会需求、符合政府政策目标的传媒产品，才是政府传媒规制的根本目的，所以最终评价规制绩效，也要把传媒产品产出作为基本指标。前文论述了具体传媒机构的规模效应水平以及政府规制对规模效应的影响，本章则从传媒全行业产出的角度分析中国传媒产出绩效。

　　在世界传媒实践中，传媒机构经常被分为公共传媒、商业传媒两大类型，传媒产品也经常被分类为公共传媒产品、传媒商品。一般而言，公共媒体或公益事业媒体是指为了社会"公共利益"而生产的媒体，生产内容主要包括政治、文化、教育等与公共利益密切相关的传媒产品；商业媒体则指商业机构在不违背公共利益前提下为所有者利益而生产的媒体，传媒内容主要包括娱乐、信息等个人消费为主的传媒产品。当然，不同国家、地区在不同时期对公共利益的理解也有所不同。从一定意义上说，理解公共利益的定义是理解传媒规制的关键。在中国，传媒机构被分为媒体事业单位、国有传媒企业、民营传媒企业、外资传媒企业等类型，传媒产品通常也被分为非经营性产品和可经营性产品。显然，这种分类意味着不同的传媒所有权规制、内容规制和更多具体的市场行为规制。我国传媒规制对不同产权性质的传媒机构准入退出壁垒和

---

① 罗伯特·皮卡德. 媒介经济学 [M]. 冯建三，译. 台北：台湾远流出版公司，1994：153.

市场经营行为采取了不同的规制，其目的正是为了调控不同的传媒产品产生。

作为承载多种社会功能和政策目标的传媒产业，准确量化评价其产出绩效也是一件非常复杂的任务。西方国家发展传媒产业主要是作为私人企业的传媒机构的事，学术界和政府更加侧重传媒的公共价值，讨论传媒规制目标时通常以民主价值作为衡量标准，[1] 传媒学术界甚至经常为了全社会的公共利益而以批评、制衡私人传媒企业为己任。但是我国传媒的产业功能、公共价值则同时集中于媒体特别是国有媒体机构，以公共价值为己任的政府和学术界更多也不是处于传媒机构的对立面。政府承担着对传媒产业进行监督指导、协调管理、鼓励支持乃至于直接控制生产的综合功能，我国的传媒产业学术研究似乎也自觉地研究着传媒双重功能下的产业发展理论。因此，评价传媒产出的指标就必须兼顾传媒的双重功能，评价我国传媒产出绩效，就应该评价我国传媒公共产品和传媒商品产出。本书拟定的传媒公共产品产出绩效指标包括：公共政策与主流舆论传播产品产出，公众意见表达与舆论监督产品产出，公益文教传播产品产出；评价传媒经济规制绩效、传媒商品产出毫无疑问是一项重要指标，现实中它甚至是最重要的指标。传媒商品产出具体指标常见的包括：传媒商品产值、产量及其增长率等。

第一节　中国报纸媒体产出

报纸是世界上历史最悠久的大众传媒产品，也曾是中国党政部门最重要的宣传喉舌，至今仍在中国舆论宣传、信息传播中拥有着"定海神针"般的权威地位。改革开放以来，在国民经济持续较快增长、市场需求旺盛的背景下，中国报业产出经历了快速增长的时期，但是在电视媒体普及率提高后报纸影响力开始受到冲击，而在互联网媒体达到一定的普及程度后报纸影响力和产出水平开始持续"断崖式下滑"，《中国传媒产业发展报告》基于中国报纸"广告和发行量双双折戟"的形势，判断"报业步入衰退期已难挽颓势"。[2] 本书以下将从报业总产出、报业公共

---

① Mike Feintuch，Mike Varney. *Media Regulation*，*Public Interest and the Law*. Edinburgh University Press，2006，p7.

② 崔保国. 中国传媒产业发展报告（2015）[R]. 北京：社会科学文献出版社，2015：10.

产品产出和报纸商品产出这几个方面，概述中国报业当下产出和历史产出变迁趋势。

一、中国报业总体产出绩效

（一）报业产出概况

2018年中国共出版报纸1871种，总印数337.3亿份，[①] 报纸种数和总印数同比分别下降0.69％和6.95％。2017年中国共出版报纸1 884种，总印数为362.50亿份，平均期印数1.87亿份，总印张1 076.24亿印张，定价总金额398.85亿元；与上年相比，报纸种数下降0.53％，总印数下降7.07％，平均期印数下降4.23％，总印张下降15.07％，定价总金额下降2.29％。[②] 这组数据大致体现了最新中国报业产出的基本状况。另外，不同的报纸产品印刷产出也有很大差异，中国的统计口径中，通常将报纸按照行政级别分为全国性、省级、地市级和县级报纸；还常按报纸的内容将报纸分为综合报纸、专业报纸等。本书第四章的统计显示，2017年我国生产印刷了全国性报纸215种，总印数为78.14亿份；生产印刷了省级报纸766种，总印数为166.69亿份；2017年我国共生产印刷地市级报纸884种，总印数为116.87亿份；生产印刷县级报纸19种，总印数为0.80亿份。生产印刷了综合类报纸852种，总印数为229.05亿份；生产印刷了专业类报纸693种，总印数103.38亿份。

中国各个区域之间的报纸产出水平差异也很大，总体来说区域人口数量和经济发展水平是影响报纸产出的重要因素，2016年广东、山东、江苏、浙江等省份的报纸印数都在20亿份以上，山西则因专业类报纸印数高也带动了整体印数超过了20亿份，人口大省河南、四川的报纸总印数也在15亿份以上，全国各省级区域具体报纸产出情况见表5-1。

---

① 文化事业繁荣兴盛 文化产业快速发展——新中国成立70周年经济社会发展成就系列报告之八 [EB/OL]. http：//www. gov. cn/xinwen/2019－07/25/content _ 5415076. htm. ［2019－08－21］.

② 2017 年全国新闻出版业基本情况 ［EB/OL］. http：//data. chinaxwcb. com/epaper2018/epaper/d6807/d2b/201808/89938. html ［2018－09－05］.

表 5 - 1　2016 年中国省级区域报纸出版情况①

	数　量（种）	总印数（亿份）	总印张（亿印张）	总金额（亿元）
全国总计	1 894	390.07	1 267.27	408.20
中央	217	78.76	2 253.87	89.26
地方	1 677	311.302	10 418.83	318.94
北京	35	7.23	339.44	7.55
天津	24	4.93	167.39	4.93
河北	64	12.82	284.96	12.17
山西	60	20.16	201.56	19.61
内蒙古	58	3.02	69.18	2.98
辽宁	68	10.39	380.84	7.61
吉林	51	7.89	204.63	10.21
黑龙江	68	6.24	145.57	6.01
上海	70	10.04	456.72	11.25
江苏	81	23.25	813.11	22.39
浙江	67	26.12	961.73	23.36
安徽	51	7.95	201.26	7.457
福建	42	9.06	341.53	9.56
江西	41	10.74	227.89	10.18
山东	87	26.20	1 198.62	23.61
河南	77	19.21	494.98	20.37
湖北	73	12.21	347.96	13.60
湖南	48	9.84	282.98	9.47
广东	99	29.88	1 659.58	44.25
广西	53	6.43	173.89	6.03

---

① 国家新闻出版广电总局规范发展司.2017 中国新闻出版统计资料汇编［M］.北京：中国书籍出版社，2017：117.

	数　量 （种）	总印数 （亿份）	总印张 （亿印张）	总金额 （亿元）
海南	14	2.15	69.43	2.36
重庆	27	4.40	191.71	5.03
四川	85	15.28	515.73	15.84
贵州	30	3.02	82.22	2.85
云南	42	4.01	101.21	3.71
西藏	25	0.79	20.50	0.58
陕西	43	5.73	163.27	5.59
甘肃	50	5.02	103.79	4.25
青海	26	0.96	31.31	0.68
宁夏	14	1.04	2.32	1.15
新疆	85	4.61	148.08	3.63

（二）改革开放以来的产出变化

改革开放以来，中国报纸生产发行总量、定价总金额持续增长，报纸种数则几经波动。我国报纸总印数，从 1978 年的 127.8 亿份总体增长（其中 1989 年等年份出现回落）到 2013 年的 482.41 亿份，然后逐渐降至 2017 年的 362.50 亿份；总印张从 1978 年的 113.5 亿印张总体增长到 2011 年的 2 271.99 亿印张。报纸发行定价总金额也逐年增长，2004 年为 252.66 亿元，2014 年增长到 443.66 亿元。折合用纸量的峰值则出现在 2011 年，全年折合用纸 522.56 万吨。报纸种数则在 1996 年达到峰值 2 163 种，之后经过几年递减，2000 年报纸种数重新递增，并于 2002 年重新达到 2 137 的高值，但从 2003 年以后又重新下降，之后报纸种数虽然偶有升降，但总体趋势还是呈下降态势。

表 5-2 数据反映了改革开放以来我国报纸总产出随着国民经济增长而快速增长的基本情况，也体现了近年来因为新媒体冲击导致的传统报纸市场需求下降的趋势，并可以看出 1989 年等年份政府规制调控报业的产出影响。中国报业产出这种趋势和世界报业产出趋势相同，过去五年中全球报纸订阅数及收入双降，未来随着互联网的发展将会给报纸带来更大压力。[①]

----

① 崔保国. 中国传媒产业发展报告（2018）［R］. 北京：社会科学文献出版社，2018：328.

表 5 - 2　中国报纸种数、印数、印张等产出概况（1978—2017 年）①

年份	数量（种）	种数增长率	总印数（亿份）	总印数增长率	总印张（亿印张）	定价总金额（亿元）	折合用纸量（万吨）
1978	186	—	127.8	—	113.5	—	—
1980	188	—	140.4	—	141.7	—	—
1982	277	—	140.0	—	129.1	—	—
1984	458	—	180.8	—	162.3	—	—
1985	1 445	215.5%	246.8	36.5%	202.8	—	—
1986	1 574	8.93%	242.7	−1.66%	203.5	—	—
1987	1 611	2.35%	264.5	8.98%	223.6	—	—
1988	1 537	−0.59%	267.8	1.25%	231.3	—	—
1989	1 576	2.54%	207.0	−2.27%	231.3	—	—
1990	1 444	−8.38%	211.3	2.08%	182.8	—	—
1991	1 524	5.54%	236.5	11.93%	205.8	—	—
1992	1 657	8.73%	257.9	9.05%	238.8	—	—
1993	1 788	7.91%	263.3	2.09%	287.1	—	—
1994	1 953	9.23%	253.2	−3.84%	310.8	—	—
1995	2 089	6.96%	263.3	3.99%	359.6	—	—
1996	2 163	3.54%	274.3	4.18%	392.4	—	—
1997	2 149	−0.65%	287.6	4.85%	459.8	—	—
1998	2 053	−4.47%	300.4	4.45%	540.0	—	—
1999	2 038	−0.73%	318.4	5.99%	636.7	—	—
2000	2 007	−1.52%	329.29	3.42%	799.83	—	183.96
2001	2 111	5.18%	351.06	6.61%	938.96	—	215.96
2002	2 137	1.23%	367.83	4.78%	1 067.38	—	245.51

① 数据来源：2000—2017 年数据来自国家新闻出版广电总局官网；1978—1999 年数据来自《中国统计年鉴（2001）》，转引自金碚. 报业经济学［M］. 北京：经济管理出版社，2002：104.

续表

年份	数量（种）	种数增长率	总印数（亿份）	总印数增长率	总印张（亿印张）	定价总金额（亿元）	折合用纸量（万吨）
2003	2 119	−0.84%	383.12	4.16%	1 235.59	—	284.18
2004	1 922	−9.29%	402.4	5.03%	1 524.8	252.66	350.7
2005	1 931	0.47%	412.6	2.53%	1 613.14	261.02	379.09
2006	1 938	0.36%	424.52	2.89%	1 658.94	276.09	381.56
2007	1 938	0	437.99	3.17%	1 700.76	306.53	391.17
2008	1 943	0.2%	442.92	1.13%	1 930.55	317.96	444.03
2009	1 937	−0.3%	439.11	−0.86%	1 969.40	351.72	452.96
2010	1 939	0.10%	452.14	2.97%	2 148.03	367.67	494.05
2011	1 928	−0.57%	467.43	3.38%	2 271.99	400.44	522.56
2012	1 918	−0.52%	482.26	3.17%	2 211.00	434.39	508.53
2013	1 915	−0.15%	482.41	约0	2 097.84	440.36	482.41
2014	1 912	−0.16%	463.90	−3.84%	1 922.30	443.66	442.13
2015	1 906	−0.31%	430.09	−7.29%	1 554.93	434.25	357.64
2016	1 894	−0.63%	390.07	−9.31%	1 267.27	408.20	291.48
2017	1 884	−0.53%	362.50	−7.07%	1 076.24	398.85	—

二、报纸公共产品产出情况

根据报纸产品的社会公共价值和商业经济价值，本书大致将中国报纸产品分为报纸公共产品和报纸商品，并从党报印刷发行数量、党报文章转载数量这两个可量化的指标来实证评价中国报纸公共政策传播绩效，也从批评报道内容生产方面来评价中国报业公众意见表达方面的绩效——这也是公共产品和公共价值的重要内容。之所以将党报作为报纸公共产品的主要指标，是因为中国共产党作为执政党的党报具有非常强烈的公共政策传播功能，对全社会的公共利益构成重大影响。党报在组织机构上也和其他报纸有明确区分，我国省级以上的中国共产党委员会都有机关党报，地、市级党委绝大多数也有党报。中国其他报纸也不同程度地承担了政策传播任务，但不如党报典型。

　　中国地市级以上行政区域多数办有党报，作为本级党委和政府公共政策的宣传喉舌。人民网研究院在研究全国党报融合发展指数时共考察了 377 家党报，其中包括中央级报纸 12 家、省级党报 33 家、地市级党报 332 家。全部党报发行量均值是 13 万份，其中《人民日报》《广州日报》《人民日报·海外版》《光明日报》《南方日报》5 家报纸发行量超过百万。[①]因为很多报业机构都将发行量看作商业秘密不公开，也常有虚报发行量现象，所以本书将《中国新闻年鉴》发布的报纸印刷生产量作为报纸产出的重要指标，2015 年和 2013 年中国部分党报印数概况见表 5－3。

表 5－3　2015 年、2013 年我国部分党报平均期印数[②]

报 纸 名 称	2015 年		2013 年	
	平均期印数（万份）	总印数（亿份）	平均期印数（万份）	总印数（亿份）
《人民日报》	333.42	12.17	314.32	11.47
《光明日报》	73.03	2.67	65.73	2.39
《北京日报》	27.09	0.99	29.85	1.09
《天津日报》	31.20	1.14	31.20	—
《河北日报》	33.90	1.22	33.00	1.20
《山西日报》	18.98	0.69	18.92	0.69
《辽宁日报》	17.33	0.63	18.88	0.69
《黑龙江日报》	15.13	0.53	12.38	0.43
《解放日报》	39.37	1.44	31.57	1.15
《浙江日报》	40.82	1.49	40.78	1.49
《江西日报》	23.22	0.85	22.01	0.80
《大众日报》	43.00	1.57	42.00	1.53

---

　　① 人民网副总裁宋丽云发布《2018 全国党报融合传播指数报告》[EB/OL]. http：//media. people. com. cn/n1/2018/0620/c40606－30067763. html. [2018－8].

　　② 数据来源：《中国新闻年鉴（2016）》《中国新闻年鉴（2014）》。

报 纸 名 称	2015 年		2013 年	
	平均期印数 （万份）	总印数 （亿份）	平均期印数 （万份）	总印数 （亿份）
《新华日报》	40.95	1.47	37.40	1.35
《河南日报》	54.05	1.92	53.69	1.89
《湖北日报》	43.97	1.60	56.11	2.05
《湖南日报》	34.30	1.25	34.13	1.25
《南方日报》	96.80	3.53	74.20	2.71
《四川日报》	33.83	1.23	31.82	1.16
《贵州日报》	16.38	0.59	15.73	0.57
《甘肃日报》	14.80	0.54	14.59	0.53

党报作为公共政策传播产品的功能不仅体现于纸质报，还体现于党报和党报网站被转载的传播，以及党报文章在微信、微博等第三方平台的阅读传播。2018 年 1 至 5 月我国党报、党报网站被转载情况见表 5-4。

表 5-4　党报、党报网站被转载情况（2018 年 1—5 月）①

	党 报 报 纸		党 报 网 站	
	日均被转载 篇次均值	报道平均 被转载次数	日均被转 载篇次均值	原创报道平均 被转载次数
全 部	622	13	189	14
中央级	889	20	2 062	15
省 级	1 029	15	490	17
地市级	454	10	68	11

在具体党报的文章转载数量方面，《人民日报》等报纸转载量较高。2015 年 4 月，全国五大区域党报网络总转载量为 21.5 万篇，其中华北地区总转载量高于其他区域，其转载量为 5.8 万。全国党报网络转载量排名前四名仍是《人民日报》《北京日报》《南方日报》和《天津日报》，《中

---

① 宋丽云.2018 全国党报融合传播指数报告［EB/OL］. http：//media. people. com. cn/n1/2018/0620/c40606－30067763. html.［2018－08］.

国青年报》较 3 月份有明显变化，排在第五名。此外，《南京日报》《嘉兴日报》和《贵阳日报》的排名均有不同程度的上升（见表 5-5）。[①]

表 5-5　2015 年 4 月我国党报网络转载量[②]

排名	报　　纸	转载量	排名	报　　纸	转载量
1	《人民日报》	11 189	16	《江西日报》	1 570
2	《北京日报》	8 010	17	《河南日报》	1 375
3	《南方日报》	4 785	18	《大连日报》	1 334
4	《天津日报》	4 469	19	《海南》	1 031
5	《中国青年报》	3 821	20	《广西日报》	1 012
6	《光明日报》	3 586	21	《贵州日报》	909
7	《中国日报》	3 074	22	《吉林日报》	880
8	《沈阳日报》	2 608	23	《法制日报》	855
9	《经济日报》	2 265	24	《四川日报》	840
10	《解放日报》	2 106	25	《福建日报》	775
11	《湖北日报》	1 879	26	《内蒙古日报》	732
12	《山西日报》	1 755	27	《长江日报》	521
13	《新华日报》	1 751	28	《河北日报》	448
14	《辽宁日报》	1 678	29	《南京日报》	445
15	《浙江日报》	1 571	30	《宁夏日报》	444

网络媒体转载的党报新闻中，不同类别新闻被转载数量也有所差异（见图 5-1）。2015 年 3 月网络转载党报的国内新闻有 2.49 万篇，与 2 月份相比上涨了 23.12%，被转载量居前三名的仍是《人民日报》《光明日报》和《中国青年报》。2015 年 3 月网络转载的社会新闻有 2.46 万篇，转载的国际新闻、财经新闻分别有 0.63 万篇、0.49 万篇。其中，社会新闻被转载数量居前三名的是《南方日报》《北京日报》和《湖北日报》。[③]

---

　　① 数据来源：世纪华文 MBR 报纸网络传播影响力研究系统［EB/OL］. http：//www. chinesebk. com/Article/huawen/pinpai/201505/18761. html.［2016-08］.

　　② 数据来源：世纪华文 MBR 报纸网络传播影响力研究系统［EB/OL］. http：//www. chinesebk. com/Article/huawen/pinpai/201505/18761. html.［2016-08］.

　　③ 数据来源：世纪华文，http：//www. chinesebk. com/Article/huawen/pinpai/201504/18752. html.［2016-08］.

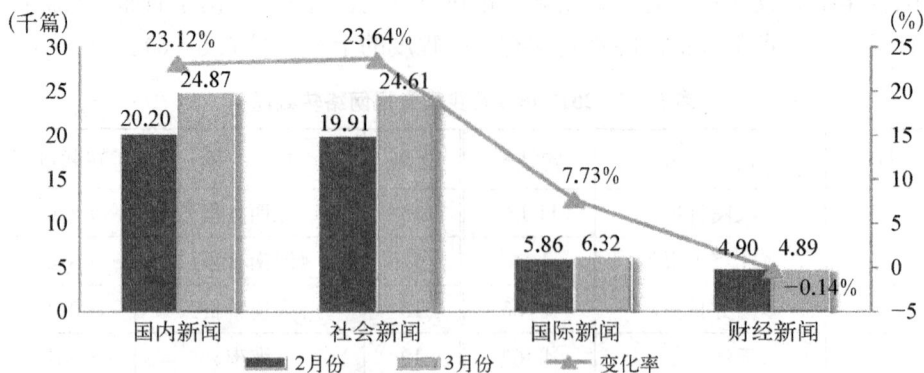

图 5 - 1　党报分类新闻转载比例及其环比变化（2015 年 2 月、3 月）①

党报作为公共政策传播产品的产出也体现在第三方平台上的阅读传播情况，在自媒体时代这个渠道或者说产品影响力很大。2018 年人民网研究院在研究全国党报融合发展指数时考察的 377 家党报中，有 288 家开通了微信公众号，每个微信号日均发文 5 篇。人民日报微信公众号的文章平均阅读量最高，超过 10 万，微信文章平均阅读量过万的党报有 13 个，其中包含 7 家地市级党报。2018 年 1 至 5 月党报在微信等第三方平台阅读传播情况见表 5 - 6，其中在应用最广的微信平台上党报微信公众号文章平均阅读情况如图 5 - 2 所示。

表 5 - 6　党报在第三方平台的文章平均阅读量（次）②

	微 信 文 章	微 博 文 章	头条号文章
全部党报	4 605	96 427	9 229
中央级党报	29 040	689 920	10 627
省级党报	3 578	25 027	6 223
地市级党报	2 526	18 153	3 825

公众意见传播也是报纸公共功能的体现，本书认为舆论监督、批评报道类内容可以作为公众意见传播的指标之一，总体而言中国报纸在公众意见表达方面产出较低。鉴于中国报纸往往以正面宣传为主，党报刊发的舆

---

① 数据来源：世纪华文，http：//www. chinesebk. com/Article/huawen/pinpai/201504/18752. html.［2016 - 08］.

② 宋丽云. 2018 全国党报融合传播指数报告［EB/OL］. http：//media. people. com. cn/n1/2018/0620/c40606 - 30067763. html.［2018 - 08］.

（家）

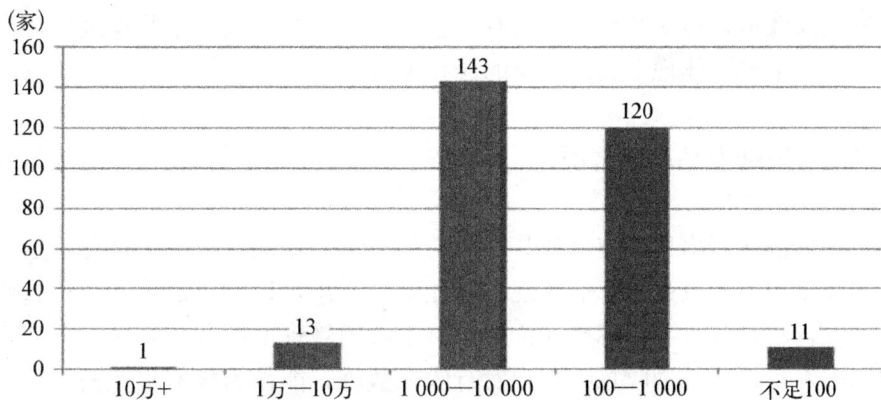

图 5-2　党报微信公众号文章平均阅读量分布图①

论监督报道数量往往较低，舆论监督力度较弱，尤其是对当地的不良现象舆论监督力度更弱。城市党报舆论监督的功能实现更弱，往往听命于部门授意，放弃对地方热点事件的参与，只有异地媒体进行舆论监督，这种地方媒体失声、外地媒体补位的舆论引导对地方媒体的社会公信力影响极大。此外，回避民生问题，弱化政府与民间的矛盾，也是城市党报舆论引导功能错位的表现之一。② 党报旗下主办的都市报、晚报、周报的舆论监督力度经常比党报更大，但是新世纪这些报纸舆论监督的力度也趋于下降。对于批评报道，社会上素有"南有《南方周末》，北有《焦点访谈》"之说，但是进入 21 世纪之后，两者的批评报道数量都有较大幅度下降。2001 年，南方周末编委会对报纸定位确定了新方向：向综合性、高品位的严肃周报转型，着力加强时政报道的策划与经营。从此，《南方周末》批评性报道不断减少，文本叙述越来越趋向客观中立。2000 年是《南方周末》批评性报道的"黄金时代"，全年 49 篇头版头条报道中，批评性报道有 28 篇，占 57%。但 2001 年批评性报道降至 41%，为 20 篇。2002—2007 年，批评性报道每年的头版头条数量再也没有超过 20 篇，比例也一降再降，每年都在 30% 以下，2005 年达到那几年的最低点 17%。③

　　如何评价包括报业在内的各种媒体传播公共政策对社会发展带来的整体贡献？在本课题组 2016 年对业内人士的调查问卷中，有超过 80% 的受

---

　　① 宋丽云.2018 全国党报融合传播指数报告［EB/OL］. http：//media. people. com. cn/n1/2018/0620/c40606-30067763. html.［2018-08］.

　　② 张成良. 城市党报新闻评论面临的困境与突围［J］.青年记者，2015（4）：15-16.

　　③ 姜红，许超众. 从"斗士"到"智者"：舆论监督的话语转型——新世纪以来《南方周末》文本分析［J］.新闻与传播评论，2008（12）：157-263.

访者认为政策宣传对社会发展具有"重要促进作用"或"有些促进作用"，这也从一个侧面体现了我国传媒的公共价值。

三、报纸商品产出情况

评价报业产出显然应该将其公共产品产出和商品产出予以区分，这也是传媒规制不同政策目标的体现。报业商品产出可以创收总收入、广告收入和发行收入等重要指标来评价，但鉴于我国管理部门和权威第三方咨询机构未发布系统的创收总收入和发行收入数据，能作为权威报业商品产出指标的数据目前只有广告总收入和报纸印刷金额。我国报业印刷金额如表 5-2 中所示，2004 年为 252.66 亿元，并逐步上升至 2014 年的峰值 443.66 亿元，之后便逐年下降，2017 年的印刷金额为 398.85 亿元。中国报业广告总收入也是自改革开放后大体持续增长趋势直至 2011 年的峰值 488.17 亿元，之后则持续下降，概况见表 5-7。

表 5-7　中国报业广告收入及其增长情况（1990—2016 年）①

年份	广告经营额（亿元）	增长率	年份	广告经营额（亿元）	增长率
1990	6.77	7.63%	1999	112.34	7.67%
1991	9.62	42.09%	2000	146.47	30.38%
1992	16.18	68.19%	2001	157.69	7.67%
1993	37.71	1.33%	2002	188.48	19.52%
1994	50.54	34.02%	2003	243.01	28.93%
1995	64.68	27.98%	2004	230.72	−5.06%
1996	77.69	20.11%	2005	256.05	10.98%
1997	96.83	24.64%	2006	312.59	25.60%
1998	104.35	7.77%	2007	322.19	3.07%

---

① 数据来源：1992—1999 年数据来源于《中国广告业二十年统计资料汇编》发布的统计数据，2001—2011 年数据来源于《中国广告年鉴》发布的统计数据。2011 年以后的数据为国家统计局发布数据，转引自陈国权.2017 中国报业发展报告 [J].编辑之友，2018（4）：35。但是据《现代广告》发布的数据，2012 年至 2017 年的报业广告经营额为 555.63 亿元、504.70 亿元、501.67 亿元、501.12 亿元、359.26 亿元和 348.63 亿元。本书认为国家统计局发布数据可能更符合近年来报业广告经营实际。

续表

年份	广告经营额（亿元）	增长率	年份	广告经营额（亿元）	增长率
2008	342.67	6.36％	2013	415.88	−8.09％
2009	370.46	8.11％	2014	339.77	−18.30％
2010	439.00	18.50％	2015	219.49	−35.40％
2011	488.17	11.20％	2016	134.55	−38.69％
2012	452.53	−7.30％	2017	——	——

表5-7中报业广告收入增长的时期恰逢我国整体国民经济和广告市场需求持续快速增长时期，与此同时报业机构"事业单位，企业化管理"的体制也具有放松市场规制的性质，报业机构市场经营的活力得以一定程度释放；报业广告收入转而下降主要原因则是受到互联网媒体的冲击，因此如何通过规制创新来激励国有报业机构探索新产品、增加传媒商品新产出则是当下和未来的重要议题。

第二节　中国电视媒体产出

电视曾经是世界影响最大和产值最高的媒体类型，至今仍是受众覆盖最广的媒体。广播电视也曾是世界公共媒体产生的领域，因为它的政治、文化影响力巨大，而商业化、私有化的电视市场不能自动充分地为最广大的受众提供广播电视产品，所以必须要由政府规制或非政府组织来提供公共性质的广播电视产品。

中国电视媒体也同样具有社会公共价值和经济价值，政府规制的政策目标在于提高电视媒体的公共产出和经济产出，本书以下将从电视节目产量、总收入、公共产品产出、电视节目进出口和电视商品产出等方面来评价中国电视产出水平以及政府规制在其中的影响。

一、电视产业总产出概况

（一）当下电视产出概况

电视是中国覆盖率和到达率最高的媒体，2018年电视综合人口覆盖率 99.25％，其产出对整个传媒产业的社会公共价值和产业经济价值都非常重要。截至 2018 年底中国有电视台、广播电视台、广播电台等播出机构 2 647 家，从事广播电视节目制作经营机构近 2.7 万家。2018 年全国电视节目制作时间 357.74 万小时，同比下降 2.04％。其中农村电视节目制作时间 66.54 万小时，同比增长 26.02％，占电视节目制作总时长的 18.60％。按电视节目类型分，2018 年我国共制作新闻资讯类节目 107.95 万小时，与上年基本持平；制作专题服务类节目 89.72 万小时，同比下降 1.30％；综艺益智类节目制作时间 43.91 万小时，同比下降 7.42％；制作影视剧类节目 11.78 万小时，同比下降 23.06％；制作广告类节目 47.22 万小时，同比下降 11.72％，其中电视公益广告制作时间 6.33 万小时，占广告类电视节目制作时间的 13.41％。从收入指标看，2018 年全国广播电视服务业总收入 6 952.14 亿元，同比增长 14.53％。其中财政补助收入 774.99 亿元，同比增加 10.86％。2018 年全国广播电视实际创收收入 5 639.61 亿元，同比增长 16.48％。2018 年全国电视广告收入 958.86 亿元，同比下降 0.98％，有线电视网络收入 779.48 亿元，同比下降 6.59％，IPTV 收入 100.45 亿元，同比增长 48.57％，广播电视节目销售收入 642.56 亿元，同比增长 22.73％。①

　　各省级、副省级行政区域广播电视机构以上各项生产指标显示，经济总量大、经济水平高的地区广播电视总体产出大，如北京、上海、浙江、江苏、广东、四川、山东等省市，湖南省广播电视产业有着大大超过其经济水平的产出。反之，经济总量小、人均收入低的地区一般广播电视总产出都较低，如西藏、青海、宁夏、海南等省区，但是它们人均广播收入（人均产出）并不低，这是因为其从业人员数量较少，这些少数民族地区承担的国家政策宣传任务重要，政府财政拨款收入并不低。规制研究的一个重要目的，就是用来考核电视机构的生产效率，如果说各个地方区域电视产品并未直接竞争，各地的经济条件差异很大，不便直接比较绩效，就可以用"区域间比较竞争理论"② 思维适当比较各区域生产绩效，并在全国管理机构进行适当的比较性质的竞争考核，比如说人均收入、人均制作节目等指标，从表 5-8 就可以看出，北京、上海、浙江、广东等省市的人均收入就很高，而河北、河南等地的人均收入就较低。

---

① 2018 年全国广播电视行业统计公报 ［EB/OL］. http：//www. nrta. gov. cn/art/2019/4/23/art＿113＿42604. html. ［2019－08－23］.
② 王俊豪. 政府规制经济学导论 ［M］. 北京：商务印书馆，2010：170.

表 5 - 8　**2016 年我国广播电视从业人员、收入、节目制作情况**①

	从业人员（万人）	总收入（亿元）	人均收入（万元）	节目制作时间（万小时）	人均制作节目时间（小时）
全国合计	91.928 3	5 039.77	54.82	350.721 7	3.82
总局直属	5.364 6	713.49	132.99	18.316 5	3.41
北京	6.795 3	761.35	112.04	15.149 0	2.23
天津	0.802 6	31.21	38.89	3.343 0	4.17
河北	4.295 9	79.36	18.47	18.771 1	4.37
山西	2.099 2	46.47	22.14	8.533 7	4.07
内蒙古	1.898 2	49.09	25.87	8.135 7	4.29
辽宁	2.772 5	70.64	25.48	18.018 0	6.49
吉林	1.949 0	49.15	25.22	10.599 3	5.44
黑龙江	2.093 5	63.21	30.19	11.512 1	5.49
上海	2.965 7	560.31	188.94	6.352 1	2.14
江苏	5.353 1	291.03	54.37	19.503 6	5.35
浙江	5.201 4	457.15	87.89	15.500 0	2.98
安徽	2.299 8	90.83	39.49	7.252 6	3.15
福建	2.696 6	105.8	39.23	6.897 7	2.56
江西	1.964 7	70.9	36.09	9.347 0	4.76
山东	5.939 0	159.79	26.91	23.307 5	3.92
河南	5.054 4	68.92	13.64	13.913 3	2.75
湖北	3.999 9	110.05	27.51	10.988 5	2.75
湖南	4.521 9	286.29	63.31	13.271 9	2.94
广东	5.232 0	268.65	51.35	31.789 7	6.08
广西	1.769 0	64.13	36.25	8.256 5	4.67
海南	0.504 9	16.5	32.68	2.675 8	5.29

① 中国广播电视年鉴（2017）［R］.北京：中国广播电视年鉴社，2017.

	从业人员 （万人）	总收入 （亿元）	人均收入 （万元）	节目制作 时间 （万小时）	人均制作 节目时间 （小时）
重庆	1.240 8	57.43	46.28	6.433 7	5.19
四川	4.858 4	203.74	41.94	14.334 3	2.95
贵州	1.752 4	92.94	53.04	3.807 0	2.17
云南	1.916 5	64.62	33.72	8.700 3	4.54
西藏	0.460 4	13.04	28.32	1.569 4	3.41
陕西	2.004 9	81.51	40.66	12.776 0	6.37
甘肃	1.604 9	40.61	25.30	7.529 7	4.69
青海	0.414 8	12.75	30.74	1.820 6	4.39
宁夏	0.524 1	16.97	32.38	2.660 4	5.08
新疆	1.577 9	39.36	24.94	9.655 4	6.12
大连	0.302 1	8.81	29.16	1.855 5	6.14
宁波	0.454 2	16.59	36.53	1.434 3	3.16
厦门	0.325 5	18.55	56.99	1.402 2	4.31
青岛	0.384 6	12.11	31.49	1.868 9	4.86
深圳	1.051 1	72.78	69.24	9.765 9	9.29

　　广播电视总收入高、人均收入高，往往意味着该地区广播电视发展水平较高，如果扣除当地经济环境条件影响因素，就可以认为该地区广播电视规制绩效水平较高。如上海、浙江、江苏、湖南等地的广播电视产业发展水平在中国属于最高水平，其广播电视规制政策也较好地释放了广播电视生产力。

　　但是，广播电视节目制作总量、人均制作总量与广播电视发展水平的关系则比较复杂。一般来说，制作总量高、人均制作量高，都可以说明该地区广播电视制作能力强、产出水平高。如，湖南、浙江、江苏、北京、山东都属于此类地区；但是，广播电视产出水平同时也体现在节目质量、经济效益上，有些地区广播电视产出数量不高，但总收入、人均收入、人均收入水平很高，节目质量也比较高，如上海、天津等地区。显然人均节目制作时间并非越高越好，电视制作水平很高的北京、上海、湖南等地人均制作节目时间都较少（分别是人均 2.23 小时、2.14 小时和 2.94 小时），这些电视制作水平高的地区可能是在单位节目时间内投入了更多的人力物力资源，可以凭借这数量并不高的人均制作节目获得较高的收益。有些地区节目总产出较高、人均产出高，但总收入、人均收入不算高的地区，也可能说明该地区有较高的产出水平，满足了当地的广播电视社会需要，如新疆、西藏等地。

（二）改革开放以来电视产出增长情况

历史纵向看，我国广播电视总收入、人均收入一直随着国民经济增长而持续增长。除了极少数特殊年份，[①] 我国广播节目播出、电视节目播出、广播节目制作、电视节目制作这些产出指标都在持续增长。改革开放以来我国广播电视制作、播出收入等产出情况见表 5-9。

表 5-9　1978—2017 年我国广播电视总产出情况[②]

年份	全年公共电视节目播出时间（万小时）	全年制作电视节目间（万小时）	电视综合人口覆盖率（％）	广播电视总收入（亿元）	总收入增长率（％）
1978	6.35	—	—	—	—
1982	9.12	0.65	57.3	8.85	—
1983	10.54	0.94	59.9	10.92	23.39
1984	20.17	2.78	64.7	14.81	35.62
1985	40.03	3.81	68.4	19.58	32.21
1986	65.13	5.29	71.4	24.64	25.84
1987	84.73	5.94	73	27.13	10.11
1988	96.83	6.71	75.4	30.66	13.01
1989	105.24	8.06	77.9	33.83	10.34
1990	115.95	9.16	79.4	42.7	26.22
1991	123.84	10.85	80.5	47.54	11.33

---

① 如 2001 年全国公共电视播出时间、制作时间大幅上升，其原因可能是因为统计口径的变化，即因为 2001 年大部分地、县级无线电视台、有线电视台合并，原来有线电视节目也统一按照公共电视节目进行统计。

② 数据来源：作者根据相应年份《中国广播电视年鉴》数据整理得来。

续表

年份	全年公共电视节目播出时间（万小时）	全年制作电视节目间（万小时）	电视综合人口覆盖率（%）	广播电视总收入（亿元）	总收入增长率（%）
1992	137.45	14.81	81.3	69.25	45.67
1993	178.92	21.83	82.38	98.97	42.92
1994	207.37	28.08	83.4	128.92	30.26
1995	243.96	38.35	84.51	182.96	41.92
1996	288.7	55.07	86.22	245.22	34.03
1997	311.44	61.64	87.68	302.42	23.33
1998	348.2	72.57	89.01	313.92	3.80
1999	397.64	79.09	91.6	364.3	16.05
2000	433.54	87.11	93.65	430.98	18.30
2001	956.27	157.88	94.18	476.86	10.65
2002	1 094.81	168.09	94.61	636.8	33.54
2003	1 027.4	210.86	94.94	704.89	10.69
2004	1 101.13	211.72	95.29	824.72	17.00
2005	1 259.16	255.39	95.81	931.15	12.90
2006	1 360.45	261.8	96.23	1 099.12	18.04
2007	1 454.67	255.33	96.58	1 316.4	19.77
2008	1 495.34	264.19	96.95	1 583.91	20.32
2009	1 577.68	265.36	97.23	1 852.85	16.98
2010	1 635.5	274.29	97.62	2 301.87	24.23
2011	1 675.3	295.05	97.82	2 717.32	18.05
2012	1 698.53	343.63	98.2	3 268.79	20.29
2013	1 705.72	339.79	98.42	3 734.88	14.26
2014	1 747.61	327.74	98.60	4 226.27	13.16
2015	1 779.6	352.02	98.77	4 634.56	9.66
2016	1 792.44	350.72	98.88	5 039.77	8.74
2017	1 881.02	365.18	99.07	6 070.21	20.45

电视产出的增长与资源投入、市场需求等基本要素有关，但也与传媒放松规制、市场化程度提高有密切关系，在中国宏观制度改革和电视产业规制创新比较活跃的 1984 年、1992—1993 年电视产出增长幅度就更高，近年来市场需求、传媒规制等因素似乎都不利于电视产出增长，增速逐渐放缓。

人均产出指标方面，21 世纪以来我国电视人均播出、制作电视节目时间相对稳定，但是人均创造收入逐年增长。具体见表 5－10。

表 5－10　1984—2013 年我国广播电视人均产出情况[①]

年份	人　数 （万人）	人均电视播出 时间（小时）	人均制作电视 时间（小时）	人均创造 收入（万元）	人均收入 增长率（%）
2000	49.46	8.77	1.76	8.71	14.76
2001	50.26	19.03	3.14	9.49	8.96
2002	51.97	21.07	3.23	12.29	29.51
2003	—				
2004	58.18	18.93	3.64	14.18	—
2005	—				
2006	62.40	21.80	4.19	17.61	
2007	64.53	22.54	3.96	20.39	15.79
2008	67.11	22.28	3.94	23.60	15.74
2009	70.58	22.35	3.75	26.25	11.23
2010	75.09	21.78	3.65	30.65	16.76
2011	78.63	21.31	3.75	34.56	12.76
2012	82.04	20.70	4.19	42.38	22.63
2013	84.43	20.20	4.02	44.24	4.39
2014	86.435 1	20.22	3.79	48.89	10.51
2015	90.026 4	19.77	3.91	51.48	5.29
2016	91.928 3	19.49	3.82	54.82	6.49

如果比较表 5－9 和 5－10 中国电视总收入和人均收入增长率，我们可以发现两组数据增速较快的年份重合度较高，即出现在 2002 年、2008

---

① 数据来源：作者根据历年《中国广播电视年鉴》数据整理得来。

年、2012年等年份。这些年份中国电视产业实际上并无重大规制创新措施，其收入增长主要依靠的是市场需求因素，这似乎说明中国电视规制创新带动产出增长的作用在逐步下降。

二、电视公共产品产出

按照"社会效益和经济效益统一、社会效益优先"的精神，中国电视媒体规制的政策目标同样是追求社会公共价值和产业经济价值统一、社会公共价值优先，在实践中也的确如此。体现社会效益或者说社会公共价值目标的电视产品可以称之为电视公共产品，主要包括公共政策传播、公众意见表达和公益文教传播产品三类。尽管许多电视节目都有综合的功能和内容，但还是有所侧重，本书将通过新闻节目、舆论监督和批评报道节目产出来评价电视公共政策传播和公众意见表达类公共产品产出，并通过纪录片和青少类节目来评价公益文教类电视公共产品产出。

（一）公共政策传播产品产出

公共政策传播同其他国有媒体一样是我国电视传播的主要政策目标，我国所有地市级以上的行政区域都有电视台，县级区域大部分也建立了广播电视台，这些机构每年都生产了大量的公共政策宣传产品——如果用国际新闻传播中更通用、更中性的概念来说则可称为公共政策传播产品。以中央电视台为例，其新闻、电视剧、纪录片等节目生产数量大，承载了公共政策传播、舆论引导等社会公共功能。每年出版的《中国广电电视年鉴》在介绍过去一年广播电视概况时，第一部分首先就是介绍"广播电视宣传"，既介绍广播电视媒体把握政治方向和舆论导向，加强宣传引导、管理和调控的形势，也介绍广播电视媒体具体宣传总书记言论和思想、党的重要会议、政策宣传的情况。

电视新闻是我国电视公共政策传播的主要载体，并且对电视新闻的采制有着严格的行政准入壁垒，只有国有电视机构才能制作电视新闻，并且严禁新闻类节目采取制播分离的形式外包给社会制作公司。尽管民生类新闻节目直接传播重大政策的内容较少，但总体而言此类节目显然也是按照国家公共政策导向来选题、制作、播出的。因此，本书将电视新闻作为评价电视媒体公共政策宣传功能和公共政策传播产出的重要指标。

改革开放以来中国各类电视节目制作、播出量总体逐年递增，新闻节目的制作、播出时长以及新闻节目占节目总时长总体来说也是逐步增长，这意味着中国公共政策传播电视产品的绝对产出和相对产出都逐年递增。全国新闻节目制作时长从 2001 年的 23.53 亿小时增长至 2016 年的 98.99 亿小时，新闻节目制作所占比重从 2001 年的 14.90％增加到 2016 年的 28.23％；全国新闻播出时长也从 2001 年的 956.27 亿小时增加到 2016 年的 1 792.44 亿小时，新闻节目播出所占比重从 2008 年的 12.13％增长到 2016 年的 14.52％。其中中央级电视台播出新闻的时长增长更快，从 2002 年的 4.06 亿小时增加到 2016 年的 12.78 亿小时，八年间增长了 214.78％，尤其是 2016 年增长更快，与上年相比增幅为 68.60％。这说明 21 世纪以来中国传播公共政策的电视新闻产出得到大幅增长，尤其是中央级媒体传播公共政策的电视新闻产出尤其更快。2001 年至 2016 年中国电视新闻产出情况见表 5-11。

表 5-11　中国新闻节目制作、播出情况（2001—2016 年）[①]

年份	节目制作时长及比重			节目播出时长及比重			
	总时长（亿小时）	新闻节目（亿小时）	新闻节目比重（％）	总时长（亿小时）	新闻节目	新闻播出比重	中央级台新闻播出
2001	157.88	23.53	14.90	956.27	—	—	—
2002	168.09	25.69	15.28	1 094.81	—	—	—
2003	179.11	28.03	15.65	1 027.4	—	—	—
2004	211.72	47.42	22.39	1 101.13	—	—	—
2005	255.39	63.79	24.98	1 259.16	—	—	—
2006	261.80	64.63	24.69	1 360.45	—	—	—
2007	255.33	59.52	23.31	1 454.67	—	—	—
2008	264.19	67.88	25.69	1 495.34	181.39	12.13	4.06
2009	265.36	67.59	25.47	1 577.68	195.97	12.42	4.99
2010	274.29	71.97	26.24	1 635.50	207.03	12.66	6.70
2011	295.05	80.24	27.19	1 675.30	226.43	13.52	6.86

①　数据来源：相应年份《中国广播电视年鉴》；国家数据，http：//data. stats. gov. cn/easyquery. htm？cn＝C01&zb＝A0N01&sj＝2016. [2018-08].

续表

年份	总时长（亿小时）	新闻节目（亿小时）	新闻节目比重（%）	总时长（亿小时）	新闻节目	新闻播出比重	中央级台新闻播出
2012	343.63	88.69	25.81	1 698.53	230.40	13.56	6.79
2013	339.78	86.68	25.51	1 705.72	235.23	13.79	6.90
2014	327.74	91.83	28.02	1 747.61	244.38	13.98	8.02
2015	352.02	97.88	27.81	1 779.60	252.06	14.16	7.58
2016	350.72	98.99	28.22	1 792.44	260.18	14.52	12.78

（二）公益文教产品产出

"公共利益"是一个很复杂的概念，不同的历史时期、不同的政治制度环境下其内涵和外延都有可能发生变化，传媒领域显然是公共利益的一个重要方面，除了公共政策和公众意见表达方面的"公共利益"范畴之外，公益性质的文化教育传媒产品也是传媒"公共产品"的重要范畴。因为作为政府和电视企业未必有充分的激励提供这方面的传媒产品，而作为社会所必需的公共产品类型，本书认为应该把它作为"传媒公共产品"的指标之一来评价传媒规制绩效。当然，通过什么样的量化指标来实证研究、评价电视媒体的"公益文教产品"产出可能也会有各种争议，西方发达国家通常有专门的教育类电视媒体及其节目，其所占收视份额也不算太小。但是中国的专业教育电视数量及其市场份额都很小，不足以完全代表中国"公益文教类公共电视产品"，而纪录片是各界比较认可的体现公共文化价值的节目产出类型，中国电视节目类型分类中的"青少节目"也具有比较强的文化教育特征，尽管其中也有部分带有商业性质。因此，本书将从纪录片和青少类节目的产出来考察中国电视"公益文教类公共产品"产出情况。

根据《2017 年中国纪录片发展研究报告》的数据，2017 年中国纪录片生产总投资为 39.53 亿元，全年生产总值为 60.26 亿元，这两项指标分别同比增长 14% 和 15%。按生产投入规模大小排列，投资主体依次是电视台（21.13 亿元）、民营公司（7.27 亿元）、新媒体机构（6.00 亿元）和国家机构（除电视台之外，5.13 亿元）。其中，中央电视台纪录频道、上海纪实频道、湖南金鹰纪实频道和北京纪实频道全年总投入约 5.6 亿元，央视国际 2017 年纪录片营业收入超过 1 亿元，投资较 2016 年增长一倍，年产纪录片 80 余部。纪录电影《二十二》也以 1.7 亿元票房开启了中国纪录片新世纪的院线时代。[①] 2014—2016 年中国广电系统电视纪录片制作、投资销售概况见表 5–12。

表 5–12　中国纪录片产投入、产出概况（2014—2016 年）[②]

年份	纪录片制作			纪录片投资			纪录片销售		
	全国制作时长（万小时）	总局直属台制作时长（万小时）	总局直属台占比（%）	全国（亿元）	总局直属台投资（亿元）	总局直属台占比	全国（亿元）	总局直属台销售（亿元）	总局直属台占比（%）
2014	5.72	1.21	21.19%	30.24	4.88	16.14%	5.86	2.14	36.56%
2015	5.95	1.59	29.85%	15.18	5.79	38.22%	6.18	2.01	32.49%
2016	5.36	1.74	32.43%	15.03	7.23	48.12%	7.25	3.089	42.56%

表 5–12 显示，中国纪录片产出情况总体不容乐观。2016 年中国电视纪录片年制作量是 5.36 万小时，投资 15.04 亿元，销售 7.25 亿元。2016 年的纪录片制作时长、投资金额比前两年都有不同程度下降，尤其是投资金额在 2014 年以后从 30.24 亿元下降到之后两年的 15.18 亿元和 15.03 亿元。当然 2016 年的纪录片销售额从前两年的 5.86 亿元、6.18 亿元增长至 7.25 亿元。从表 5–12 还可以看出，国家广电总局直属机构的纪录片制作、投资、销售金额在全国相应指标中所占比重都很高，尤其是 2016 年纪录片投资占到全国纪录片投资总额的 48.12%，销售占全国总额的 42.56%。由此可以看出，中国纪录片产出近年来增长并不显著，全国数量巨大的电视机构投资制作纪录片的能力并不强，其中还主要是因为总局直属机构拥有较雄厚的资金、人才及其他专业实力才投入了相对较多的资源用来生产纪录片。

在当代传媒泛娱乐化的背景下，音乐节目、戏剧节目和青少节目也具有很强的公益属性，可以作为公益文教类电视公共产品产出指标。艺术属性很强的音乐节目和戏剧节目市场需求并不大、盈利能力并不强，但这类艺术节目作为文化艺术传承和教育熏陶的载体具有很强的公益文化教育性质。青少节目一般包括动画片、青少专题节目、青少表演节目及其他青少节目，其中动画片从播出总量和收视总量上看都是青少节目中的主力军。青少节目为正在成长中的青少年提供了丰富有趣而又富含知识的电视节目，对青少年的价

① 张同道.2017 年中国纪录片发展研究报告［J］. 现代传播，2018（5）：110–115.
② 数据来源：相应年份《中国广播电视年鉴》。

值观形成也有比较重要的影响，具有公益文化教育的属性，即便是有一定娱乐性质的动画片也是如此，我国还特别鼓励国产的动画片生产、播出。青少节目是中国电视节目中比较重要的节目类型，近年来其市场份额通常仅次于电视剧、新闻、综艺、生活服务和专题类节目。但在 2008 年之前，青少节目播出量占所有节目的比例在 3.5％以下，收视量占所有节目收视量的 3.3％左右。2009 年后青少节目播出比重与收视比重呈现比较明显的上升趋势，2010 年青少节目播出量占所有节目播出量的 4％左右，收视量占所有节目收视量的 4.5％左右。其中动画片收视上，省级上星频道收视量达到所有频道动画片收视量的 47.5％，其次是中央级频道收视份额为 29％；而在青少专题、青少表演及其他类型青少节目的收视上，则是中央级频道占据最大优势，尤其是青少表演、青少专题节目，中央级频道的收视份额分别达到 89.5％和 72.8％。[①] 表 5-13 显示了 2013 年至 2017 年中国电视收视市场青少节目的收视比重，表 5-14 展示了 2015 年青少、音乐、戏剧和教学等具有公益文教性质的节目在各类电视频道播出与收视比重，这从某个角度也可以体现中国公益文教类电视公共产品的产出情况。

表 5-13　中国电视市场青少节目收视比重（2013—2017 年）[②]

年　　份	2017	2016	2015	2014	2013
收视比重	5.4％	5.0％	4.6％	5.2％	5.1％

表 5-14　2015 年部分公益文教性质节目播出与收视分布[③]

节目类别	中央级频道		省级卫视		省级非上星频道		市级频道	
	播出比重	收视比重	播出比重	收视比重	播出比重	收视比重	播出比重	收视比重
青少	3.4％	5.0％	8.3％	6.6％	3.4％	2.4％	2.9％	1.8％
音乐	4.2％	2.7％	0.6％	0.3％	0.5％	0.1％	1.0％	0.2％
戏剧	1.7％	0.7％	0.4％	0.1％	0.8％	0.3％	0.3％	0.5％
教学	0.6％	0.2％	0.1％	0	0.3％	0	0.3％	0

---

① 2010 年青少节目收视分析［EB/OL］. http：//www. csm. com. cn/Content/2016/11-11/1056233266. html.［2018-08］.

② 收视中国，http：//www. csm. com. cn/yjtc/sszg/.［2018-08］.

③ 媒体融合进程中的电视力量——2015 年电视收视市场回顾［EB/OL］. http：//www. csm. com. cn/Content/2016/11-11/1054120363. html.［2018-08］.

从表 5-14 数据还可以发现，艺术属性和文化传承功能较强而收视率并不高的音乐、戏剧节目产出，主要集中在中央级频道，教学节目更是如此，各级地方频道的教学节目占其收视比重几乎全为零。在全国教学节目市场收视份额中，央视频道所占份额为 77.6%，省级频道占 12.6%，市级频道占 5.1%。虽然市级频道播出的戏剧节目可能因为地方接近性在其自身的收视份额只占比 0.5%，但考虑到市级频道整体收视份额比较低，其整体收视份额比较低，只占全国戏剧节目总体收视份额的 12.4%，而央视频道的戏剧节目收视份额则占全国的 61.6%。音乐节目的收视份额央视所占比重更大，占到全国各类频道音乐节目收视份额的 83.7%。[①] 青少节目的播出与收视则在央视和各级地方频道都有分布，特别是省级卫视青少节目的播出比重和收视比重还高于央视。所以，基于上述实证数据，本书推论缺乏市场效应的公益文教节目——如音乐、戏剧以及专题类青少节目——产出主要集中于中央电视台，其资金实力、生产规模效应以及服务公共功能的意识可能都更强；而兼具收视市场吸引力和公益文化教育传播功能的公共电视产品——如青少节目中的动画片——则在各级电视频道都有一定的产出。

公益广告也是中国电视公共产出的一种，《广播电视广告播出管理办法》还明文规定"因公共利益需要等特殊情况，省、自治区、直辖市以上人民政府广播影视行政部门可以要求播出机构在指定时段播出特定的公益广告，或者作出暂停播出商业广告的决定"，并规定播出机构每套节目每日公益广告播出时长不得少于商业广告时长的 3%。《中国广播电视年鉴（2014）》发布数据显示，2013 年全国广电系统共制作公益广告 3 万余条，累计播出近 1 000 万次，总时长超过 600 万分钟。2013 年，中央人民广播电台、中央电视台专门制作"讲文明树新风"公益广告 92 条，累计播出 7.8 万余次，时长超过 5.4 万分钟，各省市级广电媒体制作各类公益广告数百条，集中展播刊播次数高达几十万次。2013 年中央电视台制作播出了"美丽中国"等多个主题系列公益广告，全年播出公益广告时段价值超过 25 亿元；举办了"全国电视公益广告大赛"，其中《关爱失智老人——打包篇》获得第 60 届戛纳国际创意节影视类铜狮大奖；央视网制作平面、手机、展板、围挡、LED、道德守礼引导牌六类 36 种规格共 3 400 个公益广告作品，无偿提供给全国 360 多个城市和 300 多家媒体下载使用。还

① 徐立军. 中国电视收视年鉴（2016）[R]. 北京：中国传媒大学出版社，2016：46.

在 2013 年的"春晚"中首次插播了两条公益广告。节目制作方面，中央电视台继寻找"最美乡村教师""最美乡村医生"之后，创新推出寻找"最美村官""最美孝心少年""最美消防员"等大型公益活动，用真实典型传播社会美德和主流价值观；推出"中国汉字听写大会""谁是球王""发明梦工场""是真的吗"等一批具有强烈公益价值的新节目。2013—2016 年，全国广电公益广告制作量和播出时长均增长了 4 倍。①

电视公共产品最重要的类型之一是公众意见表达类节目内容，但是此类产出在我国很难系统量化实证研究，本书通过一定的观察和分析，认为中国此类公共产品产出相对不足，近年来公众意见表达的电视节目产出还有下降的趋势。公众意见表达是世界各国普遍认同的公共利益维度，它涉及各种公共事务的重要政治言论与观点表达，以及受众作为公民对个人利益与意见的表达。在我国电视节目制作播出的环境下，新闻舆论监督节目是公众意见表达的主要方式。"广义的新闻舆论监督是指公众借助新闻媒体，以公开的方式对社会主流意识形态、国家事务、社会现实和问题、国家公务员以及一切社会成员的行为所实施的关注、检查、批评和督促。狭义的新闻舆论监督特指新闻批评"。② 舆论监督类批评报道在中国制作播出困难、此类电视公共产品产出少是各界公认的事实。一般各界都认为广播电视等传统媒体舆论监督的黄金时期是 20 世纪 90 年代，当时涌现了一大批以央视《焦点访谈》、中央人民广播电台《新闻纵横》为代表的舆论监督类栏目，往往省级电视台、地市级电视台也会模仿央视节目而设立此类舆论监督节目。全社会对广播电视媒体的舆论监督类栏目往往也十分重视。当然，即便是中央电视台节目，其新闻舆论监督节目数量总体也较少，对政府行为监督较少，舆论监督的层次偏低，并且舆论监督的旗帜节目——《焦点访谈》——舆论监督节目比例也渐趋下降，其 1994—2001 年每年舆论监督节目比例占报道总量的 40% 左右，尤其是 1998 年达到 47%。③ 但 2014 年 1—10 月"焦点访谈"舆论监督节目只占节目总数的 25.7%，④ 之后年份舆论监督节目总体呈减少态势，虽然各地方电视台

---

① 白瀛，杨春.2013 年至 2016 年广电公益广告制播量增 4 倍 [EB/OL]. http：//www. wenming. cn/xwcb_pd/yw/201704/t20170430_4214869. shtml. [2019-08-24].

② 靖鸣.建国初期我国新闻舆论监督的反复与反思（上）[J].新闻爱好者，2017（7）：58-64.

③ 余伟利. 对《焦点访谈》及其舆论监督节目的量化分析 [J].电视研究，2002（9）：44-46.

④ 卢欣.2014 电视新闻舆论监督——以央视的新闻舆论监督节目为例 [J].科技传播，2015（1 上）：54-56.

有不少舆论监督性质的访谈、专题、评论节目，但中国舆论监督报道、公众意见表达类节目产出相对不足是不争的事实，且经常是"不痛不痒"的报道或者是应上级政府部门和领导指示而制作播出的批评报道。广播电视媒体的舆论监督类栏目面临相当艰难的困境，各级广播电视媒体的舆论监督类栏目要么停办，要么减少批评类报道，增加正面报道的内容，弱化了监督功能。[①]

三、电视商品产出

在中国要严格区分电视商品和电视公共产品的产出实际上存在许多困难，因为这两种产品的生产主体、收入来源往往是高度合一的，生产主体的总收入来源既有商业交易、也有公共财政拨款等。比如说电视台既是新闻、纪录片、艺术类节目等公共产品的生产主体，这些节目尤其是新闻节目的收入来源往往混合了公共财政拨款、广告收入甚至部分付费收看等收入来源。本书之所以试图对电视产品进行电视公共产品、电视商品的分类并进行生产绩效实证分析，主要是为了区分"事业产业功能混合体制"下两种电视产品的产出情况，并试图发现影响其产出的因素，而这两种功能对于中国电视产业来说都非常重要。典型的电视商品产出就是广告节目的制作播出量，以及广告经营额。表5-15和表5-16显示了部分年份的广告节目和经营额产出数据。

表5-15　中国电视广告节目制作与播出时长（2004—2017年）[②]

年　份	广告节目制作		广告节目播出	
	总时长（万小时）	增长率（%）	总时长（万小时）	增长率（%）
2004	42.66	—	126.18	—
2005	52.49	23.04		
2006	58.91	12.23		
2007	58.53	−0.65	190.18	—

① 陈富清. 传统媒体舆论监督的重振与突破——评浙江卫视《今日聚焦》［J］. 视听纵横, 2015（6）：16-17.
② 数据来源：2017年数据来自《2017年全国广播电视行业统计公报》，其他均来自相应年份《中国广播电视年鉴》。

年　份	广告节目制作		广告节目播出	
	总时长（万小时）	增长率（％）	总时长（万小时）	增长率（％）
2008	55.89	−4.51	198.62	4.44
2009	54.40	−2.67	204.70	3.06
2010	52.68	−3.16	204.71	0.005
2011	50.83	−3.51	201.09	−1.77
2012	55.52	9.23	201.72	−0.31
2013	54.28	−2.23	195.11	−3.28
2014	51.03	−5.99	203.26	4.18
2015	48.19	−5.57	195.37	−7.89
2016	48.36	0.35	192.33	−1.56
2017	53.49	10.61	208.16	8.23

表 5-16　中国电视广告经营额（1979—2017 年）①

年份	广告经营额（亿元）	增长率	年份	广告经营额（亿元）	增长率
1979	0.032 5	—	1992	20.55	105.29％
1983	0.16	—	1993	29.44	43.26％
1984	0.34	112.50％	1994	44.76	52.04％
1985	0.87	155.88％	1995	64.98	45.17％
1986	1.15	32.18％	1996	90.79	39.72％
1987	1.69	46.96％	1997	114.41	26.02％
1988	2.56	51.48％	1998	135.64	18.56％
1989	3.62	41.41％	1999	156.15	15.12％
1990	5.61	54.97％	2000	168.91	8.17％
1991	10.01	78.43％	2001	179.37	6.19％

① 数据来源：1992—1999 年数据来源于《中国广告业二十年统计资料汇编》发布的统计数据，其他数据来源于中国广告协会主办的《中国广告年鉴》或《现代广告》发布的数据。

续表

年份	广告经营额 （亿元）	增长率	年份	广告经营额 （亿元）	增长率
2002	231.03	36.78%	2010	679.83	26.79%
2003	255.04	10.39%	2011	897.92	32.08%
2004	291.54	14.31%	2012	1 132.27	26.09%
2005	355.29	21.97%	2013	1 101.10	−2.75%
2006	404.02	13.72%	2014	1 278.50	16.11%
2007	442.95	9.64%	2015	1 146.69	−10.31%
2008	501.50	13.22%	2016	1 239.00	8.05%
2009	536.20	6.92%	2017	1 234.39	−0.37%

表 5-15 数据显示，近十年来中国每年制作广告节目大约 50 万小时，每年播出广告节目 200 万小时。除了少数年份以外，近年来总体广告制作和播出市场都不同程度下降，其中广告节目制作量下降大致始于 2007 年，广告节目播出市场下降大致始于 2011 年。显然这种现象是互联网媒体影响力和广告市场份额不断冲击所致。

电视广告节目的制作播出不仅仅意味着电视行业的产出，它传递的市场经济信息对国民经济的整体发展也有显著的传递产品信息、促进生产资源与消费资源有效配置的作用。

表 5-16 数据显示了改革开放以来中国电视广告经营额的变化情况，从 1979 年电视广告破冰获得 325 万元的广告收入，或者说有了 325 万元的电视广告产出，之后中国电视广告产出便依托国民经济持续快速发展、市场化程度不断提高和居民电视覆盖率不断提高而持续增长，直至 2013 年出现短期性的小幅下降，在 2014 年达到电视行业广告经营额的峰值 1 278.50 亿元之后便进入了整体下降的阶段，尽管有的年份有恢复性的增长，但是电视广告产出总体趋降无法避免，随着互联网媒体尤其是网络视频、短视频用户增长，随着 IPTV 和 OTT 传播平台用户增长和有线电视用户数量下降，电视节目收视份额和广告产出还会持续下降，甚至快速下降，这对中国电视长年以来以传者为中心、线性播出的生产模式形成了重大挑战，也对电视产业规制创新提出了重大挑战，如果规制创新不能够激励电视生产创新、提高产出效率，那么失去市场竞争力也同时意味着传播的社会影

响力乃至政治影响力的逐步衰退。

四、电视节目进口和出口情况

电视节目的进口和出口既意味着电视商品的国际贸易，同时也意味着节目所承载的社会文化价值观和公共信息的国际传播，其经济影响和社会影响都非常重大。绝大多数国家的政府部门和学者都认为电视产业的社会价值比经济价值更重要，本书也持这个观点，不过本书在研究中以传媒产业的社会价值为前提侧重研究传媒的产业经济运营效率。当然，电视产业的经济运行效率也会对传播社会价值的效率形成重要影响，并且媒体融合时代传媒产业和其他行业的国民经济生产结合越来越紧密，传媒生产及其规制都面临着创新的挑战。

本书认为电视节目的进口和出口量也应该作为评价中国电视产出绩效的指标之一，这项指标既是中国电视节目在国际市场的竞争力标志之一，某种程度也是中国文化传播在国际上影响力的指标之一。表 5-17 显示的是 2016 年中国电视节目进出口时间的概况。

表 5-17　2016 年中国电视节目进出口时长概况[①]　（单位：万小时）

	总时长	美国	欧洲国家	日本	韩国	中国香港地区	中国台湾地区	东南亚国家
进口	2.01	0.69	0.39	0.35	0.13	0.16	0.11	0.09
出口	2.96	0.33	0.33	0.045	0.12	0.12	0.28	0.62

表 5-17 显示 2016 年中国进口电视节目 2.01 万小时，其中美国、欧洲国家和日本是主要进口源；2016 年中国出口电视节目 2.96 万小时，其中东南亚国家、美国、欧洲和中国台湾地区是比较重要的输出目的地。2016 年中国电视节目出口量高出进口量 0.95 万小时。但是，按照出口金额统计的精确指标来衡量，2016 年中国电视节目的国际贸易逆差则达到 17.29 亿元，除了东南亚国际、中国台湾地区和非洲以外，对其他国家或地区均为逆差，其中对日本的电视贸易逆差最大，为 7.93 亿元。具体见表 5-18。

----

① 国家数据，http：//data. stats. gov. cn/easyquery. htm? cn = C01&zb = A0Q0J04&sj=2016. [2019-08-24].

表 5-18　2016 年中国电视节目进出口金额①　（单位：亿元）

指标	合计	欧洲国家	非洲国家	美国	日本	韩国	东南亚国家	中国香港地区	中国台湾地区	大洋洲国家
进口总额	20.99	1.02	0.000 3	4.75	8.44	2.95	0.43	2.42	0.55	0.10
出口总额	3.69	0.18	0.023	0.13	0.51	0.21	0.73	0.50	0.85	0.03
贸易顺差	−17.29	−0.84	0.024	−4.57	−7.93	−2.74	−0.30	−1.92	0.29	−0.074

　　如果进一步分析各种电视节目类型的进出口情况，我们可以发现电视剧和动画片是电视节目国际贸易的主要类型，2016 年中国的电视贸易逆差最大的类型是动画片，逆差达到 10.19 亿元，电视剧贸易逆差也有 5.18 亿元。再从历史纵向角度看，中国电视节目国际贸易近年来绝大部分年份都是逆差，电视剧节目在绝大部分年份也是逆差，动画片节目在 2014 年以后进口量迅速增加，因此贸易逆差也迅速扩大。具体情况见表 5-19。

表 5-19　中国电视节目进出口金额（2008—2016 年）②　（单位：亿元）

年份	总量			电视剧			动画片			纪录片		
	进口	出口	顺差	进口	出口	顺差	进口	出口	顺差	进口	出口	顺差
2016	20.99	3.69	−17.3	8.15	2.97	−5.18	10.56	0.37	−10.19	0.32	0.18	−0.14
2015	9.94	5.13	−4.81	2.95	3.77	0.82	4.45	1.01	−3.44	0.75	0.09	−0.66
2014	20.90	2.72	−18.18	16.98	2.08	−14.9	1.10	0.32	−0.78	0.53	0.07	−0.46
2013	5.87	1.82	−4.05	2.45	0.92	−1.53	0.44	0.49	0.05	0.93	0.27	−0.66
2012	6.25	2.28	−3.97	3.96	1.50	−2.46	0.15	0.31	0.16	0.59	0.32	−0.27
2011	5.41	2.27	−3.14	3.46	1.46	−2	0.07	0.37	0.3	0.37	0.18	0.19
2010	4.30	2.10	−2.20	2.14	0.75	−1.39	0.02	1.11	1.09	—	—	—
2009	4.91	9.17	4.91	2.69	0.36	−2.33	0.01	0.45	0.44	—	—	—
2008	4.54	1.25	−3.29	2.43	0.75	−1.68	0.09	0.29	0.2	—	—	—

---

　　① 2016 年中国电视节目进出口数据分析：贸易逆差 17 亿 日本逆差最大 [EB/OL]. http://www.askci.com/news/chanye/20171120/150706112309.shtml. [2019-08-24].
　　② 国家数据，http://data.stats.gov.cn/easyquery.htm?cn = C01&zb = A0Q0J04&sj=2016. [2019-08-24].

基于以上实证数据可以得出推论，中国电视节目总体贸易逆差长期以来都很大，在电视剧、动画片和纪录片等类型节目领域均如此，尤其是对美国、日本以及欧洲国家等文化大国贸易逆差更大。2016 年中国出口节目总时长大于进口节目总时长，但是贸易金额大幅逆差，这说明中国电视节目出口价格很低、市场竞争力很弱，很多节目实际上就是以社会效益、文化传播为主要目的的外宣产品。那么，究竟什么样的节目具有较强的国际市场竞争力？什么样的传媒机构具有较强的国际市场竞争力？什么样的传媒规制政策能够激励中国电视节目提高国际市场竞争力？这些问题都值得作为专门课题进一步研究。

第三节　中国互联网媒体产出

互联网媒体虽然是 20 世纪 90 年代中期才在中国诞生，但它作为世界信息时代科技革命的基础设施已经迅速在中国社会经济生活中产生了革命性影响，它已经渗透到了中国政治、经济、社会、文化和生活的方方面面，改变了政府、企业、个人的沟通联结模式。

互联网首先是一种传播技术、传播载体，它在传播信息、内容上发挥了重大作用，在传播商品信息的同时获得广告收入，也是互联网机构的最重要的盈利模式之一，从这个意义上说它是媒体，并且也对中国"传统"媒体以及传统媒体规制产生了颠覆性挑战，引发了整个传媒行业的重构。互联网显然不仅是传播信息内容的"媒体"，其盈利模式除了迅速增长的广告收益以外，在"互联网＋"的模式下，各种各样的互联网服务和产品得以迅速创新生产，并且还有加速度创新生产的趋势。本书以下仅从网站和网页、总收入、政府互联网应用、企业互联网应用、互联网广告收入等指标，来描述互联网媒体的产出概况，并试图分析政府规制对互联网产出的影响。

一、互联网产业总产出

互联网媒体因其强大的互动传播功能，满足了消费者信息、沟通、交易等多种需求，因此内容生产、经济产出增长迅猛，并且持续增长的空间比传统媒体更大。互联网媒体同时也拉动、融合了传媒产业以及国民经济各个产业，我国 20 世纪末制定的"信息化带动工业化"的发展战略的确带来了巨大的社会产出，提高了各行各业经济效率。

从互联网经济收入总量来看，2018 年中国规模以上互联网和相关服务企业业务收入 9 562 亿元，比上年增长 20.3％。2017 年中国数字经济规模 27.2 万亿元，占 GDP 比重 32.9％。2017 年中国 PC 网络经济营业收入为 7 946.1 亿元，移动网络经济营业收入为 10 487.8 亿元，分别同比增长 16.9％和 32.6％，[①] 可以说数字经济已经成为中国经济实现高质量发展的新动能。[②] 被称为"互联网女皇"的玛丽·米克尔发布的 2018 年《互联网趋势报告》也认为中国互联网应用正在加速，2017 年中国移动互联网数据使用量同比增长 162％，高于上年 124％的增速，特别是互联网移动支付、新零售和娱乐内容增长迅速，而互联网娱乐内容中又以移动短视频、网络视频消费时间增长尤其迅速。[③]

从互联网内容的载体网站、网页，以及互联网内容用户的指标看，截至 2018 年 12 月，中国网民数量为 8.29 亿，一年新增网民 2 968 万人，较 2017 年末增长 3.8％；其中手机网民 8.17 亿，全年新增手机网民 6 433 万人。8 亿网民的各种需求拉动了各种互联网内容产出，2018 年 12 月中国共有网站 523 万个，其中政府网站 17 962 个。截至 2018 年 12 月，我国市场上监测到的移动应用程序（App）在架数量为 449 万款。[④] 1997 年至 2018 年中国互联网媒体网站、网页和网民情况见表 5‑20。

表 5‑20　中国互联网媒体网站、网页、网民情况（1997—2018 年）[⑤]

年份	网 站 数 量		网 页 数 量		网 民 数 量	
	数 量（万）	增长率（％）	数 量（亿）	增长率（％）	数 量（亿）	增长率（％）
2018	523	−1.9	2 816	8.2	8.29	3.8
2017	533	11.6	2 604	10.3	7.72	5.6

①　2018 年中国互联网产业发展报告 [EB/OL]. http://www.199it.com/archives/680283. html. [2019‑08‑24].

②　中国互联网＋指数报告（2018）[EB/OL]. http://www.xinhuanet.com/info/ 2018‑04/19/c_137121739.htm. [2019‑08‑24].

③　玛丽·米克尔. 2018 年互联网趋势报告 [EB/OL]. http://tech.qq.com/a/ 20180531/003593.htm♯p=1. [2019‑08‑24].

④　第 43 次中国互联网络发展状况统计报告 [EB/OL]. http://www.cnnic.net.cn/ hlwfzyj/. [2019‑08‑24].

⑤　数据来源：历次《中国互联网络发展状况统计报告》。

年份	网 站 数 量		网 页 数 量		网 民 数 量	
	数 量（万）	增长率（%）	数 量（亿）	增长率（%）	数 量（亿）	增长率（%）
2016	482	13.9	2 360	11.2	7.31	6.3
2015	423	26.3	2 123	11.8	6.88	6.0
2014	335	4.7	1 899	26.6	6.49	5.0
2013	320	19.4	1 500	22.2	6.18	9.6
2012	268	16.5	1 227	41.7	5.64	42.1
2011	230	20.4	866	44.3	5.13	38.3
2010	191	—40.7	600	78.6	4.57	34.3
2009	323	12.3	336	108.8	3.84	28.9
2008	288	91.4	160.9	161	2.98	22.6
2007	150	78.4	84.7	89.5	2.10	53.3
2006	84.3	21.7	44.7	71.9	1.37	10.5
2005	69.4	3.8	26	198.9	1.11	8.5
2004	66.89	12.3	8.7	180.6	0.94	19.0
2003	59.55	60.3	3.1	93.8	0.79	33.9
2002	37.16	34.1	1.6	—	0.59	73.5
2001	27.71	4.4			0.34	47.8
2000	26.54	75.2	—	—	0.23	155.6
1999	15.15	2 758.5			0.09	3.5
1998	0.53	253.3			0.02	233.3
1997	0.15	—			0.006	—

表 5-20 显示，中国互联网网站从 1997 年的 1 500 个迅速增长到 2018 年 12 月的 523 万个，网页数量从 2002 年的 1.6 亿增长到 2017 年底的 2 816 亿页，网民数量从 1997 年的 60 万人增长到 2018 年的 8.292 亿。中国互联网网站数量基本是逐年递增的，只有 2018 年和 2010 年中国互联网网站数量下降。尤其是 2010 从上年的 323 万个下降到 191 万个，下降了 41%，中国互联网络信息中心的分析认为网站数量下降与国家加强对互联网领域

的安全治理有关，网站等互联网资源质量随着"水分"的溢出而得到提升，虽然网站数量下降幅度较大，但网页数和网页字节等互联网资源数却在持续大幅度增长。[①] 2018 年网站数量虽然下降了 1.9%，但网页数量增长了 8.2%。不难得出一个简单的推论，那就是中国互联网媒体以及媒体功能与其他产品结合的互联网产出的确数量巨大、增长迅速。

二、互联网公共产品产出

本书认为传媒公共产品主要包括公共政策传播、公众意见表达和公益文教传播三类。随着网络在中国的普及，中国公民越来越多地借助互联网来获取政治信息，通过互联网论坛等渠道及时、明确地表达自己的政治意愿，并且与政府发生互动。[②] 各种网络社交媒体则使受众个人意见传播有了更加稳定、系统的渠道，形成了一大批在网络上有重要影响的意见领袖。政府机构自身也在利用网络渠道与受众沟通，沟通内容既包括行政业务办理、公共信息发布，也包括受众发表意见、舆论监督，各种"网络问政平台"越来越多。当然，互联网媒体提高了公共政策传播产品和公益文教传播产品产出。

（一）公共政策传播产品产出

要从互联网媒体 500 多万个网站、400 多万款 App 和 2 600 多亿网页的总产出中准确区分其类型并精确统计公共政策传播类产品产出，的确非常困难。本书以下将从中国互联网新闻产出和政府等公共机构的互联网服务这两方面指标，来评述中国公共政策传播产品产出。

本研究把新闻产品界定为公共政策类传播产品，但要准确统计互联网新闻的总产量和产值甚至是生产机构数量都存在很大技术上的困难，即便是中华全国新闻工作者协会发布的权威性很强的《中国新闻事业发展报告（2017 年）》也未能发布准确统计数据。该报告主要是从传媒产业产值、网络新闻用户、重点新闻产品、持有新闻记者证人数等指标来介绍中国新闻事业发展情况。截至 2017 年 12 月 31 日，共有 231 564 人持有国家

---

① 中国互联网络发展状况统计报告（第 27 次）[EB/OL]. http://www.cnnic.net.cn/hlwfzyj/hlwxzbg/hlwtjbg/201206/t20120612_26718.htm. [2019 - 08 - 24].

② 陈剩勇，杜洁. 互联网公共论坛：政治参与和协商民主的兴起 [J]. 浙江大学学报（人文社会科学版），2005（5）：5 - 12.

新闻出版广电总局发放的具有采访资质的新闻记者证，其中报纸记者84 761人、期刊记者6 324人、通讯社记者2 849人，电台、电视台和新闻电影制片厂记者136 224人，新闻网站记者1 406人。① 2016年受国家网信办通知参加年检的互联网新闻信息服务单位包括82家中央新闻网站、164家地方新闻网站，② 另外几千家报纸和广播电视媒体一般也都有自己的互联网新闻传播平台，加之数量巨大的各种商业网站以及各种网络自媒体转发传播新闻，都为广大互联网用户提供新闻产出的渠道。截至2018年6月底，中国网络新闻用户为6.62亿，其中移动网络新闻用户为6.32亿，这正是互联网新闻产品的受众。尽管互联网新闻产出数量难以精确量化，但是重要的新闻网站的传播指数，以及重要新闻网站PC端和移动端资讯App的用户规模也可以作为观察中国互联网新闻产出的参考指标，具体见表5-21。

表5-21　中国PC新闻网站与移动端资讯App使用情况③

排名	PC端新闻资讯网站		移动端综合资讯App	
	名　称	月度覆盖人数（万人）	名　称	月度独立设备（万台）
1	东方网-新闻门户	18 512	腾讯新闻	26 990
2	凤凰网-新闻资讯	13 855	今日头条	23 465
3	腾讯-新闻资讯	10 248	新浪新闻	13 373
4	新浪-新闻资讯	9 674	网易新闻	9 734
5	腾讯-地方网站	8 758	搜狐新闻	7 738
6	中华网-新闻资讯	7 819	天天快报	6 926
7	今日头条-新闻门户	7 414	凤凰新闻	5 585
8	环球网-新闻门户	7 242	趣头条	5 528
9	网易-新闻资讯	6 571	一点资讯	4 207
10	人民网-新闻门户	5 369	爱看	1 843

① 中国新闻事业发展报告（2017年）［EB/OL］. http：//www. cac. gov. cn/2018 - 06/20/c _ 1123007697. htm.［2019 - 08 - 24］.

② 关于2016年互联网新闻信息服务单位年检工作的情况通报［EB/OL］. http：// www. cac. gov. cn/2016 - 08/03/c _ 1119331581. htm.［2019 - 08 - 24］.

③ 艾瑞指数，http：//index. iresearch. com. cn/Pc/List? orderBy=4.［2019 - 08 - 24］.

续表

排名	PC 端新闻资讯网站		移动端综合资讯 App	
	名　　称	月度覆盖人数（万人）	名　　称	月度独立设备（万台）
11	中国青年网-新闻门户	4 595	腾讯体育	1 120
12	搜狐-新闻资讯	4 398	ZAKER 新闻	1 109
13	腾讯-体育资讯	4 189	PP 体育	1 107
14	虎扑体育-体育资讯	4 060	爆点资讯	973
15	搜狐-体育资讯	3 831	直播吧	910
16	北京时间-新闻门户	3 513	东方头条	651
17	新浪-体育资讯	3 452	懂球帝	624
18	新浪-地方网站	3 403	微鲤看看	613
19	中国网-新闻门户	3 290	虎扑体育	513
20	直播吧-体育资讯	3 101	新浪财经	503

　　显然评价中国新闻网站公共政策传播产出不仅要看其受众覆盖面，还应该看其传播效果、社会责任等指标，中央网信办《网络传播》杂志发布的"中国新闻网站传播力榜"体现的正是这种综合传播效果，或者说综合公共政策传播产出。2017 年 12 月中国新闻网站传播力总榜排名见表 5-22。

表 5-22　中国新闻网站传播力前 20 排名（2017 年 12 月）①

排　名	网　　　站	传播力指数
1	人民网	9 326.9
2	新华网	8 764.1
3	中国网	7 542.8
4	中国新闻网	7 537.2
5	东方网	7 439.2
6	华龙网	6 746.4

---

　　① 中国新闻网站传播力 2017 年 12 月总榜发布 [EB/OL]. http：//media. people. com. cn/n1/2018/0130/c14677-29794356. html. [2019-08-24].

续表

排　名	网　　站	传播力指数
7	央视网	6 515.1
8	红网	6 405.7
9	澎湃新闻网	6 377.7
10	大众网	6 205.1
11	浙江在线	5 979.0
12	央广网	5 590.4
13	环球网	5 589.3
14	中国江西网	5 250.7
15	观察者网	4 979.9
16	国际在线	4 952.2
17	齐鲁网	4 918.1
18	四川新闻网	4 758.4
19	南方新闻网	4 725.3
20	界面	4 617.8

　　不仅国有媒体发布了大量公共政策传播产品，商业网站和自媒体转载了大量的公共政策传播产品，政府网站和各种互联网终端自身也是传播此类公共产品和服务的重要渠道。截至 2018 年 6 月，我国共有政府网站 19 868 个，主要包括政府门户网站和各政府部门网站，其中部级行政单位共有政府网站 1 583 个，省级及以下行政单位共有政府网站 18 285 个。截至 2018 年 6 月，我国在线政务服务用户规模达到 4.70 亿，占总体网民的 58.6%。其中，通过支付宝或微信城市服务平台获得政务服务的使用率为 42.1%，是网民使用最多的在线政务服务方式；其次是政府微信公众号，使用率为 23.6%，我国政府网站、政府手机端应用及政府微博的使用率分别为 19.0%、11.6% 和 9.4%。[①] 2018 年上半年，我国政务服务线上化速度明显加快，各级政府积极利用互联网在国家管理和社会治理中的作用，用信息化手段更好感知社会态势、畅通沟通渠道。国

---

　　① 第 42 次中国互联网络统计报告 [EB/OL]. http://www.cnnic.net.cn/hlwfzyj/. [2019 - 08 - 24].

务院办公厅还专门印发了《进一步深化"互联网＋政务服务"推进政务服务"一网、一门、一次"改革实施方案》，以加快推动电子政务、打通信息壁垒、构建全流程一体化在线政府服务平台。各级党政机关和群团组织等机构也积极运用微博、微信、客户端等"两微一端"新媒体，发布政务信息、回应社会关切、推动协同治理，来提升地方政府信息公开化、服务线上化水平。表5-23显示了中国公共部门的互联网政务服务平台应用情况。

表5-23　中国公共部门互联网政务服务平台媒体应用情况①

时　间	政府网站（个）	微信城市服务（亿次）	政务微博（个）	政务头条号（个）
2018年12月	17 962	5.7	138 253	78 180
2018年6月	19 868	5.03	137 677	74 934
2017年12月	24 820	4.2	134 827	70 489

之所以2018年中国政府网站数量减少，主要是因为国务院要求精简网站数量、提高网站服务质量，因而淘汰了大量无效政府网站。国务院办公厅还对政府网站进行定期抽查评估，对不合格网站责任单位和相关人员进行了追究问责。大部分政府门户网站开设了互动交流栏目，以及时回应公众关切。2018年第二季度政府网站抽查统计，在"我为政府网站找错"平台上还共收到网民有效留言15 885条，总体办结率为99%。内蒙古、江苏、教育部等38个地区和政府部门的留言按期办结率达到100%。由此可见，各种互联网媒体的确已经成了公共政策传播和服务的重要平台，其中政府网站往往是政府发布信息的基础性平台，是各级政府部分发布公共信息、传播公共政策的综合渠道。截至2018年6月底，我国现有1 583个部委网站、2 010个省级网站、12 876个市级网站以及3 408个县级网站，开办了信息公开、网上办事、政务动态等栏目，各级政府网站栏目数量和文章更新量分别如图5-3和图5-4所示，这也是评价政府网站公共政策传播产出的重要指标。

政务微博发布信息机动灵活、便于转发、影响较大，也是重要的公共政策信息传播产品。在2018年6月运行的政务微博中，开设微博的主体包

---

① （第43次、42次、41次）中国互联网络统计报告［EB/OL］. http：//www. cnnic. net. cn/hlwfzyj/.［2019-08-24］.

单位：个

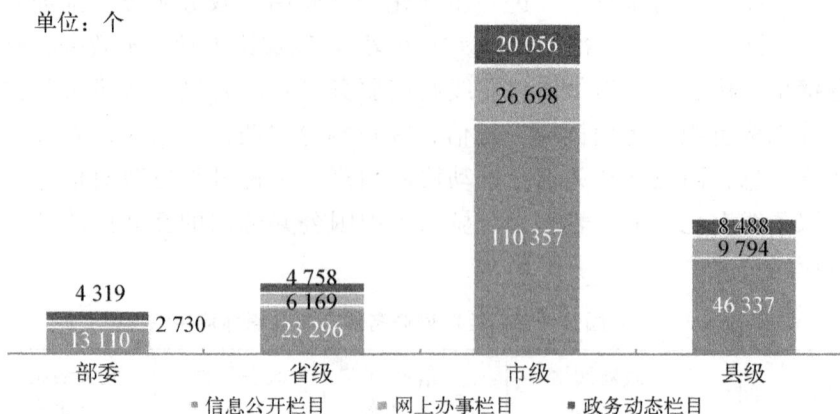

图 5-3   各行政级别政府网站栏目数量分布（2018 年 12 月）①

（篇）

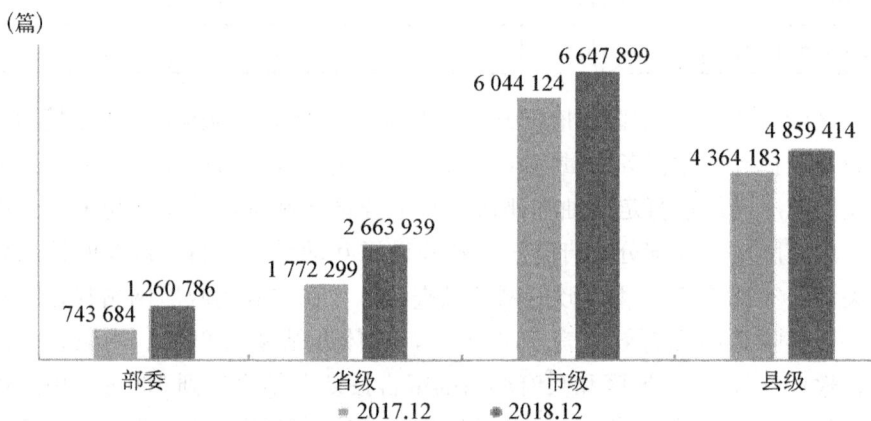

图 5-4   各行政级别政府网站首页文章更新量
（2017 年 12 月—2018 年 12 月）②

括政府、社会团体、党委、检察院等机构，其中政府开设微博 89 832 个，社会团体开通 34 141 个。这些政务微博发布的内容在全社会引起较大反响，在公共政策传播和公共服务方面发挥了重要作用。截至 2018 年 6 月，在政务微博被转发数排名中，共青团中央微博排名首位，2018 年上半年微博共被转发量约 231 万次。从微博服务领域来看，用户对安全信息关注度

----

① 第 43 次中国互联网络统计报告［EB/OL］. http：//www. cnnic. net. cn/hlwfzyj/.
［2019-08-24］.

② 第 43 次中国互联网络统计报告［EB/OL］. http：//www. cnnic. net. cn/hlwfzyj/.
［2019-08-24］.

最高，微博转发量排名 Top20 中，公安机构微博占 7 个。从地域来看，北京在 2018 年上半年政务微博转发量排名 Top20 中占据 9 席（见表 5 - 24）。

表 5 - 24　政务微博被转发数 TOP20 (2017 年 12 月—2018 年 6 月)[①]

排名	微博名称	所在省份	领域	粉丝数（万）	被转发数（万）
1	共青团中央	北京	团委	600.952 6	230.753 5
2	公安部打四黑除四害	北京	公安	2 922.689 2	122.289 1
3	中国消防	北京	公安	268.554 4	34.602 8
4	中国反邪教	北京	政法委	171.334 6	32.652 3
5	中国长安网	北京	政法委	433.195 4	29.706 7
6	云南共青团	云南	团委	49.635 0	23.700 5
7	共青团中央学校部	北京	团委	111.019 7	23.653 0
8	成都共青团	四川	团委	179.055 6	23.338 0
9	平安北京	北京	公安	1 246.475 7	21.230 3
10	成都发布	四川	外宣	664.871 1	17.592 5
11	中国天气	北京	气象	57.150 2	14.320 1
12	中国气象科普网	安徽	气象	114.486 9	11.047 7
13	成都地铁	四川	交通运输	74.313 2	8.508 0
14	内蒙古反邪教	内蒙古	政法委	31.617 1	7.087 1
15	天津交警	天津	公安	183.783 1	6.581 9
16	气象北京	北京	气象	291.293 1	4.751 8
17	深圳交警	广东	公安	219.712 6	4.340 2
18	湖南高速警察	湖南	公安	215.709 2	4.122 3
19	深圳天气	广东	气象	170.574 6	3.465 2
20	深圳公安	广东	公安	364.873 3	3.329 2

（二）公众意见表达产品

相对于报业、电视等"传统"媒体而言，互联网对中国公共产品供给的最大意义，或许在于它为受众个人提供了前所未有的便捷意见表达渠

[①]　第 43 次中国互联网络统计报告 [EB/OL]. http：//www. cnnic. net. cn/hlwfzyj/. [2019 - 08 - 24].

道，也为受众个人、传媒机构提供了更多舆论监督的渠道。受众通过各种互联网渠道发表对公共事务的意见，作为一种基于新传播技术之上的参与方式，打破了空间、时间的限制，增加了公民对公共事务全面的参与以及公民与公共部门之间直接沟通的可能性。

中国受众表达意见的渠道随着互联网产品的演化而逐步拓展，从留言评论、论坛讨论，到各种社交平台自主发布和转发各种信息内容，受众个人表达意见的影响力也越来越大，一些网络意见领袖的意见影响力堪比大型专业媒体。截至 2018 年 6 月，中国网民微信朋友圈和 QQ 空间的使用率分别为 86.9％和 64.7％。随着短视频和 MCN（多频道网络传播产品形态）机构的兴盛，微博产品在粉丝互动和内容分发等价值得到进一步强化，微博用户使用率在 2018 年 6 月用户规模比 2017 年末增长了 6.8％，网民总体微博使用率为 42.1％。[①] 这些实证数据说明，中国广大受众利用互联网媒体就公共事务发表意见，为自己的信息内容变现盈利提供了更大的空间。近年来中国受众使用极为广泛的两种自媒体渠道——微博和微信相关使用见表 5－25 和表 5－26。

表 5－25　中国微博用户数量及其使用率（2012—2018 年）[②]

年份	微博用（亿）	使用率（％）	移动微博用（亿）	使用率（％）
2018	3.56	42.3	——	——
2017	3.16	40.9	2.86	38.0
2016	2.71	37.1	2.41	34.6
2015	2.30	33.5	1.87	30.2
2014	2.49	38.4	1.71	30.7
2013	2.81	45.5	1.96	39.3
2012	3.09	54.7	2.02	48.2
2011	2.50	48.7		
2010	0.63	13.8	——	15.5

---

① 第 42 次中国互联网络统计报告［EB/OL］. http：//www. cnnic. net. cn/hlwfzyj/. ［2019－08－24］.

② 2018 上半年中国微博用户数据分析［EB/OL］. http：//www. askci. com/news/chanye/20180821/1706361129537. shtml［2019－08－24］；（相应次）中国互联网络发展报告［EB/OL］. http：//www. cnnic. net. cn/hlwfzyj/. ［2019－08－24］.

表 5 - 26　中国微信用户及微信公众号数量（2012—2018 年）①

年　份	微信用户数量（亿）	微信公众号数量（万）
2018	10.04	—
2017	8.89	2 101
2016	6.97	1 777
2015	5	1 345
2014	3.55	805
2013	超 2	201
2012	超 1	—

　　表 5 - 26 数据显示，2018 年第一季度微信和 WeChat 合并用户已经达到 10.4 亿，已实现对国内移动互联网用户的大面积覆盖，成为全民级通信平台和社交媒体平台。2017 年微信登录人数已达 9.02 亿，日均发送微信次数为 380 亿，成为国内最大的移动流量平台之一。使用微信公众号也已成为中国受众重要的日常习惯，它已从内容传播演化而形成成熟的流量变现模式，庞大的内容创作群体和激增的粉丝数量，使微信公众号从单纯内容输出向商业化、专业化转变，个人、企业、政府等公共部门都在使用这个传播平台。数据还显示，2016 年微信公众号平均发文 518 篇，平均发文 138 次；2017 年微信公众号月活跃账号数为 350 万，同比增长 14%；月活跃粉丝数为 7.97 亿，较 2016 年增长 19%，这表明微信公众平台上的内容创作和用户接受程度都在提高。显然，微信已经成为受众发布私人信息和公共事务意见的最重要平台之一。②

　　今日头条也是中国最重要的大众新闻传播和自媒体传播平台之一，数量庞大的个人、媒体机构和公共机构用户都在运用这个平台传播各种私人信息

---

① 2018 年中国微信登录人数、微信公众号数量及微信小程序数量统计［EB/OL］. http：//www. chyxx. com/industry/201805/645403. html.［2019 - 08 - 24］；腾讯微信用户量突破 3 亿 耗时不到两年［EB/OL］. http：//tech. qq. com/a/20130115/000179. htm.［2019 - 08 - 24］；2017 年中国微信公众号数量及图片版权市场规模分析［EB/OL］. http：//www. chyxx. com/industry/201712/594617. html.［2019 - 08 - 24］；2017 年中国微信公众号发展现状及发展趋势分析［EB/OL］. http：//www. chyxx. com/industry/201807/656197. html.［2019 - 08 - 24］。其中 2018 年数据为第一季度数据。

② 2017 年中国微信公众号数量及图片版权市场规模分析［EB/OL］. http：//www. chyxx. com/industry/201712/594617. html.［2019 - 08 - 24］；2017 年中国微信公众号发展现状及发展趋势分析［EB/OL］. http：//www. chyxx. com/industry/201807/656197. html.［2019 - 08 - 24］.

和公共信息。截至 2017 年 10 月，今日头条的"头条号"总数超过 110 万，其中自媒体账号数量达 90 万、媒体头条号总数超 5 500 个、国家机构及其他组织总数超 70 000 个。今日头条的使用情况也很活跃，2017 年 11 月活跃用户为 2.19 亿，人均启动次数 131.8 次，月人均使用时长 23.16 小时。①

总而言之，各种互联网媒体尤其是社交媒体平台已经为受众个人群体提供了充足的意见表达渠道，受众对公共事务的意见已经成为公共舆论形成的重要途径。当然，在互联网平台上受众的公共事务意见和私人信息传播结合程度也越来越高，互联网媒体"公众意见表达产品"的产出也更加复杂。

公益文化教育产品当然也在互联网上传播，但是相对于海量的互联网商业服务，相对于传统媒体在互联网上传播宣传产品，我国互联网公益文化教育产品明显不足。在艾瑞咨询机构监测的流量排名前 100 名网站中，没有一个专门的公益文化教育网。只有少数公益机构或个人生产制作了专门的公益文化教育网站，但是信息量、影响力远远不如商业网站和传统媒体主办的各类网站。

三、互联网媒体商品产出

互联网行业生产的产品类型丰富多元，应该如何定义互联网媒体商品产出并量化评价产出绩效？本书认为互联网广告经营额和互联网内容付费收入是两大重要指标，因为通过传播内容商品获得收入正是传媒商品生产最主要的特征。表 5 - 27、表 5 - 28 和表 5 - 29 显示了近年来中国互联网媒体广告经营和内容付费收入方面的数据。

表 5 - 27　中国互联网媒体广告经营额增长情况（1999—2017 年）②

年份	广告经营额（亿元）	增长率（%）	年份	广告经营额（亿元）	增长率（%）
1999	0.9	—	2003	10.8	120.41
2000	3.5	288.88	2004	23.4	116.66
2001	4.1	17.14	2005	41.7	78.21
2002	4.9	19.51	2006	60.5	45.08

①　2017 年今日头条发展情况分析［EB/OL］. http://www. chyxx. com/industry/201804/626011. html.

②　数据来源：广告数据来自艾瑞咨询网络广告市场年度监测报告；2001 年数据来自人民网。

续表

年份	广告经营额 （亿元）	增长率 （%）	年份	广告经营额 （亿元）	增长率 （%）
2007	106	75.21	2013	1 105.2	43.0
2008	170	60.38	2014	1 546.0	39.9
2009	207.4	22	2015	2 184.5	41.3
2010	337.1	62.53	2016	2 884.9	32.0
2011	537.7	59.5	2017	3 750.1	30.0
2012	773.1	43.8	2018	4 884.0	29.2

表 5 - 28　中国互联网移动媒体广告经营额和用户内容付费率（2011—2017 年）[①]

年份	移动广告经 营额（亿元）	增长率 （%）	网络用户内容 付费率（%）	增长率 （%）
2011	—			
2012	—		12.3	
2013	133.7	—	18.7	52.0
2014	375.1	180.6	24.1	28.9
2015	997.8	166.0	29.2	21.2
2016	1 750.2	75.4	33.8	15.7
2017	2 549.6	45.7	41.0	23.3
2018	3 663.0	43.67	—	—

在近年传统报业广告经营持续"断崖式下滑"、电视广告经营也由暖转冷的背景下，表 5 - 27 却显示互联网广告经营额近年来年度增长率都在29.2% 以上，而移动互联网广告经营额更是都在 43.67% 以上（见表 5 - 28），其中 2014 年、2015 年的增幅更是在 160% 以上；在电视媒体多年来试图突破依赖广告单一收入模式、拓展节目内容收费却收效甚微的情况下，互联网内容用户付费比例却逐年稳步上升，2017 年已有超过四成的互联网媒体用户为内容付费，尤其是网络视频用户付费、网络直播付费市场发展迅速，网络视频付费规模同比增长翻倍，预计未来两年仍会保持超 60% 的高速增长（见

---

① 数据来源：广告数据来自艾瑞咨询网络广告市场年度监测报告；一文带你了解互联网内容付费产业，未来产业大战不可避免［EB/OL］. https://www.qianzhan.com/analyst/detail/220/180712 - 162fdcb1.html.［2019 - 08 - 24］.

表 5 - 29　2017 年中国互联网内容产品用户付费市场规模

（单位 亿元）[①]

产品类型	用户付费市场	网络视频用户付费市场	数字阅读付费市场	网络音乐付费市场	网络直播付费市场
市场规模	3 184	218	超 100	175	近 400

表 5 - 29）。[②] 网络短视频作为碎片化内容消费新业态，未来的广告经营和用户付费市场都将快速增长。

　　之所以中国互联网媒体广告商品和付费内容产品增长如此迅速，这固然与互联网媒体传播技术能力强大、具备各种产品与服务创新的潜能有关，也与近年来中国居民在文化娱乐方面的消费支出能力提升有关。但是从传媒规制的角度来看，则是因为互联网媒体的准入规制、行为规制和内容规制比传统媒体这些方面的规制更加宽松，从而激发了更有效的市场竞争和各种市场经营行为，才能生产出满足各种市场需求的传媒产品，进而形成活跃的市场消费和经济产出。对于互联网媒体和传统媒体不同的产品定价行为、研发创新行为、兼并投资行为、营销公关行为以及成本控制行为等传媒机构市场经营行为，本书第四章已对此进行实证分析。

第四节　中国传媒产出与传媒规制

　　传媒产出增长通常意味着传媒文化传播能力的提升，也意味着传媒产品生产消费的增加、社会财富的生产和积累。传媒曾经主要是精神文明的传播载体，是人沟通传播的渠道，也是"人的延伸"；"互联网＋"时代传媒则更加直接地渗入到社会物质文明的生产流程。

　　本章前三节分别从具体传媒产品产量、经营额等指标，实证介绍了当下中国报业、电视媒体和互联网媒体产业传媒的总产出、传媒公共产品产

---

　　① 国家版权局：2017 年我国网络版权产业市场规模达 6 365 亿［EB/OL］. http：//www. xinhuanet. com/fortune/2018 - 04/26/c _ 1122746404. htm. ［2019 - 08 - 24］；广东省版权局官网数据，http：//www. xwcbj. gd. gov. cn/xwcbgdj/hydt/2018 - 05/03/content _ 8ef1e0af736 54eeaaf4d69fd33c15579. shtml. ［2018 - 08］.

　　② 国家版权局：2017 年我国网络版权产业市场规模达 6 365 亿［EB/OL］. http：//www. xinhuanet. com/fortune/2018 - 04/26/c _ 1122746404. htm. ［2019 - 08 - 24］；广东省版权局官网数据，http：//www. xwcbj. gd. gov. cn/xwcbgdj/hydt/2018 - 05/03/content _ 8ef1e0af736 54eeaaf4d69fd33c15579. shtml. ［2018 - 08］.

出和传媒商品产出概况，也介绍了改革开放以来部分产出指标的变迁。应该说，传媒产出是评价传媒规制绩效最终的指标，各种规制的最终目标都是为了达到符合政策需要的传媒产出。本章将概括中国报业、电视和互联网媒体的产出特征，并尝试论述传媒规制对传媒产出的影响。

一、中国报纸、电视和互联网媒体总体产出特征

从本章前三节实证数据中，我们可以看出改革开放以来我国传媒绝大部分产出指标持续增长的趋势，也可以看到近年来传统媒体产出趋于下降的困境，以及互联网媒体产出迅速增长的势头。

中国报业媒体产出方面，数量众多的地方报纸产出大大高于中央报纸；单份报纸产出及其影响力方面，中央主要报纸大大高于地方报纸；经济发达、人口多的省份报纸产出往往更高。从历史纵向视角看，宏观经济发展较快的 20 世纪 80 年代中期、90 年代前期和中期报纸产出增长较快，而经济波动较大的 20 世纪 80 年代末、90 年代末中国报纸种数随之下降，报业宏观调控的 1990 年、2004 年报纸种数产出有所降低，1994 年的报业调控虽然官方公布报纸种数未下降，但总印数下降了 3.84％；总体而言，改革开放以来中国报业产出趋势是逐年增长，直至 2011 年之后互联网媒体冲击才根本性改变这种趋势。2011 年报纸种数持续性下降，2014 年之后种数、印数、印张和金额的全面下降。2011 年也是中国报纸广告经营额的峰值，其后报业广告经营额便持续"断崖式下滑"。

中国电视媒体产出方面，数量巨大的地方电视台制作了绝大部分的电视节目，创造了绝大部分的收入，尤其是经济发达、人口数量多的地方省份。

2018 年电视综合人口覆盖率 99.25％，其产出对整个传媒产业的社会公共价值和产业经济价值都非常重要。2018 年全国电视节目制作时间 357.74 万小时，同比下降 2.04％。其中农村电视节目制作时间 66.54 万小时，同比增长 26.02％，占电视节目制作总时长的 18.60％。从节目类型看，2018 年我国制作的 357.74 万小时节目中，新闻资讯类电视节目占 107.95 万小时，专题服务类电视节目占 89.72 万小时，综艺益智类节目占 43.91 万小时，影视剧类节目占 11.78 万小时，广告类电目占 47.22 万小时。[①] 从历史纵向角度看，

---

① 2018 年全国广播电视行业统计公报［EB/OL］. http://www.nrta.gov.cn/art/2019/4/23/art_113_42604.html［2019 - 08 - 23］.

改革开放以来中国电视节目播出时间、制作时间、总收入、综合覆盖率、人均创造收入基本上都是逐年递增；新闻节目是电视公共功能最重要的载体，21 世纪以来新闻节目制作和播出时间及其所占比重亦是逐年递增；作为电视商品产出指标，总体而言改革开放以来广告收入都是持续较快增长，尤其是宏观经济增长迅速的 20 世纪 80 年代中期、90 年代前期和中期增速更快，在新世纪头十年也有较快的增长率。因为互联网媒体的冲击，中国电视广告收入在 2014 年达到峰值以后便出现趋势性下降。

中国互联网媒体产出方面，互联网及其在各个领域的渗透应用已经成为中国社会发展革命性的因素，网站、网民以及各种网络业务增长速度之快、影响之大，已经彻底改变了中国媒体生产格局。从 1997—2017 年这 20 年间，中国网站数量从 0.15 万个增长到 533 万个，网民数量从 60 万增长到 7.72 亿。2017 年全国数字经济体量为 26.70 万亿元。截至 2018 年 6 月，我国有政府网站 19 868 个，在线政务服务用户规模达到 4.70 亿。网络社交媒体的使用也彻底改变了中国受众获取信息、传播信息的方式，2018 年中国微博用户为 3.37 亿，使用率达到 42.1%；2018 年 6 月中国微信用户数量达到 10.04 亿，微信公众号数量在 2017 年底为 2 101 万个。广告收入方面，中国互联网媒体从 1997 年获得第一笔广告，到 2017 年广告总收入已经达到 3 750.1 亿元，即便是在广告总体增速放缓的 2011 年以后，互联网广告收入每年增速依然在 30% 以上。在传统媒体始终无法突破的内容付费产出方面，互联网内容付费用户也逐年增长，2017 年网民付费率达到 41%。

总体而言，报纸、电视和互联网媒体这三种最重要的媒体产出概况见表 5 - 30。

表 5 - 30　2017 年中国传媒产出概况①

	报　纸　媒　体	电　视　媒　体	互联网媒体
产品产量	中国共出版报纸 1 884 种，总印数为 362.50 亿份，平均期印数 1.87 亿份，总印张 1 076.24 亿印	制作电视节目 365.18 万小时，其中新闻节目 108.51 万小时、专题服务节目 90.90 万小时、综艺益智节目 47.43 万小时、影视剧节目 15.31 万小时；3 493 套公共电	网站 533 万个，网页 2 604 亿个。移动 App 在架数量 391 万款

① 数据来源：广告收入数据来自崔保国. 中国传媒产业发展报告（2018）[R]. 北京：社会科学文献出版社，2018；报纸产品数据来自国家新闻出版署发布的《2017 年全国新闻出版业基本情况》；电视产品数据来自国家广电总局发布的《2017 年全国广播电视行业统计公报》；互联网媒体数据来自中国互联网络信息中心发布的《第 41 次中国互联网络报告》。

续表

	报 纸 媒 体	电 视 媒 体	互联网媒体
产品产量	张，定价总金额 398.85 亿元	视节目频道共播出电视节目 1 881.02 万小时，其中新闻资讯类节目 271.85 万小时、专题服务类电视节目 250.82 万小时、综艺益智类节目 147.12 万小时、影视剧类电视节目 798.81 万小时	
广告收入	348.63 亿元	1 234.39 亿元	2 975.15 亿元
用户覆盖	——	13.77 亿	7.72 亿
产出增长趋势	改革开放以来产出总体持续增长，2011 年后产出开始递减	改革开放以来总体持续快速增长，2014 年后出现趋势性降低	2003 年后长年持续高速增长
中央和地方媒体总体产出比较	中央报纸影响力大，数量巨大的地方报纸总产出大大高于中央报纸，印数最高的《人民日报》2015 年综合报纸市场份额为 3.92%	中央电视台舆论影响力大，且众多频道收视份额占 28.5%（2015 年），广告份额 21.27%（2014 年）。数量巨大的地方媒体总产出高于中央媒体	国有互联网媒体各项产出指标均大大低于非国有媒体；中央新闻网站相对地方新闻网站具有显著优势

二、中国传媒机构产出中的产权差异

中国传媒产业规制的一个重要特点就是生产主体典型地区分为国有产权和民营媒体，在传统的报业、电视媒体领域绝大部分都是国有产权，其中又包括国有事业单位、国有全资企业单位和国有控股或参股企业单位。而作为中国传媒发展的重大战略——推进传统媒体与新兴媒体融合发展，其中最重大的任务之一就是推进国有产权媒体的融合发展。因此，评价国有产权媒体机构和民营产权媒体机构的产出差别就非常关键。本书首先将比较它们传媒公共产品产出差异，然后将比较它们在传媒总产出、传媒商品产出和投入产出效率方面的差异。

（一）国有与民营媒体的传媒公共产品产出差异

笔者认为传媒公共产品主要包括公共政策传播产品、公众意见表达产品和公益文教产品三类。前文对报业、电视和互联网媒体的传媒公共产品产出实证统计分析显示，国有产权媒体在公共政策传播类传媒公共产品产出方面高于民营产权媒体；在公益文教类产品产出方面也高于民营媒体；在公众意见表达方面，虽然国有媒体产出了不少相关内容而民营媒体却因政策壁垒不能直接采访制作表达公众意见的新闻内容，但是民营产权媒体尤其是民营互联网媒体却为公众自身表达提供了巨大的传播平台，总体而言似乎可以说有更高的公共意见表达产品产出。

党报内容、电视新闻及其在互联网媒体上的转载传播，以及各种公共机构通过各种互联网渠道直接生产传播的公共政策传播与服务内容，可以说是中国公共政策传播产品最主要产出。前文统计了党报直接产出与间接传播数据、电视新闻节目的制作播出数据、政府等公共部门通过各种互联网渠道传播公共政策和服务的平台、内容等产出数据；PC和移动互联网终端的顶级新闻资讯传播产品，虽然其中大多数是民营互联网媒体，但是其中公共政策传播内容显然绝大部分是从国有媒体产出中转载。显然，从这些数据不难看出，国有产权专业和非专业媒体的确是公共政策传播内容产出的主要生产者。

公益文教类产品产出方面，也是国有媒体产出显著高于民营媒体。公益文教类产品内容形式复杂多样，有的和公共政策传播产品和传媒商品也很难绝对区分，但其中纪录片、音乐艺术和戏剧艺术内容、青少年文化类和教育类内容可以说是公益文教产品的主要类型，我国这些产品的产出主要都集中于国有媒体，尤其是中央级国有媒体。在青少表演、青少专题节目产出方面，中央级电视频道的收视份额分别达到89.5%和72.8%；[①] 在教学节目方面，央视频道所占份额为77.6%；在戏剧节目方面，央视频道收视份额则占全国的61.6%；在音乐节目方面，央视频道收视份额占全国的83.7%。[②] 当然，报纸和电视播出媒体机构产权都是国有，无法比较国有和民营媒体产出差异。但是，节目制作机构的产权性质包括国有、民营等多种类型，上文实证分析了2017年纪录片这种典型公益文教产品的生产投资数据，国有电视台投资（21.13亿元）和其他国家机构投资（5.13亿元）明显高于民营公司投资（7.27亿元）和新媒体机构投资（6.00亿元）。近几年国家广电总局直属机构的纪录片制作量、销售额占到全国的三成左

---

① 2010年青少节目收视分析［EB/OL］. http：//www. csm. com. cn/Content/2016/11-11/1056233266. html. ［2019-08-25］.

② 徐立军. 中国电视收视年鉴（2016）［R］. 北京：中国传媒大学出版社，2016：46.

右，2016 年的纪录片投资更是占到全国的近一半。所以，虽然实证产出数据不是特别系统和充分，但基本上还是可以佐证国有媒体在各类公益文教类内容产出方面的确大大高于民营媒体。

公众意见表达产品产出的比较更加复杂，如果从意见表达渠道提供、业界人士问卷调查的评价数据来看，民营媒体似乎比国有媒体在公众意见表达产品方面产出更高。媒体之所以被各界认为是一种"公器"，一个最重要的原因就是它能够传播、表达公众对公共事务的意见，以及在公共平台上合理表达公众对自己合法私人事务、利益的意见。数量庞大的国有报纸、电视等媒体显然传播了大量公众意见表达产品，但因报纸和电视媒体机构都属于国有产权，无法进行产权差异比较。互联网媒体机构则包括各种产权类型，国有互联网媒体依然有较多的公众意见表达产品，但鉴于国有互联网媒体在总体市场覆盖上并不占优势，所以也很难说国有互联网媒体在公众意见表达产品上产出占优。但是有一点可以肯定，那就是微博、微信、博客等自媒体渠道目前已经成为中国公众意见表达使用最广的渠道，而其中使用最广的自媒体渠道绝大部分是民营产权或者说民营产权控股的上市公司所生产，从这个角度似乎可以推论民营媒体对公众意见表达产出高于国有媒体。课题组对来自各种传媒子行业的从业者问卷调查也显示，共有 33.58% 的受访者认为国有媒体表达公众意见贡献比民营媒体"大很多"或"稍微大一些"，而有 38.81% 的受访者认为国有媒体这方面贡献更小。也就是说，业界人士中认为民营媒体贡献大于国有媒体贡献的人相对更多。

课题组问卷调查中，我国传媒业界人士对国有媒体和民营媒体在各种传媒公共产品产出贡献的评价见表 5-31。

表 5-31　传媒业界人士对国有媒体与民营媒体
在传媒公共产品产出贡献比较评价[①]

比较维度	评价选项及比例（%）				
	A 贡献大很多	B 贡献稍微大一些	C 差不多	D 贡献小一些	E 贡献小很多
公共政策传播	32.34	30.48	22.14	7.21	2.24
公益文教传播	29.58	41.79	18.41	6.22	1.49
公众意见表达	11.94	21.64	25.62	24.88	13.93

① 数据来源：作者问卷调查统计结果。

从表5-31可以发现,认为国有媒体在公共政策传播方面贡献比民营媒体"大很多"或"稍微大一些"的比例超过六成,而持相反观点的不足一成;认为国有媒体在公益文教产品传播比民营媒体贡献"大很多"或"稍微大一些"的比例超过了七成,而持相反观点的也不足一成;认为国有媒体表达公众意见方面贡献更大或更小的比例均在三成左右,其中认为国有媒体这方面贡献更小者略多出5.23个百分点。

另外,低俗内容传媒产品可谓是典型的"负公共产品",在问卷调查中传媒业界人士有八成以上的受访者认为国有媒体控制低俗内容方面表现优于民营媒体,持相反观点的只有3.98%,具体见表5-32。

表5-32   传媒业界人士对国有媒体与民营媒体在控制低俗内容方面表现[①]

评价选项	A好很多	B好一些	C差不多	D差一些	E差得多
评价分布比（%）	51.99	32.34	10.2	2.74	1.24

所以,基于传媒产出客观数据和传媒业界人士主观评价,本书大致可以推断:我国国有媒体在整体传媒公共产品方面的产出优于民营媒体。还需要特别突出的是,传媒业界人士普遍肯定党和政府政策宣传对社会发展的整体作用,无论是按从业者行业还是按其服务机构产权性质统计均是如此,具体不同类型受访者的评价比例见表5-33。

表5-33   传媒业界人士对政策宣传对于社会发展所起作用的评价[②]

		评价选项及比例（%）				
		重要促进作用	有些促进作用	没有作用	负面作用	空　　缺
按行业统计	报业	30.77	61.54	3.85	3.85	0
	广播电视	40.71	46.43	4.29	7.86	0.71
	影视制作	9.09	65.15	12.12	7.58	6.06
	互联网综合	13.64	54.55	18.18	13.64	0
	网络视频	12.50	66.67	4.17	8.33	8.33

① 数据来源:作者问卷调查统计结果。

② 数据来源:作者问卷调查统计结果。

		评价选项及比例（%）				
		重要促进作用	有些促进作用	没有作用	负面作用	空　缺
按产权性质统计	国有事业单位	39.86	51.35	6.08	2.70	0
	国有全资企业	42.11	44.74	2.63	10.53	0
	国有控股公司	10.00	60.00	5.00	15.00	10.00
	国内民资公司	13.37	59.30	13.37	10.47	3.49
	外资控股公司	21.43	57.14	0	7.14	14.29
传媒业整体		25.87%	54.73	8.46	7.46	3.48

　　表5-33显示，传媒从业人士中整体有超过八成的受访者认为党和政府政策宣传对社会发展有"重要促进作用"或"有些促进作用"；按行业统计，报业受访者中认为党和政府政策宣传对社会发展有"重要促进作用"或"有些促进作用"的比例超过九成，广播电视行业受访者持此态度合计也接近九成，来自影视制作行业、网络视频行业和互联网综合媒体从业者对政策宣传作用认可度相对稍低，但这些行业受访者认为宣传有重要作用或有些作用的比例也分别达到74.24%、79.17%和68.19%的较高值；按受访者所属机构产权性质统计，国有事业单位受访者认为政策宣传对社会发展起到"重要促进作用"或"有些促进作用"的比例合计在九成以上，国有全资单位受访者持此态度者合计也接近九成，国有控股公司、民营公司、外资公司对政策宣传对社会发展所起作用的认可比例分别为70%、72.67%和78.57%，均超过七成。由此可见，党和政府政策宣传作为重要的传媒公共产品，其社会功能总体得到了各类业界人士的普遍认可。当然，认为宣传效果无用乃至负作用的比例虽然比较低，但也值得重视。在对部分受访者的深度访谈中，他们表示这种负作用主要体现在虚假宣传、空洞说教可能引起大众对公共政策的误解乃至反感。这些实证分析数据和具体批评观点，都是改进政策宣传效果时需要深入思考和研究的课题。

　　（二）国有与民营媒体的传媒总产出及传媒商品产出效率差异

　　应该说，学界和业界对国有媒体作为传媒公共政策传播产品和公益文教产品主要生产者的地位与重要贡献并无太大争议，对国有媒体总产出和传媒商品产出增长态势及其贡献亦如此。但不可否认的是，国有媒体的生产效率长期都是我国传媒体制改革的重点之一，而传统国有媒体与新兴媒体的融合发展水平、效率和前景更是我国传媒体制改革的焦点所在。

如何比较中国国有传媒和民营传媒在总产出和传媒商品产出上的效率？本书基于上文各章节对传媒市场结构、传媒市场经营行为、传媒规模效应、传媒产出指标的实证研究，并结合对传媒业界人士主观评价的调研数据，总体可以得出国有媒体总产出和传媒商品产出效率低于民营媒体的推论。因为传媒市场结构、传媒市场经营行为、传媒规模效应这几个指标既是中国传媒规制绩效的体现，其实质也是从这些不同但相关联的指标分析中国传媒生产效率，并最终得到符合政策目标的产出绩效。因为报业媒体和电视播出媒体都是国有产权，无法直接比较产权差异带来的效率差异。但是如果把"有效竞争"的市场结构以及行为、规模等指标作为评价生产效率的间接指标，那么我们就可以间接比较国有产权媒体（报业和电视播出机构）和民营产权媒体（影视制作、互联网媒体）的生产效率。因为上文实证研究表明国有产权绝对主导的报业和电视播出市场"有效竞争"程度较低，其市场经营行为绩效和规模绩效也相对较低，而民营媒体较多乃至主导的影视制作市场和互联网媒体市场"有效竞争"程度较高、市场经营行为绩效和规模绩效相对较高，所以大致可以推论国有产权媒体产出效率低于民营媒体。技术上属于同一类型的国有互联网媒体在规模绩效、传媒商品产出上大大低于民营互联网媒体，则更加说明国有产权媒体生产效率低于民营产权媒体。传媒从业者的主观评价总体也是如此，课题组就不同产权媒体投入产出效率、媒体融合发展水平的问题对业界人士调查问卷结果见表 5-34 和表 5-35。

表 5-34　传媒业界人士对国有媒体与民营媒体投入产出效率比较

评价选项	好很多	好一些	差不多	差一些	差得多	不好说
评价分布比例（%）	10.45	14.93	16.17	30.35	18.66	7.71

表 5-35　传媒业界人士对国有媒体与民营媒体融合发展水平比较

评价选项	高得多	高一些	差不多	低一些	低得多	不好说
评价分布比例（%）	4.73	16.67	20.4	34.33	17.91	3.48

　　表 5-34 显示，共 49.01％的受访者认为国有媒体投入产出效率比民营媒体"差一些"或"差得多"，只有 25.38％的受访者认为国有媒体投入产出效率高于民营媒体。对于媒体融合发展水平，更是共有 52.24％的受访者认为国有媒体融合发展水平低于民营媒体，只有 21.4％的受访者认为国有媒体融合发展水平高于民营媒体。所谓"媒体融合发展"的政策目标，一方面在于国有传统媒体机构充分运用各种互联网媒体技术和商业模式来创新产品和服务，进而获得互联网媒体市场的传播影响力和经济收入，另一方面则在于现有民营传统媒体机构在服务消费市场、高效率生产的同时，也能够承担或部分承担国有媒体的传媒公共产品功能。显然，要实现两个政策目标都需要有效规制创新来为国有媒体、民营媒体提供充分的激励约束。传媒业界人士不但对当下国有媒体投入产出效率、融合发展水平评价不如民营媒体，而且有 42.54％的受访者认为国有媒体的产业发展前景将比民营媒体"差一些"或"差得多"，高于认为国有媒体产业发展前景比民营媒体"好很多"或"好一些"的受访者比例为 31.84％。

　　传媒公共产品为了其公共价值和正外部性，往往不以其具体产品的投入产出经济效率为最高目标，但是传媒总体产出尤其是传媒商品投入产出的效率却是非常重要的指标。本书对国有媒体生产效率的实证分析数据和业界人士主观评价数据，都意味着我国数量巨大的国有媒体融合发展形势严峻，对我国传媒规制创新也提出了复杂的挑战。传媒业界人士对我国国有媒体与民营媒体的产业发展前景的评价比例见表 5-36。

表 5-36　传媒业界人士对国有媒体与民营媒体的产业发展前景比较

评价选项	好很多	好一些	差不多	差一些	差得多
评价分布比例（％）	8.46	23.38	23.38	31.59	10.95

三、中国报纸、电视与互联网媒体的规制特征

　　自由开放、"有效竞争"的市场往往是产业效率提高和产出增长的条件，但传媒因其巨大的政治影响、文化影响以及对其他经济行业的影响，世界各国对传媒产业的规制比一般的物质产品更加复杂。中国尤其如此，

中国特色社会主义市场经济制度，意味着中国传媒比资本主义国家承担更加复杂的政策目标，承担更多的公共功能，尤其是更多的公共政策传播功能和舆论引导功能，同时也承担提高传媒生产效率、驱动传媒产出增长的经济功能，因此传媒规制也更加严格且复杂。

总体而言，计划经济时期我国传媒完全作为党政宣传事业的喉舌定位而存在，所有传媒生产都由事业单位性质的媒体机构完成，社会机构严禁准入。改革开放后我国传统媒体采取了"事业单位、企业管理"体制，保持了媒体事业单位性质和宣传功能，但广告经营、设备采购、内容生产采购等方面进行了不同程度的市场化，而新兴的互联网媒体市场化尤其彻底。这种传媒混合经营格局下，我国传媒规制变得非常复杂，不同的传媒子行业准入规制、行为规制、内容规制标准差异很大，特别是电视等传统媒体和互联网媒体的规制差异尤其大。

（一）报业市场严格的准入和行为规制

我国不同媒体有着不同的准入条件，并且在传媒退出上也有非常高的壁垒，"优不胜、劣不汰"成为制约我国传统媒体效率提高的重要障碍。

1. 报业出版发行准入规制

根据 2001 年 12 月发布、2002 年 2 月 1 日起施行、2011 年部分修改的《出版管理条例》[①] 规定，在中华人民共和国境内出版报纸、印刷报纸必须通过国务院出版行政部门审批，获得相关行政许可。《出版管理条例》明文规定，"国务院出版行政部门制定全国出版单位总量、结构、布局的规划，指导、协调出版事业发展"，审批设立出版单位应当符合国家关于出版单位总量、结构、布局的规划。《出版管理条例》规定设立包括报纸在内的出版单位，须由其主办单位向所在地省、自治区、直辖市人民政府出版行政部门提出申请；省、自治区、直辖市人民政府出版行政部门审核同意后，报国务院出版行政部门审批。《出版管理条例》规定，对包括报纸在内的出版物印刷或复制、发行，也应当向所在地省、自治区、直辖市人民政府出版行政部门提出申请，经审核许可，并依照国家有关规定到公安机关和工商行政管理部门办理相关手续后，方可从事出版物的印刷或者复制。另外，从事报纸的全国性连锁经营业务、发行业务、批发业务、零售

---

① 国务院关于修改《出版管理条例》的决定 [EB/OL]. http：//www. gov. cn/flfg/2011-03/19/content_1828564. htm. [2019-08-26].

业务都需要经过出版管理部门相应的审批程序。

这种准入规制下，在审批过程中不符合政府要求的大量投资主体排除在外，尤其是对境外资本、民营资本进行了极其严格的控制，对国有资本进入实际上也有非常严格的限制。在位报纸机构具有一定的垄断优势，当然国有都市报、晚报市场主体也较多，构成了较为激烈的竞争，但我国报纸机构研发创新、公关营销、降低成本等方面，以及按照市场化规律并购重组方面的市场经营行为效率并不高，不能不说与这种进入规制壁垒有较大的关系。

2. 报业机构市场行为规制

《出版管理条例》对报纸等出版机构及印刷机构的行为基本方针、经营变更、出版内容，都有明确的规制。《出版管理条例》规定从事出版活动，应当将社会效益放在首位，实现社会效益与经济效益相结合，规定了禁止各种情形违法内容的生产传播。

应该说，这些内容规制对我国报业市场健康发展起到了积极作用，但是现实中有时也对报业市场经营行为造成不良干涉。各级新闻出版行政机构可以对报刊市场行政执法、规范市场，但是各个地方行政机构也会利用这种规制权力保护地方利益、妨碍市场竞争。例如，2011 年 5 月深圳市报刊发行局对报刊发行渠道、发行价格的行政规制就引发了强烈的社会争议：报摊主认为深圳是报刊发行局垄断报纸发行渠道、制定远高于其他地域的报纸价格，自己坐收渔利却损害了读者、报社、零售商的利益，报摊主绕过深圳报刊发行局直接批判《南方都市报》零售则遭行政处罚。深圳市报刊发行局对垄断发行渠道的解释是为了"从源头上遏止各种黄色、反动、非法出版物流入"。《南方都市报》则刊发了系列文章直接批评深圳市报刊发行局的地方保护主义，《楚天都市报》《兰州晨报》《重庆青年报》等媒体则刊登声援《南方都市报》的声明，批判深圳报刊发行局的垄断市场、保护部门狭隘利益、损害读者利益的行为。[①]

根据《出版管理局条例》第十七条规定，报纸出版机构变更名称、主办单位或其主管单位、业务范围、合并或者分立，出版新的报纸、期刊，或者报纸、期刊变更名称，都必须由新闻出版行政部门审批，并到原登记的工商行政管理部门办理相应的登记手续。出版单位除前款所列变更事项

---

① 深圳报刊发行局：再卖《南方都市报》还要罚［EB/OL］. http：//www. china. com. cn/chinese/kuaixun/33243. htm.［2019-08-26］；各地媒体同行表示声援《南方都市报》［EB/OL］. http：//news. sohu. com/84/52/news145145284. shtml.［2019-08-26］.

外的其他事项的变更，应当经主办单位及其主管机关审查同意，向所在地省、自治区、直辖市人民政府出版行政部门申请变更登记，并报国务院出版行政部门备案后，到原登记的工商行政管理部门办理变更登记。这意味着报业机构并购重组、分立业务、开发新产品等经营行为都必须通过行政审批后才能实施。

（二）电视市场严苛的准入退出和行为规制

1. 广播电视准入退出规制

广播电视传媒准入行政壁垒比报业更高，我国目前规范广播电视准入的最重要法规仍然是 1997 年国务院发布的行政法规《广播电视管理条例》。[①] 与广播电视传播相关的法规还有《广播电视设施保护条例》《电影管理条例》《信息网络传播权保护条例》，以及国家广电总局以各种管理办法、暂行办法、通知形式发布的规范性文件和部门规章。

《广播电视管理条例》对广播电视各产业环节尤其是播出、传输环节进入条件有明确而严格的规定，同时也规定了严格复杂的退出审批程序，事实上因为广播电视按行政区域承担政治宣传功能的需要，地区以上级别的广播电视台从无破产、退出的案例。由此形成国有广电机构"优难胜劣不汰"的局面，在广播电视播出环节社会资本严禁进入，广播电视传输环节准入壁垒也很高，节目制作环节进入壁垒相对播出、传输环节较低。总体来说，我国广播电视准入、推出行政壁垒森严，竞争活力受到严重限制，资源无法通过市场竞争得到优化、有效的配置。《广播电视管理条例》明文规定广播电视严格按行政区域由政府部门相应设立，国家禁止设立外资经营、中外合资经营和中外合作经营的广播电台、电视台。社会资本、境外资本通过租借等间接进入方式也被禁止。

《广播电视管理条例》对具备资质主体准入和退出的程序、行为，以及播出范围、条件都有严格规定，这对电视行业都构成了极高的壁垒。中央的广播电台、电视台由国务院广播电视行政部门设立。地方设立广播电台、电视台由地方广播电视行政部门提出申请，本级政府及各级广电行政部门逐层审批后，方可筹建；且应当按照国家规定的建设程序和技术标准建设；建成后经国务院广播电视行政部门审查通过的才能发给广播电台、

---

① 广播电视管理条例［EB/OL］. http://www. gov. cn/gongbao/content/2014/content _ 2692753. htm.［2016-08］.

电视台许可证，各台必须按许可证载明的台名、台标、节目设置范围和节目套数等事项制作、播放节目。广播电台、电视台变更台名、台标、节目设置范围或者节目套数，均需经国务院广播电视行政部门批准，且不得出租、转让播出时段。广播电台、电视终止，应按照原审批程序申报，因特殊情况需要暂时停止播出的，应当经省级以上人民政府广播电视行政部门同意。

值得强调的是，我国广播电视市场退出壁垒也很高——各个行政区域都需要一家广播电视台作为宣传喉舌，即便竞争活力不足、经济效率低下地方政府也不会允许广播电视台破产停办。各级广播电视台既是本级党委政府的宣传喉舌，也是经济上独立经营、独立核算的市场主体。各广播电视台都制作、播出自己的广播电视节目，开展广告经营、多种经营。因为我国广播电视严禁社会投资进入，所以地方广播电视台都处于地方行政垄断的地位，在改革开放后我国经济迅速发展的背景下，多数广播电视台都能获得较好的广告收入。少数经济欠发达、广告收入低甚至入不敷出的地区，也因为广播电视台承担的宣传喉舌功能，可以获得各种优惠政策以及直接财政拨款，没有因经济压力而破产、停止播出的地方广播电视台。

广播电视节目制作市场准入相对播出市场要更加宽松，且各种节目的制作准入许可壁垒不同。2004 年 7 月国家广电总局颁布《广播电视节目制作经营管理规定》（国家广电总局令第 34 号），"国家鼓励境内社会组织、企事业机构（不含在境内设立的外商独资企业或中外合资、合作企业）设立广播电视节目制作经营机构或从事广播电视节目制作经营活动。"但是，1993 年以前中国一直没有一家在工商部门正式注册、以电视节目制作和经营为主要业务的民营电视企业。[①] 1994 年 11 月，中国第一家以广告公司名义做电视节目业务的民营电视企业——嘉实广告文化发展有限公司才宣告诞生。在我国，各电视剧由持有《广播电视节目制作经营许可证》的机构、地市级（含）以上电视台和持有《摄制电影许可证》的电影制片机构制作，但须事先另行取得电视剧制作许可。取得《广播电视节目制作经营许可证》的机构应严格按照许可证核准的制作经营范围开展业务。广播电视时政新闻及同类专题、专栏等节目只能由广播电视播出机构制作，其他机构不得制作时政新闻及同类专题、专栏等广播电视节目。制作重大革

---

① 陆地. 解析中国民营电视［M］. 上海：复旦大学出版社，2005：1.

命和历史题材电视剧、理论文献电视专题片等广播电视节目，须按照国家广电总局的有关规定执行。在我国发行、播放电视剧、动画片等广播电视节目，都应取得相应的发行许可。

我国现行传统电视媒体规制政策目标，体现为保障政治宣传前提下服务公共文化、促进传媒产业发展。准入规制总体是采取了严格的行政许可，对社会投资设立了极高的准入壁垒，内容方面采取了严格的审查程序。《广播电视管理条例》明文规定广播电视台严格按行政区域由政府部门相应设立，社会资本、境外资本通过租借等方式间接进入也被禁止。我国广播电视节目制作准入壁垒相对播出环节较低，国家鼓励境内社会组织、企事业机构（不含在境内设立的外商独资企业或中外合资、合作企业）设立广播电视节目制作经营机构，但广播电视时政新闻及同类专题、专栏等节目市场未向非国有机构开放。虽然我国传统媒体在宏观经济持续增长背景下也获得了较快发展，但其经济效率一直为各界诟病，传统媒体产业发展潜力并未充分释放。更为关键的是，长期在行政保护条件下经营的国有媒体，在当下竞争激烈的融合媒体市场竞争力极低，几乎缺乏融合转型的自我生长能力。

2. 电视媒体行为规制

我国广播电视行政部门对广播电视的变更、经营范围、内容制作、节目转播、内容审查、广告播出、节目进出口等生产经营行为也有明确的规制，审查严格程度更甚于报纸。《广播电视管理条例》规定广播电视事业应当坚持为人民服务、为社会主义服务的方向，坚持正确的舆论导向；广播电台、电视台变更台名、台标、节目设置范围或者节目套数的，应当经国务院广播电视行政部门批准；广播电台、电视台应当按照国务院广播电视行政部门批准的节目设置范围开办节目。《广播电视管理条例》明文规定了各种禁止播出的违法内容，并要求广播电台、电视台对其播放的广播电视节目内容，应当播前审查，重播重审。

《广播电视管理条例》对境外内容播出要求尤其严格。规定用于广播电台、电视台播放的境外电影、电视剧，必须经国务院广播电视行政部门审查批准。用于广播电台、电视台播放的境外其他广播电视节目，必须经国务院广播电视行政部门或者其授权的机构审查批准。播放境外广播电视节目的时间与广播电视节目总播放时间的比例，以卫星等传输方式进口、转播境外广播电视节目，必须经国务院广播电视行政部门批准。

《广播电视管理条例》对广告播出有相应规定：广播电台、电视台播放广告，不得超过国务院广播电视行政部门规定的时间；广播电台、电视台应当播放公益性广告。

《广播电视管理条例》还规定，国务院广播电视行政部门在特殊情况下，可以做出停止播出、更换特定节目或者指定转播特定节目的决定。另外，《广播电视管理条例》规定举办国际性、全国性的广播电视节目交流、交易活动，应当经国务院广播电视行政部门批准，并由指定的单位承办。举办区域性广播电视节目交流、交易活动，应当经举办地的省、自治区、直辖市人民政府广播电视行政部门批准，并由指定单位承办。未经批准，任何单位和个人不得举办广播电视节目的交流、交易活动。国家广电总局还经常对各电视台各种节目有更加具体、准确的要求。例如，对新闻、电视剧、娱乐节目的播出内容的数量比例进行各种调控。

尽管《广播电视管理条例》没有明确禁止跨区域经营广播电视业务，但现实中跨区域投资经营乃至部分采访行为都受到许多限制。正如上文提到，青海电视台、宁夏电视台因为属地人口稀少、经济资源不足，与节目制作资源充分、播出资源有瓶颈的上海广播电视台、湖南广播电视台重组合作，本来是资源互补、提高效率的经营行为，合作也一度获得国家广电总局批准，后来还是因为种种政治、行政方面原因而中止。目前我国各行政区域各有一家广播电视播出机构，业绩好者很难扩张，业绩差者不会倒闭，资源无法有效配置，竞争效率无法体现。

（三）互联网市场较宽松的准入退出和行为规制

1. 互联网媒体市场准入退出和行为规制

我国互联网媒体规制的初始目标和特征则截然不同，形成与传统媒体迥异的"分业规制"。因为互联网在我国最初被定位为信息、通信行业，而不是传媒行业。最初的互联网传播的确也只是在很小的生产应用、个人通信应用，并不具备大众传播的受众规模和社会影响。我国政府互联网规制目标显然在于充分释放信息技术的巨大生产力。在1993年2月美国政府推动建设"信息高速公路"计划后，中国政府很快也和世界许多国家一样，敏锐觉察了这一波信息革命的潮流，在市场经济改革迅速推进的1993年启动建设中国金桥信息网，电信、高校、科研部门是信息化先锋部门。民营资本也在ISP、ICP环节积极参与，我国政府对此并未限制并最终在《互联网信息服务管理办法》中，确认了宽松的准入规制，尤其是对非经营性互联网信息服务只需要备案即可，经营性互联网信息服务许可也没有排斥民营资本、境外资本。当然，我国对新闻媒体性质的互联网服务准入仍然要由新闻行业主管部门审核。由此可见，当时互联网媒体和传统电视规制分属不同的行业，规制理念、目标完全不同。

网络视听媒体准入比一般的互联网内容更加严格。根据 2004 年国家广电总局发布的《互联网等信息网络传播视听节目管理办法》[①] 规定，通过互联网等信息网络传播视听节目必须取得《信息网络传播视听节目许可证》，该证由国家广电总局按照信息网络传播视听节目的业务类别、接收终端、传输网络等项目分类核发。业务类别分为播放自办节目、转播节目和提供节目集成运营服务等；接收终端分为计算机、电视机、手机及其他各类电子设备；传输网络分为移动通信网、固定通信网、微波通信网、有线电视网、卫星或其他城域网、广域网、局域网等。由此建立了覆盖各种信息网络的视听节目传播规制。

传播功能和产业融合功能潜力巨大的互联网媒体，在宽松规制条件下获得了超乎预期的增长。2015 年互联网媒体广告以 1 589 亿元的经营额超过电视行业的 1 146.69 亿元，中国的互联网经济占 GDP 比重更是达到 6.9%，超过了发达国家平均水平。[②] 互联网媒体不仅是通信类的人际传播，也逐渐拥有了大众传播的功能和影响，构成了对传统大众传播媒体的竞争、替代，也推动了传统媒体被迫与新兴媒体融合。与此同时，过去电信、电视"分业规制"的理念和具体规制系统，也被迫向"融合规制"转型。这种转型一方面意味着我国传统电视媒体规制面临着经济规制基本理念、规制方式的重大转型，另一方面也意味着传统规制必须对接已经形成的互联网经济和互联网自由开放表达态势，必须权衡更加复杂的综合社会效益和经济效益因素。

2. 互联网媒体市场行为规制

我国对互联网媒体的经营行为和内容规制，相对传统媒体而言要宽松很多，但也有不少规制。《互联网信息服务管理办法》相关规制内容有：从事新闻、出版以及电子公告等服务项目的互联网信息服务提供者，应当记录提供的信息内容及其发布时间、互联网地址或者域名；互联网接入服务提供者应当记录上网用户的上网时间、用户账号、互联网地址或者域名、

① http://www.cac.gov.cn/2004-08/01/c_1112728747.htm.[2019-08-26].
② 崔保国.中国传媒产业发展报告（2016）[R].北京：社会科学文献出版社，2016：220；
方兴东.G20 国家互联网发展研究报告[J].汕头大学学报（人文社会科学版），2016（6）：17-27.

主叫电话号码等信息。互联网信息服务提供者和互联网接入服务提供者的记录备份应当保存 60 日，并在国家有关机关依法查询时，予以提供。《互联网信息服务管理办法》也明文规定禁止多种违法内容的传播，互联网信息服务提供者发现其网站传输的信息明显属于本办法第十五条所列内容之一的，应当立即停止传输，保存有关记录，并向国家有关机关报告。

经营方面，《互联网信息服务管理办法》也规定互联网信息服务提供者申请在境内境外上市或者同外商合资、合作，应当事先经国务院信息产业主管部门审查同意；其中，外商投资的比例应当符合有关法律、行政法规的规定。

互联网媒体行为规制面临着极大的挑战。较为宽松的准入、行为规制的确是互联网媒体、信息繁荣的重要原因。但是，经营者数量巨大，经营者行为相对传统国有媒体规制宽松许多，盈利目的往往也更加强烈，"打擦边球"乃至明目张胆地违法经营行为网上随处可见。网络互动者、自媒体参与者更是不计其数，受众行为隐匿性强，不负责任言论、网络暴力乃至违法传播行为也很常见。总之，社会期待传媒能够自由经营、传播但是又能维护公共利益和公共秩序，传媒规制则需要保持宽松的准入规制同时，对违法、违规互联网经营行为和使用行为进行针对性规制。

四、中国传媒规制对传媒产出的影响

如何评价中国报业、电视和互联网媒体规制对这三个传媒子行业产出的影响？又如何评价不同产权媒体对传媒公共产品和传媒商品的产出差异？这是探讨中国传媒规制创新的重大理论问题。

常见涉及产业增长的经济理论包括产业扩张理论、产业竞争力理论、经济增长理论等，这些理论一般都强调生产要素投入、市场需求、企业竞争结构、企业高效经营行为、经济制度和产业政策等因素是产业增长的基本条件。从产业扩张理论看，一个产业的扩张规模受技术水平、资源供给和市场需求的限制，而技术创新、市场扩张、生产要素供给和投资机制也能够带动产业扩张。[①] 在现代市场经济条件下某特定产业扩张虽然受到政府产业政策和市场机制的调节，长远来看市场机制的调节发挥着更加本质

---

① 芮明杰. 产业经济学 [M]. 上海：上海财经大学出版社，2005：100－115.

的作用。从产业国际竞争力理论看，迈克波特著名的"钻石模型"认为，生产要素、国内市场需求条件、相关和支持产业、企业竞争结构与战略是一个国家某种产业形成竞争优势的关键要素，再加上"机会"和"政府"这两个要素则形成完整的"钻石体系"。①迈克·波特强调政府平衡市场干预与放任的角色，这种力量对中国传媒产业毫无疑问有着很强的启示。萨缪尔森定义经济增长为国民生产总值或国民产出的增加，虽然各国经济增长途径不尽相同，但经济增长的四个基本要素是人力资源、自然资源、资本和技术。其中资本的形成需要大量的投资积累，具有外部经济或者说溢出效应的投资还需要政府介入。萨缪尔森认为欧美等发达国家"生产潜力增长的巨大源泉是那些永无止境的发明和技术创新的涓涓细流"，快速创新通常需要培育新的企业家精神，而企业家精神发扬光大的关键原因在于"追求开发精神、管制束缚较少和对自由市场利润的追逐"。所以推动经济增长常见的方式，包括增加投资、政策鼓励研发活动和技术变革、培训劳工队伍等，也有人认为推行经济保护主义有效。②

产业组织理论则对经济增长因素中的企业的竞争结构与公共规制政策有着更加系统深入的探究，揭示了市场结构、企业经营行为影响生产效率的规律，以及通过合理的公共政策提高生产效率的途径。产业组织经济学认为竞争是最有效率的，有效的竞争带来创新、高效和公平，但是真实市场竞争的类型和程度又非常复杂，竞争和垄断常常是非常微妙复杂的状态。市场控制、竞争与垄断从而财富获取是经济生活中最重要的状态，而竞争与垄断又包括市场结构、行为和绩效三个方面指标，主流理论认为市场结构会影响企业行为、效率和创新情况，同时企业绩效也可以反过来影响市场结构，另外规模经济存在，以及进入壁垒、非理性行为等不完全市场现象也会影响市场竞争与垄断的格局。③

传媒经济规制主要包括准入退出壁垒规制，也包括部分价格规制、并购规制和具体传媒产品产量规制；传媒内容规制实际上也对传媒经营行为形成规制。当然，产业增长所需的要素是多方面的，各种经济理论一般都强调生产要素、市场需求、竞争结构、企业行为等因素是产业增

①　迈克尔·波特. 国家竞争优势 [M]. 李明轩，邱如美，译. 北京：华夏出版社，2002：67-68，119.

②　保罗·萨缪尔森，威廉诺德豪斯. 经济学（第18版）[M]. 北京：人民邮电出版社，2008：484-487.

③　威廉·G. 谢泼德，乔安娜·M. 谢泼德. 产业组织经济学 [M]. 张志奇，等，译. 北京：中国人民大学出版社，2007：8，9，81.

长的条件。而传媒规制中的准入退出壁垒规制和各种经营行为规制，显然对传媒产业的生产要素投入、市场竞争结构、企业经营行为等因素会产生重要影响。结合产业理论和中国传媒产出实际情况，本书认为中国的传媒规制对传媒产出主要体现在对产业投资、有效竞争和行为效率激励等方面：

（一）一定程度的"放松规制"推动了传媒产业投资增长

任何产业要实现产出增长，显然首先要增加资本、土地和人力资源等各种生产要素的投入，中国改革开放的历程实际上和当时世界范围内的"放松规制"潮流基本同步，这就带来了报纸、电视等传统媒体领域投资的逐步增加，在互联网时代更是充分驱动了各类社会资本投资互联网产业，这正是改革开放以后传媒产出增长根本的物质基础。

尽管中国传统媒体领域的经济规制仍然比较严格，传媒放松规制、市场化的程度可能比国内其他经济领域更低，但相对于改革开放之前，报业、广播电视等领域的经济规制还是得到了较大程度的放松。1978 年报业、广播电视业就开始探索"事业单位、企业化管理"的制度，并于 1979 年初就恢复了广告市场交易制度，这就为一系列后续规制创新提供了驱动力。1983 年广播电视"四级办台"制度把广播电视准入范围扩大到地市级、县级地方政府，1988 年明确了报纸多种经营的准入权限，1990 年明确了国有企事业单位创办有线电视的准入权限，1995 年开始放松社会资本在广播电视节目制作领域的准入权限，这一系列有限放松传媒市场规制的政策都带来了传媒产业的投资增长、产出增加的效应。2003 年是中国文化体制改革启动之年，文化事业和文化产业得以从基本功能上区分确立，这也是中国放松包括传媒产业在内的文化产业规制一个重要的里程碑。2009 年上海广播电视台高调启动制播分离改革，也意味着中国显著放松了除新闻节目之外的广播电视制作市场准入。[①] 显然还是放松了地方政府、国有部门的准入壁垒规制，使传媒领域生产要素投入迅速增加，因此也带来了比一般产业更快的产出增长。中国互联网媒体的准入规制则更加宽松，因为中国开始根本没有把互联网当作媒体来进行规制，而是把它当作经济属性很强且能够带动整体国民经济增长的通信产业，在互联网骨干网建设方

---

① 易旭明. 中国电视产业的制度变迁与需求均衡研究［M］. 上海：上海交通大学出版社，2013.

面虽然由大型国有企业垄断，但是在互联网服务应用领域充分放松了准入规制，各种性质的资本得以涌入，各种互联网服务应用得以创办并高速增长。中国互联网媒体的迅猛发展，也成为倒逼国有传统媒体适度放开市场、吸引投资、提高生产效率的重要驱动力量。"三网融合"政策实质上也是放松传媒和电信领域交叉准入规制的重要政策，自 2010 年国务院通过《推动三网融合总体方案》后，中国传媒产业的传输分配领域开放程度也在反复博弈中逐步提高，近年来中国电信、中国移动、长城宽带等非传统意义传媒公司在 IPTV 市场投资巨大，对广播电视产业的市场产出增长贡献颇大，并且形成了更加充分的市场竞争格局。

20 世纪 80 年代肇始于西方发达国家的传媒领域"放松规制"潮流，主要特征就是放松对广播电视和电信等领域的所有权规制和交叉准入规制，从而扩大了单一传媒企业的经营范围和规模经济效率，同时也促进了原本分别属于不同产业类型的企业之间的激烈竞争——竞争往往是提高市场效率和消费者福利的根本原因，这个放松规制的历史性政策，也使得数字化技术、互联网技术在传媒领域和更加广泛的经济领域得到充分应用，把人类经济带入到信息时代的"新经济"模式。尽管批评的观点认为这个"放松规制"的过程受益者主要是大型传媒企业的资本所有者，但不可否认"放松规制"伴随着全社会"新经济"产出的快速增长以及全社会消费选择的增加。这也正是中国的传媒政策所追求的目标范围。

（二）传媒规制创新驱动了市场结构"有效竞争"演化

为什么市场这只"无形的手"能够在相当程度上有效调节资源有效配置和企业有效生产呢？其根本原因之一是市场竞争能够驱动资源流向效率更高且具有自利性质的生产者和消费者。产业组织学的核心理念就是"竞争是大多数现代市场的驱动力""垄断力量会破坏竞争带来的良好结果"。[①] 亚当·斯密在《国富论》中就指出买卖双方的竞争能够使各种商品价格不断靠近自然价格，这种竞争能够使产品配置给"有效需求者"，同时也使进入市场的劳动、商品数量适应市场有支付意愿和能力的有效需求。[②] 亚当·斯密之后的经济学家们则探讨了各种条件下"竞争"得以有效展开的

---

① 亨利·W. 狄雍，威廉·G. 谢泼德. 产业组织理论先驱——竞争与垄断理论形成和发展的轨迹 [M]. 张志奇，译. 北京：经济科学出版社，2010：1.

② 亚当·斯密. 国富论 [M]. 唐日松，等，译. 北京：华夏出版社，2005：44.

规律。要实现公平、充分的有效竞争（effective competition），其基本要求是有足够多势均力敌的竞争者，它们相互之间能够形成很强的竞争压力，没有任何企业能够处于支配市场的地位，新的竞争者也很容易进入市场。产业组织经济学认为，对于经济效率的提高和产业的进步，竞争具有决定性的意义。[①] 也有文献提出了更加具体的指标，认为公平有效的竞争需要至少五个竞争者，没有市场支配者，没有任何一家公司可以拥有40％以上的市场份额，所有五家公司每一家的市场份额不得低于10％。[②] 当然，过度竞争也会妨碍规模经济效率的实现，所以兼顾竞争活力与规模经济效率的"有效竞争（workable competiton）"的格局被认为能够均衡体现资源配置效率和生产效率的市场结构。

改革开放以来中国传媒市场不同程度地放松了准入规制，报业、广播电视市场竞争者大幅增加，互联网媒体市场竞争者更是达到海量级别，市场竞争活力大幅提高；与此同时，中国行政主导或市场主导的传媒并购重组也时常发生，传媒生产经营的规模也得以逐步提高。由此，中国传媒市场竞争活力和规模效应在不同程度得以提高，传媒市场结构的"有效竞争"程度得以在一定程度上提高。本书第三章对中国报纸、电视和互联网媒体市场结构有较为详尽的考察，发现了中国报业市场结构的"分散竞争、区域垄断、行政主导"特征，发现了中国电视市场"核—粒模式""单向—层级垄断"的特征，发现了中国互联网媒体市场"寡头垄断，多层多元"的特征；本书第三章还发现了中国报业、电视、互联网媒体不同的市场集中度变迁轨迹，以及这个轨迹背后规制政策变迁、市场与技术规律作用的模型与机制。可以推断，这些不同细分市场的市场结构特征大体上是体现了放松规制的特征，并由此激活了市场竞争效率和规模经济效率，从结构层面驱动了传媒产出的增长。

（三）市场竞争与规制创新提高了传媒企业经营行为效率

市场结构和竞争压力是企业提高生产效率的外部动因，而企业生产效率的内部来源是其有效的经营行为。企业市场行为是产业组织经济学研究的核心重点之一，尤其是主流SCP范式更是深入考察了价格策略、产品战

---

① 金碚. 产业组织经济学［M］. 北京：经济管理出版社，1999：2.
② 威廉·G. 谢泼德、乔安娜·M. 谢泼德. 产业组织经济学［M］. 张志奇，等，译. 北京：中国人民大学出版社，2007：6.

略、研发创新、工厂投资和合谋等市场行为的影响。[①] 尽管产业组织经济学侧重从防止企业为了获得垄断势力和超额利润而采取的市场行为，但是企业的自利行为客观上也在很大程度上提高了企业生产和经营效率。尤其是公司领导者的决策能够促进竞争或者在不同程度上创造并维持了垄断。获得利润和股票价格上涨通常是民营公司获得成功的标志，而要获得这样的成功，凭借的主要是两种市场行为——投入生产产品并销售；拥有并管理企业的资产。[②] 现代市场经济中，企业是组织生产、创造财富的主体，规制政策的目标就是要激励具有自利性质的企业创造更多的财富，同时约束企业为了自利而损害社会公共利益。因为市场这只"无形的手"会指引企业生产社会所需的多数产品，但是自利动机的企业与社会动机也存在一定的矛盾，所以在需要政府这只"有形的手"为了公共利益而对私有企业进行合理规制。

　　传媒企业的生产效率同样来源于其有效的市场经营行为，但是世界各国对传媒的政治利益和社会利益都有着超越经济利益的追求，因此通常对传媒尤其是电子媒体有着各种形式的规制；中国社会主义市场经济体制对政治利益和社会利益的目标则有着不完全等同于西方国家的理解和实现路径，对传媒行为规制比西方世界更加严格而复杂。总体而言，改革开放以来中国对传媒市场行为的规制采取了各种创新，市场结构的变化也对传媒行为形成常态性的驱动。本书第四章较为详尽地考察了中国报业、电视和互联网媒体的市场行为特征。总体而言，改革开放以来报纸和电视媒体的定价行为、研发创新行为、兼并投资行为、公关营销行为在市场竞争压力下不同程度上得到优化，但是和真正市场化程度更高的互联网媒体比较，如本课题表 3 - 37 所示，报业和电视媒体的各种市场经营行为在经济效率则更低效。尽管市场、技术也是影响传媒产出至关重要的因素，但是报业和电视媒体总产出和商品产出相对较低，毫无疑问与报业和电视媒体机构的市场行为有直接关联。本书第六章第四节所描述的国有报业、电视等媒体在传媒公共产品方面的产出较高的情况，显然也是因为特定规制、特定传媒行为所导致的传媒产出。

　　传媒机构所采取的市场经营行为，受管理者动机影响尤其显著，因此

---

　　① Phillips, Charles F, Scherer F. M. David Ross. Industrial Market Structure and Economic Performance. *The Bell Journal of Economics and Management Science*，1971：4 - 5.
　　② 威廉·G. 谢泼德，乔安娜·M. 谢泼德. 产业组织经济学 [M]. 张志奇，等，译. 北京：中国人民大学出版社，2007：205 - 206.

有效激励与约束管理者便成为传媒规制创新的重要内容。产业组织理论认为通常管理者动机中包括利润、时间偏好（短期、长期利润最大化）、风险规避与喜好、销售额最大化、费用偏好（非金钱收益）、社会价值（良好商誉等），[①] 不同产权性质的媒体这些动机表现显然差异很大，因此也将导致各种媒体不同的市场经营行为特征。

---

① 　威廉·G. 谢泼德，乔安娜·M. 谢泼德. 产业组织经济学［M］. 张志奇，等，译. 北京：中国人民大学出版社，2007：214.

第六章

结　论

所谓规制效果的大小，其含义是在某一产业部门可观察的经济行为中，有多大部分是只能由规制来说明的。[①]

——乔治·斯蒂格勒

它们（规制方案）的适用性依时间、地点与方案的不同而有所变化。……为了对规制进行评价，理解其优势与不足，人们必须自动将那些看来可能需要改革的现存的规制领域分离出来，就是那些其规制工具并不能很好地适于处理所面临问题的领域。[②]

——史蒂芬·布雷耶

本书基于产业组织经济学、规制经济学等科学理论，系统研究了改革开放以来中国传媒规制在塑造传媒市场结构、行为、规模和产出方面的绩效，并基于传媒规制历史规律和理论规律来探讨新形势下规制创新路径。

传媒规制狭义概念指公共机构依据一定的规则，对构成传媒经济的主体活动进行的限制；广义的传媒规制，还包括政府为了提供传媒公共服务和产品、实现经济增长与合理化等政策目标而采取的各种国家干预措施规制。本书研究对象是广义传媒规制。和其他领域的规制一样，传媒规制通常是为了消除市场失灵、维护公共利益——主要是防止垄断、

① 乔治·施蒂格勒. 产业组织和政府管制 [M]. 潘振民，译. 上海：上海三联书店，1996：158.
② 史蒂芬·布雷耶. 规制及其改革 [M]. 李洪雷，等，译. 北京：北京大学出版社，2008：6-7.

优化市场结构促进竞争、提供公共产品、消除负外部性——而对传媒市场准入、企业所有权、企业行为等方面进行规范和限制。规制通常包括经济规制和社会规制两大部分，传媒规制亦如此。本书主要研究传媒经济规制及其影响；有关传媒社会规制有关的内容，仅从传媒公共产品产量的角度涉及。

评价政府传媒规制绩效的基本逻辑，应该是评价特定规制下多大程度上实现了传媒政策目标。中国传媒规制政策目标与西方国家追求政治福利、社会福利和经济福利的理论维度总体类同，但是中国政策文本中表达的传媒规制目标却有特定的内涵：总目标一方面是保障传媒公共产品生产、服务社会发展大局，另一方面则提高传媒商品产出，服务经济转型升级；具体和中间性质的目标则包括优化传媒市场结构促进竞争、优化传媒机构市场经营行为、提高传媒机构规模效应促进经济增长，等等。

各项规制政策目标中，优化市场结构是一个关键性环节，因为产业组织理论认为市场结构对企业市场行为和经济绩效将产生重大甚至决定性影响。市场结构是反映市场竞争与垄断关系的概念，可以通过竞争者数量、市场集中度、进入退出壁垒、产品差异程度以及规模经济等指标来描述。传媒经济规制直接影响着传媒市场结构和市场行为，规制也和其他因素一起决定整体传媒机构生产规模和全行业产出水平。所以针对中国传媒市场规制绩效，本书提出了以下几组问题：

（1）从市场结构上看，中国传媒市场究竟是竞争不足，还是竞争过度？时间序列上，报业、电视、互联网媒体等传媒子市场的市场集中度如何变化？这种市场集中度变化体现了规制政策怎样的作用？

（2）中国传媒机构市场经营行为有何特征？它与市场竞争水平有何关系？不同产权传媒机构市场经营行为有何区别？

（3）中国传媒机构规模经济达到怎样的水平？传媒规制对传媒规模经济存在什么影响？

（4）中国传媒产出达到什么水平？不同产权性质媒体的传媒商品产出、传媒公共产品产出有何特征？

本书围绕上述问题，基于"有效竞争"理论等产业组织理论和规制理论展开实证研究，侧重研究了中国市场传媒以下几组规制绩效指标的关系与规律：① 时间序列上，报业市场集中度特征及变迁规律，电视市场集中度特征及变迁规律，互联网媒体市场集中度特征及变迁规律；传媒市场集中度与市场壁垒、规模经济的关系模型，即传媒市场结构模型；类型"分立"、区域"分割"的传统媒体向"融媒体"转型的趋势与矛盾；② 传媒机构的产品定价、研发创新、营销公关、重组并购等市场经营行为特征，及其与市场竞争水平的关系；③ 传媒机构规模水平，及其与市场竞争水平的关系；④ 传媒产出水平，及其与市场竞争水平、传媒产权性质的关系。本书研究结论如下：

一、中国传媒规制市场结构绩效

市场结构是反映市场竞争与垄断关系的概念，可以通过竞争者数量、市场集中度、进入退出壁垒、产品差异程度以及规模经济等指标来描述。本书实证分析表明，总体而言中国报业、电视这两种传统媒体市场准入退出壁垒很高，竞争不足的垄断现象和竞争过度现象并存，远未形成兼顾竞争活力与规模经济的"有效竞争"的市场格局；中国互联网媒体市场准入退出壁垒相对宽松得多，市场竞争活力和规模经济得以较好地实现。中国传统媒体和互联网媒体市场结构差异很大，这是不同传媒规制作用在不同技术媒体下产生的结果或曰绩效。

第一，中国报业市场结构呈现"全国分散竞争、区域寡头竞争、行政格局主导"的特征。依靠行政资源发行的全国性大报之间市场竞争并不充分；市场化的区域性晚报、都市报则普遍竞争过度，竞争中有共同行政隶属的报纸逐步整合，形成报业集团寡头竞争格局——但整合无法突破行政边界，规模经济未充分体现。"多重 N 形"报业市场集中度变迁轨迹曲线也表明，行政配置资源的报业格局奠定了市场基本结构，通过行政干预难以持续优化报业市场结构；而产品生命周期和技术特征对市场结构的影响却不可抗拒，报业进入"寒冬"衰退期后，行政壁垒保护报纸市场生存能力下降，市场逐步集中的趋势显著。

第二，中国电视市场结构也在行政配置资源的基本框架下，全国市场呈现"核—粒模式"特征，而区域收视市场呈现"单向—层级垄断"市场结构的特征，竞争不足和竞争过度并存现象显著，偏离了兼顾市场竞争活力和规模效应的"有效竞争"市场结构。从市场结构历史变迁的角度看，"M 形"电视市场集中度变迁轨迹曲线表明，行政干预数次改变了市场结构，但是在行政格局决定资源基本配置格局的规制政策下，行政力量无法持续、大幅优化市场结构，在"制播分离"变相降低准入壁垒条件下，市场集中度趋于下降，但随着传统电视产业进入衰退期市场集中度也可能会转而上升。

进一步考察电视节目制作、各种节目类型和网络传播等细分市场，可以发现凡是行政壁垒较低的领域往往市场竞争活力比较充分，有的还较好实现了规模效应的集中趋势，逐步趋向"有效竞争"市场结构。

第三，中国互联网媒体市场结构呈"寡头垄断—多层多元"特征，即极少数巨型互联网媒体形成寡头垄断的格局，某些细分市场垄断程度则更高；与此同时各个规模层次细分市场，以及不同类型细分市场，也都形成了多种形式、多种水平的激烈竞争，从而在市场准入壁垒较低、竞争活力充分的互联网媒体市场整体体现了较高的"有效竞争"程度。纵向看，互联网媒体广告市场集中度呈现从高到低后又升高的平滑"U形"变迁轨迹，这个轨迹是在行政干预较弱条件下由市场竞争配置资源而形成，它体现了互联网媒体产业生命周期各个阶段的投资、生产、消费、并购作用的结果，也体现了互联网技术所具有的成本结构、规模效应。

第四，基于中国报业、电视和互联网媒体的"多重N形""M形"和"U形"市场集中度变迁曲线轨迹，通过考察曲线拐点时的传媒规制政策壁垒、技术规模经济特征，本书在经典模型基础上建构了中国传媒行政壁垒、规模经济对市场集中度的影响模型（见表6-1）。

表6-1 中国传媒行政壁垒、规模经济壁垒对市场集中度的影响模型

		规模经济壁垒	
		上 升	下 降
进入壁垒	上 升	高集中度	倒U形集中度趋势
	下 降	U形集中度	低集中度
退出壁垒	上 升	低集中度	更低集中度
	下 降	更高集中度	倒U形集中度趋势

表6-1模型显示，准入壁垒升高、退出壁垒降低、规模经济提升往往是中国传媒市场集中度上升的动因，反之则是市场集中度降低的动因。中国报业、电视和互联网媒体不同的规制行政壁垒、规模经济壁垒，导致了它们不同的市场集中度水平、规模水平。

总而言之，报业和电视这两种"传统"媒体和互联网"新媒体"的市场结构特征以及历史变迁轨迹之所以存在上述巨大差异，正是不同传媒规制以及传媒技术特征综合作用的结果。"传统"媒体准入退出壁垒规制严格，行政直接干预多，所以市场竞争活力较弱并且规模效应也未充分体现。互联网"新兴媒体"市场准入行为规制比较宽松，从而形成了充分的市场竞争、效率导向机制，在生产扩张、并购重组中互联网媒体技术本身的规模效应也得以充分体现，"有效竞争"市场结构实现程度较高，经济效率较高。只有市场能够在竞争中自动、持续淘汰低效企业并激励约束在位企业提高效率，只有行业本身能够充分利用技术或需求因素提高规模经济，才能提高市场集中度、充分发挥规模效应，从而提高经济效率和市场竞争力。

二、中国传媒规制市场行为绩效

评价市场竞争水平不仅可以看市场集中度，更要看在特定市场结构下的企业经营市场行为。有效的政府规制，应该促进企业公平合理定价、促进研发创新、促进合理兼并重组、促进有效公共营销、激励企业降低生产成本尤其是非生产性支出。无论要实现传媒的社会效益还是经济效益，根本上都有赖于传媒机构高效的生产经营行为。产业组织理论主流假设认为任何一种市场结构均会影响公司行为以及公司效率和创新情况，[①] 当然公司行为的影响因素非常复杂，但不可否认的是，高效政府规制主要标志之一就是促成了公司的高效行为。本书从定价行为、研发创新、并购重组、公共营销、成本控制等指标实证研究了我国报业、电视和互联网媒体的市场行为，得出以下结论：

第一，中国报业机构在市场经营行为方面，大致表现为党报定价因垄断地位比较稳定，而都市报市场竞争过度、价格战激烈；创新投入不足、效率不高；兼并重组增加但国有报业兼并限制很多，兼并案例多限于新媒体领域，传统报纸重组多局限于行政区域内；报业公关营销方面有所作为但与新媒体相比较弱，业内人士评价报业行政成本相对较高。

第二，中国电视市场经营行为亦是兼具行政配置资源条件下的竞争不足和竞争过度的特征，在互联网媒体冲击之前的较长时间里，中国电视媒体在广告定价和节目定价上都具有较强的垄断特征，部分竞争较强的细分

---

① 威廉·G. 谢泼德，乔安娜·M. 谢泼德. 产业组织经济学 [M]. 张志奇，等，译. 北京：中国人民大学出版社，2009：8.

市场有较多的研发创新和公关营销行为，兼并重组行为不够活跃，行政成本相对较高。

第三，中国互联网媒体的定价行为、研发创新、兼并重组等市场经营行为都更加符合"有效竞争"的效率标准，与传统媒体大相径庭。互联网媒体尽管规模很大、形成一定的市场垄断力量，但因壁垒相对较低而仍然存在激烈竞争或潜在竞争，产品定价垄断特征并不显著，但研发创新、兼并重组、公关营销行为都很活跃，而成本控制行为往往也比国有传统媒体更有效。

第四，本书对中国报业、电视和互联网媒体市场结构和研发创新行为的实证分析表明，通常是在"有效竞争"即市场竞争活力充分、市场规模较大的领域，传媒机构创新较活跃，产生了较高的经济效率；而能够产生这样创新行为的"有效竞争"领域，往往出现在规制政策壁垒较低的传媒领域。

总之，市场经营行为方面，中国传统媒体具有较明显的行政垄断特征，研发创新激励不足，重组兼并限制较多，营销效率不高，非生产性成本相对较高。但是，中国互联网媒体价格竞争激烈、研发创新投入高、重组兼并活跃，市场效率高于传统媒体。结合实证研究中呈现的传媒市场结构竞争特征和传媒产权特征，本书认为中国传媒市场经营行为与市场结构、产权结构的关系见表 6-2。

表 6-2 中国传媒市场行为与市场结构、产权结构的关系模型

		市 场 结 构		产 权 结 构	
		竞争活力弱	竞争活力强	国有控股	非国有控股
市场行为	研发投入	低	高	低	高
	并购规模	小	大	小	大
	营销投入	低	高	低	高
	行政成本	高	低	高	低

三、中国传媒机构规模经济绩效

大规模生产带来的规模经济效应是当代生产率增长的重要因素，传媒行业边际成本极低，即使是传统媒体往往也具有很高的规模经济和范围经济效应；数字媒体技术进步迅速，规模经济更加显著。"做大做强"是中国传媒重要政策目标，因此也是评价传媒规制绩效重要指标。实证数据分析显示，尽管中国整体传媒行业规模很大，但是行政主导配置资源的中国传统媒体机构的规模经济却不够显著，远未达到潜在经济规模；市场主导配置资源中国互联网媒体机构经济规模则强得多，在世界同业中的地位大大高于中国传统媒体的世界地位。本书研究显示：

第一，中国报业机构规模与世界发达国家报业规模差距甚远，甚至不及印度等发展中国家或挪威、新加坡等市场总规模较小国家的报业机构。近年来中国报业机构规模和世界报业集团一样都趋于下降。

第二，中国电视机构规模与西方大国有较大差距，也不及加拿大、卢森堡等受众规模较小国家的优势电视机构，较长时间内还不及巴西、墨西哥等发展中国家优势电视机构规模。但是，市场化程度较高的中国影视制作机构的经济规模以及国际地位都有较快提高。

第三，我国互联网媒体经济规模及其在世界上的地位大大高于传统媒体，中国市场的经济总规模和受众总规模得以充分发挥。

传媒经济规制直接影响传媒市场结构、传媒市场经营行为，并和其他因素共同影响传媒机构规模经济。本书对中国报纸、电视和互联网媒体机构的收入规模分析表明，市场结构"有效竞争"程度较低的报纸和电视媒体机构规模相对较低，而"有效竞争"程度较高的互联网媒体机构规模效应则高得多。如果说传媒绝对收入规模与技术类型差异有关，那么国际同行相对规模地位则更显著体现了规制的影响，说明中国规制严格的传统媒体机构规模经济绩效较低，规制较为宽松的互联网媒体机构规模经济绩效较高。

四、中国传媒产出绩效

从根本上说，生产符合社会需求、符合政府各项政策目标的传媒产品，才是政府规制的目的，最终评价政府规制绩效，也要把传媒产品产出作为基本指标。传媒产业固然需要一定的传媒技术、生产要素、市场需求条件，但是政府规制也对传媒机构的生产销售行为形成重要激励与约束，由此影响传媒产出，所以把产出作为评价传媒规制绩效指标有其内在逻辑。本书从传媒产品总产出、传媒公共产品产出、传媒商品三个方面分析了中国传媒产出，当然，这种分类只是为了分析产出特征，从而便于分析规制目标实现绩效和规制创新路径而做的分类，实际上它们之间有很大交叉重叠。本书研究认为：

第一，中国传媒总产出和传媒商品产出达到了较高数量水平，改革开放以来实现了较快的持续增长；在传媒技术发生革命性变迁、传媒本身已经成为信息经济支柱产业的时代，传媒产出格局也发生了重大变化，主要表现为国有传统媒体产出趋于下降，民营以及混合产权的互联网媒体产出增长迅猛。总体而言，在现有传媒规制框架下，中国传媒产业大致实现了便利传播、产业发展、促进经济的政策目标。改革开放以来"放松规制"性质的规制创新增加了传媒投资、提高了我国传媒产业生产效率，但是仍尚未充分释放我国传媒商品生产的潜力和效率，传媒产品贸易逆差很大。

第二，中国传媒产品结构存在失衡现象，公共传媒产品产出总体不足。本书定义传媒公共产品包括公共政策传播、公众意见表达和公益文教传播三类产品，其中传媒公共政策传播产品数量巨大，但是产品创新、效率提升方面尚不足；公共舆论监督产品、公益文教传播产品产出不足。

第三，中国不同产权性质的媒体产出差异显著，国有媒体总体而言有着较高的传媒公共产品产出，而传媒商品产出效率相对较低；非国有媒体传媒商品产出效率更高，传媒公共产品产出总体低于国有媒体。

五、实证分析中国传媒产业规制绩效的延伸讨论

在实证分析中国传媒规制的市场结构、行为、规模和产出绩效后，本书提出的五组规制绩效问题基本上得到了相应的结论。从提高传媒市场"有效竞争"程度、提高经济效率、提高产出的思路出发，得出的提高规制绩效的进路方向必定是进一步放松传媒规制，降低中国传媒行政壁垒，在充分竞争的压力下优化传媒机构市场经营行为，并且通过优胜劣汰、重组整合来提高传媒规模经济效应。各界论及提高传媒经济效率问题时，产权改制是重要途径，即把部分传媒事业单位改制成为国有产权传媒企业、混合产权传媒企业或私有产权传媒企业。应该说，在保证传媒政策宣传和舆论导向功能的前提下，这些改革方向已经体现在中国相关的改革政策中，改革开放四十年中国传媒改革已经在较大程度上体现了这种"放松规制"的特征，由此也带来了传媒生产效率和产出的提高。但是进一步思考，则不难发现中国传媒规制创新真正的困境，在于协调保障传媒社会目标和提升经济效率目标的关系，并在各个具体传媒领域采取不尽相同的合

理规制，本书在此基于传媒规制理论和已有实证数据对这方面的几个焦点问题做进一步延伸讨论：

第一，社会主义中国对传媒实施"放松规制"政策的边界何在，或者说放松传媒经济规制的传媒领域、放松的程度应该如何界定？

本书认为，中国传媒规制及其在结构、行为、规模和产出各方面的绩效，本质上是中国执政党和政府对传媒行业的政策目标的体现；社会主义中国对经济和社会系统有着更复杂多元的宏观调控目标，这决定执政党和国家的政策宣传或者说公共政策传播，在中国传媒规制政策目标中占有特别重要的地位，传统媒体市场结构和产权结构都是服务于这个政策目标。中国执政党和政府提出"使市场在配置资源中起决定性作用和更好发挥政府作用"，传统媒体恰恰就是为了更好发挥政府作用而设定的重要政策工具。中国对媒体尤其是传统媒体行业的定位首先是公共事业，其次才是市场化的产业；政策目标首先是把传媒作为精神生产、信息生产的行业，服务于全局性社会发展和物质经济建设目标，服务于市场经济有效运行，其次才是把传媒本身作为物质性、市场性的产业。

所以，仅仅以经济效率低下的原因而直接将中国传媒行业去国有化、完全市场化的方向，不符合中国执政党和政府的基本政策目标。本书认为符合中国传媒"社会效益优先，社会效益和经济效益统一"政策目标的规制改革方向，一方面是驱动"可经营性传媒产品"市场形成"有效竞争"市场结构和有效市场经营行为；另一方面，是有效激活公共事业性质传媒产品生产中的竞争机制，其中既包括激活国有传媒事业机构内部竞争机制，也包括引进体制外的市场机构参与竞争与生产，对非国有传媒机构参与合法传媒公共产品生产予以政策激励。

第二，作为传媒产业规制客体，以数字信息为载体、以互联网作为传播渠道的"融合媒体"本质属性与传统媒体相比起本质属性发生了怎样的变化，从而改变了传媒规制的内在要求？

在我国传统媒体规制下，媒体传播主要是指大众传播模式，新闻媒介被理解为精神产品的生产机构，具有强大的社会影响力，属于上层建筑范畴，是通过作用于人的精神而间接作用于物质生产和经济基础。但是，互联网时代的融合媒体大大突破了媒体的功能，融合媒体已经成了"泛众传播"载体，还正在成为"互联网＋"条件下产业融合的经济载体。所谓"泛众传播"，是指融合传播媒体综合了实现了大众传播、组织传播、人际传播功能，传媒规制的合法性和效果都发生了深刻的转型。因为大众传播公共影响极大，对其规制有更高的合法性；但是融合媒体传播对象经常是组织传播性质的网络社群和私人性质的人际传播，以公共利益名义对其进行准入限制显然不具备相应的合法性，也无法充分限制。另一方面，"融合媒体"传播不仅仅是信息产品、精神产品的传播，它很多时候就是直接传播生活信息、消费信息，直接构成物质生产、经济活动，媒体已经演化为互联网经济时代产业融合载体，成为信息传播和产业融合创新的"赋能集团"。这种新经济条件下的产业的融合、创新、发展，离不开全社会企业乃至消费者个体的参与生产和创造。尤其是互联网经济模式下共享经济、网络经济，广大消费者参与已经是该种经济模式的基本要素。这正是互联网媒体为什么能够达到传统媒体无法企及的业务边界、规模边界的根本原因。这也是"融合媒体"需要比传统大众媒体更加宽松的准入规制、产权规制和行为规制的内在原因，这不仅是传媒产业发展的内在要求，也是全社会经济转型、数字经济发展的内在要求。

第三，现有数量庞大的广播电视、报业等传统国有媒体及其各个细分领域，其传统的"事业产业混合体制"是否能够延伸到互联网时代"媒体融合"市场？

本书对中国传媒市场结构和产出的实证分析表明，国有媒体机构产出了较多的传媒公共产品，尤其是其中的公共政策传播产品；但是传统国有传媒市场结构和市场经营行为经济效率低下，为了提高传统媒体的生产效率，显然需要基于各种传媒产品市场结构和市场经营行为现状，区分各种传媒产品的功能与政策目标，采取不同的分类规制。这也正是本书对不同传媒类型及其细分市场深入实证研究的价值所在，这就为针对性的具体规制改革提供了事实依据。传媒事业和产业有同一机构生产、产业盈利交叉补贴的"混合体制"可谓产生了越来越严重的"体制失灵"。

在各种产权媒体激烈竞争的互联网媒体市场中，"混合体制失灵"现象更加严重。国有传统媒体机构生产的互联网产品几乎毫无竞争力，国有传媒机构在互联网媒体广告市场、传播平台市场份额极小，在互联网内容生产和传播影响力上也不再有传统媒体时代的垄断优势，数量庞大的地方媒体在互联网媒体市场的影响力更是薄弱，如果离开了财政资助根本就不具备在市场上的生存能力。在这种市场份额和市场影响力格局下，国有互联网媒体即便生产了大量的公共政策传播产品，其传播效果也大打折扣。在传统媒体时代保障了政策宣传、提高了产业效率的事业产业混合体制不再有效。如果继续维持现有"混事业合体制"，国有媒体机构不但无法拓展互联网媒体市场增量，在传统媒体领域的存量市场也将整体加速萎缩，中国传媒规制事业和产业方面的政策目标都无法有效实现。

第四，对"放松规制"历程中已经形成的投资扩大、创新活跃、产出巨大且带动了数字经济全面增长的互联网媒体，传媒规制应该如何创新，才能继续保障或者促进它提高经济效率，同时合理引导其更好地实现传媒社会目标？

评价中国互联网媒体规制在市场结构、行为、规模和产出方面的绩效，需要基于社会效益、经济效率这双重维度进行评价。从经济效率维度审视，互联网媒体的确体现了市场充分竞争、产业按照市场规律运行的结果，且已形成较强的规模效应，可以说相对较好体现了"有效竞争"的效率标准。但是，占据寡头地位的优势互联网企业亦有可能利用垄断地位来排斥竞争、损害全行业的经济效率。为了实现有效竞争，政府仍需在保持宽松行政准入壁垒基础上，规制垄断行为、减轻经济壁垒阻碍竞争的不良影响。国际规制理论和规制机构鲜有主张强制分拆互联网媒体以实施反垄断、优化市场结构的案例，而是保持宽松准入，并通过针对性行为规制来控制寡头垄断企业妨碍竞争的行为，通过积极政策培育中小企业的竞争力、创新力。另外，我们也需要从社会效益的角度来审视互联网媒体寡头垄断的市场结构。在互联网传媒属性越来越强、社会影响力越来越大的传播条件下，需要规制的不仅是寡头垄断互联网企业的经济行为，对其影响社会效益、和消费者便利的不良行为，更需要公共机构采取针对性的社会规制。

六、优化规制、提高绩效的政策建议

在"事业性质、企业管理"的混合体制下，改革开放以来很长一段时期中国传媒产出都持续增长，尽管各界对混合体制的低效有所警觉，但是政策层面上对这种传媒体制获得的政策宣传和产业发展绩效总体持"双赢"的乐观评价；在宽松准入、竞争激励的规制环境下，中国互联网媒体也在一个时期内基本不影响主流传统媒体存量市场、不影响传统媒体按照党政要求实现舆论导向的前提下迅猛增长。但是，互联网媒体的用户、广告收入、产品类型、经济潜力的增长速度，以及互联网上受众获取信息和表达意见的方式都似乎超出了人们的预期，以至于最高层做出推动传统媒体与新兴媒体融合发展的战略决策，在《中共中央关于全面深化改革若干重大问题的决定》中也做出了对传媒体制改革方向的重大决策，提出或重申了坚持舆论导向、整合新闻媒体资源、推动传统媒体和新兴媒体融合发展的目标，提及了制播分离、国有影视制作机构改革、国有传媒企业特殊管理股制度改革等改革方向。当下，中国传媒面临着一系列重大新困境和新问题，数量巨大的传统媒体在失去行政保护的互联网市场上缺乏竞争力，绝大多数国有媒体"融合发展"举步维艰，互联网媒体已经成为兼具大众传播、组织传播和人际传播功能和重大社会影响的媒体形式，传媒规制创新面临复杂多元的政策目标约束。

媒体融合不仅是技术层面融合的问题，面对数千家传统报业机构、电视台和更多的国有网络新媒体在政策指挥下浩浩荡荡的政策性行为，更要客观分析媒体融合前后的市场结构特征，并通过合理、尽可能精准的规制政策创新来激励传媒机构的融合生产行为，才能达到最优的融合效果。如果从整个传媒产业发展和"互联网＋"时代的数字经济发展视角来看，则更需要通过合理的规制引导千万家节目制作公司、数百万个民营网站媒体和线上线下更多数字经济生产者的市场行为。

所以，基于对我国传媒规制在传媒产业集中度绩效、规模绩效、行为绩效、产出绩效的实证研究，为了实现传媒产业"有效竞争"的规制目标，为了保障传媒公共产品产出、提高传媒商品生产经济效率，本书针对性地提出在这些方面优化规制、提高绩效的政策建议：

第一，强化国有传媒机构之间及其内部的有效竞争机制，充分激励传媒生产效率与创新行为。在融合媒体竞争和全球化竞争的环境下，针对我国传媒规制的社会公益事业政策目标和国有传媒机构数量庞大但是生产低效的现实，我国传媒规制创新首要的迫切任务是强化竞争机制来充分激励国有传媒生产效率与创新行为。

首先，可进一步放松国有媒体尤其是国有新兴媒体在各行政区域、各传媒子行业的市场准入限制和经营行为限制，形成国有媒体之间的充分竞争来带动其经营行为优化、创新能力提升、经济效率提高，特别是形成国有新兴媒体跨区域、跨行业投资合作的市场格局。

其次，在不能直接形成市场竞争的传媒生产领域（如各行政区域国有传媒机构的地方新闻生产就无法形成直接市场竞争，民营媒体也因政策原因无法与当地国有媒体形成直接竞争），则可以通过各区域的国有传媒机构的经济指标比较，形成"区域间比较竞争"来激励生产效率的提高；或者是通过国有传媒机构就传媒公共产品生产，向市场开放特许投标、委托生产等激励性制度安排，以充分利用社会商业性机构的生产效率，也让公共文化机构与社会商业性文化机构形成一定的竞争。并且，规制机构应该制定传媒机构特许投标、委托生产的产品具体比例，公开特许投标和委托生产的程序、价格、质量标准，形成充分的竞争格局。

再次，进一步优化国有传媒机构内部有效竞争激励机制。如，制定科学合理的激励性薪酬制度、鼓励创新制度、多种分配和奖励制度，淘汰制度等。

第二，确立传媒放松经济规制、强化针对性社会规制的基本政策导向，逐步建构对"融合媒体"统一标准的"融合规制"，即统一在社会效益和经济效率标准下，激活市场公平竞争、激活生产者的创新能力和高效生产行为，根据各种传媒机构对传媒公共产品和传媒商品的贡献来配置传媒资源，同时根据中国传媒的社会目标和社会影响来依法实施传媒社会规制和内容规制。

针对行政壁垒阻碍传媒市场结构优化、市场行为效率提高的现实，针对传媒经济、信息经济和数字经济发展的趋势，基于我国传媒规制在公益事业和产业发展方面的政策目标，我国传媒"融合规制"创新中，应该在经济规制上应该进一步明确、扩大"可经营性"传媒的范围，明确、缩小传媒产业"投资负面清单"，对社会资本放宽可经营性传媒领域投资准入限制，最大程度吸引投资、扩大生产与创新，推动产业充分发展。具体措施既包括放松法律法规条文上的规制，也包括现实当中对非国有资本的隐形歧视"潜规则"，以及放松国有传媒机构经营行为规制、激励国有传媒机构充分按照市场规律运行，加速"可经营性"媒体转企改制为完全市场主体，鼓励国有传媒机构与拥有市场优势的民营机构合资合作。

20世纪末以来世界各国不同程度都放松了传媒经济规制，但都强化了针对性的传媒"再规制"。我国传媒规制也应该根据自身政治、社会、文化特征，明确特定的社会规制目标，针对性依法实施传媒社会规制，尤其是对违法犯罪和有悖社会公德的传媒内容应严格规制。

第三，整合国有媒体资源，实现规模效应和范围经济。针对我国传统媒体结构分散、规模不足、研发创新投入较低的情况，规制机构应该专门制定具体办法放松乃至鼓励传媒机构跨地域、跨媒体兼并重组，制定传媒机构研发创新投入比例范围。2018年全国宣传思想工作会议和中央全面深化改革委员会五次会议都部署了组建县级融媒体中心，中央广播电视总台和许多省级传媒中心的整合改革也在政府机构改革的大环境中得以实现。

这种行政区域内的传媒事业单位的整合的确一定程度上提高了我国传媒的规模效应和"融合发展"水平，利于主流媒体传播力、引导力的提高。但是，产业性质的国有传媒机构、"可经营性"传媒商品的市场整合还远未完成，甚至尚未根本性的启动，只有通过规制创新，激活市场竞争并整合传媒提高规模经济和范围经济，才能充分提高中国传媒经济的生产效率和市场竞争力。尽管"条块分割"体制的宣传定位和既得利益会成为市场整合的阻力，但是融合媒体技术和市场的倒逼力量无法阻挡。

第四，对传媒实行分类转型，保障传媒公共产品供给。改革开放以来中国的传媒公共产品是通过"事业单位，企业化管理"的下承担事业、产业双重功能的传媒机构来生产，并通过市场化生产的利润来内部补贴公共产品生产，传媒公共产品也经常和传媒商品混合在一起生产。这是在国有媒体机构垄断了传媒生产渠道条件下才能实施的体制和生产方式。这也是内部低效的根本原因。在互联网时代传播渠道极大分散，市场化、非国有化的媒体因为市场引导和市场竞争压力使其呈现出相对更高的生产效率和资源配置效率，赢得了巨大的受众注意力和市场资源。但是这些经济效率相对更高的非国有媒体并不承担也的确没有足够的激励来生产社会所需的传媒公共产品，而国有媒体在失去行政垄断的传播平台后，在互联网渠道并不具备充分的市场竞争能力，也失去了通过传媒商品生产的垄断利润来"交叉补贴"传媒公共产品的能力，出现了经济亏损、生产循环无法持续的局面。所以，面对目前承担"混合功能"且在"媒体融合"市场中缺乏充分竞争力的国有媒体而言，应该根据其产品功能来"分类转型"，即一方面分离出完全或者主要面向市场、面向消费者生产传媒商品的机构，通过市场公平竞争、优胜劣汰、重组整合来筛选高效传媒机构，以充分激励传媒机构提高生产效率，也充分体现市场的资源配置效率，从而提高传媒商品的产出；另一方面，对于承担"公共传媒产品"生产职能的传媒机构，则通过公共财政或其他社会组织提供的资金来保障公共传媒产品的生产与传播，并通过内部竞争机制来最大限度地优化生产过程、激活内部竞争、引进外部竞争来驱动生产效率提高，对商业机构生产的"公共传媒产品"也应该给予相应的财政补贴等政策激励。

传媒规制创新不是简单化地对传媒机构财政拨款或完全推向市场，而应是根据各个传媒细分市场结构、行为、规模和产出实际情况，根据政策目标与"有效竞争"的效率标准准确而有序地实施。只有内部生产高效、外部资源配置有效的传媒生产体系，才能真正持续实现传媒政策的社会目标、政治目标和经济目标。

　　中国特色社会主义新时代，中国将在全社会发挥市场配置资源的决定性作用和更好地发挥政府作用，也面临着信息时代更充分和更复杂的全球市场竞争，这意味着信息生产传播既是服务社会发展和经济发展的传媒公共产品，同时也是信息经济、数字经济时代经济发展的本身。这意味着，中国政府对传媒的社会、经济双重政策目标都将进一步加强，通过传媒规制创新来提高传媒公共产品、传媒商品产出效率，已成为全国深化体制改革的重要组成部分。应该说，分离传媒事业、产业功能、区分传媒公共产品和可经营性产品的改革思路由来已久，现实中"混合功能"往往也因为利益和理论上的困境而难以合理分离，国有传媒市场结构始终难以充分优化。但是，改革开放以来"混合功能"的传媒规制从来没有遇到过当下这么猛烈的市场冲击和生存危机，也从未遇到过比通过融合媒体实现传媒事业功能和产业功能更好的机遇。科技和市场倒逼中国传媒改革"混合功能"规制的压力和动力，从未像当下这般巨大。

参 考 文 献
References

一、中文文献

1. 著作

［1］陈若愚. 中国电视收视年鉴 2013［R］. 北京：中国传媒大学出版社，2013.

［2］陈若愚. 中国电视收视年鉴 2014［R］. 北京：中国传媒大学出版社，2014.

［3］陈映. 欧美传媒政策范式转型：以媒介融合为语境［M］. 北京：中国社会科学出版社：2016.

［4］戴元初. 大融合时代的传媒规制变革：行动逻辑、欧美经验与中国进路［M］. 北京：人民日报出版社，2014.

［5］崔保国. 中国传媒产业发展报告（2014）［R］. 北京：社会科学文献出版社，2014.

［6］崔保国. 中国传媒产业发展报告（2015）［R］. 北京：社会科学文献出版社，2015.

［7］崔保国. 中国传媒产业发展报告（2016）［R］. 北京：社会科学文献出版社，2016.

［8］崔保国. 中国传媒产业发展报告（2017）［R］. 北京：社会科学文献出版社，2017.

［9］崔保国. 中国传媒产业发展报告（2018）［R］. 北京：社会科学文献出版社，2018.

［10］崔保国. 中国传媒产业发展报告（2019）［R］. 北京：社会科学文献出版社，2019.

［11］丁淦林. 中国新闻事业史［M］. 北京：高等教育出版社，2002.

［12］丁和根. 中国传媒制度绩效研究［M］. 广州：南方日报出版社，2007.

［13］辜晓进. 美国传媒体制［M］. 广州：南方日报出版社，2006.

［14］郭海涛. 经济转轨过程中的市场结构与有效竞争［M］. 北京：中国市场出版社，2008

［15］郭镇之. 中国电视史［M］. 北京：中国人民大学出版社，1991.

［16］郭镇之. 中外广播电视史［M］. 上海：复旦大学出版社，2005.

［17］洪远朋. 社会利益关系演进论——我国社会利益关系发展变化的轨迹［M］. 上海：复旦大学出版社，2006.

［18］黄少安. 产权经济学导论［M］. 北京：经济科学出版社，2004.

［19］胡正荣. 媒介管理研究［M］. 北京：中国传媒大学出版社，2000.

［20］黄升民，丁俊杰. 媒介经营与产业化研究［M］. 北京：北京广播学院出版社，1997.

［21］金碚. 报业经济学［M］. 北京：经济管理出版社，2002.

[22] 金碚. 产业组织经济学 [M]. 北京：经济管理出版社，1999.

[23] 金冠军，郑涵、孙绍谊主编. 国际传媒政策新视野 [C]. 上海：上海三联书店，2005.

[24] 金冠军，郑涵. 全球化视野：传媒产业经济比较研究 [M]. 上海：学林出版社，2003.

[25] 金冠军，郑涵. 当代传媒制度变迁 [M]. 上海：上海三联书店，2008.

[26] 李本乾. 媒介经济与中国经济 [M]. 上海：上海交通大学出版社，2010.

[27] 李华. 中国共产党执政体制研究 [M]. 北京：人民出版社，2008.

[28] 李怀亮. 当代国际文化贸易与文化竞争 [M]. 广州：广东人民出版社，2005.

[29] 李良荣，等. 新传播形态下的中国受众 [M]. 上海：复旦大学出版社，2013.

[30] 林毅夫. 经济发展与转型 [M]. 北京：北京大学出版社，2008.

[31] 刘斌. 中国广播产业制度创新 [M]. 北京：中国传媒大学出版社，2005.

[32] 刘成付. 中国广电传媒体制创新 [M]. 广州：南方日报出版社，2007.

[33] 刘世英. 杨伟光的央视岁月 [M]. 北京：中信出版社，2007.

[34] 刘习良. 中国电视史 [M]. 北京：中国广播电视出版社，2007.

[35] 刘颖悟. 三网融合与政府规制 [M]. 北京：中国经济出版社，2005.

[36] 柳旭波. 传媒业产业组织研究：一个拓展的 RC-SCP 产业组织分析框架 [M]. 北京：经济科学出版社，2007.

[37] 陆地. 中国电视产业发展战略研究 [M]. 北京：新华出版社，1999.

[38] 钱蔚. 政治、市场与电视制度——中国电视制度变迁研究 [M]. 郑州：河南人民出版社，2002.

[39] 芮明杰. 产业经济学 [M]. 上海：上海财经大学出版社，2005.

[40] 石长顺. 公共电视 [M]. 武汉：武汉大学出版社，2007.

[41] 石磊. 中国产业结构成因与转换 [M]. 上海：复旦大学出版社，1996.

[42] 石磊，寇宗来. 产业经济学 [M]. 上海：上海三联书店，2003.

[43] 史忠良，何维达. 产业兴衰与转化规律 [M]. 北京：经济管理出版社，2004.

[44] 孙玉胜. 十年——从改变电视的语态开始 [M]. 北京：生活·读书·新知三联书店，2003.

[45] 苏东水. 产业经济学 [M]. 北京：高等教育出版社，2005.

[46] 陶喜红. 中国传媒产业市场结构演变研究 [M]. 北京：中国社会科学出版社，2013.

[47] 唐世鼎，黎斌，等. 制播体制改革与电视业发展问题研究 [M]. 北京：中国传媒大学出版社，2005.

[48] 王沪宁. 政治的逻辑——马克思主义政治学原理 [M]. 上海：上海人民出版社，2004.

[49] 王俊豪. 政府管制经济学导论 [M]. 北京：商务印书馆，2001.

[50] 王俊豪. 中国垄断性产业结构重组分类管制与协调政策 [M]. 北京：商务印书馆，2005.

[51] 吴廷俊. 中国新闻史新修 [M]. 上海：复旦大学出版社，2008.

[52] 吴克宇. 电视媒介经济学 [M]. 北京：华夏出版社，2004.

[53] 吴信训. 中国传媒经济研究 1949—2004 [M]，上海：复旦大学出版社，2004.

[54] 夏大慰. 政府规制：理论、经验与中国的改革 [M]. 北京：经济科学出版社，2003.

[55] 肖赞军. 报业市场结构研究 [M]. 长沙：岳麓书社，2009.

[56] 肖赞军. 西方传媒业的融合、竞争及规制 [M]. 北京：中国书籍出版社，2011.

[57] 谢金洲. 媒介经营与管理 [M]. 北京：北京大学出版社，2011.

[58] 赵玉明. 中国广播电视通史（第 2 版）. [M]. 北京：中国传媒大学出版社，2008.

[59] 徐光春. 中华人民共和国广播电视简史 [M]. 北京：中国广播电视出版社，2004.

[60] 徐晖明. 中国发展传播学·总报告 [M]. 杭州：浙江大学出版社.2009.

[61] 易旭明. 中国电视产业的制度变迁与需求均衡研究 [M]. 上海：上海交通大学出版社，2013.

[62] 俞吾金. 意识形态论（修订版）[M]. 北京：人民出版社，2008.

[63] 喻国明. 变革传媒——解析中国传媒转型问题 [M]. 北京：华夏出版社，2005.

[64] 喻国明. 中国新闻业透视——中国新闻改革的现实动因和未来走向 [M]. 郑州：河南人民出版社，1993.

[65] 喻国明. 变革传媒：解析中国传媒转型问题 [M]. 北京：华夏出版社，2005.

[66] 喻国明. 传媒变革力——传媒转型的行动路线图 [M]. 广州：南方日报出版社，2009.

[67] 喻国明. 传媒经济学教程 [M]. 北京：中国人民大学出版社，2010.

[68] 臧旭恒. 产业经济学（第 4 版）[M]. 北京：经济科学出版社，2007.

[69] 张志. 数字时代的广播电视规制与媒介 [M]. 北京：中央民族大学出版社 2012.

[70] 赵玉明. 中国广播电视通史（第 2 版）[M]. 北京：中国传媒大学出版社，2008.

[71] 阿维纳什·K. 迪克西特. 经济政策的制定——交易成本政治学的视角 [M]. 刘元春，译. 北京：中国人民大学出版社，2004.

[72] 爱德华·赫尔曼，罗伯特·麦克切斯尼. 全球媒体——全球资本主义的新传教士 [M]. 甄春亮，等，译. 天津：天津人民出版社，2001.

[73] 艾伦·格里菲斯. 数字电视战略 [M]. 罗伟兰，译. 北京：中国传媒大学版社，2006.

[74] 保罗·萨缪尔森，威廉·诺德豪斯. 经济学（18 版）[M]. 萧琛，译. 北京：人民邮电出版社 2008.

[75] 查尔斯·埃德温·贝克. 媒体、市场与民主 [M]. 冯建三，译. 上海：上海人民出版社，2008.

[76] 大卫·克罗图，威廉·霍伊尼斯. 运营媒体——在商业媒体与公共利益之间 [M]. 董关鹏，金城，译. 北京：清华大学出版社，2007.

[77] 丹尼尔·W. 布罗姆利. 经济利益与经济制度 [M]. 陈郁，等，译. 上海：上海三联书店、上海人民出版社，1996.

[78] 丹尼尔·史普博. 管制与市场 [M]. 余晖，等，译. 上海：格致出版社、上海三联书店、上海人民出版社，2008.

[79] 丹尼斯·麦奎尔. 麦奎尔大众传播理论 [M]. 崔保国，李琨，译. 北京：清华大学出版社，2006.

[80] 道格拉斯·C. 诺斯. 制度、制度变迁与经济绩效 [M]. 杭行，译. 上海：格致出版

社，2008.

[81] 道格拉斯·C. 诺思. 理解经济变迁过程 [M]. 钟正生，邢华，等，译. 北京：中国人民大学出版社，2008.

[82] 弗朗西斯·福山. 国家建构：21 世纪的国家治理与世界秩序 [M]. 黄胜强，许铭原，译. 北京：中国社会科学出版社，2007.

[83] 弗雷德里克·S. 西伯特，西奥多·彼得森，威尔伯·施拉姆，传媒的四种理论 [M]. 戴鑫，译. 北京：中国人民大学出版社，2008.

[84] G. 施蒂格勒. 产业组织和政府管制 [M]. 潘振民，译. 上海：上海三联书店，1996.

[85] G. 施蒂格勒. 产业组织 [M]. 王永钦，薛铎，译. 上海：上海三联书店，2007.

[86] 哈罗德·德姆塞茨. 所有权、控制与企业 [M]. 段毅才，等，译. 北京：经济科学出版社，1999.

[87] 亨利·W. 狄雍，[美] 威廉·G. 谢泼德. 产业组织理论先驱——竞争与垄断理论形成和发展的轨迹 [M]. 张志奇，译. 北京：经济科学出版社，2010.

[88] 赫南·加尔伯瑞. 数字电视与制度变迁 [M]. 罗晓军，译. 北京：人民邮电出版社，2006.

[89] 吉莉安·道尔. 理解传媒经济学 [M]. 李颖，译. 北京：清华大学出版社，2004.

[90] 露西·金-尚克尔曼. 透视 BBC 与 CNN：媒介组织管理 [M]. 彭泰权，译. 北京：清华大学出版社，2004.

[91] 罗纳德·哈里·科斯. 企业市场法律 [M]. 上海：上海三联书店，1990.

[92] 马西莫·莫塔. 竞争政策——理论与实践 [M]. 沈国华，译. 上海：上海财经大学出版社，2006.

[93] 迈克尔·波特. 国家竞争优势 [M]. 李明轩，邱如美，译. 北京：华夏出版社，2004.

[94] 迈克尔·波特. 竞争战略 [M]. 陈小悦，译. 北京：华夏出版社，2004.

[95] 迈克尔·埃默里，等. 美国新闻史 [M]. 展红，译. 北京：中国人民大学出版社，2004.

[96] 罗伯特·皮卡德. 媒介经济学 [M]. 冯建兰，译. 台北：台湾远流出版公司，1999.

[97] 罗伯特·皮卡德. 传媒管理学导论 [M]. 韩骏伟，常永新，译. 北京：人民邮电出版社，2006.

[98] 史蒂芬·布雷耶. 规制及其改革 [M]. 李洪寓，等，译. 北京：北京大学出版社，2008.

[99] 亚当·斯密. 国富论 [M]. 唐日松，等，译. 北京：华夏出版社，2005.

[100] 威廉·G. 谢泼德，乔安娜·M. 谢泼德. 产业组织经济学 [M]. 北京：中国人民大学出版社，2007.

[101] 詹姆斯·卡瑞，珍·辛顿. 英国新闻史 [M]. 栾轶玫，译. 北京：清华大学出版社，2005.

[102] 植草益. 微观规制经济学 [M]. 北京：中国发展出版社，1992.

2. 期刊

[1] 蔡雯，黄金. 规制变革：媒介融合发展的必要前提 [J]. 国际新闻界，2007 (3).

［2］曹建海. 试论有效竞争［J］. 北京师范大学学报（社会科学版），1999（6）.

［3］陈敏，张晓纯. 告别"黄金时代"——对 52 位传统媒体人离职告白的内容分析
　　　［J］. 新闻记者，2016（2）.

［4］戴元初. 中国传媒产业规制的解构与重构［J］. 青年记者，2006（2）.

［5］丁和根. 我国传媒业经济成分和产权制度改革取向分析［J］. 新闻大学，2007（6）.

［6］丁启军，王会宗. 规制效率、反垄断法与行政垄断行业改革［J］. 财贸研究，
　　　2009（4）.

［7］葛明驷. 媒介融合要求规制融合：中国传媒业特殊管理股制度分析［J］. 科技与出
　　　版，2017（8）.

［8］龚彦方. 中国传媒产业的市场势力与规模经济——基于 NEIO 范式的实证研究
　　　［J］. 产经评论，2012（4）.

［9］胡正荣. 我国媒介规制变迁的制度困境及其意识形态根源［J］. 新闻大学，
　　　2005（春）.

［10］姜红、许超众. 从"斗士"到"智者"：舆论监督的话语转型——新世纪以来《南
　　　方周末》文本分析［J］. 新闻与传播评论，2008（12）.

［11］金冠军，郑涵. 当代西方公共广播电视体制的基本类型［J］. 国际新闻界，
　　　2002（2）.

［12］郎劲松，樊攀. 视听内容规制的新困境：公共性与商业化的重构［J］. 新闻
　　　界，2016（8）.

［13］李杉，阮毅. 新常态经济下传媒产业规制的改革逻辑［J］. 北京理工大学学报（社
　　　会科学版），2018（5）.

［14］李良荣，沈莉. 试论当前我国新闻事业的双重性［J］. 新闻大学，1995（夏）.

［15］李良荣，林晖. 垄断·自由竞争·垄断竞争—当代中国新闻媒介集团化趋向透析
　　　［J］. 新闻大学，1999（夏）.

［16］李良荣. 论中国新闻媒体的双轨制［J］. 现代传播，2003（4）.

［17］李良荣. 从单元走向多元——中国传媒业的结构调整和结构转型，新闻大
　　　学，2006（2）.

［18］李良荣，袁鸣徽. 锻造中国新型主流媒体［J］. 新闻大学，2018（5）.

［19］李娟，肖叶飞. 我国电视台公共服务现状实证研究——基于 82 家电视台节目构成
　　　分析［J］. 新闻界，2012（23）.

［20］刘瑞生. 新媒体传播转型视阈下的意识形态建构［J］. 苏州大学学报，2011（6）.

［21］任陇婵. 主流媒体的时政新闻"生意"［J］. 声屏世界，2015（1）.

［22］童兵. 政治文明：新闻理论研究的新课题［J］. 新闻与传播研究，2003（9）.

［23］童兵. 构建舆论监督的法律体系——兼议依法治国和舆论监督的改革［J］. 新闻爱
　　　好者，2015（2）.

［24］童兵. 科学和人文的新闻观［J］. 新闻大学，2001（5）.

［25］童兵. 大众传媒的使用与驾驭：执政能力的重要标示［J］. 中国人民大学学
　　　报，2006（1）.

［26］童兵. 为传媒体制改革提供理论支持［J］. 新闻界，2006（10）.

［27］童兵. 中国共产党党管报纸的制度构建及其改革［J］. 兰州大学学报（社会科学

版），2011（7）.

[28] 童兵. 坚持马克思主义新闻观中国化的正确方向——延安《解放日报》改版 76 周年回望及反思 [J]. 新闻界，2018（11）.

[29] 王俊豪. 论有效竞争 [J]. 中南财经大学学报，1995（5）.

[30] 夏倩芳. 公共利益界定与广播电视规制 [J]. 新闻与传播研究，2005（3）.

[31] 肖赞军. 媒介融合、规制融合的国际经验与中国策略 [J]. 重庆社会科学，2012（6）.

[32] 谢明辉. 新版宁夏卫视收视效果本土调查 [J]. 传媒，2011（6）.

[33] 严三九. 媒体融合过程中传媒体制改革研究 [J]. 新闻记者，2016（12）.

[34] 于良春，等. 中国电力产业规制改革及其绩效的实证分析 [J]. 经济与管理研究，2006（10）.

[35] 喻国明. 中国传媒业发展的关键与"问题单"——兼论传媒体制改革的现实性与迫切性 [J]. 新闻记者，2003（3）.

[36] 喻国明，苏林森. 中国媒介规制的发展、问题与未来方向 [J]. 现代传播，2010（2）.

[37] 张金海，李小曼. 传媒公共性与公共性传媒——兼论传媒结构的合理建构 [J]. 武汉大学学报（人文科学版），2007（6）.

[38] 朱春阳. 传媒产业规制：背景演变、国际经验与中国现实 [J]. 西南民族大学学报（人文社科版），2008（3）.

[39] 朱剑飞，胡玮. 唯改革创新者胜——再论媒体融合的发展瓶颈与路径依赖 [J]. 现代传播，2016（9）.

[40] 张文锋. 西方国家传媒治理中的替代性规制 [J]. 新闻界，2015（5）.

[41] 张志. 论中国广电业的政府规制 [J]. 现代传播，2004（2）.

[42] 易旭明. 媒体融合背景下的中国传媒产业规则转型 [J]. 新闻大学，2017（5）.

[43] 易旭明. 有效竞争视域下中国电视市场结构再考案 [J]. 现代传播，2017（7）.

[44] 易旭明，倪琳. 中国传媒市场法制的变迁、模型及优化 [J]. 现代传播，2018（6）.

3. 网络资源

[1] 中共中央网信办网站　http：//www. cac. gov. cn/

[2] 国家统计局网站　http：//www. stats. gov. cn/

[3] 国家广电总局网站　http：//www. nrta. gov. cn/

[4] 原国家新闻出版广电总局网站　http：//www. sapprft. gov. cn/

[5] 中国新闻出版广电网　https：//www. chinaxwcb. com/

[6] 央视市场研究（CTR）网站　http：//www. ctrchina. cn/

[7] 索福瑞媒介研究（CSM）网站　http：//www. csm. com. cn/

[8] 原中国广告协会网站　http：//www. cnadtop. com

[9] 中国网络视听节目服务协会网站　http：//www. cnsa. cn/

[10] 中国互联网网络信息中心网站　http：//www. cnnic. net. cn/

[11] 艾瑞咨询网站　https：//www. iresearch. com. cn/

[12] 易观咨询网站　https：//www. analysys. cn/

[13] 新榜网站　https：//www. newrank. cn/

［14］艾媒网　https：//www. iimedia. cn/

［15］Questmobile 网站　https：//www. questmobile. com. cn/

［16］中商情报网　http：//www. askci. com/

［17］中国产业信息网　http：//www. chyxx. com/

［18］中文互联网数据资讯中心网站　http：//www.199it. com/

［19］世界媒体实验室网站　http：//media. icxo. com

4. 其他

［1］程贵孙. 基于双边市场理论的传媒产业运行机制与竞争规制研究［D］. 上海交通大学，2007.

［2］姜林. 中国环境规制效率评价研究［D］. 辽宁大学，2011.

［3］李然忠. 经济低效与分离化改革［D］. 复旦大学，2005.

二、外文文献

1. 著作

［1］Anthony I. Ogus. *Regulation: Legal Form and Economic Theory*. Hart Publishing，2004.

［2］Tim Dwyer. *Media Convergence*. Open University Press，2010.

［3］Eli M. Noam. *Media Ownership Concentration in America*. Oxford University Press，2009.

［4］F. M. Sherer. *Industrial Market Structure and Economic Performance（Third Edition）*. Houngton Mifflin Company，1990.

［5］Gillian Doyle. Media Ownership：*The Economics and Politics of Convergence and Concentration in the UK and European Media*. SAGE Publications，2002.

［6］Howard J. Blumenthal，Oliver R. Goodenough. This Bussiness of Television. Billboard Books，2006.

［7］Mike Feintuck，Mike Varney. *Media Regulation，Public Interest and the Law*. Edinburgh University Press，2006.

［8］Nick Stevenson ，*The Transformation of the Media*. Routledge，1999.

［9］Peter Lunt and Sonia Livingstone. *Media Regulation: Governance and the Interests of Citizens and Consumers*. SAGE，2012.

［10］Paul Seabrght，Jŭrgen Von Hangen，*The Economic Regulation of Broadcasting Markets*，Cambridge University Press，2005.

［11］Richard Collins. *The Economics of Television: The UK Case*. SAGE，1988.

［12］W. J. Baumol，J. C. Panzar，R. D. Willig. *Contestable Markets and the Theory of Industry Structure*. Harcourt Brace Jovanovich，1982.

2. 期刊

［1］Clark，J. M. Toward a Concept of Workable Competition. *American Economic Review*，Vol. xxx，No.2.1940（6），pp.241－256.

［2］Helle Sjøvaag. The Principles of Regulation and the Assumption of Media Effects. *Journal of Media Business Studies*，2014（11）：5－20.

［3］Izabela Korbiel and Katharine Sarikakis，Between two (in) competencies：A critical view on media ownership regulation in the EU. *International Journal of Media & Cultural Politics*，Volume 13 Numbers 1 & 2，2017，pp. 183 - 19.

［4］R. H. Coase. The Federal Communications Commission. *Journal of Law and Economics*，Vol. 2，1959 Oct.，pp. 1 - 40.

［5］Robert H. Stern. Regulatory Influences Upon Television's Development：Early Years Under the Federal Radio Commission. *American Journal of Economics & Sociology*. 1961，July 1，pp. 347 - 362.

［6］S. H. Stephen. A Critique of Concepts of Workable Competition. *Quarterly Journal of Economics*，1958 (8)，Vol. 72.

3. 网络资源

［1］Federal Communications Commission (FCC)　网站 https：//www. fcc. gov/

［2］Pew Research Center　网站 https：//www. pewresearch. org/

［3］PricewaterhouseCoopers　网站 https：//www. pwc. com/

［4］Statcounter　网站 https：//www. statcounter. com/

索 引

Index

后 记
Postscript

　　这个研究是一块很笨重的砖，因为建构这么复杂而全面的理论模型并基于实证数据来分析、验证、提炼，工作量可谓浩大繁重，理论驾驭的难度也足以把自己拍晕。更晕的是，中国传媒事业单位和商业机构的许多经营数据十分零散且极难获取，要根据理论体系来全面系统搜集这些数据难度极大。我首先是把此选题作为在复旦大学新闻学博士后流动站的出站报告研究了3年，主要是对传媒规制当下各项指标进行实证研究、特征归纳；然后是把该选题作为国家社科基金项目，增加了历史变迁视角、规制绩效指标关系的理论模型构建、细化现实特征研究，又做了3年。胼手胝足完成拙著，不揣浅陋敬呈于诸君，以期略具引玉之用。

　　作为业界出身的传媒经济研究者，我始终怀有一种建构、致用的视角，而现实之复杂也使研究存在面面俱到的弊端。好在各部分也算构成了一个较完整的理论体系，并且突出了第一部分传媒规制市场结构绩效的研究重点，对传媒产业组织经济学理论略有推进。研究得以完成，首先应该感谢我的博士后合作导师童兵教授，不仅因为他指导了我的研究选题及其框架确立，不仅因为他多次要求我注重理论建构与问题意识紧密结合，还因为老师一以贯之的研究风范给我的感染。老师在师门微信群中提出"国家兴旺、新闻学繁荣"的希望，朴实中正，令我震撼，谨记不渝。尽管我学养未及老师之万一，但我相信，路正门正，即无惧山高水远。

　　本书的完成还要感谢许多给予我帮助的师长、友人。在博士后出站报告研究中，孟建教授、黄旦教授、刘海贵教授、黄瑚教授给予我弥足珍贵的指导和帮助。在我进行国家社科项目深入研究中，石磊教授、朱春阳教授、吴信训教授、郑涵教授给予我中肯的批评和切实的建议。在课题调研过程中，先后给我提供宝贵支持的还有：原SMG副总裁陈乾年先生、原

SMG 艺术总监陈梁先生、上海知书文化传媒有限公司蒋光明总经理、上海佳视影视传媒有限公司张帆总经理、中央电视台台长助理吴世平先生、中央电视台新闻联播编辑部副制片人郭俊义先生、爱奇艺高级副总裁郑蔚女士、中央电视台发展研究中心产业与新媒体研究部黎斌主任、中央电视台发展研究中心产业与新媒体研究部李蕾女士、中央电视台总编室节目研发部吴克宇主任、凤凰卫视叶莹菲女士、深圳广电集团办公室张司南女士、深圳广电集团总编办刘雁副主任、深圳腾讯公司晓雯女士、江西广播电视台朱育松副台长、江西广播电视台朱嘉丽女士、江西卫视雷晴副总监、江西广播电视台王有希先生、南昌日报李良生总编辑、上海市文化广播影视监测中心祖燕主任等。再次对他们的帮助致以衷心的感谢！最后尤其要感谢的是课题组成员、我的夫人倪琳博士，她的智慧渗透了此课题整个研究，也是我完成这项研究最重要的动力源泉。

　　书稿完成之时，中国传媒技术和市场又发生了颠覆性变化，传媒规制也在实践中持续变革。课题立项时互联网媒体广告收入才刚刚超过电视媒体，但是这几年传统媒体经历了在线视频、网络直播、短视频等一轮又一轮传媒热点的袭击，各界对传统国有媒体的市场营困境有了更充分的认识，也在困惑中对传播话语、传播功能重构，在挑战中对传媒公共产品和传媒商品的生产体系和政策创新。本书侧重对报业、电视和互联网媒体"分业规制"历史绩效进行比较研究，但同时也探讨了媒体"融合规制"绩效的规律与趋势。当然，融合规制理念下的结构规制、行为规制、社会规制绩效还有待未来进一步深入研究。

易旭明

2020 年春